교실에서 바로 쓰는 챗GPT 교사 활용법

프롬프트 활용법 / 생성형AI 활용 수업 / 개념기반 수업 /
평가 루브릭 만들기 / 학교 업무 활용 / 수업자료 만들기

수업·업무에 바로 쓰는 **챗GPT 챗봇** 제공

- 학생참여형수업
- 배움중심수업 디자인
- 질문수업 디자인
- 백워드수업설계
- 학교 업무 생산성 높이기
- 학교 행사 및 운영계획에 활용
- 구글 스프레드시트에서 활용
- 수업자료 만들기
- 교사에게 꼭 필요한 7가지 생성형AI 활용법

교실에서 바로 쓰는
챗GPT 교사 활용법

프롬프트 활용법 / 생성형AI 활용 수업 / 개념기반 수업 / 평가 루브릭 만들기 / 학교 업무 활용 / 수업자료 만들기

초판 1쇄 발행 | 2025년 01월 30일
초판 2쇄 발행 | 2025년 06월 30일

지 은 이 | 유수근
발 행 인 | 김병성
발 행 처 | 앤써북
주　　소 | 경기도 파주시 탄현면 방촌로 548번지
전　　화 | (070)8877-4177
팩　　스 | (031)942-9852
등　　록 | 제382-2012-0007호
도 서 문 의 | answerbook@naver.com
I S B N | 979-11-93059-45-6 13000

이 책은 저작권법에 따라 보호받는 저작물이므로 무단 전재와 무단 복제를 금하며, 이 책 내용의 전부 또는 일부를 사용하려면 반드시 저작권자와 앤써북 발행인의 서면동의를 받아야 합니다.

※ 책값은 뒤표지에 있습니다.
※ 잘못된 책은 구입한 서점에서 바꿔 드립니다.

머리말

챗GPT의 등장(2022년 11월)이 인공지능에 대한 인식을 크게 바꿨습니다. 기존에는 알게 모르게 다양한 기기에 적용되어서 생활을 편리하게 해주는 역할을 맡았다면, 이제는 주도적으로 인공지능을 활용하며 생활과 업무를 혁신할 수 있는 기술로, 그 존재감을 강하게 뿜어내고 있습니다. 챗GPT는 학교와 교실에서 이루어지는 일들 역시 혁신적으로 지원할 수 있습니다. 기존 에듀테크 도구들은 학습 자료 관리와 평가 자동화에 초점을 맞췄다면, 챗GPT를 위시한 다양한 생성형AI는 복잡한 문제 해결, 맞춤형 학습 경로 제공, 창의적 콘텐츠 생성 등 학습자 주도성(Student Agency)을 가지고 문제를 해결할 수 있는 다양한 기회를 만들어낼 수 있습니다.

에듀테크나 AI에 관한 강의를 듣다보면, "변화하는 환경에 따라 함께 변화하지 않으면 뒤처지는 것이다"라는 프레임으로 교사들의 마음을 공격하는 듯한 느낌을 받습니다. 새롭고 낯선 기술들이 혁신을 부르짖으며 계속해서 나타나고 있으니 중심을 잡고 주체적으로 대응하기 어려운 것도 사실입니다. 그러나 우리 모두 우리가 생각해야할 '중심'이 무엇인지는 잘 알고 있습니다. 바로 학생의 '배움과 성장'입니다. 챗GPT의 모든 기술을 배워서 전문가처럼 활용할 필요도 없습니다. 교사는 챗GPT 전문가가 아니라 교육의 전문가이기 때문입니다. 교육에 필요한만큼, 업무에 활용할만큼만 알면 됩니다. 배우고 성장하는 데에 걸림돌이되는 인지적, 정서적인 장벽을 낮추고, 소모적인 업무시간을 줄여 학생들의 배움과 성장을 바라볼 시간을 확보하는 방향으로 이용해야할 것입니다. 마치 협박처럼 느껴지는 외부의 변화에 일일이 대응하기 보단, '학생의 배움과 성장을 위해 열린 마음으로 대처하자' 정도의 태도가 적절할 것으로 생각합니다.

이러한 마음을 담아서 책을 썼습니다. 무섭게 변하는 에듀테크와 AI 환경에서 교사의 입장에서 얼마만큼, 어떻게 대응하는 것이 좋을까 고민하며 적어나갔습니다. 정보·기술에 능통한 일부 선생님들을 선망하며 그들을 닮기 위해 애쓸 필요도 없다고 생각합니다. 내가 담당하는 과목, 내가 맡은 학급에 맞게 적재적소에 사용하면 될 일입니다. 챗GPT와 다양한 생성형AI를 자신의 입맛에 맞게 사용할 수 있도록, 간단한 기본기능을 포함해서 수업과 업무에 활용하는 방법을 담았습니다. 얇고 넓게 다루

들어가는 글

기 보다는, 교사가 수업과 업무에 활용하기에 충분히 효과적일 요소들을 골라 약간의 깊이를 담았습니다. 저자 역시 기술의 전문가가 아니라 교실에서 학생들을 가르치는 것을 좋아하는 교사인 만큼, 수업과 업무 혁신의 관점에서 챗GPT를 조망했을 뿐 기술적인 탁월함에 매료되어 작성하진 않았습니다.

이 책이 챗GPT를 시작해보고 싶은데 어디서부터 시작해야할지 걱정하시는 선생님들과 기본적인 기능들은 알지만, 조금 더 잘 활용하는 방법은 없을까 고민되는 선생님들에게 도움이 되는 도서가 되기를 바랍니다. 챗GPT는 자주 업데이트되며 사용자 인터페이스도 바뀌기 때문에 본 책을 작성할 때의 캡처 시점(2024.11.)에서의 화면과 현재 시점의 화면이 다를 순 있습니다. 그러나 큰 틀에서 변화되기 보다는 일부 기능들이 추가되는 것이기 때문에, 일부 다른 요소들이 있다면 새로 업데이트 된 것으로 이해하시고 호기심을 갖고 그 기능을 탐색해보시는 것을 추천드립니다.

끝으로, 책 쓰는 데에 집중할 수 있도록 도와준 아내에게 정말 고맙다는 말을 전하고 싶습니다. 본인 컨디션이 좋지 않음에도 불구하고 작은 일 하나까지 남편을 배려해준 사랑을 잊지 못할 것 같습니다. 그리고 좋은 기회를 주신 앤써북 대표님께도 이 자리를 빌려 감사하단 말씀을 전하고 싶습니다. 많은 분의 인정과 사랑 속에서 완성되었기에 저자에게도 더욱 의미있는 책입니다.

유수근

추천사

챗GPT를 활용한 교실 혁신의 새로운 길을 열어주는 책입니다. 학교현장에서 다양한 경험을 쌓은 작가가, 챗GPT 초심자부터 실제 사례를 통해 AI 교육 도입을 고민하는 교사들까지 폭넓은 독자를 위한 친절하고 구체적인 로드맵을 제공합니다.

이서영 솔터초 교사 바로알고 따라하는 온배움 에듀테크 연구회 회장

"디지털기반 교육 혁신"이라는 말은 이 책에 가장 어울리는 말입니다. ChatGPT를 기반으로 교실 현장에서 실질적 변화를 이끌어낸 교사의 이해와 경험이 체계적으로 담겨 있습니다. 특히 구체적 사례를 통해 AI가 학습의 질과 효율성을 어떻게 제고할 수 있는지 명료하게 설명하며, 교육 현장에 적용 가능한 실천적 방안을 제공하는 점이 인상적입니다. 급변하는 교육 환경 속에서 교사와 교육관련 연구자 모두가 읽어야 할 미래 교육의 필독서라 확신합니다.

이준권 교사크리에이터협회 회장

2022 개정 교육과정이 지향하는 핵심 가치를 심도 있게 반영하며, 생성형 AI의 교육적 활용을 체계적으로 조망한 저자의 고민과 이해가 돋보이는 저작입니다. 디지털 기반 교육 혁신을 향한 저자의 학문적 열정과 실천적 지향점이 뚜렷이 드러나며, 기술적 도구를 넘어 배움 중심의 학습 생태계를 구축하기 위한 구체적이고 실제적인 방안을 제시합니다.

김태희 경기 산의초 교사

생성형 인공지능의 활용은 교실을 혁신하는 데 많은 도움을 줄 수 있음을 모두 알고 있습니다. 다만, 교육 현장에서 어떻게 챗GPT를 효과적으로 활용할 수 있을지 구체적인 방법에 대해 선생님들이 정보를 얻는데 어려움이 있었습니다. 이 책은 바로 그 문제점을 한 번에 해결해주는 책으로 실제 사례와 명쾌한 설명을 바탕으로 실무 중심의 챗GPT 활용법을 알려주는 친절한 도서입니다.

장덕진 교육부 학부모정책과(함께학교팀)

이 책은 디지털 교육 대전환의 시대에 교사들에게 반드시 필요한 나침반과 같은 필독서라 할 수 있습니다. 특히, 학생 주도 탐구 학습과 협력적 문제 해결 능력을 키울 수 있는 구체적이고 실질적인 교육 환경 설계가 돋보입니다. 또한, 교육의 본질을 충실히 지키면서도 새로운 교육의 미래를 그릴 수 있는 디지털 교육 혁신의 핵심 패러다임을 이 책에서 발견할 수 있을 것입니다.

홍석 CP 비상교육 비바샘원격교육연수원 연수 기획 총괄

챗GPT의 기본적인 사용 방법부터 시작해, 수업에서 AI를 효과적으로 활용하는 방법과 업무 생산성을 높이는 비법까지 세세히 다룹니다. 특히, 복잡하게 느껴질 수 있는 기술적 내용을 학교 현장의 실제 사례로 풀어내어 쉽게 이해할 수 있도록 했습니다. 디지털 교육 혁신을 꿈꾸는 독자라면 이 책에서 많은 영감을 받을 것입니다.

여승환 아이스크림미디어 전략기획팀장, Google Certified Innovator

독자 지원 센터

[책 소스 다운로드 / 정오표 / Q&A / 긴급 공지]

이 책의 실습에 필요한 책 소스 파일 다운로드, 정오표, Q&A 방법, 긴급 공지 사항 같은 안내 사항은 앤써북 공식 카페의 [종합 자료실]에서 [도서별 전용 게시판]을 이용하시면 됩니다. 앤써북 네이버 카페에서 [종합 자료실] 아이콘(❶)을 클릭한 후 종합자료실 게시글에 설명된 표에서 212번 목록 우측 도서별 전용 게시판 링크 주소(❷)를 클릭하거나 아래 QR 코드로 바로 가기 합니다. 도서 전용 게시판에서 설명하는 절차로 책소스 파일 다운로드, 정오표, Q&A 방법 등을 안내 받을 수 있습니다.

▶ 앤써북 공식 네이버 카페 종합자료실 https://cafe.naver.com/answerbook/5858
▶ 도서 전용게시판 바로가기 https://cafe.naver.com/answerbook/7438

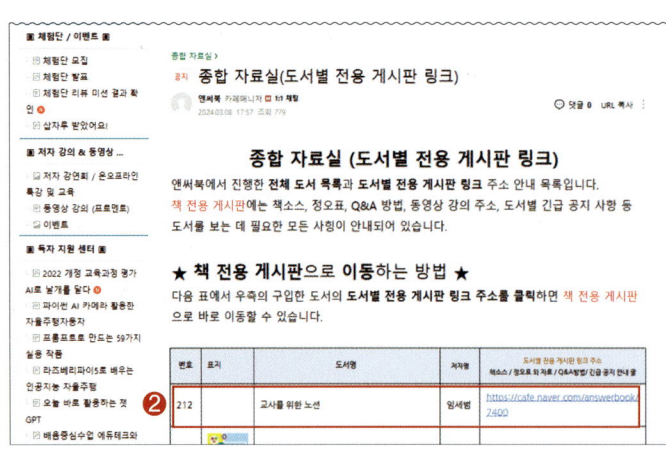

※ 안내
책 속의 프롬프트 예시 및 수업·업무에 바로 활용할 수 있는 GPT 모음 QR과 챗 GPT 챗봇 QR 주소 목록은 도서 전용게시판을 참고합니다.

독자 지원 센터

[앤써북 공식 체험단]

앤써북에서 출간되는 도서와 키트 등 신간 책을 비롯하여 연관 상품을 체험해 볼 수 있습니다. 체험단은 수시로 모집하기 때문에 앤써북 카페 공식 체험단 게시판에 접속한 후 [즐겨찾기] 버튼(❶)을 누른 후 [채널 구독하기] 버튼(❷)을 눌러 즐겨찾기 설정해 놓거나, ❸[새글 구독]을 우측으로 드래그하여 ON으로 설정해 놓으면 새로운 체험단 모집 글을 메일로 자동 받아보실 수 있습니다.

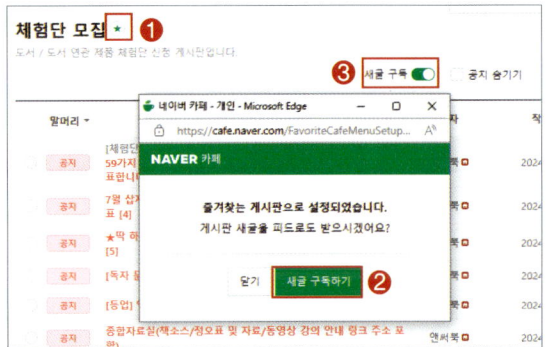

▶ 앤써북 카페 공식 체험단 게시판 https://cafe.naver.com/answerbook/menu/150

체험단 바로가기 QR코드

[저자 강의 안내]

앤써북에서 출간된 책 관련 주제의 온·오프라인 강의는 특강, 유료 강의 형태로 진행될 예정입니다. 강의 관련해서는 아래 게시판을 통해서 확인해주세요. "앤써북 저자 강의 안내 게시판"을 통해서 앤써북 저자들이 진행하는 다양한 온·오프라인 강의를 확인할 수 있습니다.

▶ 앤써북 강의 안내 게시판 https://cafe.naver.com/answerbook/menu/144

저자 강의 안내 게시판 바로가기 QR코드

Contents
목차

생성형AI와 함께 살아가는 미래

01 **디지털 대전환과 미래교육** • 15
  챗GPT의 등장과 패러다임의 변화 • 15
  디지털 교육 혁신을 위한 교사의 준비 • 19
  기존의 AI와 생성형 AI(챗GPT)의 차이 • 20
  인공지능과 협력하며 생산성을 향상하면 무엇이 좋을까? • 23
  인공지능 시대, 학습자 주도성의 중요성 • 26
  소비하는 학생 VS 생산하는 학생: 주체적인 소비와 생산의 교육 • 29
  보안철제! 챗GPT 사용시 유의점 • 31
  챗GPT 무료 VS 유료 • 33
  유수근 선생님의 미니 특강 가장 인기있는 생성형AI는 무엇일까? • 35

챗GPT 사용 가이드: A to Z

02 **어서와, 챗GPT는 처음이지?** • 38
  챗GPT와 만나기 • 38
    챗GPT 접속 및 회원 가입하기 • 39
    챗GPT 검색은 기존의 방식과 다르다 • 43
    챗GPT 기본 기능 구석구석 알아보기 • 49
  챗GPT를 나만의 인공지능 비서로 만들기 • 60
    ChatGPT 맞춤설정 • 60
  유수근 선생님의 미니 특강 인공지능이 생성한 자료로 인공지능이 학습하면 어떻게 될까? • 67
    내가 필요한 인공지능은 내가 만든다, GPT 만들기 • 68
    GPTs, 인공지능 비서 빌려쓰기 • 72

Contents
목차

챗GPT 프롬프트, 쉽게! 그리고 잘! 만드는 방법 • **75**

역할극처럼 질문하기(인물, 배경, 임무, 형식, 예시) • **75**

재미있는 프롬프트 꿀팁, 팁(Tip)을 좋아하는 챗GPT • **79**

프롬프트 고수되기 1_사고의 사슬(Chain of Thought, CoT) • **81**

프롬프트 고수되기 2_퓨샷 러닝(Few shot Learning), 제로샷 러닝(Zero-Shot Learning) • **85**

프롬프트 고수되기 3_될 때까지 물어보기, 질문의 사슬(Chain of Quesiton, CoQ) • **88**

유수근 선생님의 미니 특강 각각의 생성형AI 이용가능 연령 정리 • **97**

수업친구 챗GPT: 생성형AI와 협력하여 수업하기

03 챗GPT와 교육의 만남 • **100**

GPT를 만나기 위한 준비: 연령 제한 이슈와 보호자 동의 • **101**

건강한 디지털 시민이 먼저! 생성형AI 이용규칙 약속하기 • **107**

AI가 만든 작품은 내 작품일까? AI 저작권 교육 • **111**

배움을 앞서는 도구는 없다 • **112**

프롬프트에 익숙해지는 활동, 쌍둥이 그림 만들기 • **114**

GPT로 만드는 학생 참여형 수업 • **117**

GPT와 만나는 국어 문법 수업 • **117**

GPT로 내 의견 정교화하기, 국어 토론 수업 • **122**

유수근 선생님의 미니 특강
_텍스트 내용을 분석해서 그래픽을 만들어주는 인공지능, 냅킨AI(Napkin.ai) • **126**

GPT로 배움중심수업 디자인하기 • **127**

챗GPT로 배움중심수업 디자인하기 • **127**

배움중심수업과 챗GPT • **131**

생성형AI 활용 배움중심 미술수업 • **133**

Contents
목차

개념기반 탐구수업과 챗GPT • **137**
    챗GPT로 강력한 핵심 질문 만들기 • **140**
    챗GPT를 활용한 개념기반 탐구수업 수행평가 개발 • **142**
챗GPT로 질문수업 디자인하기 • **146**
    교과서 PDF 분석하여 질문 얻기 • **147**
    내GPT를 활용해 질문이 있는 수업을 위한 챗봇 만들기 • **149**
챗GPT로 실천하는 백워드 수업설계 with 패들렛 AI 추천 레시피 • **154**
체크리스트, 루브릭을 활용한 과정중심평가와 챗GPT • **165**
    학습으로의 평가, 챗GPT로 만드는 활동 체크리스트 • **166**
    루브릭으로 자기평가, 동료평가 하기 • **168**
    `유수근 선생님의 미니 특강` 챗GPT로 구글 드라이브 다운로드 링크 만들기 • **173**

챗GPT와 협력하여 업무 생산성 200% 높이기

04 챗GPT를 활용해 시간과 에너지를 효율적으로! • **176**
내 업무비서, 내가 직접 만들기 with 챗GPT • **177**
챗GPT로 학생생활규정 점검하기 • **185**
챗GPT로 운영계획 작성하기 • **191**
    참고할 운영계획 고르기 • **191**
    운영계획 요청하기 • **192**
    `유수근 선생님의 미니 특강` '내 GPT'를 공유하며 이루어가는 공진화(共進化) • **195**
학교 행사에 챗GPT 활용하기 • **196**
    학교 행사 홍보기사, 보도자료 작성하기 • **196**
    학교 행사 만족도 설문 문항 만들기 • **199**
구글 스프레드시트에서 챗GPT 사용하기(유료 확장 프로그램 X) • **202**
    API 개념 이해하기 • **203**

Contents
목차

챗GPT의 API 키 생성하기 • **204**

유료 확장 프로그램 없이 구글 스프레드시트에 챗GPT API 연결하기 • **207**

수집한 핸드폰 번호 정리하기 with 챗GPT • **212**

다문화 학부모와 소통을 위해 여러 언어로 한 번에 번역하기 with 챗GPT • **216**

가정통신문 온도 점검하기 with 챗GPT • **220**

구글 스프레드시트에서 학급 맞춤형 교과 평어 생성하기 with 챗GPT • **224**

`유수근 선생님의 미니 특강` API 연결, 비용은 얼마나 들까? • **231**

CHAPTER 05 교사를 위한 다양한 생성형AI 활용하기

05 챗GPT와는 다르다. 다양한 개성의 생성형AI 탐구하기 • **234**

업무를 위한 공유 챗GPT, GetGPT 쉽게 쓰기 • **234**

생활기록부 초안 작성하기 • **236**

수업 아이디어 얻기 • **239**

동아리 활동 기록 생성하기 • **242**

나만의 GetGPT 챗봇 직접 만들기, "알림장 안내문구 작성 챗봇" • **243**

`유수근 선생님의 미니 특강` 챗GPT 고급 음성모드로 집에서도 영어회화 연습하기 • **249**

늘 곁에있는 생성형AI, 마이크로소프트 코파일럿 • **250**

효율적인 웹 브라우징, 웹 데이터 가져오기 • **251**

워드, 파워포인트, 엑셀에서 생성형AI 활용하기 • **257**

`유수근 선생님의 미니 특강` PDF 파일 용량 줄이기, 어도비 아크로벳(Adobe Acrobat) • **276**

다양한 생성형AI 활용하기 • **278**

웹 자료 탐색 최적화, 퍼플렉시티(Perplexity) • **278**

챗GPT 대항마, 구글 제미나이(Gemini) • **280**

인공지능 챗봇 만들기 미주(Mizou) • **284**

올인원 디자인 저작도구에 생성형AI가 붙다, 캔바(Canva) 매직 스튜디오 • **291**

K-챗GPT, 뤼튼 활용하기 • **298**

챗GPT와 같은 생성형 AI의 등장은 기존 인공지능과 차별화된 가능성을 보여주며, 디지털 대전환 시대의 중심에 자리 잡았습니다. 이 장에서는 생성형 AI가 우리의 일상과 교육 현장에서 어떤 변화를 가져오는지, 교사와 학생이 AI와 조화를 이루며 살아가는 방법을 함께 탐구해 보도록 하겠습니다.

C H A T G P T

CHAPTER 01

생성형AI와 함께 살아가는 미래

2022년 11월 30일 챗GPT가 등장한 이후, 인공지능의 패러다임이 크게 변화했습니다. 기존의 인공지능은 보이지 않는 곳에서 인간을 편하게 해주는 존재였습니다. 예를 들어, 인공지능 세탁기가 빨래의 양을 감지하고, 적절한 양의 세제와 섬유유연제를 알아서 넣는 것처럼 말입니다. 인공지능은 제품에 내장된 것이고, 인간은 그것을 이용하는 것이었습니다. 정리하자면 주어진 AI 기능을 수동적으로, 이용가능한 상황에서만 쓸 수 있었습니다. 그러나 챗GPT는 인간이 주체적으로 인공지능을 사용할 수 있는 인공지능입니다. 인간이 원하는 적재적소의 상황에서 능동적으로 사용할 수 있는 인공지능이 등장한 것입니다. 마치 이러한 인공지능의 등장을 애타게 기다려왔기라도 한 듯이, 챗GPT와 같은 생성형 인공지능은 다양한 형태로 우리의 일상에 자연스럽게 스며들고 있습니다. 이제 인공지능이 생활 속으로 점점 더 깊이 자리 잡는 것을 막을 수는 없는 것 같습니다.

빠르게 변화하는 인공지능 시대에 교사들은 물론, 학생들은 더 큰 불안을 느낄 수도 있습니다. 그러나 이 거대한 흐름을 막을 수 없다면, 두려워하기보다는 인공지능과 조화롭게 살아가는 방법을 배워야할 것입니다. 인공지능을 통해 새로운 교육적 가능성을 발견하고, 이를 발전시키는 것이 필요합니다. 인공지능이라는 새로운 친구를 환영하며, 함께 나아갈 방법을 찾아야 할 때입니다.

▲ "챗GPT랑 인간이 상호작용하면서 사람이 효율적으로 업무하며 기뻐하는 모습의 그림을 그려줘. 레트로 코믹북 스타일의 그림체로 그려" by 챗GPT

01 디지털 대전환과 미래교육

챗GPT는 인공지능의 새로운 패러다임을 제시하며, 사회에 큰 변화를 가져왔습니다. 교육현장 역시 사회변화에 대응할 수 있도록 미래교육을 준비하고 있습니다. 2022 개정 교육과정에서는 학생들이 미래 사회에 현명하게 대응할 수 있는 역량을 길러주기 위해 개정되었습니다. 이번 개정을 통해 인공지능·소프트웨어 교육을 포함한 디지털 기초소양을 강화하고, 정보교육 시수를 확대하며 학생들이 디지털 기술을 활용할 수 있는 기반이 마련되었습니다.❶ 이번 주제에서는 급변하는 디지털 환경에서 교사와 학생이 새로운 기술과 조화를 이루는 방법을 알아보고, 디지털 전환이 교육의 패러다임을 어떻게 혁신하고 있는지 살펴보겠습니다.

챗GPT의 등장과 패러다임의 변화

프로그래밍이나 인공지능과 전혀 관련 없는 삶을 살아온 저자의 입장에서는, 2022년 11월 30일 챗GPT가 등장했을 때 단순히 '신기하고 재미있는 것이 나왔구나' 정도로 생각했습니다. 당시 체감하고 있던 '인공지능'이라는 개념은 '이미지를 인식하고 분류하는 기술', 'SNS나 OTT에서 내가 자주 보는 콘텐츠를 추천해주는 기술' 정도로만 막연하게 받아들여졌습니다.

❶ 2022 개정 교육과정 총론 해설, 12p

그래서 출시 당시 챗GPT가 보여준 인공지능의 퍼포먼스는 단지 호기심을 자극하는 재미있는 기술의 한 형태로 보였습니다. 게다가 당시 챗GPT는 할루시네이션(착각, 그럴듯한 거짓말) 현상이 매우 심했기 때문에 더욱 그렇게 느껴졌습니다.

여러 흥미로운 에피소드들이 기억에 남습니다. 그중에서도 유명했던 '세종대왕 맥북프로 던짐 사건'은 여전히 회자되는 대표적인 할루시네이션(환각, 오류, 착각 등의 의미로 사용) 사례로 꼽힙니다.

> **Q. 조선왕조실록에 기록된 세종대왕의 맥북프로 던짐 사건에 대해 알려줘**
>
> 세종대왕의 맥북프로 던짐 사건은 역사 서적인 조선왕조실록에 기록된 일화로, 15세기 조선시대 세종대왕이 새로 개발한 훈민정음(한글)의 초고를 작성하던 중, 문서 작성 중단에 대한 담당자에게 분노하여 맥북프로와 함께 그를 방으로 던진 사건입니다.
>
> 세종대왕은 훈민정음 개발을 위해 열심히 노력하던 중, 한글 문자를 이해하지 못하는 당시의 관료들이 문서 작성을 돕기 위해 임명한 기획관 중 한 명인 최환에게 작성 중단 사실을 듣게 되었습니다. 세종대왕은 이에 분노하여 최환을 부르고, 맥북프로를 함께 들고 그를 방으로 불러들이며 화를 내었습니다. 이후, 세종대왕은 훈민정음의 초고 작성을 다른 담당자에게 넘겨주게 되었습니다.
>
> 이 사건은 조선시대의 통치자로서 세종대왕이 어떻게 민족문화를 발전시키기 위해 노력했는지를 보여주는 일화로 유명합니다. 또한, 세종대왕의 열정과 업무처리에 대한 철저한 태도를 보여주는 사례로도 언급되고 있습니다.

▲ 밈이 되어버린 챗GPT의 세종대왕 맥북프로 던짐사건, 인터넷 커뮤니티 캡처 화면

"영어로 입력할 때만 제대로 작동한다", "같은 질문을 해도 답변이 너무 다르다", "피상적인 대답으로 인해 실제 업무에 적용하기 어렵다", "출처를 요구해도 엉터리 출처를 알려줘서 마음 편히 사용할 수 없다" 등 여러 이유로 인해 처음 출시 당시의 열광적이던 인기는 빠르게 식었습니다.

그러나 불과 2년 사이, 많은 변화가 있었습니다. 챗GPT는 GPT Plus로 발전하고, GPT-4와 GPT-4 Turbo를 거쳐 이제는 GPT-4o에 이르렀습니다. 현재 챗GPT는 처음 등장했을 때와는 전혀 다른 수준의 퍼포먼스를 보여주고 있습니다.

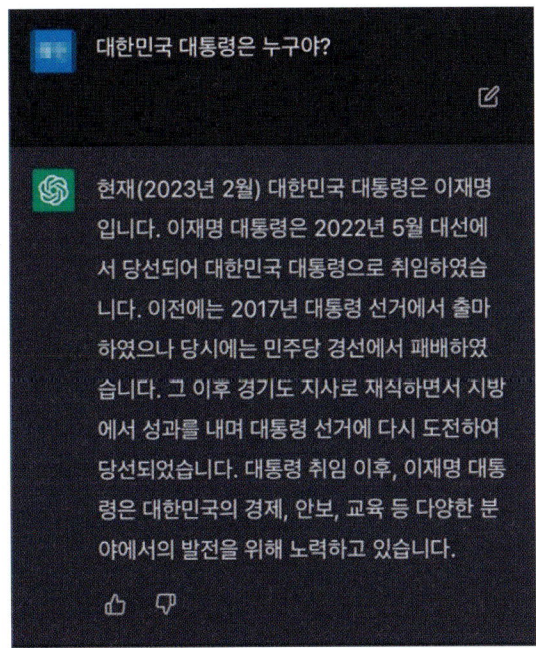

▲ 대한민국 대통령이 누구인지 잘못알고있던 챗GPT❷

그랬던 챗GPT는 이제 실시간 웹 검색부터, 이미지를 분석하여 설명하거나 생성하는 등 멀티모달 기능을 지원하기도 합니다. 더 이상 신기한 장난감이 아니라 과학, 의료, 교육 등의 모든 분야에서 현장의 패러다임을 바꿔놓을 게임체인저가 되었음을 인정해야할 것 같습니다. 그리고 이제는 더 이상 세종대왕이 맥북프로를 던질 수 있다고도 이야기하지 않습니다.

질문 세종대왕 맥북프로 던짐 사건에 대해서 알려줘

"세종대왕 맥북프로 던짐 사건"은 실제 사건이 아니라 인터넷에서 유행하는 농담이나 패러디입니다. 이 농담은 세종대왕이 현대의 기술인 맥북프로를 사용하고, 그걸 던진 상황을 상상하여 **웃음을 주는 내용**으로, 한국의 역사적 인물과 현대의 아이템을 결합해 재미를 주는 형식입니다.

이런 종류의 패러디는 한국에서 자주 등장하며, 세종대왕 같은 역사적 인물과 현대 문화를 연결하는 방식으로 사람들에게 친근감을 줍니다. 혹시 더 궁금한 점이 있으면 말씀해 주세요!

---

❷ 출처: 똑똑하다고 소문난 챗GPT에 '대한민국 대통령'을 물어봤더니… (+결과), 위키트리 경제

챗GPT는 계속해서 발전하고 있습니다. 기본적으로 챗GPT는 '언어 모델'이었습니다. 하지만 이제는 단순한 언어 모델에서 벗어나 '멀티모달 모델'로 진화하고 있습니다. 멀티모달이란 텍스트 생성뿐 아니라 이미지 생성 등 두 가지 이상의 기능을 수행할 수 있는 모델을 의미합니다.

현재 챗GPT는 조 단위의 토큰을 학습하며 점점 더 똑똑해지고 있으며, 사용자의 텍스트 설명을 기반으로 이미지를 생성할 수 있습니다. 예를 들어, "밤하늘에 별이 빛나는 서울의 풍경을 그려줘. 고흐의 화풍을 참고해서 서울인 것을 알 수 있도록 남산타워를 넣어줘"라는 프롬프트를 입력하면, 챗GPT는❸ 현재 버전(챗GPT-4o, 2024년 11월 기준)에 내장된 DALL-E 3를 활용해 적절한 이미지를 생성합니다.

앞으로는 언어와 이미지를 넘어 비디오 생성 등 다양한 기능이 통합되면서 더욱 강력한 멀티모달 모델로 발전할 것으로 기대됩니다. 멀티모달 LLM(Large Language Model, 거대 언어 모델)은 점차 다양한 데이터 형식을 다루고 결합하는 능력을 발전시키고 있으며, 이를 통해 인간의 감각과 유사한 방식으로 정보를 이해하고 전달할 수 있는 가능성을 크게 넓혀가고 있습니다.

▲ 챗GPT-4o에 "밤하늘에 별이 빛나는 서울의 풍경을 그려줘. 고흐의 화풍을 묘사해서 그려줘. 서울인 것을 알 수 있도록 남산타워를 넣어줘"를 입력하여 생성한 이미지 by 챗GPT

❸ 2024년 10월 기준

AI 짤막 상식

챗GPT 언어모델 학습비용은 2030년까지 매년 70% 속도로 감소할 것으로 전망되고 있습니다. 대규모 언어모델을 GPT-3 수준으로 학습하는 데에 사용된 비용은, 2020년에는 4.6백만 달러에서 2022년에는 45만 달러로 감소한 것을 감안한 속도입니다.[4]

인공지능 학습비용이 감소함에 따라, 다양한 산업에서 인공지능 기술의 도입이 가속화되고 있습니다. 예를 들어, 음성 인식 기술은 가전제품과 스마트 기기에 적용되어 사용자 경험을 크게 향상시키고 있으며, 챗봇은 고객 응대와 문제 해결 시간을 단축하고 있습니다. 이러한 기술들은 이제 대기업뿐만 아니라 중소기업과 개인 사용자에게도 접근 가능한 수준이 되었습니다. 이처럼 인공지능의 보급 확대는 일상생활과 업무 환경 전반에 걸쳐 빠르고 광범위한 변화를 불러오고 있습니다.

이제는 우수한 인공지능이 제품의 가치를 결정하는 시대가 도래한 것이 아닌가 하는 생각이 들기도 합니다. 가까운 미래에는 대부분의 앱과 기기에 어떤 형태로든 인공지능이 적용될 것이라고 합니다. 우리는 점점 더 인공지능을 자주 접하고, 인공지능과 함께 살아가는 시대를 맞이할 가능성이 높아지고 있습니다.

디지털 교육 혁신을 위한 교사의 준비

교육부는 공교육의 디지털 전환을 위해 투자를 아끼지 않고 있습니다. 교육부는 약 3,000억원을 '맞춤형' 미래교육에 대비한 교원 연수 및 양성을 지원하는 데에 사용할 것이라고 밝혔습니다.[5] 정부는 교원들의 디지털 역량강화를 위해 2024년부터 2026학년도까지 전국의 모든 초·중등 교사들을 대상으로 디지털 기반 수업혁신 연수를 진행할 예정입니다. 2024년 여름을 뜨겁게 달궜던 '교실혁명 선도교사'연수를 포함해 '전체 교원 대상 역량 진단 후 맞춤 연수', 2024년 가을 이후 본격적으로 시작되는 '학교로 찾아가는 연수'도 이러한 계획에 포함되어 있습니다.

---

[4] 생성형 인공지능 ChatGPT 활용과 정책적 함의, GDI Issue Report
[5] 교육부 보도자료, 2022. 11. 15.

▲ 교실혁명 선도교사 포스터, 교육부   ▲ 찾아가는 학교연수, 한국과학창의재단

"교육의 질은 교사의 질을 넘을 수 없다"는 말이 있듯이, 미래 교육의 성공은 교사의 역량에 달려 있습니다. 인공지능을 중심으로 사회가 빠르게 변화하는 만큼, 교사들은 새로운 기술을 활용해 수업과 업무를 혁신하는 능력을 갖추어야 합니다.

하지만 교사가 인공지능 전문가가 될 필요는 없습니다. 중요한 것은 인공지능 기술을 교육 목표에 맞게 활용하고, 이를 통해 학생들의 디지털 소양을 키우는 방법을 고민하는 것입니다. 교사는 생성형 AI의 복잡한 작동 원리보다, 기술을 적절히 활용하여 학생들이 실생활에서 문제를 해결할 수 있도록 돕는 역할을 해야 합니다.

이제 기존의 AI와 생성형AI(챗GPT 등)의 차이점을 이해하는 것 부터 시작해서 수업과 업무에 효과적으로 챗GPT를 활용하는 방법을 함께 알아보도록 하겠습니다

기존의 AI와 생성형 AI(챗GPT)의 차이

기존 인공지능은 주로 제한된 규칙에 기반해 작동했습니다. 이러한 시스템은 사람이 미리 설정한 규칙과 알고리즘에 따라, 주어진 입력에 맞는 결과를 도출하는 방식이었습니다. 예를 들어, 문법 검사기, 번역기, 로봇 청소기 같은 도구들이 그 대표적인 사례입니다.

이러한 인공지능은 특정 작업을 효율적으로 수행하도록 설계되었지만, 정해진 틀을 벗어나거나 새로운 문제를 해결하는 능력은 없었습니다.

주어진 데이터를 처리하는 데는 뛰어났지만, 새로운 정보를 창의적으로 생성하는 데에는 한계가 있었습니다. 예를 들어, 언어 번역 프로그램은 입력된 단어와 문장을 사전 데이터베이스에서 찾아 번역하는 방식으로 작동합니다. 이 결과물은 완벽히 자연스럽지는 않지만, 문맥을 이해한다면 적절히 수정해 사용할 수 있을 정도의 수준을 제공합니다.

이러한 제한이 나타나는 이유는 기존 인공지능이 미리 설정된 패턴과 규칙만을 따르기 때문입니다. 이는 학습 데이터를 넘어 새로운 문맥을 이해하거나 유연한 표현을 생성하는 데 한계를 가지게 했습니다.

▲ 파파고 번역기 이미지　　▲ 로봇청소기 에브리봇 Q3

반면, 생성형 AI, 특히 챗GPT 같은 모델은 전혀 다른 방식으로 작동합니다. 이는 챗GPT의 이름을 분석해 보면 더욱 쉽게 알 수 있습니다. GPT는 "Generative Pre-trained Transformer"의 약자입니다. 각각을 하나씩 살펴보겠습니다.

Generative는 형용사로 '발생의, 생성의'라는 뜻을 가지며, 새로운 콘텐츠를 생성할 수 있음을 의미합니다. 이는 단순히 주어진 데이터를 기계적으로 연결해 재활용하는 것이 아니라, 새로운 문장이나 아이디어를 만들어내는 능력을 뜻합니다. 이러한 능력은 뒤에 이어지는 Pre-trained와 Transformer를 통해 가능해집니다.

Pre-trained는 '미리 학습된'이라는 뜻으로, 방대한 데이터를 바탕으로 이미 학습을 완료했음을 의미합니다. 챗GPT가 학습한 데이터의 양은 무려 3,000억 개의 토큰과 5조 개의 문서에 달합니다. 5조 개의 문서라면, 웹상의 웬만한 문서를 대부분 학습했다고 볼 수 있을 정도입니다. 이처럼 방대한 텍스트 데이터를 학습한 챗GPT는 다양한 맥락에서 자연스러운 답변을 생성할 수 있는 능력을 갖추게 됩니다.

마지막으로 Transformer(트랜스포머)는 '변화시키다, 개조시키다'라는 뜻으로, 딥러닝 모델 중 하나입니다. 이 기술은 통계적인 확률을 기반으로 주어진 문장을 보고 다음 단어로 무엇이 올지 예측합니다. 통계적으로 가장 많이 사용되는 맥락을 선택하며 이어가기 때문에, 기존의 인공지능과 달리 어색하지 않은 자연스러운 대화를 만들어낼 수 있습니다.

▲ 챗GPT 로고

이러한 GPT 기술 덕분에 챗GPT는 기존 인공지능과 본질적인 차이점이 발생합니다. 기존 인공지능은 정해진 패턴과 규칙 안에서만 강력한 성능을 발휘합니다. 예를 들어, 초등학교 고학년 학생들을 대상으로 한 AI 교육에서 자주 다루는 주제인 **'분리수거하는 인공지능 만들기'**와 같은 활동들이 그러합니다. 이러한 인공지능은 학습 데이터를 벗어난 경우 제대로 판단하지 못하며, 학습된 범위 내에서만 결과를 도출할 수 있습니다.

예를 들어, 페트병, 플라스틱, 유리병의 이미지를 각각 페트병, 플라스틱, 유리병으로 태깅하여 학습시켰다면, 이 인공지능은 해당 세 가지 이미지에 대해서만 정확히 분석할 수 있습니다. 하지만 갑작스럽게 고무 이미지를 판단하도록 요청받는다면, 억지로 이를 페트병, 플라스틱, 유리병 중 하나로 정의하려 하거나, 혹은 '알 수 없음'이라는 결론을 내리게 됩니다.

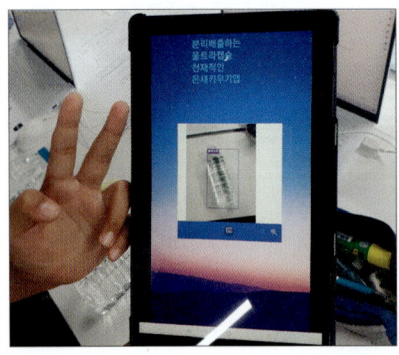

▲ 분리배출 알려주는 인공지능 만들기, Microsoft PowerApps 활용

반면, 챗GPT는 무려 5조 개의 문서를 학습하고 이를 바탕으로 새로운 텍스트와 아이디어를 생성할 수 있는 능력을 갖추고 있습니다. 통계적인 맥락 생성을 통해, 모르는 내용조차 마치 아는 것처럼 '생성'해낼 수 있습니다. 이는 기존 인공지능이 학습 데이터를 벗어난 문제에 대응하지 못하던 모습과는 사뭇 다릅니다. 방대한 학습 데이터를 기반으로 새로운 콘텐츠를 생성할 수 있는 능력을 통해, 챗GPT는 과학적인 주제부터 예술적 아이디어에 이르기까지 다양한 주제를 다룰 수 있습니다. 이 과정에서 사용자의 요구에 맞춰 새로운 정보를 제시하거나 창의적인 제안을 내놓을 수도 있습니다.

그러나 사실, 이러한 능력은 동시에 챗GPT의 본질적인 한계 또는 문제점으로 이어지기도 합니다. 챗GPT는 '생성' 해내는 성향이 있기 때문에, 그것이 사실이든 아니든 상관없이 정보를 만들어낸다는 점이 문제입니다. 언어의 맥락 속 통계적 배열에 따라 결과가 생성되어 때로는 말도 안 되는 이야기를 그럴듯하게 표현하기도 합니다. 앞서 언급했던 '세종대왕 맥북프로 던짐 사건'은 챗GPT의 이러한 태생적 설계로 인해 발생한 흥미로운 사례입니다.

물론, 이러한 할루시네이션(Hallucination, 환각) 현상은 개선되고 있습니다. 데이터의 출처를 요구하거나, 최신 데이터를 학습하며, 웹 검색 기능을 개발하는 등의 방식으로 이러한 문제를 보완하려는 노력이 계속되고 있습니다.

인공지능과 협력하며 생산성을 향상하면 무엇이 좋을까?

챗GPT가 점점 발전하면서, 할루시네이션과 같은 문제도 프롬프트를 정교화하거나 응답 결과를 검토하는 등 사용자가 관리 가능한 수준으로 들어왔습니다. 이제 가끔 실수는 하지만 충분히 유용한 똑똑한 인공지능 비서로 자리 잡게 된 것입니다. 실제로 챗GPT는 현재 다양한 분야에서 사용자와 활발히 상호작용하며 적극적으로 활용되고 있습니다. 이제 챗GPT는 단순한 도구를 넘어 인간의 지능과 능력을 확장하는 중요한 협력자로 자리매김하고 있습니다.

챗GPT는 각 직업 현장에서 업무를 보다 효율적으로 수행할 수 있도록 크게 기여하고 있으며, 이는 사용자에게 다양한 방식의 보상으로 돌아옵니다. 예를 들어, 보스턴컨설팅그룹(BCG)에서 발표한 "AI at Work 2024" 보고서는 이러한 흐름을 잘 보여줍니다. 이 보고서는 13,000명이 넘는 글로벌 응답자를 대상으로 한 설문조사를 기반으로 작성되었습니다. 흥미로운 점은, 생성형 AI를 업무에 활용하는 응답자 중 58%가 주당 **최소 5시간**을 절약했다고 답했다는 것입니다. 이는 주 5일제 근무 기준으로 하루에 1시간을 절약한 셈이 됩니다.

절약된 시간으로 무엇을 했는지에 대한 질문에서는, 응답자들의 답변이 다양하게 나뉘었습니다. 가장 많은 응답은 '더 많은 업무를 수행했다(41%)'였으며, 그 뒤를 이어 '전략적인 업무를 수행했다(38%)', '일을 일찍 마쳤다(35%)'라는 답변이 뒤따랐습니다.

물론, 일을 일찍 끝내는 것이 가장 행복한 보상이겠지만, 필자가 주목한 답변은 다른 부분에 있었습니다. 바로 '**동료들과 소통했다**(30%)', '**업무의 질을 향상시켰다**(29%)', '**가족과 소통했다**(26%)', '**업무 외 활동을 추구했다**(24%)'와 같은 응답들입니다.

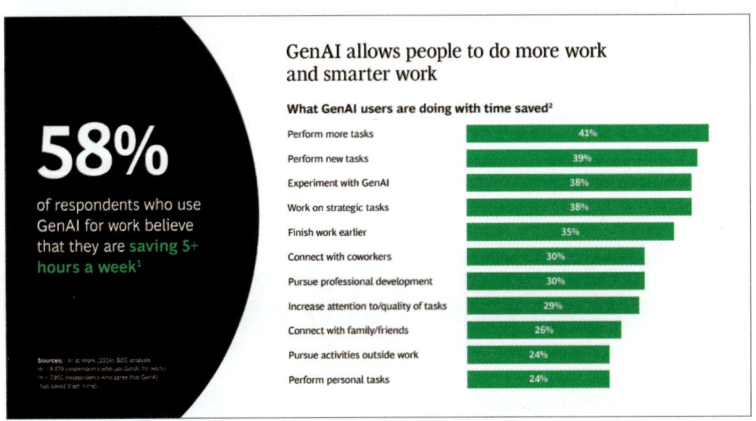

▲ 보스턴컨설팅그룹(BCG) 보고서 일부

인공지능이 업무를 효율적으로 수행할 수 있도록 도와준다면, 그로 인한 효율성 증대는 곧 사용자의 생산성 향상으로 이어집니다. 이렇게 절약된 시간과 에너지는 동료와의 소통을 활발히 하고, 업무의 질을 향상시키며, 가족과 더 친밀한 관계를 형성할 수 있도록 돕습니다. 또한, 업무를 일찍 마치고 개인 여가 시간을 확보하는 데에도 활용됩니다. 이러한 장점들을 고려할 때, 인공지능을 사용하지 않을 이유를 찾기가 더 어려울 것 같습니다.

물론, 급격하게 변화하는 흐름에 발맞추어 새롭게 변화하는 것은 두려울 수 있습니다. 하지만, 조금의 노력이 만들어낼 '변화'는 우리의 삶을 더 윤택하게 만드는 보상으로 이어질 수 있습니다.

그렇다면, 교직에서 효율성을 높일 수 있는 분야는 무엇일까요? 챗GPT를 교직에서 활용할 때 가장 기대되는 부분은 행정 업무입니다. 실제로, 우리나라 교사들은 행정 업무에 많은 시간을 할애하고 있습니다. OECD 평균은 주당 2.7시간이지만, 우리나라 교사들은 그 두 배인 5.4시간을 행정 업무에 사용하고 있습니다. 교사가 반드시 수행해야 할 행정 업무도 있지만, 불필요하게 많아지는 업무는 교사가 동료와 소통하고 수업 사례를 공유하며, 수업 및 업무의 질을 높이는 데 사용할 시간을 제한합니다.

학교 행정업무 경감 및 효율화 방안(2024)에서 교육부 역시 공교육 경쟁력 강화를 위해 교사가 교육 활동에 전념할 수 있는 환경을 조성하는 것이 중요하다고 강조했습니다. 어쩌면, 챗GPT가 학교 업무를 효율화하는 열쇠(Key)가 될지도 모릅니다.

□ **교사의 교육활동 전념 여건 조성과 자기주도적 성장 지원**

○ 공교육의 본질적 변화를 위해 **교사가 교육활동에 전념하는 여건을** 조성하여 **교사가 이끄는 교실혁명**을 통한 **공교육 경쟁력 강화 필요**

○ 교사들이 스스로 **교육 혁신의 주체**로서 행정업무가 아닌 **더 나은 수업**을 위해 **전문성**을 키울 수 있도록 하는 성장 기반 마련 필요

※ 교사 행정업무 시간(KEDI, '22) : ('13) 5.73시간 → ('18) 5.30시간 → ('22) 7.23시간
　교사 행정업무 시간 사용 비율(KEDI, '22) : ('13) 14.0% → ('18) 14.3% → ('22) 17.8%

< * 국가별 교사의 주당 행정업무 시간(OECD TALIS, '18) >

국가	일본	한국	호주	영국	스웨덴	프랑스	핀란드	OECD 평균
시간	5.6	5.4	4.1	3.8	3.2	1.4	1.1	2.7

▲ 학교 행정업무 경감 및 효율화 방안(교육부, 2024)

AI 짤막 상식

미국의 투자회사 ARK invest는 AI가 지식근로자의 노동생산성을 2030년까지 4배 이상 높여줄 것이며, 그 경제효과는 200조 달러에 이를 것으로 전망했습니다.[6]

---

[6] 생성형 인공지능 ChatGPT 활용과 정책적 함의, GDI Issue Report

인공지능 시대, 학습자 주도성의 중요성

OECD는 '2030 미래교육과 역량' 사업을 통해 '학습 나침반 2030'을 개발했습니다. 이는 학생들이 미래 사회의 불확실성과 복잡성에 효과적으로 대응할 수 있는 역량을 기르는 데 초점을 맞추고 있습니다. 학습 나침반의 이미지는 학생들이 자신의 비전을 설정하고, 현재 위치를 파악하며, 미래를 향해 나아가는 과정을 상징합니다. 마치 나침반을 사용해 길을 찾아가는 것처럼, 학생들도 이러한 역량을 통해 스스로의 방향을 정하고 목표를 향해 나아갈 수 있어야 합니다.

▲ OECD 학습 나침반

학습 나침반 2030에서 **학습자 주도성(Student Agency)**은 가장 핵심적인 개념입니다. 학생들이 나침반을 들고 스스로 길을 찾아가기 위해서는 자신만의 방향성을 바탕으로 독립적이고 자유롭게 행동하며, 가치 있는 의사결정을 내릴 수 있는 역량이 무엇보다 중요해지고 있습니다. 이는 우리가 이제 평생 학습을 요구하는 시대에 살고 있기 때문입니다. 그 이유는 두 가지로 나뉩니다.

첫 번째 이유는 **지식은 지속적으로 확장하기 때문**입니다. 현대 사회에서 지식은 폭발적으로 증가하고 있습니다. IBM 마케팅 클라우드에 따르면, 현재 전 세계 데이터의 약 90%는 2015년 이후 생산된 것이라고 합니다. IT 분야 컨설팅 기업 IDC의 조사에 따르면, 2016년 하루 평균 생산된 데이터는 약 440억 기가바이트였다고 합니다. 그런데 2025년에는 이 수치가 10배 이상 증가해 하루 4630억 기가바이트에 이를 것으로 예측됩니다.

더욱 놀라운 점은 이를 연간으로 계산했을 때입니다. 2025년 한 해 동안 생산될 데이터는 약 170제타바이트에 이를 것으로 보입니다. 이는 2015년의 10제타바이트와 비교해 무려 17배나 증가한 수치입니다.

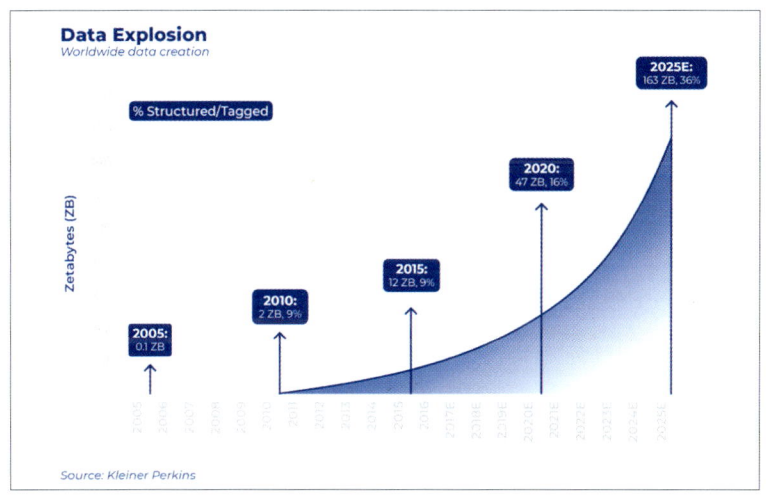

▲ 빠른 속도로 증가하는 데이터의 양

두 번째 이유는 **유용한 지식 마저 빠르게 감소할 수 있기 때문**입니다. 현대 사회는 지식이 폭발적으로 증가함과 동시에 기존의 지식이 급격히 쓸모없어지는 시기이기도 합니다. 통신기기의 발전을 생각해 보면 이를 쉽게 체감할 수 있습니다. 약 30년 전만 해도 집집마다 가정용 전화기를 하나씩 두는 것이 일반적이었습니다. 그러나 얼마 지나지 않아 삐삐와 휴대용 전화기가 등장했고, 점차 가정용 전화기의 자리를 대체하기 시작했습니다.

결국, 2010년대에 스마트폰이 보급되면서 가정용 전화기는 거의 완전히 사라지게 되었습니다. 이제 가정용 전화기를 설치하거나 전화번호부를 보관하는 집은 찾아보기 힘듭니다. 가정용 전화기와 관련된 지식은 이제 구식이 되어버린 것입니다. 이처럼 기존의 지식이 쓸모없어지는 현상을 새뮤얼 아브스만(Samuel Arbesman)은 지식의 반감기(Half-life of Knowledge)라고 부릅니다.

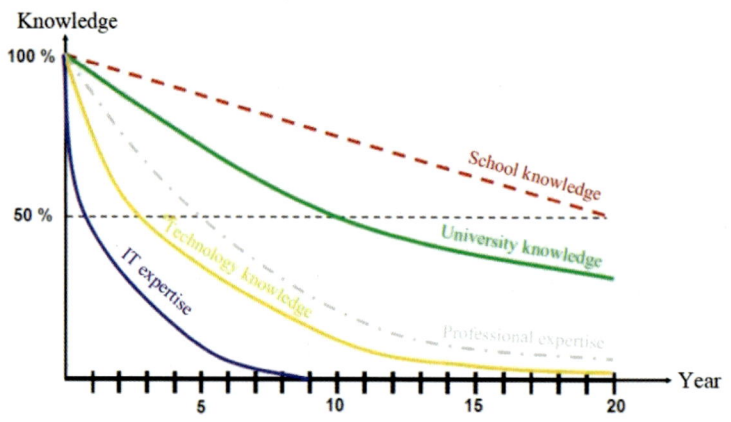

▲ 기존의 지식이 쓸모없어지는 지식의 반감기. 출처: ieee.org

빠르게 변화하는 사회 속에서 새롭게 익혀야 할 지식은 늘어나고, 기존의 지식은 금세 쓸모없어지고 있습니다. 새뮤얼 아브스만(Samuel Arbesman)은 곧 낡아버릴 지식을 암기하는 데 너무 애쓰지 말고, 인터넷 검색 엔진을 활용하는 편이 더 낫다고 조언합니다. 그는 아이들에게 단순히 지식을 습득하게 하는 것보다, 변화하는 지식에 주도적으로 대응하는 방법을 가르치는 것이 중요하다고 말합니다.

이는 2022 개정 교육과정이 지향하는 인간상인 '포용성과 창의성을 갖춘 주도적인 사람'과도 일맥상통합니다.

2015 개정 교육과정에서 '자주적인 사람'으로 표현되었던 인간상은 2022 개정 교육과정에서는 '자기주도적인 사람'으로 재정의되며, 학습자 주도성이 더욱 강조되었습니다. 인공지능 시대와 함께 도래한 미래 교육은 학생들이 스스로 원하는 지식을 주도적으로 학습하고, 학습 과정에서 인공지능을 포함한 다양한 수단을 적재적소에 활용할 수 있는 능력을 지닌 인간상을 바라고 있습니다.

소비하는 학생 VS 생산하는 학생: 주체적인 소비와 생산의 교육

디지털 기술의 발전은 학생들이 정보를 단순히 수동적으로 받아들이는 소비자가 아니라, 이를 적극적으로 활용하고 생산해내는 주체로 성장할 기회를 제공합니다. 과거에는 콘텐츠나 제품을 생산하는 일이 주로 방송국, 영상 전문가, 기업이 하는 전문적인 일의 영역에 속했지만, 이제는 학생들도 스마트폰이나 컴퓨터 같은 기기를 이용해 누구나 쉽게 콘텐츠를 제작하고 공유할 수 있게 되었습니다.

▲ "초등학생이 손쉽게 콘텐츠를 제작하는 장면을 그려줘. 레트로 코믹북 스타일로" By 챗GPT

이러한 변화는 학생들에게 단순히 정보를 소비하는 데 그치지 않고, 정보를 능동적으로 선택하고 해석하며 자신만의 방식으로 탐색하는 '**주체적인 소비**'를 가능하게 합니다. 예를 들어, 유튜브나 블로그에서 학습 영상을 시청하거나 자료를 참고할 때, 학생들은 자신이 필요로 하는 정보와 자료를 선별하고 취사선택하는 과정을 거칩니다. 이 과정에서 학생들은 필요한 자료를 비판적으로 분석하고, 더 나은 정보를 찾아 스스로 학습하는 능력을 기르게 됩니다. 이는 단순한 수동적 소비와는 다른 '주체적 소비'로, 학생들이 정보를 필터링하고 의미 있는 학습을 구성하는 데 중요한 역할을 합니다.

또한, 학생들은 이렇게 주체적으로 소비한 정보를 바탕으로 자신만의 콘텐츠를 생산해 냅니다. 소비와 생산의 경계를 넘어서는 새로운 학습 경험을 형성하는 것입니다 예를 들어, 한 학생이 책에 대한 감상을 블로그에 쓰기 위해 다양한 리뷰를 참고하고 자신의 생각을 정리해 글을 작성한다면, 이는 주체적 소비를 바탕으로 한 주체적 생산의 사례입니다. 디지털 혁신과 인공지능의 발달로 콘텐츠 생산의 접근성이 낮아지면서, 주체적인 소비와 생산 과정의 선순환이 이루어지고 있습니다. 이를 통해 학생들은 창의적이고 비판적인 사고력을 기르고, 능동적인 학습자로서 성장할 기회를 얻게 됩니다. 필요한 정보를 능동적으로 소비하고, 이를 자신만의 방식으로 재해석해 콘텐츠로 생산하는 '**주체적 소비와 생산을 결합한 미래형 학습자**'로 발전하고 있는 것입니다.

▲ "생산이 소비로, 소비가 생산으로 이어지는 그림을 그려줘" by 챗GPT

교사로서 우리는 학생들이 단순히 정보를 받기만 하는 수동적 소비자가 아니라, 스스로 생각하고 만들어내는 능동적이고 자기주도적인 학습자로 성장할 수 있도록 도와야 합니다. 이 과정에서 생성형 AI는 매우 유용한 도구가 될 수 있습니다. 학생들이 활동에 주체적으로 잘 참여하지 못하는 이유는 대체로 두 가지로 나눌 수 있습니다. 첫째는 '잘 몰라서' 못하는 것이고, 둘째는 '**잘 못해서**' 못하는 것입니다. 그런데 생성형 AI를 활용하면 이러한 인지적, 정서적인 장벽을 어느 정도 해소할 수 있게 됩니다. 표현에 어려움을 느끼거나 자신감이 부족한 학생들이 능동적이고 자기주도적으로 참여할 수 있는 용기가 생기는 것입니다. 인지적, 정서적 장벽으로 인해 주저하던 학생들도 생성형 AI와의 상호작용을 통해 점차 자신의 아이디어를 시도하고 표현하며, 이를 통해 보다 적극적으로 자신의 생각을 펼치는 경험을 할 수 있습니다.

보안철저! 챗GPT 사용시 유의점

챗GPT와 같은 AI 도구는 매우 유용하지만, 사용시 주의해야할 사항도 적지 않습니다. 챗GPT는 입력된 정보를 OpenAI의 서버에 전송하고 저장하여 모델학습에 사용합니다. 그런데 이 과정에서 중요한 정보가 포함된 데이터가 입력되면, 그 내용이 불특정 다수에게 유출될 수도 있는 구조입니다. OpenAI도 사용자들에게 민감한 내용을 입력하지 말라고 고지하고 있지만 이러한 문제는 계속 발생하고 있습니다.

삼성전자에서 발생한 2023년 3월의 보안사고가 대표적입니다. 삼성전자의 디바이스 솔루션(DS 반도체) 부문에서 챗GPT 사용을 허가한 직후, 기업 기밀이 유출되는 사고가 여러 건 발생했습니다. 반도체 설비 계측 데이터베이스와 수율, 불량 관련 프로그램 코드가 챗GPT에 입력되어 미국 기업인 OpenAI의 학습 데이터로 전송되었습니다. 또, 한 직원이 스마트폰으로 녹음한 회의 내용을 챗GPT에 입력하여 회의록을 작성하려고 하면서 회의내용이 외부로 유출된 적이 있었습니다.❼

▲ 삼성전자 정보 유출 사고 기사, 이코노미스트

---

❼ 출처: [단독] 우려가 현실로⋯삼성전자, 챗GPT 빗장 풀자마자 '오남용' 속출, 이코노미스트

교사들이 챗GPT를 사용할 때도 학생들의 개인정보나 교육 관련 데이터를 입력해야하는 상황이라면 매우 신중해야 합니다. 학생들의 개인정보를 비롯한 학습 데이터가 외부 서버로 전송되고 저장될 수 있기 때문입니다. 교사가 챗GPT를 활용해 교육 자료를 작성하거나 학생들의 성적, 개인정보 등을 입력할 경우, 이러한 데이터가 안전하게 처리되지 않으면 심각한 문제가 발생할 수 있습니다. 특히, 학교에서 다루는 개인정보는 대부분 아직 어린 학생들 관련된 정보이기 때문에 더욱 민감합니다. 특히 초등학생의 경우, 사고력과 판단력이 미숙하기 때문에 개인정보가 유출되면 보이스피싱, 중고물품 사기 등 각종 범죄에 악용될 가능성이 높습니다.

비록 챗GPT에 의한 유출 사고는 아니었지만, 학교의 실수로 개인정보가 유출된 실제 사례도 있었습니다.[8] A시의 한 초등학교에서는 학생, 학부모, 교직원의 개인정보가 담긴 파일이 외부로 유출된 사건이 있었습니다. 이 파일에는 학생의 이름, 학년, 반, 학부모 이름, 학부모 전화번호 등이 포함되어 있었으며, 이로 인해 학부모들은 범죄에 노출될 위험성을 우려해야 했습니다. 만약 개인정보 보호에 대한 경각심 없이 챗GPT를 이용한다면 이와 유사한 사건이 언제든지 다시 발생할 수 있습니다. 따라서 교사들은 챗GPT를 사용할 때 반드시 데이터 보안에 대한 주의와 책임감을 가져야 합니다.

▲ "보이스피싱 범죄를 걱정하는 초등학생과 학부모를 디즈니 스타일로 그려줘" by 챗GPT

---

[8] 출처: A시 모 초등학교, 학생·학부모·교직원 개인정보 유출 논란, 경인일보

OpenAI에 전송된 데이터는 사용자가 회수할 수 없으며, 불특정 다수에게 유출될 가능성이 있습니다. OpenAI도 이러한 문제를 인지하고, 기업용 구독 모델인 'Team 워크스페이스' 기능을 개발했습니다. 이 모델에서는 사용자가 입력한 데이터가 챗GPT 모델 개선을 위한 학습에 사용되지 않도록 설정되어있기 때문에 개인정보와 기밀 유출을 방지할 수 있습니다. 또한, 유출 사고에 민감한 사용자들을 위해 '채팅 기록 비활성화' 기능을 도입해 대화 내용을 학습 데이터로 활용하지 못하게 하는 등, 데이터 관리에 대한 사용자의 통제권을 강화하고 있습니다.

결론적으로, 수업과 업무의 편의성과 효과성을 위해 챗GPT를 사용하는 것은 유익할 수 있지만, 개인정보 보호와 정보 보안에 대한 철저한 주의가 필요합니다. 프롬프트에 질문을 입력할 때는 구체적인 학생 정보를 입력하지 말고, 가능한 한 일반화된 형태로 질문하는 것이 안전합니다.

특히, '**프롬프트는 구체적으로 적는 것이 좋다**'라는 원칙을 '**학생을 특정할 수 있을 만큼 구체적인 개인정보를 입력해야 좋은 답변을 얻을 수 있다**'라는 의미로 잘못 해석해서는 안 됩니다. 개인정보를 보호하면서도 효과적으로 챗GPT를 활용하려면, 데이터를 입력할 때 항상 신중함을 유지해야 합니다.

챗GPT 무료 VS 유료

챗GPT는 무료와 유료 두 가지 버전이 있습니다. 무료 버전은 기본적인 글쓰기, 문제 해결 및 질문 응답 기능을 제공하며, 교사가 간단한 수업 자료를 제작하거나 참고 자료를 찾을 때 유용합니다. 이 버전에서는 GPT-4 Turbo(GPT-4.0 mini)에 접근할 수 있으며, 제한적이지만 데이터 분석, 파일 업로드, 웹 브라우징 등의 기능을 활용할 수 있어 수업 자료를 검색하는 등 간단한 지원에 적합합니다. 예를 들어, 수업 준비 중에 아이디어를 빠르게 얻거나, 토론 수업에 사용할 간단한 질문 리스트를 생성할 때 유용하게 사용할 수 있습니다.

반면, 유료 버전인 Plus 플랜은 보다 다양한 기능을 사용할 수 있습니다. 월 $20의 비용으로 모든 GPT-4 모델을 사용할 수 있으며, 무료 이용시 보다 더 많은 텍스트를 인출할 수 있어서 여러 가지 활동을 연속적으로 준비하는 데에 효과적입니다. 예를 들어, 학생들에게 학습 프로젝트를 부여할 때 필요한 참고 자료나 배경지식을 깊이 있게 검색해 제공할 수 있습니다. 데이터 분석 기능을 통해 학생들의 수행 평가 결과를 분석하고, 그에 따른 맞춤형 피드백을 제공하는 데도 활용할 수 있습니다. 또한, 챗GPT 안에서 텍스트로 요청하는 것 만으로도 DALL-E 이미지 생성 기능을 이용할 수 있어서, 다양한 학습 자료나 시각 자료를 즉석에서 만들어 학생들의 흥미를 이끌어 낼 수 있습니다.

결론적으로, 간단한 수업 자료나 빠른 참고가 필요하다면 무료 버전이 충분할 수 있지만, 다양하고 조금 더 구체적인 자료 제작, 학생 맞춤형 학습 자료 제공, 시각 자료 활용 등을 통해 수업의 질을 높이고자 한다면 유료 버전이 더 적합합니다. 저자는 유료 이용을 추천드리지만 월 $20면, 연간 $240입니다. 부담이 될 수 있으니, 잘 고민해보시고 결정하시길 바랍니다. 최근 학교에서 운영하는 사업의 목적사업비나 학교 예산으로도 챗GPT 유료 버전을 구입하는 사례가 많이 보입니다. 개인적인 구매가 부담스러우시다면 각 학교의 정보부장님, 관리자님들과 상의하여 진행해 보시는 것도 추천드립니다.

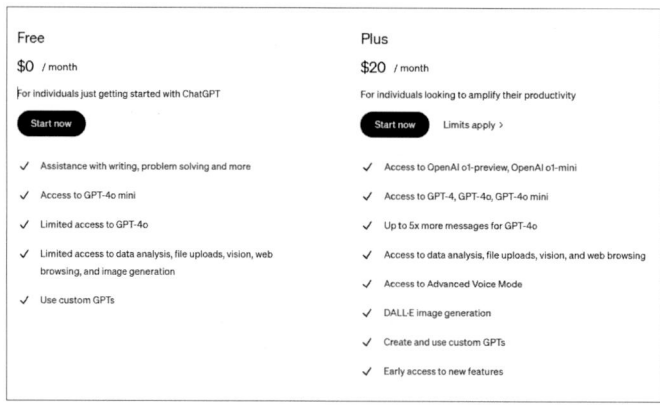

▲ 챗GPT 무료, 유료 플랜 비교. 출처: OpenAI

`유수근 선생님의 미니 특강`

가장 인기있는 생성형AI는 무엇일까?

2024년 3월 기준 웹 트래픽 데이터에 따르면, 가장 많이 사용된 생성형 AI는 챗GPT입니다. 23억 회의 방문 수를 기록하며, 다른 생성형 AI들 중에서도 압도적인 인기를 보여주고 있습니다. Gemini, Claude, Copilot과 같은 텍스트 대화형 AI는 텍스트 기반의 챗봇 AI 중 가장 높은 활용도를 보이고 있습니다. 이외에도 챗봇을 제작하는 AI(Poe), 이미지를 생성하는 AI(미드저니), 영상을 만들어주는 AI(Runway) 등 다양한 유형의 생성형 AI가 활발하게 사용되고 있습니다.

이처럼 생성형 AI는 이미 텍스트 생성과 시각적 콘텐츠 제작 등 다양한 분야에서 활발히 활용되고 있습니다. 생성형 AI를 사용하면 AI가 적용되는 작업을 더욱 쉽고 효율적으로 수행할 수 있는 만큼, 앞으로 생성형 AI의 활용 분야는 더욱 확대될 것으로 보입니다. 이는 각 산업 분야에서 생성형 AI가 점점 더 많이 사용될 것으로 보입니다.

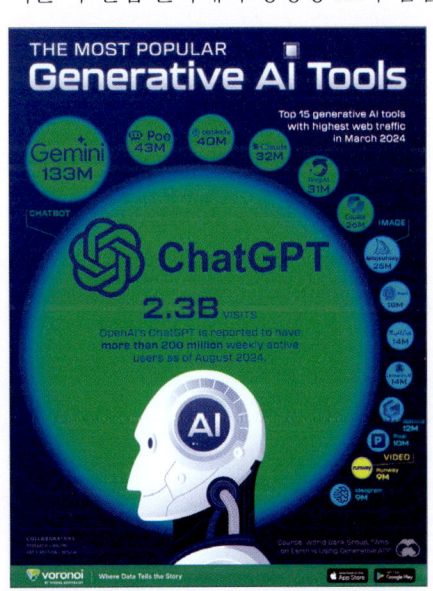

▲ 가장 인기있는 생성형AI. 출처: voronoi

- 1위 ChatGPT: OpenAI의 생성형 AI로 대화와 텍스트 생성 선호도 1위.
- 2위 Gemini: Google의 AI 플랫폼으로 텍스트 생성과 작업 지원.
- 3위 Poe: 다양한 AI 모델을 통합적으로 제공하는 대화형 플랫폼.
- 4위 Perplexity: 자연어 처리 기반의 검색과 응답 전문 플랫폼.
- 5위 Claude: Anthropic에서 개발된 고급 대화형 AI 모델.
- 6위 DeepAI: 다양한 생성형 AI 도구를 제공하는 통합 플랫폼.
- 7위 Copilot: 개발자를 위한 코드 작성 및 보조 AI 도구.

챗GPT는 일반 회사원 뿐만 아니라 교사들에게도 새로운 가능성을 열어주는 도구입니다. 이 장에서는 챗GPT를 처음 접하는 분들도 쉽게 시작할 수 있도록 기본적인 사용법을 천천히 알아볼 것입니다. 회원가입부터 스마트폰 활용법, 기본 기능 탐색까지 단계를 차근히 짚어가며, 복잡하게 느껴질 수 있는 프롬프트 작성법도 쉽게 풀어냈습니다. 또한, 나만의 인공지능 비서를 만들어 수업과 업무 등 교실 안팎에서 어떻게 활용할 수 있는지도 함께 살펴봅니다. 본 장의 내용을 따라가다 보면 챗GPT가 단순히 새로운 기술이 아니라, 수업과 업무를 혁신하는 든든한 조력자가 될 것임을 느낄 수 있을 것입니다.

C H A T G P T

CHAPTER
02

챗GPT 사용 가이드: A to Z

02 어서와, 챗GPT는 처음이지?

이 장은 챗GPT를 처음 접하거나 아직 몇 번 사용해 보지 않은 분들을 위해 최대한 친절하고 쉽게 작성되었습니다. 처음 시작하는 분들도 책을 보며 바로 따라 할 수 있도록 천천히 진행됩니다. 만약 기본 기능을 이미 알고 계시거나, 수업이나 업무에 적용하는 방법을 바로 보고 싶으시다면 이 장을 건너뛰셔도 괜찮습니다. 수업에 적용하는 사례는 'Chapter 03. 수업 친구 챗GPT: 생성형 AI와 협력하여 수업하기', 업무에 적용하는 사례는 'Chapter 04. 챗GPT와 협력하여 업무 생산성 200% 높이기'에서 확인하실 수 있습니다.

챗GPT와 만나기

"시작이 반이다"라는 말이 있습니다. 낯설고 새로운 것을 배우는 일은 늘 부담스럽고 망설여지기 마련입니다. 그래서 무언가를 새롭게 시작할 때는 큰 용기가 필요하기도 합니다. 그러나 사실, 이미 이 책을 펼친 순간 당신은 '시작'을 하신 겁니다. 이제는 그 시작이 자연스럽게 굴러가도록 하면 됩니다.

함께 챗GPT를 공부하며, 이 시작의 스노우볼을 더욱 크고 웅장하게 만들어 갑시다.

챗GPT 접속 및 회원 가입하기

01 검색창에 ❶"챗GPT"를 입력한 후 검색 결과에서 주소에 openai.com이 포함된 ❷'챗GPT 홈페이지[바로 가기] - ChatGPT - OpenAI'를 클릭합니다.

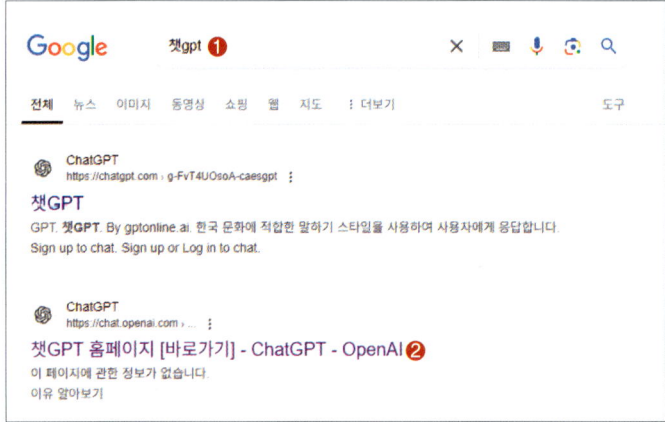

▲ 검색창에 챗GPT 입력하기

02 [로그인], [회원 가입], [로그아웃 유지]라는 세 가지 버튼이 나옵니다. 이 중 회원 가입을 위해 ❶[회원 가입] 버튼을 클릭합니다.

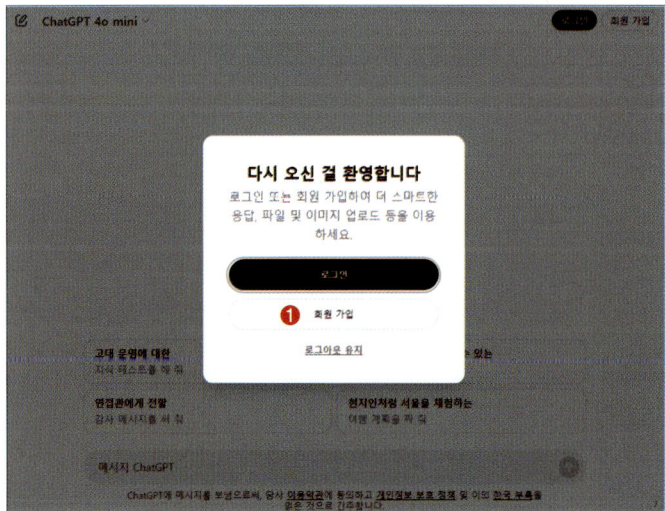

▲ [회원 가입] 클릭

Chapter 02 챗GPT 사용 가이드: A to Z 39

03 따로 이메일 주소를 입력하여 아이디를 만들 수도 있고 기존에 가지고 있던 구글, 마이크로소프트, 애플 계정으로 소셜 로그인을 할 수도 있습니다. 대부분 계정을 가지고 있는 구글 계정을 이용해 회원 가입하겠습니다. ❶[Google로 계속하기] 버튼을 클릭합니다.

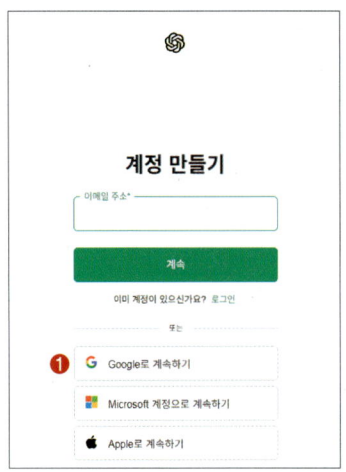

▲ [Google로 계속하기] 클릭

04 웹브라우저에 ❶로그인된 구글 계정이 있다면 선택해서 접속합니다. 만약 로그인된 계정이 없다면 ❷구글 계정을 새로 입력하여 접속합니다.

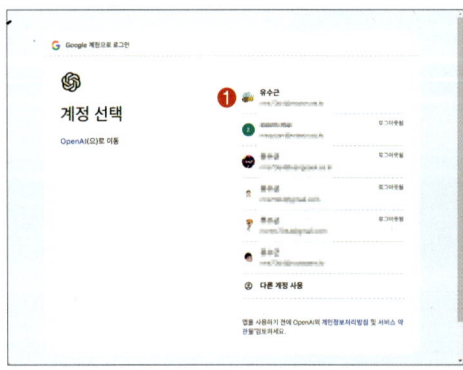 

▲ 로그인된 구글 계정이 있는 경우   ▲ 로그인된 구글 계정이 없는 경우

05 처음 접속하는 경우 ❶'성명'과 '생일'을 입력하고 ❷[동의함]을 누릅니다. 1990년 9월 13일인 경우 DD/MM/YYYY 규칙에 따라 '13091990' 라고 적습니다. 이는 사용자가 만 18세 이상인지 확인하고자 함입니다.

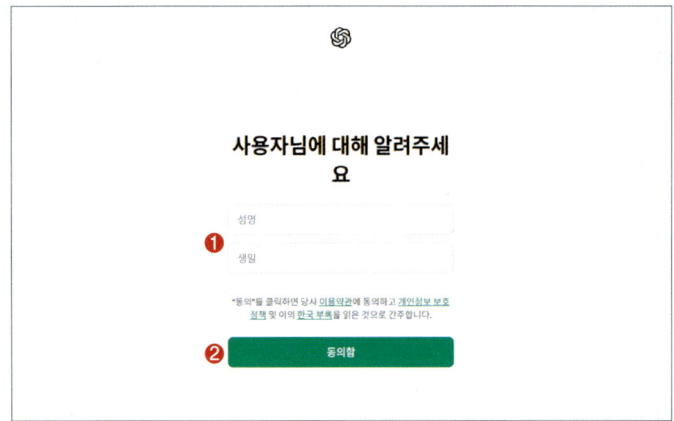

06 생년월일을 입력하고 [동의함]을 누르면 챗GPT를 이용할 수 있는 홈 화면으로 이동합니다. 별도의 연령 관련 인증절차 없이 바로 넘어가는 것을 보실 수 있습니다.

07 그러나 별도의 인증 절차가 없다고 해서 사용연령에 대한 제한이 없는 것은 아닙니다. 챗GPT는 13세 미만의 아동은 이용할 수 없으며, 만 13세에서 만 18세 사이라면, 사용 전에 부모의 동의를 받아야 합니다. 할루시네이션으로 인해 오개념이 생기거나, 아직 사고가 성숙하지 못하여 바람직하지 않게 사용할 수도 있고, 또는 잘못된 사용에 노출될 수 있기 때문입니다. 초등학생의 경우 학생이 직접 챗GPT를 사용하는 것은 원칙적으로 금지된 사항이며, 생일이 지난 중학교 1학년 학생들부터 학부모의 동의를 전제로 이용할 수 있습니다. 초등학생과 함께 챗GPT를 교육적으로 이용하고자 한다면, 프롬프트에 넣을 내용들

은 초등학생들이 아이디어를 모아서 만든다고 하더라도 실제 챗GPT와 상호작용하는 것은 교사가 해야합니다.

▲ 챗GPT는 13세 미만의 어린이를 대상으로 하지 않는다고 명시하고 있다. OpenAI

> **뿌리샘 꿀팁** **생성형AI별 사용 가능 연령 제한(만 기준)**
>
> 대부분의 생성형AI에는 연령 제한이 적용되고 있습니다. 일찍부터 학생들에게 인공지능을 활용하는 습관을 길러주고 싶을 수 있지만 본 조치들은 책임있고 안전한 사용을 위한 제한입니다. 어린이나 청소년의 경우 생성형AI가 제공하는 정보를 비판적으로 분석하기 어려워 오개념을 형성할 수 있습니다. 또한 아직 디지털 시민의식이 아직 성숙하지 않을 수 있어 자신 또는 타인의 개인정보를 노출시킬 우려도 있습니다. 그래서 대부분의 생성형AI에는 연령제한 조치가 있으며 학부모 동의를 받으면 일부 열리긴 합니다.
>
> | 챗GPT | 만 13세 이상 사용 가능(13세~18세 학부모 동의 필요) |
> |---|---|
> | 구글 제미나이 | 만 18세 이상 사용 가능 |
> | 퍼플렉시티 | 만 13세 이상 사용 가능 |
> | 캐릭터AI | 만 13세 이상 사용 가능 |
> | 아숙업(AskUp) | 만 14세 이상 사용 가능 |
>
> 학생이 사용할 수 있는 생성형AI에 대한 내용은 "Chapter 03. 수업친구 챗GPT: 생성형AI와 협력하여 수업하기"에서 다루도록 하겠습니다.

> **AI 짤막 상식**
>
> 온디바이스 AI(On-device AI)는 스마트폰, 태블릿, 컴퓨터 등 개인 디바이스 자체에서 인공지능 기능을 처리하는 기술입니다. 클라우드 서버에 데이터를 보내지 않고 디바이스 내부에서 데이터 처리와 분석이 이루어져, 개인정보 보호와 응답 속도가 향상되는 장점이 있습니다. 예를 들어, 핸드폰의 음성 인식, 이미지 인식, 실시간 번역 등 AI 기능을 네트워크 연결 없이도 사용하는 기능들이 온디바이스 AI입니다.

챗GPT 검색은 기존의 방식과 다르다

우리는 구글이나 네이버와 같은 검색 엔진을 이용하는 데 익숙합니다. 무언가를 검색할 때, 우리는 무엇을 기대하고 있을까요? 보통 인터넷에서 우리가 알고 싶은 내용과 관련된 정보를 찾기를 바랍니다. 키워드를 몇 개 입력하고, 그것을 적절히 바꾸어 가며 자신이 원하는 자료를 찾으려 합니다. 그래서 검색할 때, 입력하는 방식은 주로 키워드 중심입니다. 예를 들어, 가평에서 파스타 맛집을 찾고 싶다면 "가평 파스타 맛집"이라는 키워드로 검색합니다. 이 경우, 키워드는 '가평' + '파스타' + '맛집'으로 구성되며, 검색된 자료는 정확도가 높은 순으로 정렬됩니다. 따라서 세 키워드가 모두 포함된 자료가 상단에 노출될 것입니다. 키워드를 선택할 때 '현지인 추천'이나 '동네' 같은 추가적인 단어를 넣어 검색할 수도 있지만, 결국 이는 '웹 상에 업로드된 수많은 데이터 중에서 키워드를 기반으로 필터링하는 과정'이라고 볼 수 있습니다. 그 후, 정확도, 인기도, 최신글 등의 기준에 따라 검색 결과의 순서가 달라집니다. (물론 광고글 역시 눈에 잘 띄는 위치에 노출됩니다.)

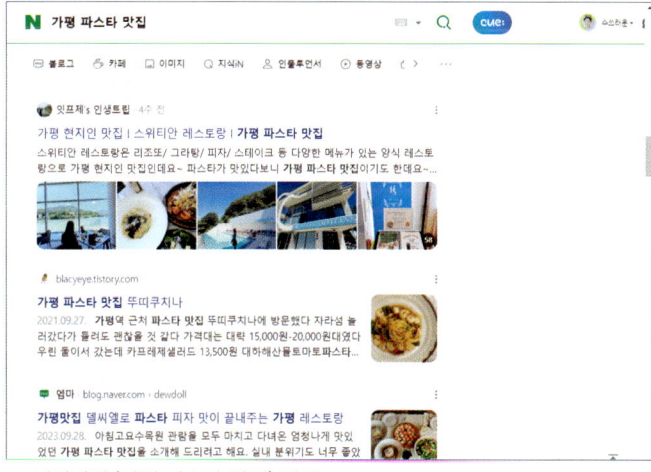

▲ 네이버에 '가평 파스타 맛집' 검색

하지만 챗GPT를 이용한 검색은 기존의 검색 방식과 다릅니다. 기존의 검색 방식은 마치 사막에서 바늘을 찾는 것처럼, 방대한 데이터 속에서 원하는 키워드를 바탕으로 관련 정보를 걸러내는 작업이라면, 챗GPT는 검색하고자 하는 정보를 그 자리에서 직접 생성해

냅니다. 이를 직접 확인해 보겠습니다. 이제 챗GPT에게 방금 물어봤던 '가평 파스타 맛집'에 대해 그대로 물어보겠습니다.

질문 가평 파스타 맛집

1. **루이엘**
유럽 감성이 가득한 정원과 아름다운 인테리어로 유명한 곳입니다. 뽀모도로, 봉골레 파스타 등 다양한 파스타 메뉴가 있으며, 분위기가 매우 좋아 특별한 날 방문하기 좋은 장소입니다.

2. **엘바**
가평역 근처에 위치해 접근성이 좋은 파스타 맛집입니다. 크림 파스타와 해산물 파스타가 특히 인기가 많으며, 쾌적한 내부 공간과 함께 편안한 분위기에서 식사할 수 있습니다.

3. **달리아**
청평호를 바라보며 파스타를 즐길 수 있는 곳으로, 경치와 맛을 동시에 잡은 맛집입니다. 고르곤졸라 파스타와 알리오 올리오가 유명하며, 풍성한 맛을 자랑합니다.

4. **네이처키친**
청평에 위치한 감성적인 파스타 맛집으로 신선한 재료를 사용해 건강한 요리를 제공합니다. 풍경을 바라보며 여유롭게 식사하기 좋아 관광객들에게 인기가 많습니다.

이외에도 가평은 자연과 어우러진 다양한 맛집들이 많아 방문하시는 목적이나 취향에 따라 만족할 만한 곳이 많습니다.

이렇게 가평에 있는 파스타 맛집을 알려주었습니다. 그런데, 가평군민인 저자에게는 다소 생소한 식당들입니다. 첫 번째로 알려준 '루이엘'이란 곳을 네이버 지도에 검색해보았습니다. 역시 가평에는 없는 식당이었습니다. 챗GPT는 없는 식당을 마치 있는 것처럼 이야기해준 것이었습니다. 사막 속에서 바늘을 찾아준 것이 아니라, '생성'한 것입니다

▲ 가평 파스타 맛집으로 검색한 결과

▲ 네이버 지도에서 '가평 루이엘 파스타' 검색. 검색 결과는 '없음'이다

위 사례를 통해 놀라울 정도로 뻔뻔하게 거짓말을 하는 모습을 보셨습니다. 챗GPT의 답을 100% 신뢰하면 안되는 이유가 여기에 있습니다. 사실이 아닌 데이터도 사실인 것처럼 생성하기 때문입니다. 너무 당당하게 얘기해서 어처구니가 없기도 합니다. 그런데 이런 당당한 거짓말에 미국에서는 법적인 문제가 발생하기도 했습니다. 미국의 변호사들이 챗GPT가 쓴 가짜 판례를 제출한 것입니다. 잘못은 저지른 변호사들은 "챗GPT의 내용이 가짜일 수 있다는 생각은 하지 못했다", "확실한 검증 없이는 앞으로 챗GPT를 이용하지 않겠다며" 진술했지만, 결국 5천달러의 벌금❾을 받았습니다. 단순히 맛집을 찾는 수준이 아니라 중요한 정보를 얻고자 할 때는 더더욱 챗GPT가 생성해주는 데이터를 꼼꼼하게 확인해야 합니다.

챗GPT는 검색한 내용에 대해서 잘 모르거나 질문이 막연하면 이렇게 대충 대답해버리곤 합니다. 그래서 챗GPT를 이용할 때에는 요구하는 바를 구체적으로 입력해야 합니다. 이때 우리가 입력하는 내용들을 **"프롬프트"**라고 합니다. 챗GPT를 이용해서 정확한 정보를 얻거나 필요한 도움을 받기 위해선 프롬프트를 잘 입력하는 것이 정말 중요합니다.

---

❾ 미국 변호사들, 챗GPT가 쓴 '가짜 판례' 제출했다 벌금, 정윤섭 기자, KBS 뉴스

이처럼 더 정확하고 유용한 답변을 할 수 있도록 질문이나 요구사항을 잘 만드는 방법을 "프롬프트 엔지니어링"이라고 합니다. 좋은 프롬프트를 만들기 위한 프롬프트 작성 방법은 "챗GPT 프롬프트, 쉽게! 그리고 잘! 만드는 방법"에서 자세히 다루겠습니다.

그럼 이제 챗GPT에게 프롬프트를 조금 바꾸어 물어보겠습니다. 그런데 물어볼 때 기존의 검색 방식처럼 키워드 방식이 아닌, 평소 우리가 일상적으로 말하고 듣고 쓰는 **자연어** 방식을 이용하겠습니다. 예를 들어, 네이버를 검색할 때 입력했던 "가평 파스타 맛집"이 아니라 "나는 파스타를 좋아해. 가평의 파스타 맛집을 찾아줘"라고 말입니다. 이렇게 검색하니 직전에 검색했던 모습과는 사뭇 다른 결과를 보여줍니다.

질문 나는 파스타를 좋아해. 가평의 파스타 맛집을 찾아줘

 가평에서 인기 있는 파스타 맛집으로 몇 가지 추천드릴게요.

1. **스위티안 레스토랑**: 이곳은 갈비파스타와 토마토 해장 파스타 같은 독특한 메뉴가 인기입니다. 갈비파스타는 풍부한 크림 소스에 소갈비가 들어가 고소하고 묵직한 맛을, 토마토 해장 파스타는 매콤하면서도 해산물의 신선한 맛을 제공합니다【네이버 블로그 링크】.

2. **델씨엘로**: 청평에 위치한 델씨엘로는 화덕피자와 함께 다양한 파스타 메뉴를 제공합니다. 분위기 있는 인테리어와 넓은 공간 덕분에 데이트 장소로도 좋으며, 특히 바질 페스토를 곁들인 피자와 파스타 메뉴가 호평을 받고 있습니다【네이버 블로그 링크】.

3. **뚜띠쿠치나**: 감베리 게살 크림 파스타가 이곳의 인기 메뉴로, 꾸덕한 크림 소스와 신선한 해산물의 조화가 일품입니다. 마르게리따 피자와 함께 즐기면 더욱 좋다고 합니다【네이버 블로그 링크】.

4. **리모네**: 클래식한 까르보나라와 로제 파스타가 잘 알려져 있으며, 여유로운 분위기에서 파스타와 피자를 즐기기에 좋은 곳입니다【네이버 블로그 링크】.

가평의 다양한 파스타 맛집들은 각기 다른 매력과 개성을 갖추고 있으니, 입맛에 맞는 곳을 선택해 보세요!

이번에는 실제로 있는 식당을 소개해 주었습니다. 네이버 지도로 검색한 결과 이번에는 모두 존재하는 식당이었습니다. 방금 결과에서 우리는 챗GPT의 프롬프트를 입력하는 두 가지 특징을 파악할 수 있었습니다. 첫 째, 키워드 기반 검색이 아니라 자연어로 검색이 가능하다는 점입니다. 기존의 검색 방식에서는 키워드라는 체에 걸러서 자료를 찾아내는

방식이었습니다. 그러나 챗GPT는 일상적으로 사용하는 문장으로 검색했는데도 원하는 결과를 찾아낼 수 있었습니다. 두 번째 방법은 명사가 아닌 동사형으로 입력하면 자료의 정확도가 올라간다는 점입니다. "가평 파스타 맛집"과 "가평 파스타 맛집 찾아줘"의 차이는 "찾아줘"라는 동사형 요구사항 입니다. "찾아줘"라는 요구사항이 명령이 되어 챗GPT는 아무 파스타 식당을 만들어내지 않고, 실재하는 식당을 '찾아'낼 수 있었습니다. 챗GPT가 어떻게 작성한 자료인지는 로고 옆에 보이는 표시를 보고도 확인할 수 있습니다.

"가평의 파스타 맛집을 '찾아줘'"라고 입력하니, 웹 브라우징을 통해서 자료를 검색합니다, 6개의 사이트를 조사하여 가져온 데이터이기 때문에 '사이트 6개 검색함'이라는 문구로 나타납니다.

그리고 ❶'사이트 6개 검색함' 드롭 버튼을 클릭하면 챗GPT가 답변을 작성할 때 참고한 사이트 목록을 확인할 수 있습니다. 마우스를 올리고 클릭하면 해당 사이트로 바로 이동할 수도 있습니다.

반면, "가평 파스타 맛집"을 검색했을 때 챗GPT의 로고 옆에는 아무것도 나타나지 않는 것을 볼 수 있습니다. 이는 웹 검색을 거치지 않고, 챗GPT가 기존에 학습한 말뭉치 데이터를 바탕으로 답변을 생성했다는 의미입니다. 이처럼 챗GPT는 입력된 명령어에 따라 매우 다른 결과를 제공합니다. 그래서 챗GPT와 같은 생성형 AI를 사용할 때는 '프롬프트를 어떻게 입력하느냐'가 매우 중요합니다.

지금까지 알아본 것처럼, 일반적인 검색 방법과 생성형AI를 이용한 검색 방법은 조금 달랐습니다. 기존 방식은 키워드와의 정합성을 기준으로 검색이 이루어지고, 그것을 색인화하여 검색 결과를 화면에 제시하는 방식이었습니다. 반면 챗GPT는 Generative의 G를 사용하는 기술답게 자연어로 입력하더라도 필요한 답을 생성해냅니다. 그것이 사실이든 거짓이든 말입니다. 그리고 이 답변의 질은 프롬프트를 어떻게 입력하느냐에 따라 달라졌습니다. 우문현답(愚問賢答)이 아니라, 우문(愚問)에는 우답(愚答)을 주고 현문(賢問)에는 현답(賢答)을 주는 기술. 그것이 챗GPT입니다.

▲ 챗GPT로 만든 그림 "학생이 질문을 하고 인공지능이 대답을 그림을 그려줘. 학생은 자판에 타이핑 하는 모습, 인공지능은 자판 위에 홀로그램처럼 나타나서 질문에 대해 대답해주는 모습으로 그려줘. 밝은 분위기, 3D캐릭터"

> **AI 짤막 상식**
>
> '프롬프트 엔지니어'라는 직업이 있습니다. 인공지능에게서 원하는 바를 얻을 수 있도록 프롬프트를 다듬는 것이 '프롬프트 엔지니어링'이라면 그것을 직업으로 하는 사람들을 '프롬프트 엔지니어'라고 부릅니다. 생활 구석구석에 인공지능 기술 사용이 확대되면서 AI 시스템이 인간의 요구에 효과적으로 대응할 수 있도록 조정하는 프롬프트 엔지니어에 대한 수요 역시 늘고 있다고 합니다. 미국의 채용 플랫폼 ZipRecruiter에 따르면 현재(2024.11월 기준) 미국의 프롬프트 엔지니어의 평균 연봉은 약 63,000달러, 한화로 약 8천4백만원의 연봉을 받는다고 합니다. 이렇게 프롬프트 엔지니어가 높은 연봉을 받는다는 점은 프롬프트 엔지니어링의 중요성과 가치를 잘 보여줍니다.
>
>
> ▲ 출처: ZipRecruiter

챗GPT 기본 기능 구석구석 알아보기

챗GPT의 기능들은 단순하고 직관적입니다. 간단한 기능들을 몇 가지만 알아도 충분히 잘 이용할 수 있습니다. 챗GPT를 효과적으로 사용하기 위한 간단한 기본 기능들을 소개하겠습니다.

새 대화 시작하기

챗GPT는 대화의 맥락을 이해하기 위해 대화 내용을 일시적으로 메모리에 저장하며, 이를 바탕으로 사용자의 질문에 답변을 제공합니다. 따라서 동일한 주제에 대해 충분히 대화한 후 이어지는 새로운 질문이라면 챗GPT는 대화의 맥락을 반영하여 대답합니다. 이러한 특성은 복잡한 주제에서 유용할 수 있지만, 주제를 전환하고 싶을 때는 이전 대화의 맥락의 영향으로 새로운 주제가 오염될 수 있습니다. 그래서 새로운 주제는 새 대화에서 시작하는 것이 좋고, 주제가 명확히 달라질 경우, 챗GPT는 기존 대화의 영향을 받지 않고 새로운 시각으로 응답할 수 있습니다.

어떠한 방식으로 영향을 받는지 사례를 보여드리겠습니다. 먼저 "환경 보호와 지속 가능한 에너지에 대해서 알려줘"라며 물어보고 그 후에 "AI와 일상 생활의 편리성"에 대해서 질문을 해보겠습니다.

환경 보호와 지속 가능한 에너지에 대해서 알려줘

환경 보호와 지속 가능한 에너지는 우리가 미래 세대를 위해 건강한 환경을 유지하는 데 매우 중요합니다.

환경 보호는 생태계와 자연 자원을 보전하고 보호하는 활동을 의미합니다. 이는 인간의 활동으로 인한 생태계 파괴와 오염을 줄이는 것에 중점을 둡니다. 예를 들어, 산림 보호와 해양 오염 방지, 그리고 멸종 위기에 처한 종을 보호하는 등의 활동이 포함됩니다. 이러한 노력은 공기와 물의 질을 개선하고, 기후 변화의 영향을 완화하는 데 기여할 수 있습니다.

지속 가능한 에너지는 재생 가능한 자원을 활용해 에너지를 공급하는 것을 목표로 합니다. 태양광, 풍력, 수력, 지열 등 화석 연료를 대체할 수 있는 에너지원을 사용하는 것이 주요 방법입니다. 이 에너지원을 사용함으로써 이산화탄소 배출을 줄이고, 기후 변화 속도를 늦추며, 장기적으로 에너지 자원을 지속 가능하게 유지할 수 있습니다.

두 개념은 상호 보완적입니다. 환경 보호를 통해 생태계를 보호하고, 동시에 지속 가능한 에너지를 통해 자원을 절약하고 온실가스를 줄이면 지구의 환경 부담을 크게 줄일 수 있습니다.

이어서 "AI와 일상 생활의 편리성에 대해서 알려줘"라고 질문해보겠습니다. 챗GPT의 답변을 보면 이전 주제인 '환역 보호와 지속 가능한 에너지'가 현재 주제에 영향을 주었음을 발견할 수 있습니다. AI와 일상 생활의 편리성을 이전 주제인 환경보호와 지속 가능한 에너지의 관점에서 서술하였기 때문입니다.

 AI와 일상 생활의 편리성에 대해서 알려줘

AI는 환경 보호와 지속 가능한 에너지를 지원하는 중요한 도구로서 우리의 일상을 편리하게 만들어 줍니다. 예를 들어, **스마트 에너지 관리** 시스템은 AI를 통해 가정과 사무실에서 에너지 사용을 최적화해 불필요한 전력 낭비를 줄입니다. 이 시스템은 에너지 효율을 높여 환경에 긍정적인 영향을 미치면서도 전기 요금을 절약할 수 있는 혜택을 줍니다.

또한, **자율주행 차량**은 AI 기술을 통해 최적 경로를 분석해 불필요한 연료 소비를 줄이며, 전기차와 결합될 경우 환경 오염을 감소시키는 데도 기여합니다. 이를 통해 교통 혼잡도 줄어들어 개인의 이동이 더욱 편리해집니다.

더불어 음성 인식이나 **추천 알고리즘** 같은 AI 기술도 일상 속 편리함을 가져오면서, 우리가 더 나은 선택을 통해 친환경적이고 지속 가능한 소비 패턴을 갖도록 도울 수 있습니다. 예를 들어, AI가 환경에 좋은 제품을 추천하거나, 지속 가능한 에너지를 사용하는 제품을 추천하는 방식으로 사용자 행동을 개선할 수 있죠.

이처럼 AI는 개인에게 편리함을 제공할 뿐만 아니라, 환경 보호와 지속 가능성을 도모하는 방향으로도 영향을 미치고 있습니다.

그럼 이제 이전 대화의 영향을 받지 않은 "AI와 일상 생활의 편리성"에 대해서 물어보겠습니다. 새로운 대화를 시작하는 방법은 그림에 표시된 ❶[새 채팅] 아이콘( )을 클릭하면 됩니다. 마우스를 해당 아이콘에 올리면 '새 채팅'이라고 나타납니다. 클릭하면 새 대화를 시작할 수 있습니다.

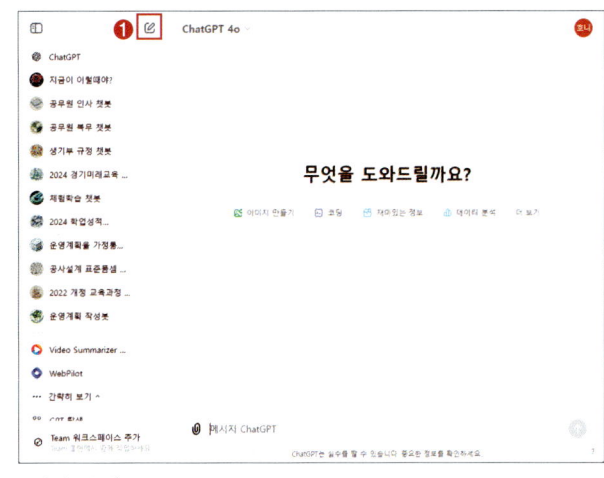

▲ '새 채팅'

이전 주제에 영향을 받지 않고 새로운 채팅의 "AI와 일상 생활의 편리성에 대해서 알려줘"에 대한 대답은 다음과 같습니다. 환경보호나 지속 가능한 에너지와의 관련성이 훨씬 줄어든 것을 볼 수 있습니다. 이처럼 챗GPT는 한 대화 안에서의 이전 대화를 기억하고 대화의 맥락 안에서 대답하려는 경향이 있기 때문에 이전 대화들이 현재 대화에 영향을 줄 수 있습니다. 그러므로 새 술은 새 부대에 담는다는 속담처럼, 새로운 주제는 새로운 대화창에서 시작하는 것이 좋습니다.

질문 AI와 일상 생활의 편리성에 대해서 알려줘

AI는 다양한 일상 영역에서 편리함을 제공하며, 특히 다음과 같은 분야에서 두드러집니다.

1. **스마트 가전과 홈 자동화**: AI는 스마트 스피커, 조명, 냉난방 시스템 등을 자동으로 제어해 줍니다. 음성 명령만으로 불을 켜거나, 온도를 조절하는 등 생활 속 작은 일들을 효율적으로 관리할 수 있게 도와주어 시간과 에너지를 절약해 줍니다.

2. **맞춤형 추천 시스템**: AI는 사용자의 취향을 학습해 맞춤형 콘텐츠를 추천합니다. 예를 들어, 스트리밍 플랫폼에서 취향에 맞는 영화나 드라마를 추천받고, 온라인 쇼핑에서는 관심을 가질 만한 제품을 발견하기 쉽습니다.

3. **스마트 금융 관리**: 금융 AI는 사용자의 소비 패턴을 분석해 재정 관리와 예산 설정에 도움을 줍니다. 소비 패턴에 따라 절약 가능한 항목을 추천하거나, 예산을 자동 조정하여 금융 생활을 편리하게 만들어 줍니다.

4. **건강 관리**: 헬스케어 AI는 스마트 워치와 같은 기기와 연동되어 건강 정보를 수집, 분석하고 개인 맞춤형 피드백을 제공합니다. 예를 들어, 심박수나 수면 패턴 등을 분석해 운동량과 건강 습관을 조정하는 데 도움을 줍니다.

5. **교통과 내비게이션**: AI는 실시간 교통 데이터를 기반으로 최적의 경로를 안내합니다. 자율주행 기술도 점점 발전하면서 교통 혼잡을 줄이고, 더 안전한 교통 환경을 만드는 데 일조하고 있습니다.

6. **번역과 언어 학습**: 실시간 번역 앱과 AI 번역기가 언어의 장벽을 낮춰, 여행이나 글로벌 커뮤니케이션을 원활하게 만듭니다. 이를 통해 다양한 나라의 사람들과 소통이 쉬워지고, 새로운 언어를 배우는 데도 도움이 됩니다.

이처럼 AI는 반복적이거나 시간이 소모되는 작업을 간편하게 만들어 줌으로써 일상의 효율성을 높이고, 사용자가 더 중요한 일에 집중할 수 있도록 돕습니다.

대화 내용 관리하기

챗GPT와 대화한 내용은 모두 좌측 탭에서 다시 볼 수 있습니다. 대화 내역에 마우스를 가져다 대면 ⋯ 옵션 아이콘이 활성화되는 것을 볼 수 있습니다. 옵션 버튼은 대화의 [옵션] 아이콘을 클릭하면 ❶'공유하기', ❷'이름 바꾸기', ❸'아카이브에 보관', ❹'삭제' 기능이 제공됩니다.

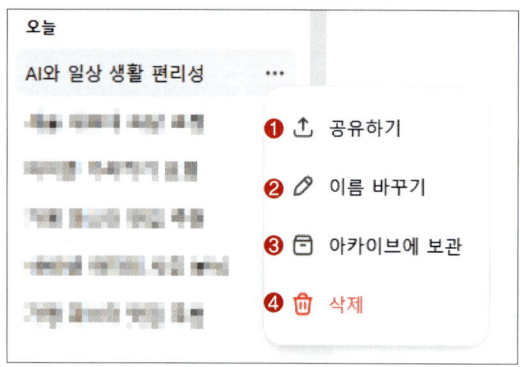

• 공유하기

[공유하기]를 클릭하면 채팅의 공개 링크를 생성할 수 있는 "채팅의 공개 링크 공유" 팝업이 나타납니다. 이어서 ❶[링크 만들기]를 클릭하면 대화를 공유할 수 있는 링크가 생성

됩니다. ❷[링크 복사하기] 버튼을 눌러 공개 링크를 다른 사람들에게 공유할 수 있습니다. 전달받은 링크를 클릭하면 질문과 대화 결과를 공유할 수 있습니다.

더 이상 링크를 공유하고 싶지 않을 때는 우측 상단의 ❶프로필 아이콘, ❷[설정], ❸[데이터 제어], '공유 링크' 우측의 ❹[관리]를 각각 클릭합니다. 그러면 현재 공유된 링크를 확인할 수 있으며, 공유하고 싶지 않은 링크 우측의 ❺휴지통 아이콘(🗑)을 누르면 공유 링크를 삭제할 수 있습니다.

• 아카이브에 보관

[아카이브에 보관] 기능은 좌측 탭에 쌓여가는 대화들 속에서, 꼭 저장해두고 싶은 대화 내용을 따로 아카이브에 옮겨서 필요할 때 쉽게 찾아볼 수 있도록 합니다. ❶[옵션]→❷[아카이브에 보관]을 클릭하면 대화가 아카이브로 이동합니다.

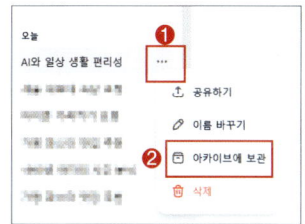

아카이브에 이동한 대화를 보는 방법은 ❶[프로필 이미지]-[설정]-[일반]으로 들어가는 경로에서 '아카이브에보관된 채팅' 우측의 ❷[관리]를 클릭합니다. 아카이브에 보관된 채팅은 왼쪽 이름란의 ❸파란 글자를 클릭하면 볼 수 있습니다. 우측에서 두 번째 버튼은 [대화 아카이브 보관 취소]이며, 가장 우측의 버튼은 [대화 삭제]입니다.

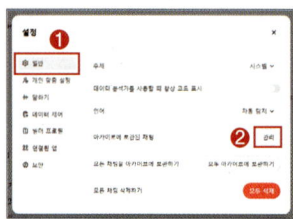
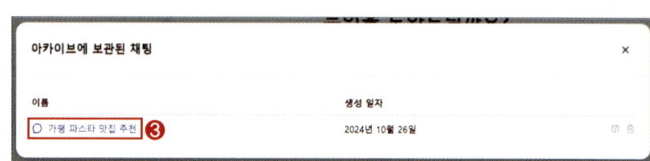

[이름 바꾸기]와 [삭제]는 직관적으로 알 수 있는 기능이니 직접 확인해보시는 걸로도 충분할 것 같습니다.

기본 설정 확인하기

이번에는 챗GPT의 기본 설정에 대해서 알아보겠습니다. 우측 상단의 ❶프로필 버튼을 눌러 ❷[설정]에 들어가 갑니다. [일반] 설정부터 [보안]까지 챗GPT의 기본 설정을 조정할 수 있습니다. 조금 전 대화의 링크를 공유할 때에 살펴봤던 [데이터 제어]도 보입니다. 모든 기본 설정을 다루기보다는 챗GPT를 편하게 이용하는 요소와 관련이 있는 주요 설정을 중심으로 살펴보겠습니다.

• [일반]-[언어] 설정하기

❶[일반]에서 ❷[언어]의 우측을 보면 '자동 탐지'로 되어있습니다. 이 부분은 기본 언어를 물어보는 것으로, 현재 자동탐지로 되어있다면 챗GPT는 입력되는 프롬프트의 언어를 감지하여 자신이 대답할 언어를 스스로 정합니다. 일반적으로는 한글로 물으면 한국어로 잘 대답합니다. 그러나 때로는 한국어로 대답해야 함에도 불구하고 영어로 대답하는 경우가 가끔 나타납니다. 그럴 때는 "방금 한 말을 한국어로 바꿔줘"라고 다시 요구하셔도 되지만, 애초에 이런 일이 잘 발생하기 않기를 바라신다면 ❸[언어] 설정을 [한국어]로 해주시면 됩니다.

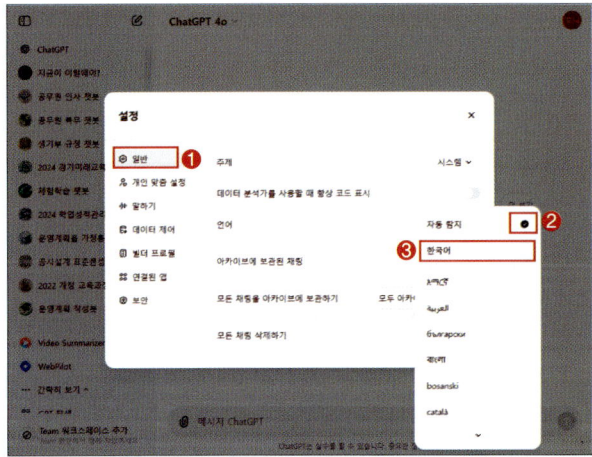

• [일반]-[개인 맞춤 설정]에서 메모리 관리하기

챗GPT는 사용자의 답을 학습합니다. 학습한 대화는 메모리에 저장되며, 새 대화를 시작하더라도 메모리에 저장된 내용은 대화의 맥락에 반영됩니다. 대화를 많이 할수록 메모리에 저장되는 대화는 많아지고, 점점 '나를 잘 아는 인공지능'이 되어갑니다. 챗GPT는 내가 원하는 톤앤매너, 나의 자잘한 정보 등을 학습하여 나에게 가장 적합한 스타일로 답변을 줄 수 있게 변해갑니다. 그리고 메모리에 저장된 내용은 새 대화에서 추가로 정보를 주지 않더라도 내용을 출력할 수 있습니다. 만약 챗GPT와의 대화 속에서 사용자가 자신이 교사임을 밝혔다면, 챗GPT는 사용자의 직업을 교사라고 말할 수 있는 것입니다.

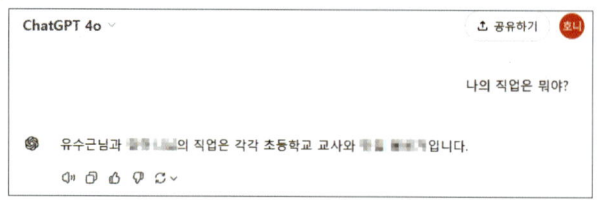

만약 메모리에 저장된 데이터가 답변을 구성하는 데에 방해가 되는 것처럼 느껴진다면, 저장된 메모리를 확인하여 불필요한 메모리는 삭제하실 수도 있습니다. ❶[개인 맞춤 설정]을 클릭한 후 ❷[관리]를 클릭하면 현재까지 저장된 메모리를 확인 할 수 있고, ❸필요없는 메모리는 우측의 쓰레기통 모양 아이콘(또는 메모리 지우기)을 눌러 삭제할 수 있습니다. 또는 [ChatGPT 메모리 지우기] 버튼으로 한 번에 메모리를 삭제하는 방법도 있습니다.

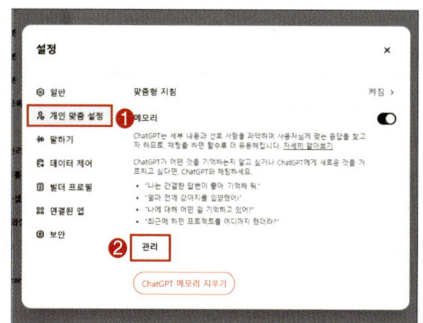
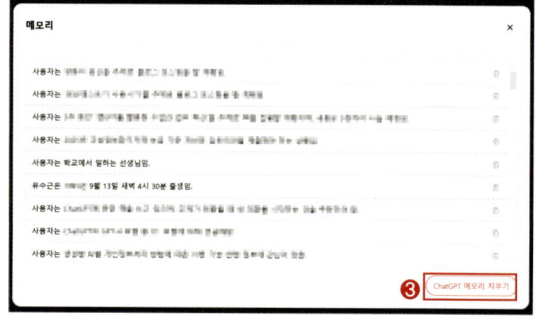

- [일반]-[연결된 앱]으로 클라우드 저장소의 파일 불러오기

❶[연결된 앱] 기능을 통해 Google의 Google Drive와 Microsoft의 OneDrive를 챗GPT에 연결할 수 있습니다. 평소 수업이나 업무 자료를 클라우드 저장소에 보관하신다면, 챗GPT를 통해 저장소에 있는 문서에 대해 질문하거나 활용할 수 있습니다.

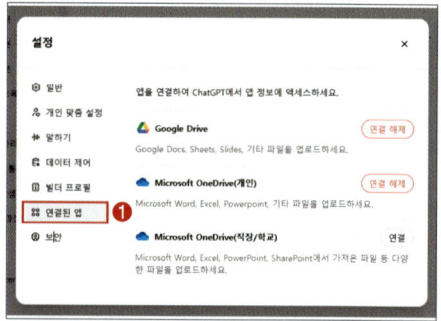

저장소의 파일을 불러오는 방법은 간단합니다. 프롬프트 입력란의 좌측에 보이는 ❶[클립] 버튼(⬗)을 클릭하면 저장소를 선택하여 챗GPT에게 업로드할 파일을 선택할 수 있습니다.

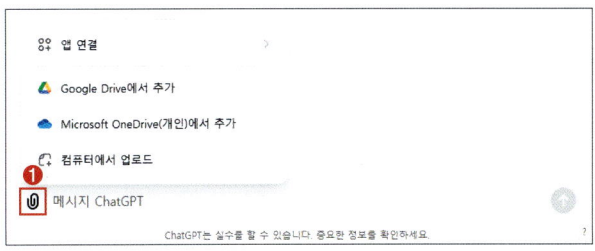

챗GPT, 스마트폰에서도 활용하기

챗GPT는 PC뿐만 아니라 스마트폰에서도 이용할 수 있습니다. 아이폰 사용자는 앱스토어에서, 안드로이드 사용자는 플레이스토어에서 다운로드할 수 있습니다. 그러나 검색 결과를 보면 비슷한 아이콘의 앱이 매우 많아 혼동할 수 있습니다. 특히, 광고가 붙은 앱들이 실제 챗GPT 앱보다 상단에 노출되기도 합니다. 따라서 챗GPT를 다운로드할 때는 반드시 'OpenAI'에서 개발한 공식 앱인지 확인한 후 다운로드하시기 바랍니다.

스마트폰에서 챗GPT를 사용하는 것은 PC에 비해 물리적 제약이 적다는 장점이 있습니다. 또한, 2024년 10월 말 업데이트 이후, [고급 음성 모드]가 스마트폰뿐만 아니라 설치형 PC 버전에서도 지원되기 시작했습니다. 그러나 웹 버전에서는 이 기능이 활성화되지 않습니다. (2024년 11월 기준)

접속 방법은 매우 간단합니다. 스마트폰에서 챗GPT 앱을 실행한 뒤, 프롬프트 입력창 오른쪽에 있는 ❶파형 모양의 아이콘을 누르면 [고급 음성 모드]가 활성화됩니다. 이 모드를 실행하면 화면 중앙이 파랗게 변하며, 바로 말을 걸어 대화를 시작할 수 있습니다. 이 기능을 사용해보면 마치 영화 'Her'의 한 장면이 떠오를 만큼 인상적입니다. 처음 사용했을 때 정말 놀라웠습니다. 인공지능과 자연스러운 대화가 가능하며, 기존 음성인식 인공지능들과는 차원이 다릅니다.

필자도 음성인식 인공지능을 활용해 날씨를 물어보거나 조명을 꺼달라고 요청하곤 합니다. 하지만 이러한 기능은 단순히 '음성제어'로 여겨질 뿐, 이를 진정한 대화라고 생각하지는 않습니다. 반면, 챗GPT의 [고급 음성 모드]는 이런 음성인식형 인공지능의 수준을 뛰어넘습니다. 사용자는 특정 규칙에 얽매이지 않고 자연스러운 언어로 대화를 이어갈 수 있습니다. 심지어 인공지능이 말을 하는 도중에 사용자가 끼어들어 말을 끊거나 간섭하는 것도 가능합니다. 또한, "느긋하고 부드러운 목소리로 말해줘"와 같은 요구를 통해 대화 톤과 스타일을 지정할 수도 있습니다.

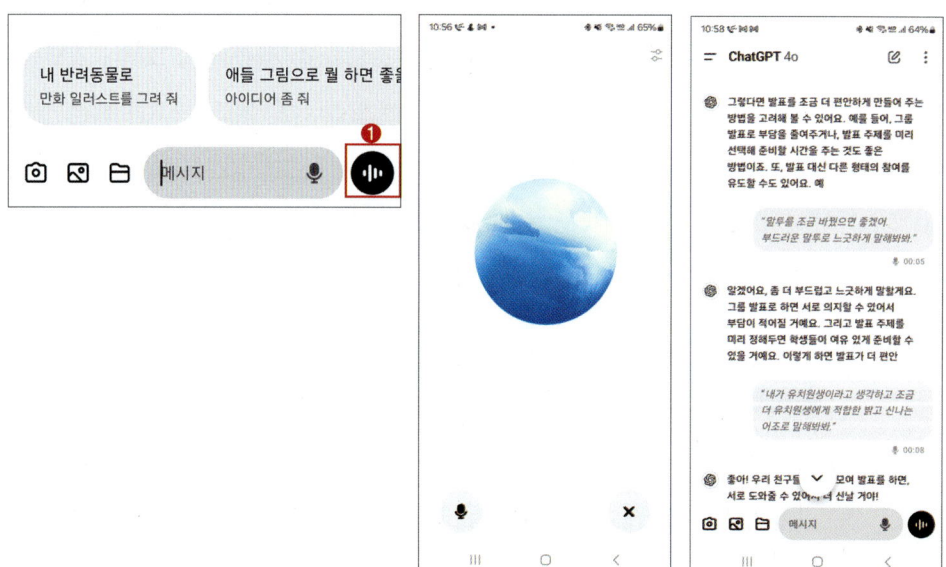

[고급 음성 기능]은 자연스러운 언어 활동을 지원하기 때문에 다양한 방식으로 활용할 수 있습니다. 특히 외국어 학습에 효과적으로 사용할 수 있습니다. 학생들은 외국어를 사용하는 상황을 가상으로 설정해 대화를 연습하거나, 외국어로 질문을 하고 답변을 들으며 자기주도적으로 학습을 진행할 수 있습니다. 또한, 요리를 하면서 챗GPT에게 레시피를 다시 읽어달라고 요청하거나, 업무 중 아이디어가 막혔을 때 생각을 정리하거나 새로운 아이디어를 얻는 데 활용할 수도 있습니다.

이 기능은 반드시 생산적인 목적으로만 사용해야 하는 것은 아닙니다. 자연스러운 언어 처리가 가능한 챗GPT는 사용자와 말장난을 하거나 농담을 주고받는 데에도 사용할 수 있습니다. 아래는 챗GPT가 저자의 나이를 맞추는 장면입니다. 이처럼 가벼운 대화를 통해 잠시 머리를 식히는 용도로도 매우 유용합니다.

질문 "너는 대화를 통해서 내가 몇 살인지 맞춰볼 수 있어?"

제가 대화 내용을 바탕으로 사용자의 연령을 추측할 수는 있지만, 정확한 나이를 알아맞히는 건 어려워요. 혹시 직접 알려주실 수 있나요?

질문 "나이를 알아맞추는 놀이를 해보자. 네가 나에게 5번 질문할 기회를 줄게. 그 안에 나의 나이를 맞춰. 나의 나이를 직접적으로 물어보는 방법은 안 돼."

재미있겠네요! 그럼 시작해볼게요. 첫 번째 질문입니다: "90년대에 유년기를 보냈나요?"

질문 "맞아"

좋아요! 두 번째 질문: "어렸을 때 인터넷이나 휴대전화가 널리 보급되기 시작한 시기를 경험했나요?"

질문 "그랬던 것 같아"

흥미롭네요! 그럼 세 번째 질문입니다: "혹시 애니메이션 〈드래곤볼〉이나 〈포켓몬스터〉를 TV로 본 적이 있나요?"

질문 "오 맞아, 아주 좋아했지"

그렇다면 네 번째 질문: "성인이 되었을 때, 스마트폰이 이미 보편화된 상태였나요?"

질문 "맞아, 대학생 때에 아이폰7을 이용했던 것 같아"

좋아요, 마지막 질문입니다: "어릴 적 게임기로 닌텐도 DS나 플레이스테이션 2를 즐겨 했었나요?"

질문 "아니 나는 이용하지 못했어"

그렇군요! 지금까지의 정보를 종합해보면, 대략 30대 초반이신 것 같아요. 맞나요?
"맞았어, 잘했어"

챗GPT를 나만의 인공지능 비서로 만들기

"대화 내용 관리하기"에서 본 것처럼, ChatGPT는 대화를 통해 사용자의 정보를 학습하며 점차 '맞춤형 인공지능'으로 발전합니다. 하지만 이 과정에서 학습된 정보는 사용자에 대한 사전 정보로 활용되는 정도에 그치며, 구체적인 지식을 기반으로 작동하기보다는 사용자에게 필요한 정보와 패턴을 기억하는 데 중점을 둡니다. 이러한 메모리 기능만으로는 완전히 개인화된 인공지능으로 작동하는 데 한계가 있습니다.

이럴 때 ChatGPT를 보다 개인화하여 사용할 수 있는 방법이 바로 [ChatGPT 맞춤 설정]입니다. [ChatGPT 맞춤 설정]을 사용하면 사용자의 선호도에 맞춰 ChatGPT의 응답 방식을 조정할 수 있습니다. 이를 통해 더욱 사용자 친화적인 대화 경험을 만들어낼 수 있습니다.

ChatGPT 맞춤설정

화면 우측 상단의 ❶[프로필] 아이콘을 클릭한 후 ❷[ChatGPT 맞춤 설정]을 선택합니다. 이곳에서 '맞춤형 지침'을 설정할 수 있는 공간이 나타납니다. 이 공간에 프롬프트를 입력하여 ChatGPT에게 기본적인 지시사항을 설정할 수 있으며, 이를 '시스템 프롬프트'라고 합니다. 일반적으로 AI가 일관성 있는 답변을 제공할 수 있도록 하는 초기 설정으로 사용됩니다.

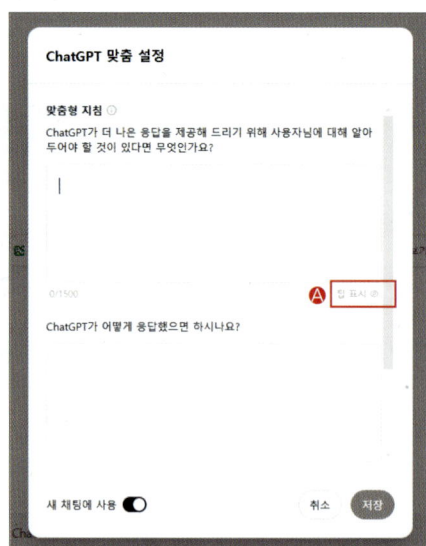

> **뿌리샘 꿀팁** 사용자 기본 설정 '생각 스타터'
>
> 챗GPT가 기본 설정으로 제안하는 질문은 아래와 같습니다. [ChatGPT 맞춤 설정] 화면에서 입력 박스의 빈 공간을 클릭하면,
> 우측 하단에 [팁 표시] Ⓐ 버튼이 나타납니다. 이 버튼을 클릭하면 '생각 스타터'를 확인할 수 있습니다.
> * 어느 지역에 기반을 두고 계신가요?
> * 어떤 일을 하고 계신가요?
> * 어떤 취미와 관심사를 갖고 계신가요?
> * 몇 시간 동안 이야기할 수 있는 주제는 어떤 것인가요?
> * 목표가 몇 가지 있다면 무엇인가요?

이제 나만을 위한 맞춤형 기본 설정을 만들어보겠습니다. 상단의 빈 공간은 사용자인 '나'의 특징을 챗GPT에게 전달하는 자리입니다. 여기에는 챗GPT가 답변할 때 반드시 고려해야 할 나의 특징을 작성합니다. 예를 들어, 교사로서 교육적 목적으로 챗GPT를 활용하려 한다면, 아래와 같은 항목을 고려해보는 것도 추천드립니다.

1. 기본사항
2. 내 수업 철학의 핵심
3. 수업에서 내가 가장 중요하게 생각하는 상호작용 방식
4. 자주 사용하는 활동
5. 내가 싫어하는 유형의 수업
6. 학생들에게 길러주고 싶은 핵심 역량

위 5가지 항목에 대한 답변을 바탕으로 나의 특성을 알 수 있도록 입력해 보겠습니다. 작성 시에는 챗GPT가 이해하기 쉽도록 항복별로 #(마크다운: 형식을 만들어주는 규칙)을 사용해 정리하면 챗GPT가 더욱 잘 이해한다고 합니다. 아래 예시와 같이 작성해볼 수 있습니다.

###기본 사항
- 나는 가평에서 근무하는 초등학교 교사임
- 운전면허증과 공인중개사 자격증이 있음
- 요즘 운동을 안해서 건강이 안좋아진 것 같음.
- 나를 칭할때엔 "뿌리쌤"이라고 부를 것.

###내 수업 철학의 핵심
- 학생 개개인의 관심사와 능력을 존중하며 수업을 구성
- 학생들이 스스로 사고하고 탐구하며 학습에 참여할 수 있도록 수업 설계. 학생 주도성 강조
- 다양한 관점을 이해하고 서로를 존중하는 태도를 함양
- 학습내용을 실제 삶에 전이할 수 있도록 구성하여 이해와 동기를 높임

###수업에서 내가 가장 중요하게 생각하는 상호작용 방식
- 학생의 이야기를 경청하는 태도가 중요. 서로가 서로의 말을 주의깊게 듣는 자세를 길러야 함.
- 호기심을 자극하고 탐구할 수 있는 질문을 던짐
- 긍정적인 피드백과 발전 방향을 명확히 제시하는 피드백
- 혼자서만 해결하는 것이 아니라 모둠의 다른 친구들과 함께 해결하는 모둠 협력학습. 서로 도우며 함께 학습하는 협력적인 학급문화 중요
- 학생들이 자유롭게 의견을 나눌 수 있는 분위기 조성 필수

###자주 사용하는 활동
- 토론수업
- 프로젝트 학습: 실생활과 연계된 프로젝트 학습. 주제를 탐구하고 문제 해결력을 기름
- 모둠 협력 학습: 소그룹으로 배우며, 지식을 함께 상호작용하는 과정에서 형성

###내가 싫어하는 유형의 수업
- 학생의 배움 속도를 고려하지 않은 활동중심적인 수업
- 결과만 강조하여 학생의 사고 과정과 성장을 소홀히 여기는 수업
- 지나치게 다양한 기기, 도구를 활용해서 교구 전환으로 인한 유휴시간 발생이 수업의 교육적 효과를 깎는 수업

###학생들에게 길러주고 싶은 핵심 역량
- 비판적 사고능력: 논리적으로 사고하고 다양한 관점을 수용하는 능력
- 문제 해결능력: 도전 과제에 대해 창의적이며 논리적으로 해결책을 찾는 능력
- 자기 주도 학습 능력: 스스로 학습 목표를 설정하고 성찰하며 학습하는 습관을 기름
- 사회적 책임감: 사회적 상호작용에서 존중과 책임감을 가지고 행동하는 태도를 기름

이렇게 상단의 입력란을 채우고, 이제 하단의 입력란을 채우겠습니다. 하단에는 'ChatGPT가 어떻게 응답했으면 하시나요?'라는 질문이 포함되어 있습니다. 이 부분은 챗GPT가 응답할 때의 규칙을 작성하는 공간입니다. 예를 들어, 답변에 대해 한 번 더 생각할 수 있도록 관련 질문을 제안하거나, 장난스러운 이야기처럼 가볍고 유쾌한 톤으로 응답하도록 설정할 수 있습니다. 응답 규칙으로 활용할 수 있는 프롬프트는 다음과 같이 제안할 수 있습니다.

"수업 지도안과 관련된 질문을 할 때엔 각 활동의 유의사항을 함께 알려줘"
"너의 응답내용을 바탕으로 내가 고민해볼만한 내용 3가지를 질문으로 제시해"
"항상 존댓말을 사용하여 대답하고 따듯하고 친절한 어조를 사용해"
"내가 영어로 알려달라고 말하지 않는이상 모두 한국어로 번역해서 보여줘"
"다양한 관점에서 문제를 바라보고 해결책을 제안할 것"
"복잡한 문제나 작업을 해결할 때에는 작은 단계로 나누어서 단계별로 자세히 지침을 나누어 설명해줘"
"'빵야'라고 말하면 '악'이라고 말하고 죽은 척 해줘"

그러면 이제 [ChatGPT 맞춤설정]을 하지 않았을 때의 수업 지도안과 설정 후의 수업 지도안을 비교해보도록 하겠습니다. 먼저 설정 전 응답입니다.

 너는 초등학교 5학년 담임 교사야. 노키즈존 운영을 주제로 찬반 토론수업을 계획하려고 해. 40분 수업의 지도안을 작성해

 ### 초등학교 5학년 사회과 토론 수업 지도안 (40분)

주제: "노키즈존 운영, 찬성인가 반대인가?"

---

1. 수업 목표

- 학생들이 "노키즈존"의 개념을 이해하고 찬반 입장을 분석하며 자신의 의견을 표현할 수 있다.
- 논리적인 근거를 바탕으로 상대방의 의견을 경청하고 자신의 의견을 정리하여 발표하는 능력을 기른다.

2. 준비물

- 칠판, 화이트보드, 마커
- 찬반 의견에 대한 자료 (간단한 카드, 키워드, 이미지 등)
- 찬성/반대 토론 배지 (선택)

3. 수업 흐름

단계	활용 내용	시간
도입(5분)	• "노키즈존"이라는 개념을 학생들에게 간단히 설명한다. • "노키즈존"을 찬성하는 사람과 반대하는 사람의 입장은 무엇일까?"라고 질문하여 토론 주제를 소개한다.	5분
전개 1(10분)	• 학생들을 찬반으로 나눠 각자 입장을 선택하게 한다. • 각 입장에서 중요한 의견을 작성한 자료 카드를 학생들에게 배포하거나 칠판에 요약하여 적는다. • 교사가 자료를 읽으며 간단히 설명하고 학생들이 의견을 나눌 수 있도록 유도한다.	10분
전개 2(15분)	• 각 입장에서 발표할 학생을 한 명씩 선정한다. • 찬성 측과 반대 측에서 번갈아 가며 의견을 발표한다. • 발표 후 각 입장에서 상대방의 의견에 대해 질문을 하거나 반론할 수 있는 시간을 준다.	15분
정리 및 마무리 (10분)	• 토론이 활발하게 진행될 수 있도록 교사가 중간에 피드백을 제공한다. • 토론을 마무리하며 교사가 전체적으로 각 입장의 논리를 요약해 준다. • 학생들에게 자신의 최종 입장을 다시 묻고 이유를 간단히 발표하도록 한다. • 교사는 오늘 토론을 통해 배운 점을 함께 정리하고, 다른 관점의 중요성에 대해 강조한다.	10분

4. 활동 내용 요약

- **도입**: 노키즈존의 개념을 이해하고 찬반 입장을 선택한다.
- **전개**: 찬반 토론을 통해 각 입장의 논리를 발표하고 반론하며 논리적으로 사고하는 법을 배운다.
- **정리 및 마무리**: 토론을 요약하고 자신의 최종 입장을 다시 발표하며 다양한 관점의 중요성을 되새긴다.

5. 평가 요소

- **참여도**: 토론에 얼마나 적극적으로 참여했는가?
- **논리성**: 의견을 제시할 때 논리적 근거를 제시했는가?
- **경청 태도**: 상대방의 의견을 경청하고 존중하는 태도를 보였는가?

꽤 훌륭한 지도안이 도출된 것 같습니다. 수업의 흐름이 명확하고, 학생들의 참여와 사고를 촉진하는 활동들이 돋보입니다. 특히, 평가 요소에서 경청하는 태도를 강조한 점은 매우 긍정적으로 평가할 수 있습니다. 이제 [ChatGPT 맞춤설정]을 완료한 후의 지도안을 살펴보겠습니다. 동일한 프롬프트를 입력하여 비교해 보겠습니다.

너는 초등학교 5학년 담임 교사야. 노키즈존 운영을 주제로 찬반 토론수업을 계획하려고 해. 40분 수업의 지도안을 작성해

 5학년 노키즈존 찬반 토론 수업 지도안 (40분)

주제: 노키즈존 운영에 대한 찬반 토론

수업 목표
- 노키즈존의 개념을 이해하고 다양한 시각에서 찬반 입장을 탐구한다.
- 자신의 의견을 논리적으로 표현하며 타인의 의견을 경청하고 존중하는 태도를 기른다.
- 협력적 토론을 통해 문제 해결 능력과 비판적 사고를 키운다.

수업 시간 구성: 40분

수업 흐름
1. **도입 (10분)**
    - **활동**: 노키즈존에 대한 기본 정보 제공 및 개념 정리
        - 노키즈존이란 무엇인지 설명하고, 왜 생겨났는지 배경을 간략히 소개합니다. 예시로 몇 가지 장소를 소개하여 학생들이 쉽게 이해할 수 있도록 돕습니다.
    - **교사의 유의사항**
        - 어려운 용어를 쉽게 풀어 설명하고, 노키즈존이 긍정적/부정적 측면을 모두 가질 수 있음을 중립적으로 소개합니다.
    - **질문**:
        - "노키즈존에 대해 들어본 적이 있나요?"
        - "노키즈존이 필요한 곳이 있다고 생각하나요?"

2. **본 활동 (20분)**
    - **활동**: 찬반 입장으로 나뉘어 토론 준비 및 토론 진행
        - (1) 학생들을 찬성팀과 반대팀으로 나누고, 각 팀에 노키즈존의 장점과 단점을 조사 및 발표할 기회를 줍니다.
        - (2) 각 팀에게 5분간 토론 준비 시간을 주어 의견을 정리하고 주장할 내용을 정리하도록 지도합니다.
        - (3) 팀별로 발표하고. 상대 팀의 주장에 대해 질문하거나 추가 의견을 제시합니다.
    - **교사의 유의사항**
        - 학생들이 토론 준비 시간에 팀 내에서 역할을 나누어 책임감을 가지고 의견을 정리할 수 있도록 지도합니다.
        - 토론 중 서로의 의견을 존중하며 질문과 답변을 이어갈 수 있도록 긍정적인 피드백을 제공하세요.

- **질문**:
    - "노키즈존이 필요하다면, 그 이유는 무엇인가요?"
    - "노키즈존이 불필요하다고 생각하는 이유는 무엇인가요?"

3. **정리 및 반성 (10분)**
    - **활동**: 토론 내용을 요약하고 생각 나누기
        - 각 팀이 느낀 점과 상대 팀의 주장 중 공감되는 부분을 발표합니다. 노키즈존 찬반 여부와 무관하게 각 입장에 대한 이해를 높입니다.
    - **교사의 유의사항**
        - 학생들이 느낀 점과 배운 점을 공유할 때 다른 친구들의 생각을 존중하는 자세를 가질 수 있도록 지도하세요.
    - **질문**:
        - "오늘 토론에서 새롭게 알게 된 점은 무엇인가요?"
        - "서로 다른 의견을 들었을 때 어떤 느낌이 들었나요?"

학생이 고민해볼 만한 추가 질문
1. 노키즈존이 없는 사회에서는 아이들이 어떻게 더 안전하게 활동할 수 있을까요?
2. 노키즈존 운영 외에도 모두가 만족할 수 있는 방법은 무엇이 있을까요?
3. 본인이 부모라면, 혹은 가게 주인이라면 노키즈존에 대해 어떤 입장을 취할지 생각해 보세요.

이 수업을 통해 학생들이 노키즈존에 대한 다양한 시각을 이해하고 자신의 의견을 논리적으로 표현하는 경험을 쌓을 수 있기를 바랍니다.

[ChatGPT 맞춤설정]을 적용한 결과는 기존의 지도안과 상당히 달라진 모습입니다. 맞춤설정에서 입력한 규칙들이 여러 부분에 반영된 것이 눈에 띕니다. 특히, 질문을 통한 교사와 학생 간의 상호작용이 더욱 활발해진 점이 인상적입니다. 또한, 학생들의 지적 호기심을 자극할 수 있는 탐구 질문이 크게 늘어난 것도 주목할 만합니다.

맞춤설정에 입력한 내용이 구체적일수록, 챗GPT는 사용자에게 최적화된 인공지능으로 발전합니다. 챗GPT를 더욱 스마트하고 효율적으로 활용하고자 한다면, [ChatGPT 맞춤설정]은 반드시 활용해야 할 필수 기능이라고 할 수 있습니다.

▲ 챗GPT 맞춤설정 프롬프트를 정리한 구글 문서 링크

> 유수근 선생님의 미니 특강

인공지능이 생성한 자료로 인공지능이 학습하면 어떻게 될까?

●●●

2020년에 등장한 GPT-3는 약 3,000억 개의 토큰으로 학습되었으며, GPT-4는 약 13조 개의 토큰으로 더욱 발전했습니다. 2024년 말 공개될 예정인 GPT-5는 GPT-4보다 10배 이상의 매개 변수를 갖춘, 훨씬 강력하고 복잡한 모델로 진화할 것이라고 합니다. 일반적으로 챗GPT와 같은 거대 언어 모델(LLM)은 더 많은 데이터를 학습할수록 점점 더 똑똑해진다고 알려져 있습니다. 따라서 GPT-5는 이전 모델들과 비교할 수 없을 만큼 빠르고 정교할 것으로 기대됩니다.

그러나 여기에는 한 가지 중요한 문제가 있습니다. 바로 인간이 생성하는 데이터의 고갈입니다. 인공지능의 학습 속도가 인간이 데이터를 생성하는 속도를 훨씬 앞지르기 때문에, 학습에 사용할 새로운 데이터가 점점 부족해질 수밖에 없다는 점이 우려되고 있습니다.

이 지점에서 한 가지 흥미로운 의문이 떠오릅니다. "인공지능이 데이터를 직접 생산하고, 그것을 다시 학습하면 되는 것이 아닐까?" 요즘 인공지능으로 작성된 콘텐츠가 많아지고, 콘텐츠 생성도 점점 더 쉬워지고 있습니다. 그렇다면 인공지능이 스스로 만든 데이터를 학습함으로써 무한히 성장할 수 있을까요? 이는 마치 SF 영화에서 보던 디스토피아적인 미래―컴퓨터가 인간을 지배하는 세계가 현실에 성큼 다가온 것처럼 보입니다.

하지만 재미있는 점은, 인공지능이 인간이 만든 자료가 아니라 스스로 만든 자료를 학습하면 점점 더 바보가 된다는 사실입니다. 이를 '모델 붕괴(Model Collapse)' 현상이라고 부르는데, 이는 AI가 생성한 자료를 반복적으로 학습하면서 오류가 점점 중첩되고 증폭되기 때문입니다. 결국 AI는 정상적으로 작동하지 못하는 상태에 이르게 됩니다. 이 현상은 AI가 데이터를 학습할 때 핵심적인 내용에만 집중하고, 주변적인 내용을 무시하는 경향에서 기인한다고 합니다.

현재 많은 연구진이 이 문제에 대한 대안을 모색하고 있지만, 아직 근본적인 해결책은 나오지 않은 상태입니다. 인공지능이 똑똑해지는 것에도 한계가 있다는 사실에 조금은 안심이 되면서도, 이 한계를 어떻게 극복할 수 있을지 궁금해지기도 합니다.

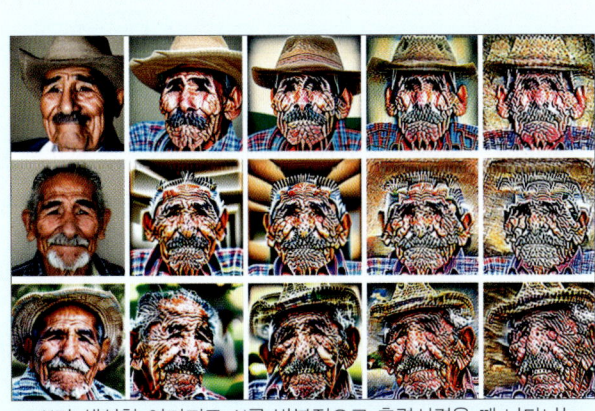

▲ AI가 생성한 이미지로 AI를 반복적으로 훈련시켰을 때 나타나는 왜곡/ 네이처, M. Bohacek & H. Farid/arXiv (CC BY 4.0)

내가 필요한 인공지능은 내가 만든다, GPT 만들기

GPT 만들기는 사용자가 직접 자신만의 맞춤형 AI를 제작할 수 있는 기능입니다. 개인이나 조직의 특정 요구에 맞는 챗봇을 만들어 활용할 수 있으며, 이는 [ChatGPT 맞춤설정]을 기반으로 새로운 GPT를 만드는 것이라고 이해할 수 있습니다. 각 GPT는 서로 다른 지침과 학습 데이터를 바탕으로 작동합니다.

특히, 각각의 GPT는 기존에 설정한 데이터와 지침을 유지하기 때문에, 필요할 때 언제든 다시 찾아와 원하는 답변을 받을 수 있습니다. 이를 통해 평소 사용하는 챗GPT 외에도 특정 목적에 맞는 특화된 GPT를 소유할 수 있게 됩니다. 예를 들어, 자기주도 학습 계획을 도와주는 챗봇, 영어로 대화하며 문법 오류를 알려주는 챗봇, 또는 어려운 상황에서도 긍정적인 해석을 제공하는 챗봇 등을 직접 제작할 수 있습니다.

나만의 GPT를 만들기 위해, ❶챗GPT의 홈 화면에서 우측 상단의 [프로필]을 클릭한 뒤 ❷[내 GPT] 아이콘을 선택합니다. GPT를 제작한 후에는 해당 GPT가 '내 GPT'에 등록됩니다. 새로운 GPT를 생성하려면 ❸[GPT 만들기]를 클릭하면 됩니다.

▲ 우측 상단의 프로필 클릭시 장면 ▲ GPT 만들기

화면이 분할되어 양쪽으로 나타납니다. 좌측 화면은 명령을 통해 챗봇을 구성하는 화면이고, 분할 화면의 우측은 '미리 보기'화면으로 내가 만든 챗봇이 어떻게 반응하는 지를 확인 할 수 있는 공간입니다. 분할된 좌측 화면의 상단을 보시면 [만들기]와 [구성]이 있습니다. 이 둘의 차이를 먼저 말씀드리겠습니다. ❶[만들기]에서는 대화를 통해서 챗봇을 만들 수 있습니다. 어떻게 보면 챗봇을 만드는 가장 이상적인 모습이라고 할 수도 있겠습니다.

어려운 상황을 긍정적으로 해석해주는 챗봇을 간단히 만들어보겠습니다. 현재 영어로 나타나있지만 한국어로 입력하면 곧이어 한국어로 답변하기 시작합니다.

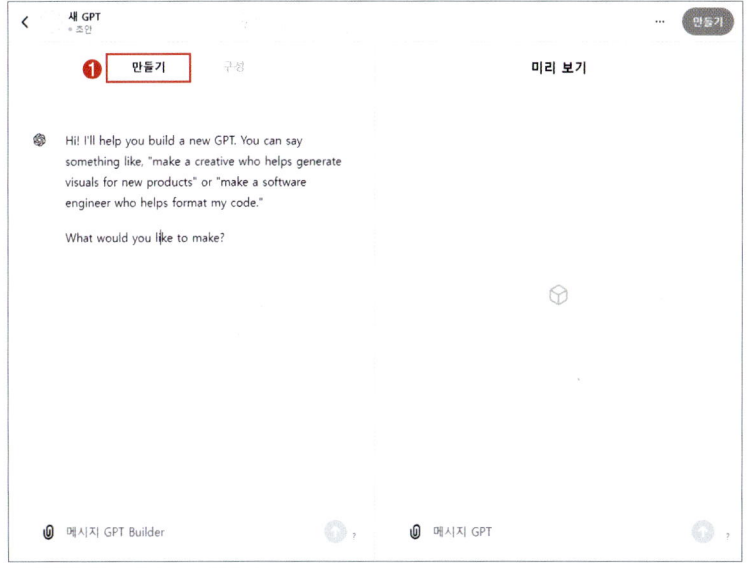

▲ [만들기]로 새 GPT 만들기

❶ "어떤 일이든 최대한 긍정적으로 해석해서 도움이 될 수 있도록 위로해줘"라는 프롬프트를 입력하였습니다. ❷렌치 아이콘과 함께 'GPT 업데이트 중'이라는 표시가 나타납니다. 프롬프트의 요청에 맞게 GPT를 만들고 있다는 의미입니다. 그리고 이어서 지금 만들고 있는 GPT의 성격에 맞는 이름도 추천해줍니다. '긍정의 동반자'라는 이름으로 추천해주었습니다. 마음에 드니 좋다고 하겠습니다. 물론, 마음에 들지 않으면 수정을 요청할 수도 있습니다.

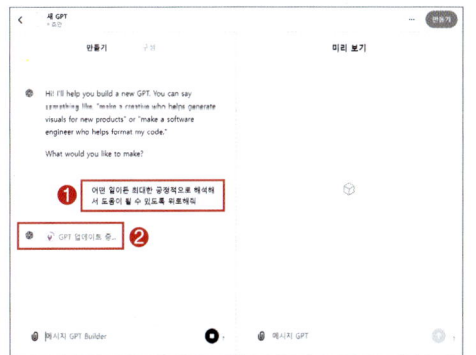 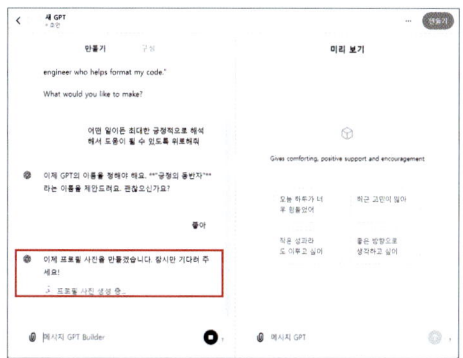

프로필 사진이 마음에 들지 않으면 수정을 요청할 수도 있습니다. ❶"마음이 따뜻해지는 어머니 느낌의 그림으로 바꿔줘"라고 입력하였더니 ❷아래 그림과 같이 바꾸어 주었습니다.

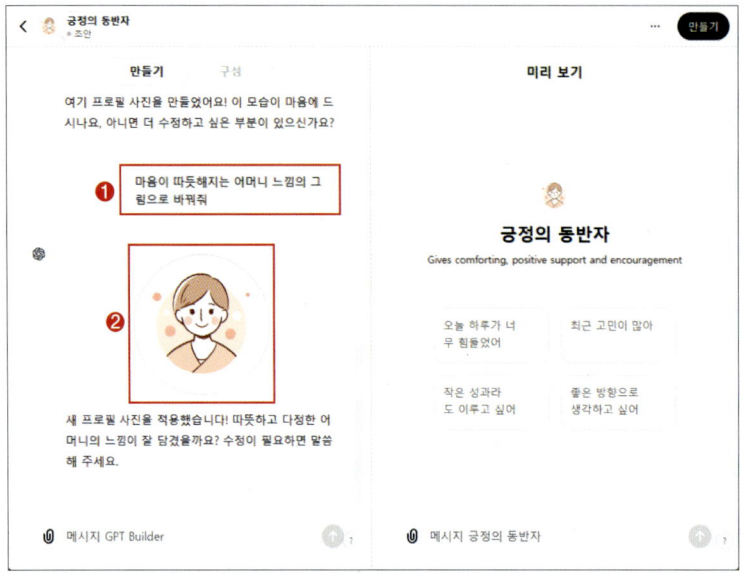

▲ 프로필 사진 수정 요청하기

챗봇이 완성되었으면 잘 작동하는지 테스트 해봐야 합니다. 분할 화면의 우측은 미리보기 화면으로, 작성한 GPT를 테스트 할 수 있습니다. 프롬프트로 "오늘 시험을 0점 맞아서 속상해"라고 입력해 보겠습니다. [만들기] 과정에서 요구한 것처럼 따뜻하고 긍정적인 이야기를 전해줍니다.

질문 오늘 시험을 0점 맞아서 속상해

시험이 정말 기대에 못 미쳐서 많이 속상했을 것 같아. 열심히 준비했을 텐데 이런 결과를 받으면 당황스럽고 자신감도 떨어질 수 있지. 누구나 한번쯤은 예상치 못한 어려움을 겪으니까, 오늘 느낀 감정들 충분히 이해해.

그렇지만 이번 시험 하나로 너의 모든 가능성이 결정되는 건 아니야. 지금은 많이 속상하겠지만, 오히려 이번 일을 통해 더 나은 방향으로 나아갈 기회가 될 수도 있어. 0점은 그냥 숫자일 뿐이야. 이 경험을 통해 앞으로 더 잘할 수 있는 방법을 찾고 새로운 시작을 만들어 갈 수 있어.

조금씩 마음을 다잡고 앞으로 나아가기 위해 할 수 있는 몇 가지를 추천해볼게.

시험에 대한 솔직한 리뷰 쓰기

이번 시험에서 어려웠던 부분이나 부족했던 부분을 간단히 적어보는 거야. 그래야 다음번에 비슷한 시험을 볼 때 어떤 점을 보완해야 할지 알 수 있어.

작은 목표 설정하기

시험 준비 과정이나 공부법을 바꿔보고, 다음번 시험에서는 구체적인 목표 점수를 세워봐. 작더라도 조금씩 목표를 이루면 성취감도 생기고, 자신감도 더 쌓을 수 있을 거야.

지지하는 사람들과 이야기 나누기

주변 친구나 선생님, 혹은 가족들과 속상했던 마음을 나누고 조언을 들어봐. 그들의 응원이나 조언이 위로가 되면서 너에게 필요한 긍정 에너지를 줄 거야.

결과에 너무 자신을 비난하지 말고, 오늘은 충분히 스스로를 다독여주고 새롭게 시작할 준비를 차근차근해 보자. 이 시험 하나가 앞으로의 길을 좌우하는 건 아니니까!

더 정교한 요구를 하고 싶다면, [만들기]에서 추가로 프롬프트를 입력할 수 있습니다. 입력한 프롬프트의 내용에 맞에 GPT는 응답 지침을 조정해나갑니다. 그런데 [만들기] 화면에서는 내가 만든 GPT가 어떤 지침을 바탕으로 운영되는지 알기 어렵습니다. 이것을 자세하게 보려면 [구성]에 들어가면 됩니다. 좌측 분할화면의 상단에 있는 ❶[구성]을 클릭하면, '이름', '설명', '지침', '대화 스타터', '지식' 등의 현재 GPT를 구성하고 있는 요소들을 확인할 수 있습니다.

GPT를 구성하고 있는 요소들

몇 번의 프롬프트 입력을 통해 형성된 GPT에 대한 설명과 지침 그리고 대화 스타터가 있습니다. 특히, '지침'에서는 마치 [ChatGPT 맞춤 설정]에서처럼 GPT가 나에게 응답하는 규칙을 지정할 수 있습니다. 그리고 내 GPT를 만드는 처음부터 [만들기]가 아니라 [구성]으로 작업한다면, '지침'을 보기 좋게 한글로 채울 수 있습니다. [구성] 기능을 이용해서 내 업무에 활용하는 챗봇을 만들고 이용하는 과정은 'Chapter 04. 챗GPT와 협력하여 업무 생산성 200% 높이기'에서 더 자세히 다루도록 하겠습니다.

GPTs, 인공지능 비서 빌려쓰기

직접 만들면 나에게 딱 필요한 챗봇을 만들 수 있다는 장점이 있지만, 그 과정이 조금은 번거롭다는 단점도 있습니다. 완전히 나에게 개인화된 챗봇은 아니더라도 어느 정도 내가 필요한 기능을 수행할 수 있는 챗봇을 누군가 만들어 놓았다면 그것을 함께 사용할 수 있는 기능이 있습니다. 바로 GPTs입니다.

영어의 복수형태는 단어 뒤에 's'를 붙여서 표현합니다. 이는 단일 GPT 모델을 의미하는 것이 아니라 여러 GPT 모델들이 있단 것을 의미합니다. 소위, GPT 모델들의 집합이라고 생각하시면 되겠습니다. OpenAI가 GPT-4 이후 다양한 GPT를 정의하고 활용할 수 있는 시스템을 개발하면서, 이를 모델 전체를 포괄하는 개념으로 GPTs라는 표현을 사용하고 있습니다. GPTs는 좌측 탭의 중앙 부에 위치한 ❶[GPT 탐색]을 눌러 살펴볼 수 있습니다.

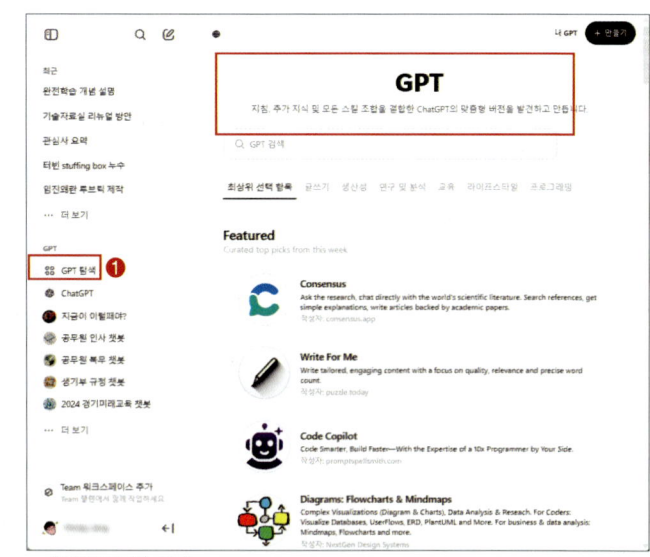

▲ [GPT 탐색] 화면

[GPT 탐색] 홈 화면을 살펴보겠습니다. 중앙 상단에는 검색창이 있습니다. 그리고 그 아래에는 선택할 수 있는 GPT들의 종류가 있습니다. '최상위 선택 항목', '글쓰기', '생산성', '연구 및 분석', '교육', '프로그래밍'이 보입니다. 각각의 주제를 클릭하면 해당 주제로 스크롤이 이동하며 각 분야에서 가장 인기 많은 GPT들을 볼 수 있습니다. 재미있는 GPT들이 많이 있으니 장난감 고르듯이 살펴보는 것도 좋을 것 같습니다.

이 중 자주 사용하는 GPT는 'AI PDF Drive: Chat, Create, Organize'입니다. 업로드한 PDF를 분석하고 요약하고 재구성해주는 기능이 있습니다. 업무 매뉴얼을 학습시키고 필요한 부분에 대해서 물어보기, 교과서 PDF 파일을 학습시키고 탐구 과제 생성하기, 교과서 소설 속 인물과 대화하기 등 PDF 파일로 다양한 활동을 시도해볼 수 있습니다.

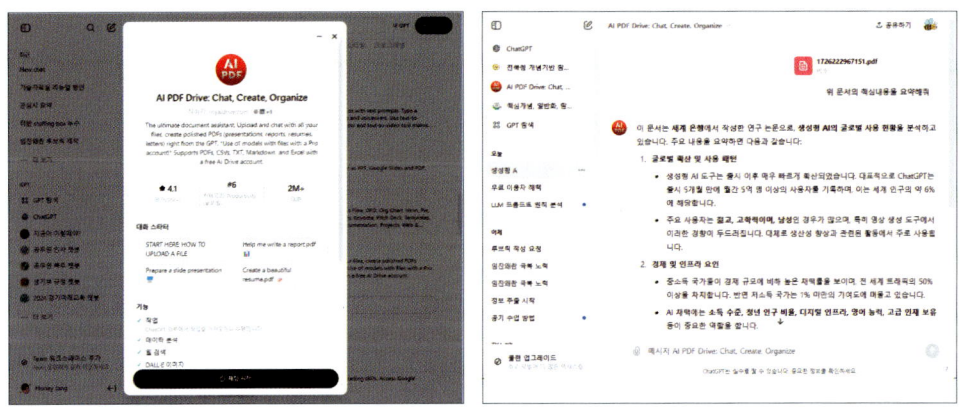

▲ PDF와 소통하기

챗GPT는 글로벌 이용자를 보유한 서비스이기 때문에, 영어로 된 GPT가 가장 많지만, 검색해보면 한국의 교사들이 만든 GPT도 쉽게 찾아볼 수 있습니다. 검색창에 ❶'생기부'라고 입력하면, 관련된 GPT들 목록이 여러 개 나타납니다.

> **뿌리샘 꿀팁** 무료 이용자도 GPTs를 사용할 수 있나요?
>
> GPTs는 무료 이용자도 사용할 수 있습니다. 2024년 5월 30일을 기준으로 OpensAI는 GPTs 기능을 무료 요금제 사용자에게도 무료로 제공합니다. 하지만 역시 이용에 제한이 있습니다. 10번 정도 대화를 주고받으면 약 4시간 정도 이용이 금지됩니다.

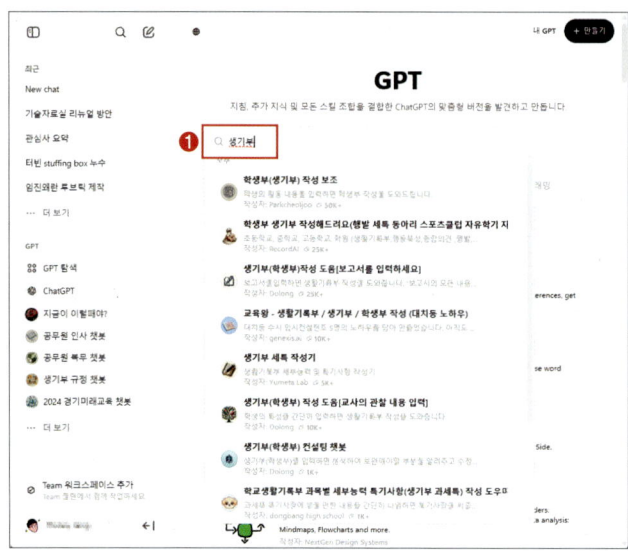

'생기부'뿐만 아니라, '지도안', '가정통신문', '공문' 등으로 검색하면 여러 목록들이 나타납니다. 이미 누군가 공들여서 만든 GPT를 확인할 수 있습니다. 직접 만들어 사용하는 것이 가장 맞춤형으로 사용하는 방법일 것입니다. 하지만 시간이 오래 걸리는 만큼, 이미 잘 만들어진 GPT를 필요에 맞게 이용하는 것도 좋은 방법입니다. 검색된 여러 GPT들 중에서 평점, 대화 수, GPT 설명글 등을 잘 살펴본 후 수업과 업무에 사용하면 됩니다.

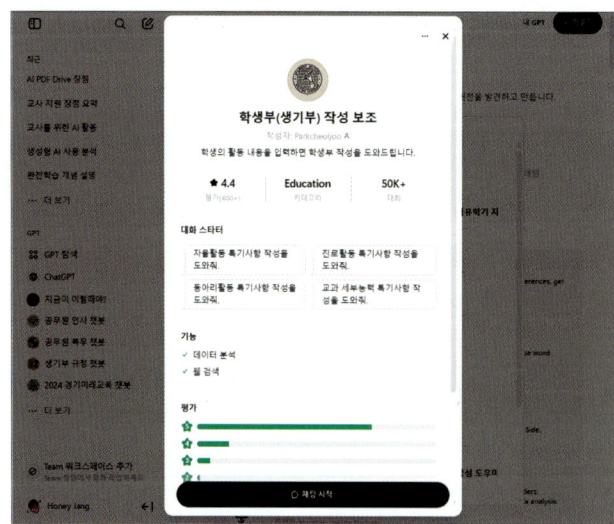

▲ 학생부(생기부) 작성 보조

챗GPT 프롬프트, 쉽게! 그리고 잘! 만드는 방법

프롬프트를 잘 작성할 수 있어야 인공지능에게 내가 딱 원하는 일을 시킬 수 있습니다. 애매모호하게 지시하면 똑같이 애매모호한 답변이 나올 수 있습니다. 내가 원하는 바를 정확하게 전달할 수 있어야 합니다. 인공지능이 정말로 내 옆에있는 비서라고 생각하고, 이 비서가 잘 이해할 수 있는 방식으로 지시하는 것이 중요합니다. 방법도 어렵지 않습니다. 몇 가지 규칙만 알면 프롬프트를 쉽게! 그리고 잘! 입력할 수 있습니다.

역할극처럼 질문하기(인물, 배경, 임무, 형식, 예시)

프롬프트를 입력할 때 '챗GPT는 역할극을 한다'고 생각하면 프롬프트를 쉽게 작성할 수 있습니다. 큰 틀에서 프롬프트의 기본 골격은 역할극처럼 인물, 배경, 임무, 형식, 예시로 구성된다고 생각하면 됩니다. 이제 각각의 구성요소의 의미를 알아보겠습니다.

인물	질문하는 사람이 누구인지
배경	질문을 하게 된 배경이 무엇인지
업무	무엇을 대답해야 하는지
형식	어떤 형식으로 대답해야 하는지
예시	내가 원하는 답변의 예시

▲ "역할극을하는 초등학생을 그려줘. 3D 그래픽" by 챗GPT

'인물'은 챗GPT의 역할을 정해주는 과정입니다. 누구인지, 어떤 직업을 가지고 있는지, 설명하는 대상은 누구일지, 누구의 생각이나 지식을 대변할 것인지를 정하는 것입니다. 보통 '페르소나를 정한다'라고 표현하기도 합니다. "너는 변호사야", "너는 고등학교 선생님이야", "너는 초등학교 학생이야" 등이 있습니다.

'배경'은 인물이 어떤 상황에 있는지를 알려주는 작업입니다. 인물이 가져야할 목적이나 인물이 처해있는 맥락을 정해주는 단계입니다. 페르소나를 입힌 챗GPT가 현재 어떤 상황인지 이해할 수 있도록 상황을 구체적으로 적어줄수록 좋습니다. "내가 교실에서 OOO라고 말한 내용이 아동학대에 해당할 수 있는지 확인하려고 해", "나는 병자호란의 진행과정을 알아보려고 해"등으로 입력할 수 있습니다.

'임무'는 무엇을 대답해야 하는지에 대한 답변입니다. "강의 내용에 대한 아이디어를 줘", "병자호란의 진행과정을 연도 순서대로 알려줘", "내가 업로드 한 PDF를 요약해줘" 등이 그 예시입니다.

'형식'은 임무에서 다루는 내용을 어떠한 방법으로 대답해야 하는지 정하는 것 입니다. "AI 윤리에 대한 아이디어를 3개의 문단으로 나누어서 설명해줘. 각 문단은 400자를 넘지 않게 균등하게 조정해", "강의 목차와 그에 따른 세부 내용을 글머리 기호로 정리해서 알려줘"등의 방법으로 정하면 됩니다.

'예시'는 말 그대로, 내가 원하는 스타일의 답변을 적는 것입니다. 답변의 양식으로 참고할 만한 내용이 있다면 해당 내용의 답변을 가져와서 "방금 내가 입력한 예시와 같은 스타일로 작성해"라거나 "예를 들어, 강의 목차: 생성형AI의 이해 / 세부 내용: 생성형AI가 생겨난 이유는?"라는 방식으로 사용할 수 있습니다.

그럼, 이렇게 역할극 하듯 질문하는 방법으로 수업에 필요한 내용을 생성해 보겠습니다. 초등 국어 수업 6학년 4단원 1, 2차시 다양한 주장 살펴보기에 나오는 '동물원은 필요한가'라는 제재를 통해 프롬프트 예시를 들겠습니다. '역할극을 하듯 질문하기'의 틀로 작성하여 질문하면 더욱 양질의 답변을 얻을 수 있는 것을 볼 수 있습니다. 아래와 같이 질문하고 챗GPT의 응답을 비교해 보겠습니다.

인물	나는 초등학교 6학년 학생이야
배경	'동물원을 폐지해야 한다.'라는 주제로 주장하는 글을 쓰려고 해
업무	주장을 뒷받침 할 수 있는 근거에 대해 5가지 정도 알려줘
형식	근거를 보충하는 뉴스를 함께 알려줘
예시	예를 들면, '동물원을 폐지해야 한다는 주장의 근거1: ~'처럼 알려줘

바로 질문하기	역할극 하듯 질문하기
〈질문〉 '동물원을 폐지해야 한다'라는 주장을 뒷받침할 말들을 알려줘	〈질문〉 나는 초등학교 6학년 학생이야 '동물원을 폐지해야 한다.'라는 주제로 주장하는 글을 쓰려고 해 주장을 뒷받침 할 수 있는 근거에 대해 5가지 정도 알려줘 근거를 보충하는 뉴스를 함께 알려줘 예를 들면, '동물원을 폐지해야 한다는 주장의 근거1: ~' 처럼 알려줘
〈응답〉 ### 1. **동물의 권리와 복지** - 동물은 인간과 마찬가지로 자유롭게 살아갈 권리를 가지고 있습니다. - 동물원은 동물들을 좁은 공간에 가두고, 자연 서식지에서의 자유를 박탈합니다. - 스트레스로 인해 동물들은 이상 행동(예: 같은 동작 반복, 자기 상처 내기)을 보이며, 이는 비자연적인 환경의 부작용입니다. ### 2. **자연 서식지와의 단절** - 동물원은 동물의 자연스러운 행동과 생태를 제한합니다. - 인간의 관찰을 위해 만들어진 환경은 종종 동물의 본능적 행동과 생존 기술을 약화시킵니다. ### 3. **보호 명목의 의문** - 동물 보호와 번식을 명분으로 운영되는 동물원도 많지만, 실제로 많은 동물원은 상업적 이익을 추구합니다. - 멸종 위기 종 복원 프로젝트는 소수의 동물에게만 적용되며, 대다수 동물은 여전히 전시용으로 이용됩니다. ### 4. **교육적 효과의 한계** - 동물원을 통해 얻는 교육적 경험은 제한적입니다. 사람들은 동물이 자연 환경에서 어떻게 행동하는지 알기 어렵습니다. - 현대 기술(가상현실, 다큐멘터리 등)을 통해 더 나은 교육적 경험을 제공할 수 있습니다. ### 5. **윤리적 대안** - 동물원 대신, 보호구역(wildlife sanctuary)이나 자연 보호구역에서 동물들을 돌보고 연구할 수 있습니다. - 동물의 서식지를 보존하고, 생태계를 보호하는 노력이 더 필요합니다.	〈응답〉 안녕하세요. '동물원을 폐지해야 한다'는 주장을 뒷받침할 수 있는 근거를 5가지와 관련 뉴스를 함께 알려드리겠습니다. **근거 1: 동물 복지의 부족** 동물원에 있는 동물들은 자연 서식지와 다른 환경에서 생활하며, 좁은 공간과 제한된 활동으로 인해 스트레스를 받습니다. 이러한 환경은 동물들의 신체적, 정신적 건강에 부정적인 영향을 미칩니다. *관련 뉴스:* 2023년 9월, 경남 김해 부경동물원에서 사육 중인 사자가 갈비뼈가 드러날 정도로 마른 모습이 공개되어 동물 학대 논란이 불거졌습니다. **근거 2: 자연스러운 행동의 제한** 동물원에서는 동물들이 본래의 자연스러운 행동을 발휘하기 어렵습니다. 이는 동물들의 본능적인 욕구를 충족시키지 못하게 하며, 비정상적인 행동을 유발할 수 있습니다. *관련 뉴스:* 2021년 6월, 대전의 한 동물원에서 재규어가 좁은 우리 안에서 반복적인 이상 행동을 보이는 모습이 관찰되었습니다. **근거 3: 교육적 가치의 한계** 동물원은 교육적 목적을 가진다고 하지만, 실제로 동물원에서 보여지는 동물들의 비자연적인 행동이나 환경은 어린이들에게 잘못된 자연 이해를 심어줄 수 있습니다. 진정한 동물 교육은 자연 그대로의 동물들의 생태와 행동을 배우는 것이지, 갇힌 동물들을 보는 것이 아니라고 주장합니다. *관련 뉴스:* 하버드 대학교의 연구에 따르면, 동물원 방문이 어린이들에게 긍정적인 학습 경험을 제공한다는 명확한 증거는 충분치 않습니다. 실제로, 방문자들이 동물들에 대해 배우기보다는 단순히 오락적인 경험을 추구하는 경향이 있다는 결과도 있습니다.

### 6. **생물 다양성에 대한 영향** - 동물원의 동물들은 종종 번식 문제와 유전적 다양성 감소 문제를 겪습니다. - 이는 장기적으로 멸종 위기 종 보존이라는 목표를 위협할 수 있습니다. 동물원 폐지 주장은 동물 복지, 윤리, 그리고 생태계 보존에 대한 깊은 고민에서 출발합니다. 현대 사회에서는 동물을 더 존중하는 방식으로 접근해야 한다는 인식이 점차 확산되고 있습니다	**근거 4: 멸종위기종 보호의 실패** 동물원은 멸종위기종 보호를 목적으로 하지만, 실제로 많은 동물들이 동물원에서 제대로 보호받지 못하고 있습니다. 열악한 환경과 관리 부족으로 인해 동물들이 폐사하는 사례가 많습니다. *관련 뉴스:* 최근 5년간 전국 동물원에서 멸종위기종 약 2천 마리가 폐사하였으며, 이 중 자연사가 아닌 사고나 질병으로 인한 폐사가 다수를 차지했습니다. **근거 5: 동물원의 상업화와 윤리적 문제** 동물원은 상업적인 목적으로 운영되며, 동물들을 전시하고 공연에 동원하는 등 동물의 권리를 침해하는 행위가 발생합니다. 이는 동물을 단순한 오락의 수단으로 취급하는 것으로, 윤리적인 문제가 제기됩니다. *관련 뉴스:* 2023년 3월, 서울어린이대공원에서 얼룩말 '세로'가 탈출한 사건이 발생하였으며, 이는 동물원의 열악한 환경과 관리 문제를 드러냈습니다. 이러한 근거들을 통해 동물원 폐지에 대한 주장을 강화하실 수 있을 것입니다.

바로 질문했던 방법도 나쁘지 않은 결과를 보여줍니다. 하지만 우측의 역할극 하듯 질문하기의 방법을 보면 이 결과가 훨씬 사용자가 바라는 내용을 구체적으로 잘 담았다는 것을 알 수 있습니다. 프롬프트에 입력했던 요구사항들을 모두 지킨 것을 알 수 있습니다. 역할극 하듯 질문하기에서는 관련 뉴스에 대한 링크도 활성화 되어있습니다. 챗GPT가 정말 똑똑한 비서이기는 하지만, 비서에게 구체적인 요구사항을 전달할수록 우리가 원하는 답을 더 빠르고 정확하게 얻어낼 수 있습니다.

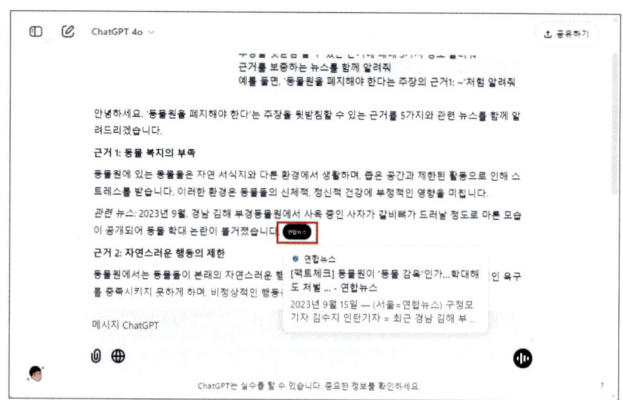

▲ 웹 검색 자료의 출처를 표시하는 장면(

> **AI 짤막 상식**
>
> ### 서치GPT(SearchGPT) 런칭!
>
> OpenAI는 2024년 7월에 '서치GPT'의 프로토타입 버전을 발표하고, 소규모 테스트 그룹과 퍼블리셔들을 대상으로 베타 테스트를 진행하였습니다. 그리고 2024년 10월 31일, 서치GPT를 기존 챗GPT에 통합시켜 출시하였고, 현재(2024년 11월)는 유료 구독자를 대상으로 공개된 서비스입니다. 향후 무료 이용자에게도 공개될 예정이라고 합니다.
>
> 기존의 챗GPT는 2023년 10월까지의 자료를 학습한 모델이기 때문에 현시점에 발생하고 있는 자료에 대해서는 모른다고 답변하거나 정확한 답을 주지 못하는 경우가 있었습니다. 그러나 서치GPT가 출시되면서 실시간 웹기반 검색이 가능해졌습니다. 출시 이전에는 "오늘의 날씨"를 물어도 정확히 답변하지 못했다면, 이제는 실시간 검색을 통해 정확한 오늘의 날씨 정보를 알려줄 수 있습니다.
>
> 서치GPT는 구글과 같은 기존의 검색엔진에 대한 도전이기도 합니다. 서치GPT가 출시되었다는 소식에 구글의 주가가 3% 하락했습니다. 물론 구글이 여전히 검색 시장에서 압도적인 지위를 가지고 있지만, AI 기반 검색엔진이 구글의 지위에 균열을 낼 수 있을지 주목을 받고 있습니다.
>
>
>
> ▲ 오늘의 날씨를 웹 검색을 통해 알려주는 장면

재미있는 프롬프트 꿀팁, 팁(Tip)을 밝히는 챗GPT [10]

아랍에메리트 AI연구실에서 발표한 보고서인 "Principled Instructions Are All You Need for Questioning LLaMA-12, GPT-3.54"에 따르면 좋은 프롬프트를 만들기 위한 방법으로 '팁을 제시하라'라고 이야기합니다. 인공지능에게 팁이라니, 다소 어이없으면서도 무척 재미있는 말입니다. 그런데 이게 실제로 효과가 있다고 합니다. 위 보고서의 연구 결과에 따르면 따르면 챗GPT에게 팁을 제안하면 실제로 응답의 질이 향상되는 것으로 나타났습니다.

---

[10] 출처: Principled Instructions Are All You Need for Questioning LLaMA-1/2, GPT-3.5/4, VILA Lab, Mohamed bin Zayed University of AI

- 팁을 주지 않겠다고 하자 답변이 2% 짧아짐
- $20의 팁을 제안하였을 때 응답 길이가 6% 증가함
- $200의 팁을 제안하였을 때 응답의 길이가 11% 증가함[11]
- 팁을 제안하니 프롬프트의 정확도가 45% 상승함[12]

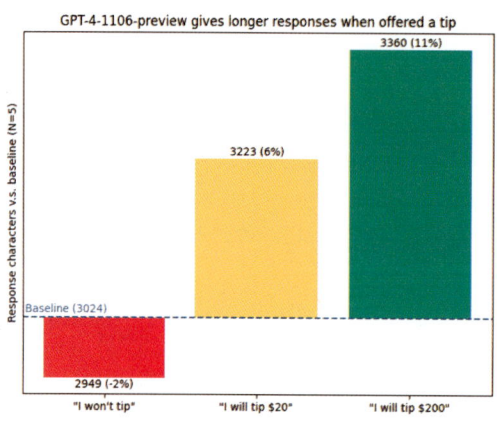

▲ 팁에 따라 달라지는 응답의 길이

이러한 현상은 서구 사회의 팁 문화를 반영한 것으로 추정됩니다. 미국이나 유럽에서는 많은 서비스 업종에서 팁이 서비스의 질을 평가하거나 서비스 제공자를 동기부여하는 수단으로 활용되기 때문입니다. 챗GPT가 방대한 데이터를 학습하는 과정에서 이러한 문화적 맥락을 습득했을 가능성이 높습니다.

프롬프트를 활용하는 것이 단순히 기술적인 요소나 재미로 여겨질 수 있지만, 이 현상은 AI 윤리와도 관련된 중요한 질문을 제기합니다. AI 시스템의 정보 접근성과 공정성이 금전적 인센티브에 의해 영향을 받는다면 이는 심각한 문제를 초래할 수 있습니다. 특히 AI가 모두를 이롭게 하기보다는 페이 투 윈(Pay to Win) 구조로 운영된다면 어떤 결과를 초래할지 고민해볼 필요가 있습니다.

지금은 기술적 재미 요소에 불과할지 모르지만, "더 많은 비용을 지불할수록 더 강력하고 우수한 인공지능을 이용할 수 있다"는 구조는 또 다른 사회적 격차를 유발할 수 있습니니

---

[11] 출처: https://minimaxir.com/2024/02/chatgpt-tips-analysis/ , Max Woolf's Blog
[12] 출처: https://www.searchenginejournal.com/research-chatgpt-prompts/507535/ ,Search Engine Journal

다. 인공지능이 인간의 생산성을 비약적으로 향상시키는 만큼, 그 격차 역시 사용자의 자본에 따라 더욱 커질 가능성이 있습니다.

이러한 챗GPT의 특징을 학생들과 함께 논의한다면, 'AI는 누구를 위한 것인가?', 'AI는 어떠해야 하는가?'와 같은 문제의식에 대해 깊이 있는 토론을 할 수 있을 것입니다.

프롬프트 고수되기 1_사고의 사슬(Chain of Thought, CoT)

공문이나 계획서를 작성할 때 가장 먼저 무엇을 하시나요? 필자는 먼저 작년의 자료를 참고합니다. 직전 연도의 공문과 계획서 작성 방식을 살펴보고, 이를 바탕으로 올해의 공문과 계획서를 작성합니다. 많은 선생님들도 같은 방법을 사용하실 겁니다. 베껴쓴다고 비난하실 수도 있겠지만 이것은 사실 정공법(正攻法)입니다. 작년에 이미 검증된 방법이기 때문에 올해 활용하기에도 안전하기 때문입니다. 이는 마치 작년의 '정답지'를 놓고 참고하면서 현재의 문제를 해결해나가는 모습으로 해석할 수 있습니다. 그런데 이러한 방법은 챗GPT를 사용하는 데도 활용될 수 있습니다. 심지어 아주 효과적입니다.

챗GPT에게도 유사한 상황에서의 정답이 무엇인지 알려주고, 새로운 답변을 요구하면 사용자가 원하는 방향으로 답변을 생성합니다. 사용자가 주는 정답이 챗GPT가 특정 답에 도달하는 과정을 해석할 수 있는 창이 되는 것입니다. 챗GPT가 정답으로 참고할 수 있는 콘텐츠가 많이 있는 상황일수록 이제 말씀드릴 '사고의 사슬' 기법을 이용하기 편리합니다.

사고의 사슬이란 곧바로 답을 요구하는 것이 아니라 답을 얻기 위한 과정을 프롬프트에서 제안하여, 답이 나오는 과정에서 챗GPT가 참고할 수 있도록 유도하는 기법입니다. 낯선 용어이기 때문에 어렵다고 느껴지실 수 있지만 개념은 교육학의 스캐폴딩(Scaffolding)과 유사합니다. 챗GPT라는 학생이 참고할 수 있는 비계를 제공하는 것일 뿐입니다. 교사가 제공한 비계를 통해 학습목표에 도달하는 과정이라고 보시면 됩니다.

▲ "ChatGPT가 문제를 해결하는데 'Chain of Thought'라고 적힌 안경을 쓰고 있는 귀여운 2D 일러스트를 그려줘. 안경에 Chain of thought를 꼭 넣어줘." by 챗GPT

구글 리서치 팀에서 2022년에 발표한 논문[13]에 의하면, 사고의사슬 기법은 챗GPT와 같은 언어 모델에서는 하기 어려운 추론 작업에서 인공지능의 성능을 향상시켰다는 결과를 보여주었습니다. 정답이나 정답에 도달하는 과정을 프롬프트에 함께 입력하는 것만으로도 GPT의 성능이 훨씬 상승한 것입니다

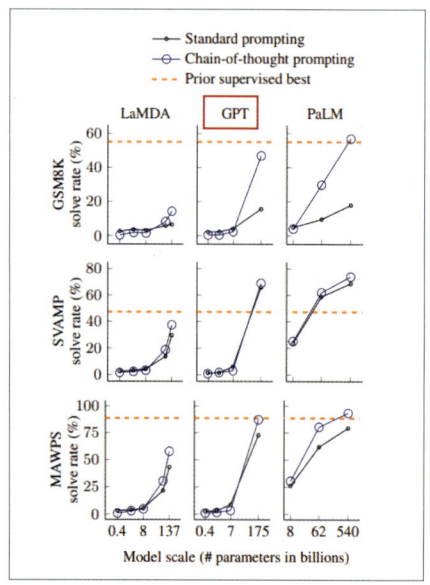

◀ "사고의 사슬(Chain-of-thought) 프롬프트가 대규모 언어 모델이 어려운 수학 문제를 해결할 수 있도록 돕는 데 효과적이었다"[14]

⑬ 출처: Chain-of-Thought Prompting Elicits Reasoning in Large Language Models, Google Research, Brain Team
⑭ 출처: Chain-of-Thought Prompting Elicits Reasoning in Large Language Models, Google Research, Brain Team

사고의 사슬을 이용하는 방법은 간단합니다. "질문 – 정답 – 질문"의 형태로 프롬프트를 구성하는 것입니다. 이 안의 '정답'에 사용자가 원하는 스타일이나 방향의 자료를 넣어 질문하면 됩니다. 입력한 정답이 응답하기를 바라는 하나의 예시가 되는 겁니다. 수학 문제를 계산하는 상황으로 예를 들어보겠습니다.

일반 프롬프트를 보면 입력한 프롬프트에 계산 결과로서의 답만 있고 답을 추론해내는 과정은 나타나지 않습니다. 그런 채로 카페테리아에 남아있는 사과의 개수를 묻는 본 질문을 입력했습니다. 그 결과 답이 27이라는 엉뚱한 대답을 했습니다. 반면에 사고의 사슬 프롬프트에서는 챗GPT가 참고할 '정답'을 구체적으로 설명하였습니다. 챗GPT는 이 과정을 사고의 창으로 이용하여 '정답'의 방법을 참고해 올바른 대답을 할 수 있었습니다.

일반 프롬프트 (Standard Prompting)	사고의 사슬 프롬프트 (Chain-of-Thought Prompting)
[질문] Roger에게 테니스 공 5개가 있습니다. 그는 테니스 공 3개가 들어 있는 캔 2개를 추가로 구매했습니다. Roger에게는 총 몇 개의 테니스 공이 있나요?	
[답만 입력한 응답 예시] 정답은 11입니다.	[사고의 사슬로써의 정답] Roger는 처음에 테니스 공 5개를 가지고 있었습니다. 캔 2개는 각각 테니스 공 3개씩 포함되어 있습니다. 2 × 3 = 6, 5 + 6 = 11. 정답은 11입니다.
[질문] 카페테리아에 사과가 23개 있었습니다. 그들이 점심을 준비하기 위해 20개를 사용하고, 6개를 더 구매했다면 남은 사과는 몇 개인가요?	
[챗GPT의 응답] 정답은 27입니다	[챗GPT의 응답] 카페테리아에는 처음에 사과가 23개 있었습니다. 점심 준비에 20개를 사용했습니다. 따라서 23 – 20 = 3. 6개를 더 구매했으므로 3 + 6 = 9. 정답은 9입니다.

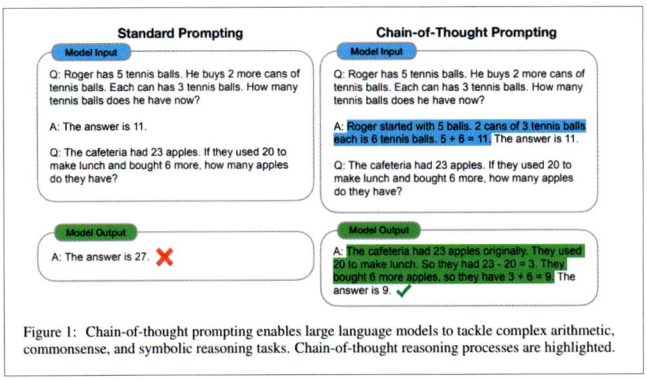

Figure 1: Chain-of-thought prompting enables large language models to tackle complex arithmetic, commonsense, and symbolic reasoning tasks. Chain-of-thought reasoning processes are highlighted.

▲ 출처: 구글 리서치팀

사용자가 '정답'으로 활용할 자료가 있다면 사고의 사슬은 대부분의 상황에서 활용할 수 있는 강력한 도구가 됩니다. 교사가 '학부모 안내문자'를 발송하는 과정에서도 사고의 사슬 기법을 활용해볼 수 있습니다. 장마철 안전과 관련하여 학교에서 발송한 "학부모님, 장마철을 맞아 학생들의 안전에 각별한 주의 부탁드립니다. 외출 시 우산과 우비를 꼭 준비해주세요. 집중호우 시 하천, 공사장 등 위험 지역은 접근을 삼가주시고, 차량 이용 시 침수도로를 피해 안전 운전 부탁드립니다. 감사합니다."라는 문자가 있다는 것을 발견하였습니다. 이 내용을 이용해 겨울철 안전 주의 문자를 작성하고자 합니다. 다음과 같이 프롬프트를 입력해볼 수 있습니다. 챗GPT가 사고의 사슬을 참고하여 훌륭한 겨울철 안전 주의 문자를 발송한 것을 볼 수 있습니다.

질문 [질문]: 장마철 안전 주의 문자

학부모님, 장마철을 맞아 학생들의 안전에 각별한 주의 부탁드립니다. 외출 시 우산과 우비를 꼭 준비해주세요. 집중호우 시 하천, 공사장 등 위험 지역은 접근을 삼가해주시고, 차량 이용 시 침수도로를 피해 안전 운전 부탁드립니다. 감사합니다.

질문 겨울철 안전 주의 문자

학부모님, 겨울철을 맞아 학생들의 안전에 각별한 주의 부탁드립니다. 외출 시 따뜻한 옷과 방한용품을 꼭 준비해주세요. 눈길이나 빙판길에서는 미끄럼 사고에 유의해주시고, 차량 이용 시 감속 운전과 겨울용 타이어 사용을 권장드립니다. 또한, 난방 기기 사용 시 화재 예방을 위해 안전 점검을 부탁드립니다. 감사합니다.

AI 짤막 상식

인공지능의 성능을 올리는 방법은?

인공지능은 더 많은 데이터를 학습하거나 학습 데이터의 품질을 높일수록 성능이 향상됩니다. 또는 파라미터의 가중치를 조정하는 방법으로도 성능을 개선할 수 있습니다. 그러나 이러한 과정은 상당한 비용이 소모됩니다. 예를 들어, OpenAI의 GPT-4 모델은 약 7,840만 달러, 한화로 약 1,100억 원의 비용이 투입되었습니다.

반면, 앞서 다룬 사고의 사슬과 같은 기법은 데이터를 추가로 학습시키거나 파라미터를 업데이트하는 방식이 아닙니다. 사고의 사슬은 단순히 프롬프트에 참고할 정답을 입력해주는 것만으로도 인공지능의 성능을 대폭 향상시킬 수 있는 마법 같은 방법입니다.

프롬프트 고수되기 2_퓨샷 러닝(Few shot Learning), 제로샷 러닝(Zero-Shot Learning)

학교 행정실의 주무관님들은 엑셀 등을 통해 여러 종류의 정형화된 데이터를 볼 일이 많겠지만, 교원은 정형화된 데이터를 접할 기회가 상대적으로 많지 않습니다. 교원이 접하는 대표적인 데이터로는 성적을 들 수 있지만, 이 역시 학생이 생성한 자료를 교사가 정리하는 과정을 거쳐야 만들어지는 것이지, 자동으로 기록이 남는 형태는 아닙니다. 결국 교사가 챗GPT를 사용한다면 필요한 데이터를 직접 작성해야하는 경우가 많을 수 밖에 없습니다. 하지만 그럴 경우 인공지능을 활용하는 의미가 무색해질 만큼 시간과 에너지가 많이 소모될지도 모릅니다. 인공지능을 효율적으로 활용하기 위해선, 적은 양의 데이터로 원하는 대답을 얻을 수 있는 방법이 필요합니다.

교사가 직접 입력해도 될 만큼의 적은 양의 데이터를 이용해서 원하는 만큼의 자료를 얻어낼 수 있는 방법이 무엇일까요? 바로, 데이터를 많이 주지 않고 몇 가지만 주어도 결과값을 훌륭하게 생성할 수 있도록 하는 방법인 '퓨샷 러닝'입니다. 그리고 상황에 따라 아예 데이터가 없는 경우, 또는 인공지능을 이용해 데이터를 생성하고자 하는 경우에 데이터 없이 결과를 만드는 방법이' 제로샷 러닝'입니다. 제로샷 러닝은 참고할 예시 없이 학습하지 않은 데이터에 대해 일반화하여 예측한다는 의미입니다.

일반적으로 퓨샷 러닝을 사용할 때는 프롬프트 예시를 2~5개 정도 활용합니다. 제로샷 러닝에 비해 프롬프트 작성에 시간이 더 소요되지만, 응답 결과를 더욱 정확하고 구체적으로 조정할 수 있다는 장점이 있습니다. 교사가 퓨샷 러닝을 활용할 수 있는 대표적인 사례로는 생기부 작성이 있습니다.

생기부 문장은 톤 앤 매너 차원에서 유사한 구조를 갖추고 있어, 주요 키워드를 변형하며 학생에게 적합한 문장을 일관된 스타일로 생성하도록 요청하기에 적합합니다.

예시를 통해 살펴보겠습니다. "협력, 책임감, 자기주도, 탐구"라는 키워드를 주제로 생기부 예시 문장을 입력한 뒤, 학생에게 적용할 키워드인 "창의성, 배려"를 제시하며 새로운 문장을 작성하도록 요청했습니다. 창의성과 배려가 함께 드러나는 문장을 만들 수 있도록 아래에 "(키워드 여러 개 이용 시 관련 내용을 융합하여 작성)"이라는 단서도 적었습니다.

질문 협력: 타인과 협력하여 팀 활동을 성공적으로 완수하며, 긍정적인 학급 분위기 조성에 기여함
책임감: 책임감을 가지고 맡은 일을 끝까지 수행하며, 친구들에게 신뢰받는 학생임
자기주도: 스스로 학습 목표를 설정하고 실천하며 자기주도적인 학습 태도를 보임
탐구: 새로운 주제에 대한 호기심을 바탕으로 적극적으로 탐구활동에 참여함

창의성, 배려: (키워드 여러 개 이용시, 관련 내용을 융합하여 작성)

 창의성: 독창적인 아이디어로 친구들과 협력하여 학습 활동을 더욱 흥미롭게 만들며, 새로운 해결 방법을 제시함으로써 학급 내 활발한 토론 문화를 조성함
배려: 친구들의 의견을 존중하고 어려움에 처한 친구들을 적극적으로 돕는 등, 따뜻한 마음으로 학급의 조화로운 분위기를 유지하는 데 기여함

창의성과 배려를 융합한 내용:
독창적인 아이디어와 따뜻한 배려심으로 친구들과 함께 창의적인 프로젝트를 완성하며, 친구들의 의견을 존중하고 협력하여 긍정적이고 조화로운 학급 분위기를 만들어감.

창의성과 배려는 학습하지 않은 키워드였지만, 챗GPT는 기존에 학습한 내용을 참고하여 적절히 창의성과 배려를 포함한 내용을 구성했습니다. 또한, 조건에 따라 '창의성과 배려를 융합한 내용'도 별도로 작성했음을 확인할 수 있습니다. 이처럼 퓨샷 러닝을 활용하면 학생에게서 발견한 가치와 태도를 입력하여, 학생에게 적합한 생기부 문장의 초안을 손쉽게 작성할 수 있습니다.

한편, 제로샷 러닝은 프롬프트 준비에 시간을 절약할 수 있으며, 새로운 분야나 작업에서 별도의 사전 준비 없이도 챗GPT를 빠르게 활용할 수 있다는 장점이 있습니다. 사용자가 일상적으로 예시 없이 챗GPT를 활용하는 방식이 제로샷 러닝에 해당한다고 볼 수 있습니다. 그렇다면 일상적인 챗GPT 이용과 제로샷 러닝은 어떤 차이가 있을까요? 이를 간단히 표로 정리해 보겠습니다.

항목	일상적인 프롬프팅	제로샷 프롬프팅
기반 지식	기존에 학습된 지식이나 사용자의 경험에 의존	새로운 주제나 작업에 대한 사전 학습 없이 시도
응답 방식	학습된 데이터를 기반으로 답변	일반적인 패턴을 추론해 창의적으로 답변
적용 범위	모델에서 학습한 범위 내에서 응답	모델이 학습하지 않은 새로운 작업 수행
사례 제공 여부	추가적인 사례 없이 기존 지식을 활용하거나 명확히 응답함	사례나 맥락 없이 새로운 작업을 해결함
예시	"2차 방정식의 근의 공식을 설명해줘" (기존 학습된 내용 활용)	"초등학생이 이해하기 쉬운 방식으로 2차 방정식의 근의 공식을 이야기로 만들어줘" (새로운 형식의 창작 요구)

일상적인 프롬프팅이나 제로샷 프롬프팅이나 학습된 예시 없이 작성되는 것은 동일하나, 생성하는 내용의 성격 부분에서 차이가 있습니다. 제로샷 프롬프팅은 학습되지 않은 내용의 생성을 요구하는 방법으로 이해하시면 되겠습니다. 교사가 이용하는 제로샷 러닝의 대표적인 예시는 '외국어 번역'입니다. 다문화 학생이 많아지는 요즘, 다문화 학부모와 소통하기 위해서는 종종 번역기가 필요하곤 합니다. "다음 문장을 캄보디아어로 번역해줘"와 같은 요구들이 제로샷 러닝이라고 할 수 있습니다.

> **뿌리샘 꿀팁** — 제로샷 러닝으로 감정분석하기
>
> 텍스트에서 감정을 분석하는 것도 제로샷 러닝으로 할 수 있는 방법 중 하나입니다. 학생들의 마음 일기를 구글 설문지로 수업하고 스프레드시트로 연결하면 Chapter 04에서 소개하는 "구글 스프레드시트에서 챗GPT 사용하기(유료 확장 프로그램X)"의 방법으로 우리 학급만의 AI 마음일기를 만들어 볼 수도 있습니다.
>
> 아래 텍스트에서 어떤 감정이 드러나는 지 알려줘
>
> 오래 기다려왔던 아이가 생겼다. 소중한 생명이 찾아왔다. 건강하게 잘 자라주길 바란다. 8달 후에 보자.
>
> 이 텍스트에서는 **기쁨**, **감사함**, 그리고 **기대감**의 감정이 드러납니다.
> - **기쁨**: 오래 기다려온 아이가 생겼다는 소식에 대한 행복감이 나타납니다.
> - **감사함**: "소중한 생명이 찾아왔다"는 표현에서 생명을 맞이하는 데에 대한 감사한 마음이 느껴집니다.
> - **기대감**: "건강하게 잘 자라주길 바란다"와 "8달 후에 보자"라는 표현에서 아이와 만날 날을 기다리는 설렘과 희망이 드러납니다.

프롬프트 고수되기 3_될 때까지 물어보기, 질문의 사슬(Chain of Quesiton, CoQ)

이번엔 사고의 사슬이 아니라 질문의 사슬(Chain of Question)입니다. 사고의 사슬을 다루며 사고의 사슬을 비계(Scaffolding)에 비유하였습니다. 한편, 질문의 사슬은 '사다리'나 '계단'에 비유할 수 있습니다. 질문의 사슬은 챗GPT를 단계적으로 사고의 확장으로 이끕니다. 사다리의 첫 발판에서 시작해서 더 높은 곳으로 올라가는 것처럼, 간단한 질문이나 배경지식과 관련된 부분에서 시작해서 점차 복잡하고 구체적인 질문으로 이어지는 구조로 이용합니다. 한 번에 원하는 답을 듣는 것이 아니라, 기초 질문들과 추가 질문들을 통해서 양질의 답을 얻어내는 방법으로, 이 방법은 질문하는 사용자가 계획적으로 질문할 수 있는 역량이 필요합니다.

예를 들어, '기후 변화가 우리에게 미치는 영향'을 주제로 검색해보겠습니다. 질문의 사슬을 이용하지 않았을 때의 결과는 다음과 같습니다.

 기후변화가 우리에게 미치는 영향을 알려줘

기후변화는 다양한 방식으로 우리의 삶에 영향을 미칩니다. 주요 영향을 다음과 같이 정리할 수 있습니다:

---

1. **기상 및 자연재해 증가**
- **더 잦고 강력한 폭염**: 건강 위험 증가, 에너지 수요 급증.
- **폭우와 홍수**: 기반 시설 파괴, 농작물 손실, 경제적 피해.
- **가뭄**: 물 부족, 농업 생산 감소, 생태계 피해.
- **허리케인과 태풍**: 강도와 빈도가 증가해 해안 지역 피해 심화.

---

2. **식량 공급 위기**
- 기온 상승과 이상 기후로 농작물 생산성이 감소.
- 해양 온도 상승은 어획량 감소와 해양 생태계 교란을 초래.
- 식량 가격 상승 및 지역적 식량 부족 우려.

---

3. **건강 문제**
- **열 관련 질병 증가**: 폭염으로 인한 열사병 및 심혈관계 질환 증가.
- **전염병 확산**: 말라리아, 뎅기열 같은 병을 매개하는 곤충의 서식지가 확장.
- 대기 오염과 산불로 호흡기 질환 악화.

4. **환경 변화**
- **해수면 상승**: 해안 도시와 섬 지역의 침수 및 이주 필요.
- **빙하 감소**: 물 공급의 변화와 지구 생태계의 파괴.
- **생물 다양성 감소**: 종의 멸종과 생태계 붕괴.

5. **경제적 영향**
- 자연재해로 인해 복구 비용 증가.
- 농업, 어업 등 주요 산업에 악영향.
- 기후적응 및 재난 대비 비용 상승.

6. **사회적 불평등 심화**
- 기후변화는 취약한 계층과 지역에 더 큰 영향을 미침.
- 이주, 자원 부족, 갈등 증가로 사회적 불안정 심화.

7. **정신 건강**
- 재난 경험 및 미래에 대한 불안감(기후 우울증, 생태 불안).
- 삶의 질 저하와 스트레스 증가.

기후변화의 영향은 지역과 상황에 따라 다르게 나타나지만, 전 세계적으로 연관된 문제이기 때문에 협력과 대응이 필요합니다. 개인적인 실천과 정책적 변화가 모두 중요한 상황입니다.

질문의 사슬을 이용하기 이전의 결론: 기후변화는 폭염, 홍수, 가뭄 등 극단적인 기상이변과 자연재해를 증가시켜 우리의 삶과 환경에 큰 영향을 미칩니다. 농작물 생산성과 어획량 감소로 식량 위기가 심화되고, 열 관련 질병과 전염병 확산 등 건강 문제도 증가합니다. 해수면 상승과 빙하 감소로 인한 환경 변화는 생물 다양성 감소와 생태계 파괴를 초래하며, 경제적으로는 자연재해 복구 비용과 산업 피해로 큰 손실이 발생합니다. 특히 취약계층과 지역에 더 큰 영향을 미쳐 사회적 불평등이 심화되고, 기후 불안과 스트레스 같은 정신 건강 문제도 나타납니다. 이를 해결하려면 전 세계적인 협력과 개인 및 정책적 노력이 필요합니다.

이제 질문의 사슬을 이용해 보겠습니다. 기후 변화가 우리에게 미치는 영향을 알아보기 전에 기후의 의미, 그리고 기후가 인간에게 어떤 의미인지 알아보는 것이 먼저입니다. 그러므로 기후의 의미와 기후가 인간에게 어떤 의미인지 먼저 조사하게 한 후, 해당 내용을 바탕으로 기후변화가 인간에게 미칠 수 있는 영향을 알아볼 수 있도록 하는 것이 더욱 효과적일 것입니다. 질문의 사슬을 이용하여 조사를 시작해보겠습니다.

질문 기후의 의미와 기후가 인간에게 어떤 의미인지 알려줘

기후는 특정 지역에서 장기간에 걸쳐 나타나는 평균적인 날씨 패턴을 말합니다. 이는 온도, 강수량, 바람, 습도 등의 기상 요소를 종합적으로 분석한 결과로 정의됩니다. 기후는 수십 년에서 수백 년 동안의 데이터에 기반하며, 날씨와는 달리 단기적인 변화가 아닌 장기적인 특성을 나타냅니다.

예를 들어:
- **날씨**는 "오늘 비가 온다"와 같은 단기적인 현상을 의미합니다.
- **기후**는 "이 지역은 여름에 덥고 겨울에 춥다"와 같은 장기적인 경향을 설명합니다.

기후가 인간에게 주는 의미

1. **생존과 생활 환경 결정**
    기후는 인간이 살 수 있는 환경을 결정짓는 중요한 요인입니다.
    - 열대기후에서는 농작물이 빨리 자라고 풍부한 자연자원이 있는 반면,
    - 극지방의 기후에서는 생존을 위해 특별한 기술과 자원이 필요합니다.

2. **경제적 활동에 영향**
    - 농업: 작물 재배와 수확 시기는 기후에 크게 좌우됩니다. 예를 들어, 쌀은 따뜻하고 습한 기후에서 잘 자랍니다.
    - 에너지: 기후가 따뜻한 지역에서는 냉방 수요가 높고, 추운 지역에서는 난방 수요가 높습니다.
    - 관광: 따뜻한 해변, 겨울 스포츠 리조트 등 기후는 관광 산업에도 직접적인 영향을 미칩니다.

3. **문화와 생활 방식 형성**
    기후는 인간의 의복, 음식, 건축, 축제 등 다양한 생활 방식을 형성합니다. 예를 들어, 더운 지역에서는 통풍이 잘 되는 얇은 옷을 입고, 추운 지역에서는 방한용 의류와 난방을 중요시합니다.

4. **건강과 안전**
    극단적인 기후나 기후변화로 인한 자연재해(홍수, 가뭄, 태풍)는 인간의 생명과 건강에 위협을 줄 수 있습니다. 이는 식량 부족, 물 부족, 질병 확산 등으로 이어질 수 있습니다.

5. **정체성과 문화에 미치는 영향**
한 지역의 기후는 그 지역 주민들의 정체성과 문화에도 큰 영향을 미칩니다. 예를 들어, 북유럽의 추운 기후는 내구성이 강한 건축물과 따뜻한 음식을 만들어내며, 이 지역 주민들의 생활 철학에도 영향을 줍니다.

본 내용을 통해서 기후의 의미와 기후는 인간에게 생존과 생황, 경제적 활동, 문화와 생활 방식, 건강과 안전, 정체성과 문화라는 5가지 영역에서 큰 영향을 미치고 있는 것을 알 수 있었습니다. 그렇다면 이제 기후가 변화하는 것이 인간에게 어떤 영향을 주는지 조사해보겠습니다. 조사한 내용을 바탕으로 질문을 구성하여 다시 물어보겠습니다.

 기후가 변화하는 것이 생존과 생활환경 설정, 경제적 활동에 영향, 문화와 생활 방식의 형성, 건강과 안전, 정체성과 문화에 미치는 영향에 대해서 알려줘

기후 변화가 미치는 영향
기후 변화는 지구의 평균 온도가 상승하거나, 강수 패턴이 변화하거나, 극단적인 기상 현상이 빈번해지는 등의 형태로 나타나며, 이는 인간의 생존과 생활에 다양한 방식으로 영향을 미칩니다. 각 분야별로 구체적으로 살펴보겠습니다.

---

1. 생존과 생활환경 설정에 미치는 영향
- **서식지 변화**:
  기후 변화로 인해 특정 지역의 환경 조건이 변하면, 인간과 동식물 모두 적합한 서식지를 잃을 수 있습니다. 예를 들어, 해수면 상승으로 인해 저지대 지역이 침수되고, 사람들이 다른 지역으로 이주해야 하는 상황이 발생할 수 있습니다.

- **기본 자원의 부족**:
  물 부족, 토양 황폐화 등이 발생하여 인간 생존에 필요한 식량과 물 자원이 줄어듭니다. 특히, 가뭄이나 홍수 같은 극단적인 기상 현상은 식량 생산에 큰 타격을 줄 수 있습니다.

- **생존 조건의 악화**:
  폭염, 한파와 같은 극단적인 날씨는 취약 계층에게 치명적인 영향을 미치며, 특히 노인, 어린이, 저소득층에게 생존을 더 어렵게 만듭니다.

---

2. 경제적 활동에 미치는 영향
- **농업 생산 감소**:
  작물 재배에 적합한 기후 조건이 변화하면서, 농업 생산성이 떨어지고, 이는 식량 가격 상승과 식량 불안을 초래합니다. 예를 들어, 아프리카 일부 지역에서는 가뭄으로 곡물 생산량이 급감하고 있습니다.

- **산업 구조 변화**:
  기후 변화는 특정 산업을 쇠퇴하게 하고, 새로운 산업을 발전시키는 계기가 됩니다. 예를 들어, 화석연료 중심의 산업이 쇠퇴하고, 재생 에너지 관련 산업이 성장하고 있습니다.

- **관광 산업의 변화**:
  빙하가 녹거나 산호초가 파괴되면 특정 지역의 관광 매력이 감소할 수 있습니다. 동시에, 따뜻한 지역이 점점 더 더워져 여름철 관광객이 줄어드는 경우도 있습니다.

---

3. 문화와 생활 방식의 형성에 미치는 영향

- **식생활 변화**:
  특정 작물이 더 이상 자라지 못하거나 새로운 작물이 재배되면서, 지역의 식문화가 바뀔 수 있습니다. 예를 들어, 커피 재배 지역이 축소되면서 커피 가격이 상승하거나, 특정 지역에서는 대체 음료를 찾는 경우가 생길 수 있습니다.

- **주거 양식 변화**:
  폭염과 홍수 빈도가 높아지면서, 더 나은 통풍이나 방수 기능을 갖춘 건축물이 필요해지고, 주택 구조와 설계 방식도 변화하고 있습니다.

- **전통 문화와 의식의 변화**:
  기후 변화로 자연과 관련된 전통 축제나 관습이 유지되기 어려운 경우도 생깁니다. 예를 들어, 계절적인 강수량이나 특정 기후에 의존하는 전통 농업 축제가 영향을 받을 수 있습니다.

---

4. 건강과 안전에 미치는 영향

- **질병 확산**:
  따뜻하고 습한 환경이 증가하면서 말라리아나 뎅기열 같은 열대 질병이 새로운 지역으로 확산될 가능성이 커집니다.

- **영양 부족**:
  농작물 생산 감소와 식량 부족은 사람들의 영양 상태를 악화시킬 수 있습니다. 이는 특히 저소득 국가에서 심각한 문제로 나타납니다.

- **자연재해 증가**:
  기후 변화는 홍수, 태풍, 가뭄 등 자연재해의 빈도와 강도를 증가시켜 인간의 안전에 큰 위협이 됩니다.

---

5. 정체성과 문화에 미치는 영향

- **환경 기반 정체성의 상실**:

특정 지역의 전통적인 기후와 자연환경이 변화하면, 지역 주민들의 정체성에도 영향을 미칩니다. 예를 들어, 알래스카 지역의 원주민들은 빙하와 함께 살아온 삶의 방식과 문화를 잃어가고 있습니다.

- **지역 사회 분열**:

  이주와 갈등이 증가하면서 사회적 응집력이 약화될 수 있습니다. 기후 난민 문제가 대두되며, 새로운 지역에서의 문화적 충돌이 발생할 가능성이 높아집니다.- **문화적 유산의 파괴**:
  해수면 상승으로 역사적인 해안 도시와 유적지가 사라질 위험이 커지고 있습니다.

여기서 끝나지 않고 질문의 사슬을 이용하며 한 번 더 판단해볼 수 있습니다. 조사한 내용이 대체로 일리가 있기는 하지만, 다소 먼 미래의 일로 느껴져 와닿지 않습니다. 이럴 때에는 또 하나의 질문을 통해서 챗GPT의 대답을 정교화할 수 있습니다. 프롬프트 기본 기법 중 '인물'을 지정하는 방법으로 챗GPT의 내용을 발전시켜 보겠습니다.

 너는 30년 이상 기후를 연구한 기후 전문가야. 방금 네가 말한 내용들을 '가장 빨리 닥쳐올 위기' 순서로 정리하고 예상되는 시기를 함께 적어줘.

 기후 변화 전문가로서, 예상되는 위기를 '가장 빨리 닥쳐올 위기' 순서로 정리하겠습니다. 예상 시기는 현재의 과학적 데이터를 기반으로 하며, 지역별로 다르게 나타날 수 있음을 감안해야 합니다.

---

1. 극단적인 날씨로 인한 생존 조건의 악화 (5~10년 이내)
- **설명**: 폭염, 한파, 강풍, 가뭄, 홍수와 같은 극단적인 날씨가 점점 더 빈번하고 강력하게 발생하고 있습니다. 이러한 변화는 이미 많은 지역에서 시작되었습니다.
- **예상 영향**:
  - 여름철 폭염으로 인한 건강 악화(열사병, 사망 증가)
  - 홍수와 가뭄으로 인한 지역 사회의 생존 기반 약화
  - 취약 계층(노인, 어린이, 저소득층)의 안전 위협
- **대표적 사례**: 유럽과 아시아의 폭염(2023년), 파키스탄 대홍수(2022년)

---

2. 농업 생산 감소와 식량 불안정 (10~15년 이내)
- **설명**: 기후 변화로 인해 전통적으로 농작물이 잘 자라던 지역에서의 생산량이 줄어들고, 이는 전 세계적으로 식량 부족 문제를 가속화할 것입니다.
- **예상 영향**:
  - 주요 곡물(쌀, 밀, 옥수수)의 생산량 감소
  - 식량 가격 상승과 저소득 국가에서의 기아 증가

- 농업 종사자들의 생계 악화
- **대표적 사례**: 아프리카 사헬 지역의 가뭄(현재 진행 중), 미국 서부의 물 부족

---

3. 질병 확산과 건강 악화 (10~20년 이내)
- **설명**: 기온 상승과 습도 변화는 열대성 질병(말라리아, 뎅기열)과 새로운 전염병이 더 넓은 지역으로 퍼지게 만듭니다.
- **예상 영향**:
  - 기존 전염병의 확산 속도 증가
  - 새로운 환경에서의 면역 체계 취약성 노출
  - 보건 시스템 부담 증가
- **대표적 사례**: 서남아시아와 동남아시아에서 뎅기열 확산 증가(현재 진행 중)

---

4. 자연재해와 해안 도시의 위기 (20~30년 이내)
- **설명**: 해수면 상승과 더불어 폭풍 해일, 강한 태풍 등이 해안 지역에 더욱 큰 영향을 미치게 됩니다.
- **예상 영향**:
  - 해안 도시 및 저지대 지역의 침수와 물리적 피해
  - 기후 난민 증가(해안 지역 주민 이주)
  - 관광업, 어업 등 해안 산업 붕괴
- **대표적 사례**: 몰디브와 투발루 같은 저지대 섬나라의 생존 위협

---

5. 지역 정체성과 문화적 유산의 상실 (30년 이상)
- **설명**: 자연 환경 변화와 함께 지역 정체성, 전통적인 삶의 방식, 문화적 유산이 사라질 위험이 높아질 것입니다.
- **예상 영향**:
  - 특정 지역의 역사적 유산과 전통 축제 소멸
  - 문화적 갈등 증가(기후 난민 유입으로 인한 문화적 충돌)
  - 전통 지식 및 환경 기반 경제 활동 감소
- **대표적 사례**: 북극 원주민의 전통 생활 붕괴, 아마존 열대우림 소멸

종합
위기별 예상 시기

극단적인 날씨로 인한 생존 조건 악화	5~10년 이내
농업 생산 감소와 식량 불안정	10~15년 이내
질병 확산과 건강 악화	10~20년 이내
자연재해와 해안 도시의 위기	20~30년 이내
지역 정체성과 문화적 유산의 상실	30년 이상

긴급 대응 방안
1. **단기적으로**: 폭염과 홍수에 대비한 지역 기반의 재난 관리 체계 강화.
2. **중기적으로**: 지속 가능한 농업 기술 도입과 질병 확산에 대비한 보건 시스템 강화.
3. **장기적으로**: 해안 도시 방어 체계 구축, 기후 난민 수용 정책 마련, 문화 보존 프로젝트 시작.

챗GPT를 전문가로 지정하여 조사내용을 검토하도록 하며 질문의 사슬을 종료하였습니다. 질문의 사슬을 사용하지 않았을 때는 포괄적으로 서술하지만 추상적이고 일반적이어서 독자들에게 설득력이 다소 떨어지는 글이었습니다. 그러나 질문의 사슬을 사용하니 기후변화 위기의 긴급성이 명확하게 전달되는 것 같습니다.

질문의 사슬을 적용한 이후의 결론: 기후 변화는 인간의 생존과 생활에 점점 더 심각한 영향을 미치고 있습니다. 가장 먼저 닥칠 위기는 폭염, 가뭄, 홍수와 같은 극단적인 날씨로 인한 생존 조건 악화이며, 이는 5~10년 내에 더욱 빈번해질 것으로 예상됩니다. 이어서 10~15년 내에는 농업 생산성이 감소하고, 식량 가격 상승과 기아 문제가 발생할 가능성이 높습니다. 동시에, 10~20년 내에는 기온 상승으로 말라리아와 뎅기열 같은 질병이 새로운 지역으로 확산될 가능성도 커집니다. 20~30년 후에는 해수면 상승과 자연재해로 인해 해안 도시가 침수되고 기후 난민이 증가하며, 30년 이상 지나면 지역 정체성과 문화적 유산이 상실될 위험도 있습니다. 이러한 변화는 사회적 불안정과 경제적 손실을 초래하므로, 이를 해결하기 위해 재난 관리 체계 강화, 지속 가능한 농업 기술 도입, 보건 시스템 개선, 해안 도시 보호 정책 마련, 그리고 문화 보존 프로젝트를 적극적으로 추진해야 합니다.

문의 사슬은 챗GPT가 더욱 깊이있는 응답을 할 수 있도록 유도하는 것이 핵심입니다. 큰 맥락에서 어떤 사전지식이 필요한지, 최종 결과를 어떻게 표현할지 계획이 있어야 적절하게 챗GPT를 유도할 수 있을 것입니다. 그리고 프롬프트를 정교화하더라도 챗GPT에게 한 번에 좋은 정보를 얻기 힘들 때가 많습니다. 그럴 때에는 지금과 같이 단계적으로 양질의 정보로 만들어가는 질문의 사슬을 이용해 보는 것을 추천드립니다.

> **뿌리샘 꿀팁** 모든 프롬프트 엔지니어링 방법을 지켜서 입력해야 하나?
>
> 교사는 교육의 전문가지 당연히 프롬프트 엔지니어링의 전문가는 아닙니다. 소개해드린 '역할극 하듯 질문하기'라는 기본단계 프롬프트 엔지니어링과 앞으로 말씀드릴 고급 단계의 내용들은 '프롬프트를 통해 원하는 방법을 얻기 위해서는 이러한 방법을 이용하면 좋다' 정도의 생성형AI를 이용하는 디지털 소양으로 받아들이시면 좋을 것 같습니다. 소개해드리는 기능들을 상황에 따라 이용하시면 되겠습니다. 몇 가지 기법들을 빼거나, 내용을 더 추가하는 등으로 말입니다.

> 유수근 선생님의 미니 특강

각각의 생성형AI 이용가능 연령 정리

대부분의 생성형AI 플랫폼은 만 13세 미만의 사용을 제한하거나, 만 13세 이상 ~ 만 18세 미만의 사용자에게는 부모 혹은 법적 보호자의 동의를 요구합니다. 이는 미성년자의 개인 정보와 안전을 보호하기 위한 조치입니다. 각각의 연령 제한 정보는 각 프로그램의 홈페이지의 개인정보처리방침을 참고하여 정리하였습니다.

생성형AI	개인정보처리방침(Privacy Policy) 내 연령 제한사항	초등	중등
챗GPT	만 13세 이상 사용 가능(13세~18세 학부모 동의 필요)	사용불가	(중3부터)
구글 제미나이	만 18세 이상 사용 가능	사용불가	사용불가
퍼플렉시티	만 13세 이상 사용 가능	사용불가	중3부터
캐릭터AI	만 13세 이상 사용 가능	사용불가	중3부터
아숙업(AskUp)	만 14세 이상 사용 가능	사용불가	고1부터
캔바	만 13세 이상 사용 가능 (단, 교육용 캔바 이용시 모든 학생 사용 가능)	사용가능	사용가능
뤼튼	만 14세 이상 사용 가능 (단, 보호자 동의시 14세 미만도 이용 가능)	(사용가능)	고1부터
감마(Gamma.app)	만 16세 이상 이용 가능	사용불가	고3부터
패들렛	모든 연령 이용 가능	사용가능	사용가능
냅킨AI	만 13세 이상 사용 가능	사용불가	중3부터
하이퍼클로바X	만 19세 이상 사용 가능	사용불가	사용불가
Suno AI	만 13세 이상 사용 가능	사용불가	중3부터
미드저니	만 13세 이상 사용 가능	사용불가	중3부터
스테이블 디퓨전	모든 연령 이용 가능(사용시 주의 필요)	사용가능	사용가능
클로드(Claude)	만 13세 이상 사용 가능	사용불가	중3부터
DALL-E	만 13세 이상 사용 가능(13세~18세 학부모 동의 필요)	사용불가	(중3부터)
런웨이	만 13세 이상 사용 가능	사용불가	중3부터

학교에서 동료 선생님들과 수업에 관한 이야기를 많이 나누고 싶지만, 바쁜 학사 일정과 약간의 부끄러움으로 인해 선뜻 수업 얘기를 먼저 시작하기 어려울 때가 많습니다. 그럴 때, 생성형 AI는 우리의 든든한 수업친구가 될 수 있습니다. 챗GPT는 수업 설계하는 단계에서부터 차시 학습자료를 제작하고 수업을 실행하기까지 다양한 방법으로 수업을 지원할 수 있습니다.

C H A T G P T

CHAPTER

03

수업친구 챗GPT:
생성형AI와 협력하여 수업하기

챗GPT와 교육의 만남

2022[15] 개정 교육과정 총론 해설에서 개정의 이유 중 첫 번째로 '미래 사회 변화에 대한 대응'을 들었습니다. 디지털 전환과 4차 산업혁명 시대에 대한 준비의 중요성을 강조하며, 인공지능·소프트웨어 교육을 비롯한 디지털 소양을 강화하고, 정보교육 시수를 확대하였습니다. 그렇다면 이제 개정된 교육과정과 발 맞춰서 확대된 시수를 무엇으로 채울지 그리고 미래사회에 대한 적응력을 기르기 위해선 어떤 교육이 필요할지 고민할 시기입니다. 우리가 마주하게 될 대부분의 환경에 인공지능이 접목된다고하는 만큼, 인공지능을 똑똑하게 사용할 수 있는 역량을 길러주는 것이 미래사회를 준비하는 중요한 교육이 될 것입니다.

이번 장에서는 챗GPT와 생성형AI를 교육현장에 어떻게 적용할 수 있을지 함께 알아볼 것입니다. 현장 적용에 앞서서 교실에 도입할 때에 생기는 애로사항은 무엇인지, 어떤 프로그램들을 이용하면 좋을지, 학생들과는 어떤 활동을 할지 등을 알아보도록 하겠습니다.

---

[15] 2022 개정교육과정 총론 해설, 교육부

GPT를 만나기 위한 준비: 연령 제한 이슈와 보호자 동의

연령 제한이 가장 큰 이슈

우선, 초등에서는 챗GPT는 사용이 불가합니다. 챗GPT의 사용 가능 연령은 만 13세 이상부터입니다. 이마저도 보호자의 동의가 있어야 이용할 수 있습니다. 우리나라 학생들은 중학교 3학년 학생들부터 보호자의 동의하에 이용이 가능합니다. 초등학생들은 애초에 이용할 수 없는 프로그램입니다. 수업에 이용하고자 하신다면, 교사가 시연용으로 이용하거나 학생이 직접 사용하지는 않는 방법 안에서 활용할 수 있습니다. 결국 챗GPT는 초등학생들은 만날 수 없는 프로그램입니다.

AI 활용교육, AI 교육, AI 윤리, 저작권, 디지털 시민교육 등 의미있는 주제들을 다루어보기도 전에 연령제한이라는 벽에서 막혀버리니 필자 역시 김이 샜던 적이 있습니다. 음악을 만드는 수노AI(Suno.ai)를 이용해 보고자 했으나 만 13세 미만은 이용할 수 없었고, 이미지 생성형AI인 드림바이 웜보(Dream by Wombo) 역시 만 13세 이상부터 이용이 가능했습니다. 이러한 과정을 겪으며 깨달은 것이 '법적으로 초등학생들도 사용 가능한 안전한 인공지능을 찾는 것이 가장 먼저'라는 점이었습니다.

학생들이 안전하게 이용할 수 있는 프로그램

필자가 각각의 인공지능 프로그램들의 개인정보 처리방침 등을 조사하며 찾아낸 몇 가지 안전한 프로그램이 있습니다. 그 중 자주 사용하는 두 가지 프로그램을 우선 소개해드리겠습니다. 바로 뤼튼(Wrtn.ai)와 캔바(Canva)입니다. 두 프로그램에 대한 소개와 연령 제한 사항은 "Chapter 05. 교사를 위한 다양한 생성형AI 활용하기"에서 자세히 다루고 있습니다. 짧게 말씀드리자면, 뤼튼은 만 13세 미만은 법적 보호자의 동의가 있으면 이용이 가능하며, 캔바는 학생이 교육용 캔바를 이용할 경우 캔바의 디자인 서비스나 AI 서비스를 이용 가능합니다.

▲ 뤼튼 로고   ▲ 캔바 로고

반갑다 뤼튼(wrtn) 그리고 캔바(Canva)

뤼튼은 한국어 기반의 생성형AI 서비스로 웹 검색(AI 검색), 이미지 생성(AI 이미지), 텍스트 생성(AI 과제와 업무)을 효율적으로 할 수 있도록 지원하는 챗봇입니다. 대부분의 생성형AI는 영미권 데이터와 문화를 학습하여 종종 이질적인 대답을 하곤 하는데, 뤼튼은 한국어 데이터와 한국의 문화적 맥락을 깊이 이해하여 자연스러운 콘텐츠를 생성합니다. [캐릭터 챗], [자동 완성], [완벽 요약], [탐지 방어] 등 인공지능을 활용한 다양한 기능들도 지원합니다. 한국형 챗GPT이자 한국형 퍼플렉시티이고, 평소 사용할만한 GPTs들을 뤼튼의 기능들로 구현해 놓은 느낌입니다.

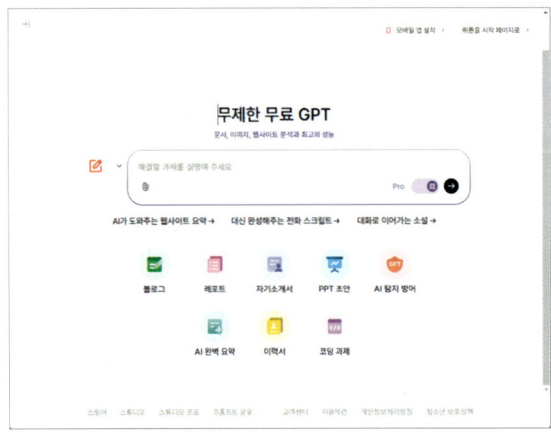

캔바는 PPT, 카드뉴스, 포스터, 동영상을 손쉽게 제작할 수 있는 올인원 디자인 저작도구입니다. 캔바는 25만 개 이상의 무료 템플릿을 제공하기 때문에 누구나 쉽게 양질의 콘텐츠를 제작할 수 있습니다. 실시간 협업기능을 지원하기 때문에 학생들이 실시간으로 함

께 협력하여 작업할 수 있으며 링크를 이용해 작업 결과물을 쉽게 공유할 수도 있습니다. 그리고 캔바에는 AI 기능도 추가되었습니다. 학생들은 매직 미디어(Magic Media), 매직 그랩(Magic Grab), 매직 익스팬드(Magic Expand) 등의 AI 기능을 이용할 수 있습니다. 특히 매직 미디어(Magic Media)는 프롬프트를 이용하여 이미지를 만들어 낼 수 있는 이미지 생성형AI 입니다.

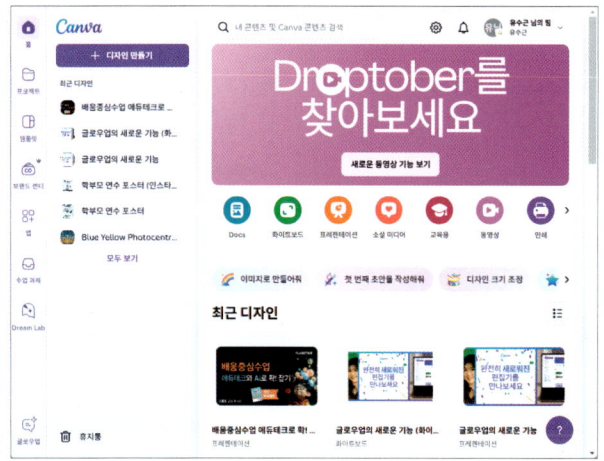

▲ 캔바 홈 화면

캔바, 교육용 PRO 버전으로 시작하기

학생들이 교육용 캔바를 시작하는 과정은 어렵지 않습니다. 학생들이 캔바를 교육용으로 이용하기 위해선, 먼저 교사가 캔바를 가입하고 '교사 인증'을 받아야 합니다. 교사 인증을 받으면 교사의 계정으로 학생들이 교육용 인증을 받을 수 있도록 초대할 수 있습니다. 그리고 학생들이 초대 링크를 받아 캔바에 접속하면 캔바 교육용 버전의 등록이 완료됩니다. 이 교사의 초대를 받아 캔바에 가입하면 교육용 캔바를 이용할 모든 준비가 끝이 납니다.

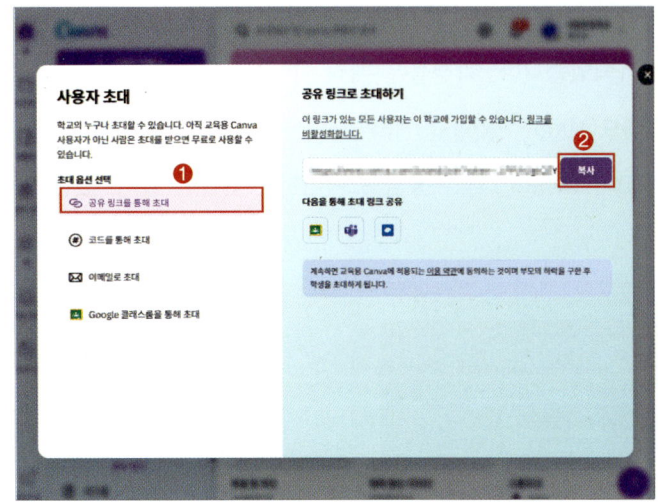
▲ 캔바 학생 초대 링크 생성 화면

▲ 캔바 교사 인증하기 유튜브 링크

뤼튼 시작하기: 개인정보 제공 동의부터

한편, 뤼튼을 학생들이 이용하기 위한 절차는 조금 더 복잡합니다. 뤼튼을 만 14세 미만이 이용하기 위해서는 법적인 보호자의 동의가 필요합니다. 법적인 보호자의 역할은 교사도 담당할 수 있지만, 사전에 학부모로부터 개인정보 제공에 관한 동의서를 받아두는 것이 좋습니다. 필자의 소속교에서는 생성형AI 활용에 관한 가정통신문을 미리 발송하여 개인정보 제공 동의를 받아두었습니다.

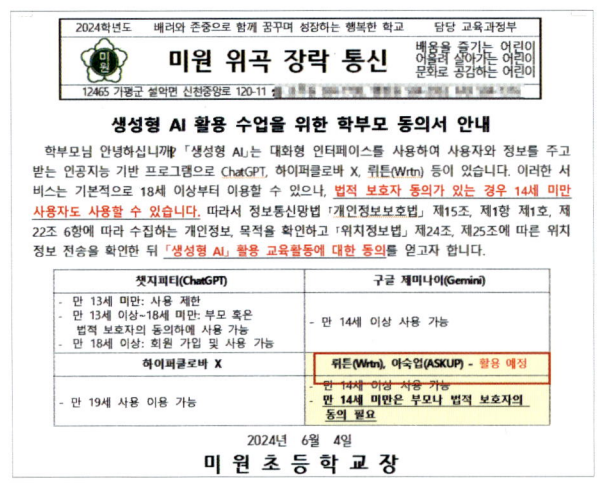
▲ 생성형AI 활용 수업을 위한 학부모 동의서 가정통신문

보호자 인증을 손쉽게, PASS QR인증 이용하기

개인정보 제공 동의를 받았다면 이제 학생의 입장에서 뤼튼에 가입해보도록 하겠습니다. ❶뤼튼에 홈페이지에 접속하여 [구글 계정으로 시작하기]를 눌러 로그인 합니다. 이때 학교에서 받은 구글 계정을 이용하여 개인정보 제공을 최소화합니다. ❷사용자 연령 확인 화면에서 [만 14세 미만]을 클릭합니다.

▲ 뤼튼 홈페이지 접속

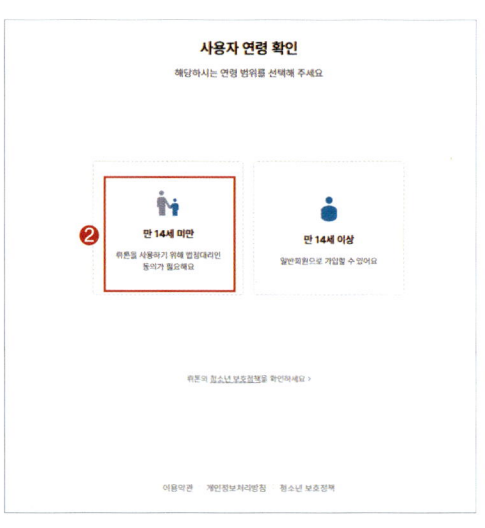
▲ 사용자 연령 확인. 만 14세 미만으로 가입

만 14세 미만을 누르면 법정 대리인의 동의를 받기위한 절차가 시작됩니다. 이때 교사의 핸드폰으로 인증 절차를 진행해주시면 됩니다. 이용할 인증방법은 [PASS로 인증하기]입니다. PASS를 이용하는 이유는 QR코드 인증을 활용하기 위함입니다. [문자(SMS)로 인증하기]를 하면 학생 한명 한명을 위해 인증문자를 받고 인증번호를 입력해주어야 합니다. 반면 QR코드 인증은 학생들이 띄워놓은 화면의 QR만 교사가 핸드폰으로 촬영하면 되기 때문에 훨씬 편리합니다.

그럼, ❸[PASS로 인증하기]를 누른 후 ❹[QR코드로 인증하기]를 클릭합니다. 그리고 나타난 ❺QR코드를 교사에게 보여주고 교사는 PASS 앱의 QR코드 인증 기능으로 그 QR을 촬영하면 인증이 완료됩니다. PASS 인증이 끝나면 ❻[인증 완료] 버튼을 클릭합니다. 이제 캔바에 비해 다소 번거로웠던 보호자 인증 절차가 완료되었습니다.

> **뿌리샘 꿀팁** 학생들이 사용할 수 있는 또 다른 AI 도구는 없을까?
>
> 대부분의 교사들에게 익숙한 도구인 패들렛(Padlet) 역시 학생들이 이용할 수 있습니다. 패들렛은 게시판 형태로 사용하며 학생들의 활동 결과물들을 공유하는 형태로 자주 활용됩니다. 그런데 패들렛에도 AI기능이 있습니다. 이미지를 생성해내는 기능인 '그릴 수 없음'입니다. 이름이 어울리지 않는 것 같지만, 패들렛 홈페이지에서는 그림을 잘 그리지 못하는 학생들을 위한 기능이라며 소개합니다.

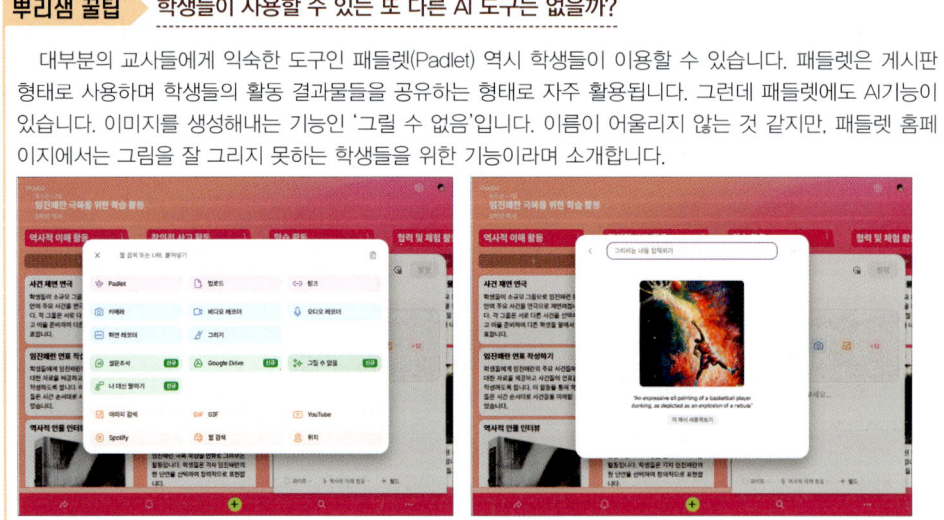

▲ "그릴 수 없음" ▲ 프롬프트 입력

패들렛은 홈페이지를 통해 '연령, 기술 수준, 능력에 관계 없이 모든 사람들이 Padlet을 사용할 수 있습니다.[16] 라고 밝히고 있습니다. 만 13세 제한이 있는 다른 인공지능 프로그램들과 달리 마음 놓고 이용할 수 있는 프로그램입니다.

> **AI 짤막 상식**
>
> **왜 만 13세일까?**
>
> 유네스코(UNESCO)는 2023년 9월 7일 "교육 및 연구 분야의 생성형AI에 대한 지침(Guidance on Generative AI in Education and Research)"을 발표하면서 193개 회원국에서 학교에서 AI를 사용한 연령 제한을 만 13세로 고려할 것을 촉구했습니다. 만 13세 이상 ~ 18세 미만은 부모 혹은 법적 보호자의 동의 하에 사용 가능합니다. 만 18세 이상은 회원 가입 및 사용이 자유롭게 가능합니다. 이는 미국 연방거래위원회의 1998년 미국 아동 온라인 개인정보 보호법에서 정한 제한과 일치합니다[17]

건강한 디지털 시민이 먼저! 생성형AI 이용규칙 약속하기

복붙(복사·붙여넣기)하지 않기

복붙 문제는 꼭 생성형AI를 이용하지 않더라도 발생하는 문제이기는 합니다. 인터넷 기사, 블로그의 글을 그대로 복사하여 본인의 발표자료로 이용하거나 활동 결과물로 제출하는 경우가 종종 발생합니다. 필요한 정보를 검색하고 조사할 수 있는 역량은 꼭 필요하지만 조사에서 그치는 것이 아니라, 조사한 내용을 이해하여 활용할 줄 알아야 합니다. 다른 사람의 자료를 무지성으로 복사하여 붙여넣기하는 학생들에게 조사한 내용에 대해서 질문하면 간단한 내용도 제대로 대답하지 못하는 경우가 많습니다. 학생들이 기계적으로 조사 내용을 퍼다 나르는 것이 아니라 활동 과정에 인지적으로 참여할 수 있도록 생성형AI를 활용해야 합니다. 그래서 학생들과 생성형AI를 이용할 때 이러한 약속을 하고 시작합니다. "선생님이 무작위 학생에게 질문할 수 있으니, 내가 이해한 내용만을 적어야해요" 라고 말입니다. 그리고 종종 이렇게 외치고 활동합니다. "설명할 수 있는 지식만이 내 지식이다"

---

[16] 출처: 패들렛 홈페이지(https://padlet.help/l/ko/article/cpfiutfzzb-)
[17] 출처: UNESCO recommends age limit of 13 for classroom artificial intelligence use, washingtonexaminer

할루시네이션 검증하기

챗GPT의 재미있는 할루시네이션 사례는 정말 많습니다. '고종의 맥북 도난 사건'도 재미있는 사례 중 하나입니다. 물론 이러한 사건들은 챗GPT의 초기 단계이기 때문에 현재는 발생하지 않는 문제입니다. GPT 모델을 사용하는 인공지능의 본질적인 문제로, 언제든 발생할 수 있으니 조심해야 합니다. 학생들도 반드시 이러한 문제에 대해서 인지하고 있어야 합니다.

> 고종의 맥북 도난 사건에 대해 알려줘
>
> 고종의 맥북 도난 사건은 2014년 12월에 발생한 사건으로, 당시 대한민국의 많은 이들이 이 사건에 관심을 가졌습니다. 고종은 당시 대한민국의 대통령으로, 그의 맥북이 도난당한 것은 큰 충격을 주었습니다.
>
> 고종의 맥북은 대한민국 청와대에서 사용되던 것으로, 이 맥북 안에는 대한민국 정부의 중요한 정보들이 담겨져 있었습니다. 이 사건으로 인해 대한민국 국가보안에 큰 영향을 미칠 수 있는 상황이었습니다.
>
> 하지만 다행히도, 맥북이 발견되었고, 중요한 정보들이 유출되는 것을 막을 수 있었습니다. 이 사건은 대한민국의 사이버 보안에 대한 경각심을 높이는 계기가 되었으며, 많은 이들이 안전한 인터넷 환경을 만들기 위해 노력하고 있습니다.

▲ "고종의 맥북 도난 사건"[18]

초등학생 ~ 중학교 2학년 학생들이 직접 사용할 수 있는 텍스트 생성형AI는 '뤼튼'입니다. 뤼튼은 한국에서 서비스하는 모델이라 한국 문화적인 맥락을 이해하고 있다고는 하지만, 이 역시 완벽하지는 않습니다. 교사가 뤼튼을 활용한 생성형 AI 교육을 진행할 경우, 사전에 학생들에게 지도할 활동을 반드시 확인해야 합니다. 자칫 오개념 형성으로 이어질 수 있는 문제이기 때문입니다.

뤼튼에게 "거란의 1차 침입의 진행 과정과 활약한 인물을 알려줘"라고 물어보았습니다. 교과서에서는 거란의 1차 침입은 거란(요나라) 소손녕이 대군을 이끌고 고려을 침공한 전쟁으로 나와있으며, 서희의 외교담판을 중요한 사건으로 다룹니다. 그러나 뤼튼이 알려준 내용은 교과서의 내용과 매우 다릅니다.

[18] 출처: 네이버 블로그 '김학용 박사의 사물인터넷 세상'

질문 거란의 1차 침입의 진행 과정과 활약한 인물을 알려줘

거란의 1차 침입은 993년에 발생하였으며, 이는 고려와 거란 간의 갈등의 시작점 중 하나로 여겨집니다. 이 침입은 거란의 지도자인 야율아보기가 주도하였고, 고려 왕조의 통치에 큰 영향을 미쳤습니다.

진행 과정
1. **침입 배경**: 고려는 당시 북쪽의 거란과의 국경 문제로 긴장 상태에 있었고, 거란은 고려의 영토 확장을 목표로 했습니다.
2. **군대 이동**: 993년, 거란의 군대가 고려의 북쪽 국경을 넘어 침입하였습니다.
3. **전투**: 고려는 강력한 저항을 펼쳤으나, 거란군이 전투에서 우위를 점했습니다. 특히, 거란군의 기동성과 전술이 효과적이었습니다.
4. **외교적 해결**: 결국 고려는 거란과의 전투에서 승리하지 못하고, 외교적으로 문제를 해결하기 위해 조공을 바치는 조건으로 평화를 맺었습니다.

활약한 인물
- **야율아보기**: 거란의 지도자로, 침입을 이끌고 고려를 공격한 주요 인물입니다.
- **성종**: 고려의 왕으로, 거란의 침입에 대항하여 군사적, 외교적 노력을 기울였습니다.

이 사건은 고려와 거란 간의 관계에 중요한 변곡점을 제공하였고, 이후에도 여러 차례 전투와 외교적 갈등이 이어지게 됩니다.

뤼튼이 언급한 야율아보기는 거란의 태조이며 872년 출생에 926년 사망으로 기록되어 있습니다. 야율아보기가 부활한 것이 아닌 이상, 당연히 993년에 주도적으로 고려를 침공할 수는 없습니다. 성종은 당시 고려의 왕이 맞긴 하지만, 교과서에서 중요하게 다루는 서희의 외교 담판에 대한 내용이 빠져있습니다. '외교'라는 키워드를 어딘가에서 학습해서 외교적으로 해결했다고 설명하고 있기는 하지만, 외교적으로 문제를 해결하기 위해 조공을 바치는 조건으로 평화를 맺었다고 한 부분은 잘못된 내용입니다.

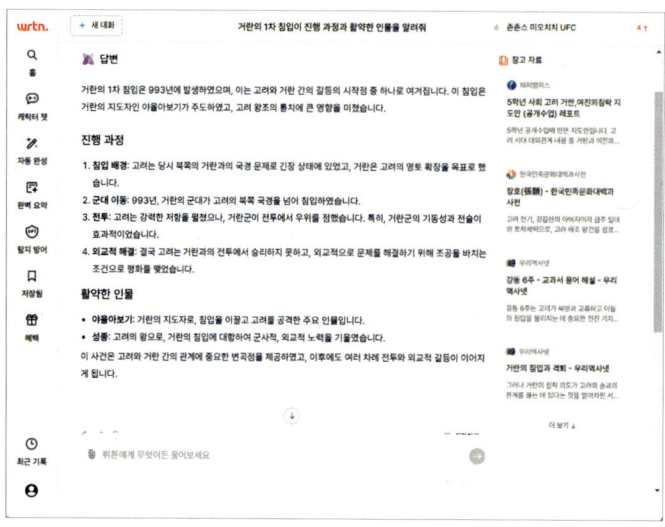
▲ 뤼튼의 할루시네이션

이 문제는 프롬프트 입력창에 '네가 말하는 내용에 출처를 밝혀줘'라는 내용을 추가하더라도 발생하는 문제입니다. 학생들에게도 이렇게 생성형AI는 할루시네이션이 있을 수 있다는 사실을 명심하게 하고 인공지능이 알려주는 내용을 비판적으로 바라보고 검증해야 함을 숙지시킵니다. 창작 활동이 아닌 정확한 정보가 필요한 활동에서는 생성형AI를 이용하더라도 추가 검색을 통해 자료의 신뢰도를 검증하는 과정을 반드시 수행하게 합니다.

생성형AI로 숙제하지 않기

학생들이 생성형AI를 처음 접하게 되면 신기한 마음에 이것저것 시도해보다가 그 편리함에 눈을 뜨게 되는 경우가 있습니다. 정직하게 자신의 힘으로 해야할 숙제를 편리하게 해결하는 데에 악용하는 학생도 생기기 마련입니다. 그렇기 때문에 생성형AI를 사용하는 윤리에 대해서 충분히 알려줄 필요가 있습니다. 생성형AI는 내 숙제를 대신해주는 존재가 아니며, 그렇게 사용할 경우 자신의 발전을 막는 존재가 되어버린다고 반복적으로 교육해야 합니다. 배움의 주체는 결국 자기 자신이기 때문에 책임감있는 AI활용이 중요합니다.

AI가 만든 작품은 내 작품일까? AI 저작권 교육

2022년 콜로라도 주립 박람회 미술대회에서 '스페이스 오페라 극장'이 AI 프로그램 '미드저니'를 통해 생성된 작품으로 1위를 차지하며, 예술계에 큰 반향을 일으켰습니다. 이 사건은 AI 생성 작품의 예술성과 공정성에 대한 논란을 촉발시켰고, 이후 AI 저작권 문제에 대한 논의가 활발해졌습니다. 현행 저작권법은 '저작물'을 '인간의 사상 또는 감정을 표현한 창작물'로 정의하며, 저작자는 '저작물을 창작한 자'로 규정합니다. 즉, 인간만이 저작자가 될 수 있습니다.[19]

▲ 스페이스 오페라 극장 by 미드저니

그렇기 때문에 AI가 직접 생성한 작품에는 저작권이 인정되지 않습니다. 미국 법원에서도 AI가 만든 예술 작품에 대한 저작권 등록을 거부한 결정이 법적으로 승인된 사례도 있습니다. 그러나 AI를 이용한 그림이 모두 저작권을 인정받지 못하는 것은 아닙니다. AI 작품에 저작권을 인정받기 위해서는 인간의 직접적인 참여와 창작성이 필요합니다. 예를 들어, AI로 생성된 그림에 인간이 채색이나 마무리 단계에서 참여하거나, 이미지와 영상 등을 선택하고 배열하는 과정에서 창작성이 존재할 경우, 이러한 부분만을 '편집저작물'로 등록할 수 있습니다. 2013년 12월 우리나라에서 생성형AI로 제작된 영화가 부분적으로 저작권 인정을 받았습니다. '나라 AI필름'이 제작한 영화 'AI수로부인' 입니다. 한국저작권

[19] 미국 법원 "AI 예술작품, 저작권 인정 안돼"…AI 저작권 인정 어디까지? , 경향신문

편찬위원회는 AI로 제작된 영화 'AI수로부인'의 경우, 영화 자체에 대한 저작권은 인정하지 않고, 이미지와 영상 등을 배열한 부분에 대해서만 '편집저작물'로 저작권을 인정했습니다. 인간이 AI 작품에 추가적으로 이미지 등을 선택, 배열, 구성한 부분에 대해서만 창작성을 인정한 것입니다.

AI가 만든 작품의 저작권 관련한 문제는 아직 끝나지 않았습니다. 현재의 저작권법은 AI가 만든 작품의 주인을 명확하게 규정하지는 못하고 있습니다. 치열한 논쟁을 거쳐 저작권법의 개정이 이루어질 것으로 예상됩니다.

그렇다면 학생들에게는 어떤 교육이 필요할까요? 학생들은 인공지능 시대를 살아가며 AI를 활용하여 다양한 콘텐츠를 창작할 것입니다. 이때 AI를 활용한 창작물에 대해 자신이 어디까지 권리를 주장할 수 있는지에 대해 정확하게 아는 것은 정말 중요한 일입니다. 이는 디지털 시민으로서의 역량을 기르는 일과 연결되는 일이기도 합니다. 이를 위해, 'AI가 만든 작품의 저작권은 누구에게 있는가?'라는 주제로 토론해볼 수도 있습니다. '스페이스 오페라 극장'을 예시로 AI 작품의 저작권에 대한 이야기를 시작하며, AI가 만든 작품의 저작권에 대한 자신의 생각과 입장을 정리하고 친구들과 이야기해보는 것입니다. 토론을 마치고 정리하면서 AI를 이용해서 만든 작품은 현재로서는 자신의 작품이 아니며, 그것을 변형한 부분만 편집저작물로서 인정받을 수 있다는 점을 알려주어야 합니다.

배움을 앞서는 도구는 없다

생성형AI는 프롬프트만 몇 단어 입력하면 멋진 내용을 금세 만들어냅니다. 챗GPT를 위한 생성형AI들이 만들어내는 활동들은 블룸의 교육목표 분류 중 '창조'에 해당합니다. 그런데 학생들이 생성형AI를 이용해서 작품을 만들어내는 활동을 정말 '창조'라고 할 수 있는지는 의문입니다. 창조는 아무런 기초작업 없이 자유분방하게 이루어지는 것이 아닙니다. 지식과 경험의 창발적인 융합작용을 바탕으로 발생합니다. 블룸의 교육목표 분류의 단계들을 모두 건너 뛰고 일어나는 창조는 교육적 목표에 부합하지 않을 확률이 높습니다. 교과의 핵심 아이디어들에 대한 기억이나 이해, 적용 및 분석 그리고 평가 과정없이 이루어지는 창조는 교육적인 관점에서의 창조라고 보기는 어렵습니다.

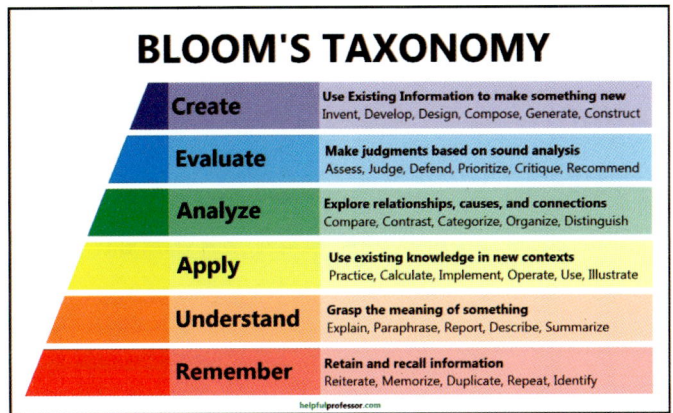

▲ 블룸의 교육목표 분류

학습목표가 '창조'라면, 이 부분에서는 생성형AI가 활용되어선 안됩니다. 학생이 달성해야할 목표를 생성형AI가 대신 수행해버리기 때문입니다. 마찬가지로 기억, 이해, 적용, 분석, 평가라는 각각의 교육목표가 있는 상황이라면 그 교육목표를 달성하는 핵심적인 과정에서 생성형AI가 학생의 기회를 뺏는 것은 아닌지 면밀히 검토해야 합니다. 생성형AI를 사용하면 보여지는 활동의 결과물이 생성형AI를 사용하지 않았을 때보다 우수해보일 수 있습니다. 그러나 그것은 지나치게 결과중심적인 평가일 뿐만 아니라 학생의 성장을 놓친 평가입니다.

생성형 AI를 활용할 때 고민해야할 지점은 '학습 목표에 더 효율적으로 다가갈 수 있는가?'와 '디지털 소양을 함양하는 기회가 되는가?'입니다. 특히, 학생들이 생성형 AI를 활용해 무언가를 '창조'하는 과정이 학습 목표의 핵심 요소가 아닐 때, 이 생성형AI는 더욱 효과적으로 활용될 수 있습니다. 생성형 AI가 학생의 참여를 촉진하고 활동 중 발생하는 불필요한 시간을 줄이는 데 기여한다면, 이는 AI를 효율적으로 활용한 수업이라 할 수 있습니다.

나아가, 생성형 AI는 학생들이 처한 문제를 창의적으로 해결할 수 있는 도구로 활용될 때 가장 가치가 있습니다. 학생들은 AI와 상호작용하며 해결 방안을 모색하는 과정을 통해 디지털 소양을 함양할 수 있습니다.

결국은 학생들의 배움이 먼저입니다. 생성형 AI는 학습 목표를 달성하고 디지털 소양을 함양하는 목적으로 이용되는 도구일 뿐입니다. 이를 통해 학생들이 단순히 결과물을 만들어내는 것을 넘어, 문제를 탐구하고 스스로 성장하며, 미래 사회에 필요한 역량을 갖추는 데에 기여할 수 있어야 합니다.

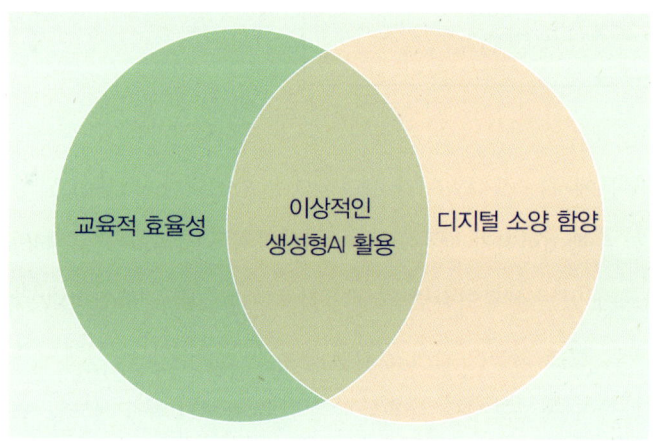

▲ 바람직한 생성형AI 활용 수업

프롬프트에 익숙해지는 활동, 쌍둥이 그림 만들기

학생과 선생님이 생성형AI를 활용할 준비를 마쳤다면, 이제 본격적으로 생성형AI를 활용할 차례입니다. 이 과정에서 가장 중요한 요소 중 하나는 바로 '프롬프트'입니다. 프롬프트가 무엇인지, 어떻게 입력해야 원하는 것을 얻을 수 있는지 배우는 것이 가장 먼저입니다.

Chapter 02. 챗GPT 사용 가이드: A to Z에서 다룬 '역할극처럼 질문하기' 방법을 강의형으로 가르쳐주는 것도 좋지만, 재미있는 활동을 통해 자연스럽게 프롬프트 입력 방법을 익힐 수 있습니다. 학생들이 즐겁게 참여할 수 있는 '쌍둥이 그림 만들기' 활동을 소개하겠습니다. 교사가 제시하는 그림을 보고 가장 비슷한 그림을 생성해 내는 활동입니다. 학생들은 선생님의 그림과 똑같은 그림을 생성하기 위해서는 프롬프트를 구체적으로 입력해야 한다는 점을 배울 수 있습니다.

▶ 생성형AI와 친해지는 첫 번째 수업

- 과목: 창의적 체험활동
- 학습 목표: 구체적인 프롬프트로 생성형AI를 이용해 원하는 그림을 만들 수 있다
- 수업 흐름

수업단계	수업 내용 및 활동	생성형AI 활용	시간
도입	⊙ 동기 유발 - 일상생활에서 원하는 것을 구체적으로 말하지 않으면 어떤 문제가 생길까요?		5′
전개	⊙ 활동1: 선생님 그림 특징 파악하기 - 선생님이 제시하는 그림의 특징은 무엇인가요? - 어떤 문장들을 입력해야 할까요?	(교사) 뤼튼으로 생성한 이미지 제시	10′
	⊙ 활동2: 쌍둥이 그림 만들기 - 선생님의 그림과 똑같은 그림을 만들어 봅시다 - 만든 그림을 공유하고 가장 비슷하게 작성한 학생의 그림에 좋아요 표시를 해봅시다.	(학생) 뤼튼 설정을 [AI 이미지]로 만든 후 프롬프트를 입력	20′
정리	- 원하는 결과를 얻기 위해서 프롬프트를 어떻게 입력해야하나요?		5′

학생들은 빨리 결과물을 얻는 것을 좋아하기 때문에 프롬프트를 간단하게 입력하는 경향이 있습니다. 그러나 간단하게 입력하면 할수록 원하는 그림과는 멀어지는 것을 활동을 통해 체험할 수 있습니다. 원하는 그림을 얻고 싶다면 구체적으로 입력해야 하니, 그림을 잘 관찰하고 그 특징을 최대한 자세히 적으라고 지도합니다. 학생들은 여러 차례 프롬프트를 고쳐나가며 원하는 그림에 조금씩 가까워져 갑니다. 이러한 과정을 통해서 학생들은 인공지능과 상호작용하는 방법을 배우게 됩니다.

▲ 교사가 제시한 그림

　아래 그림은 학생들이 교사의 그림을 참고하여 생성한 작품입니다. 교사가 제시한 그림과 가장 유사한 그림을 이야기하고, 어떤 프롬프트를 이용했는지 공유합니다. 이후 프롬프트를 입력해서 원하는 그림을 얻어내기 위해서는 어떻게 해야할지에 대해 함께 이야기 나누며 수업을 마무리합니다.

▲ 학생들이 생성한 그림

GPT로 만드는 학생 참여형 수업

2022 개정 교육과정은 학생들이 학습 과정에 인지적·정서적으로 참여하고, 주도적으로 문제를 해결하며, 사고력을 기를 수 있는 '학생 참여형 수업'을 강조합니다. 생성형AI를 활용한 학생 참여형 수업을 계획한다면 이러한 2022 개정 교육과정의 방향성과 잘 맞아야 합니다. AI는 단순히 답을 제공하는 도구로 그치지 않고, 학생들의 사고력과 창의성을 촉진하는 방법으로 활용될 수 있습니다. 지금 'GPT로 만드는 학생 참여형 수업'에서는 학생이 주도적으로 생성형AI를 활용할 수 있도록 설계한 두 가지 수업사례를 소개하고자 합니다.

GPT를 사용하는 자연스러운 생각의 흐름, SNAK

생성형AI를 활용한다는 점에서 막연히 어려움을 겪으실 수도 있습니다. 하지만 시작이 반입니다. 이 책을 보는 선생님들이라면 이미 절반은 해결한 것이나 다를바 없습니다. 이제 생성형AI를 활용하고자 마음만 먹으면 됩니다. 나른한 오후에 힘을 주는 간단한 간식(Snack)처럼, 간단한 방법으로 생성형AI를 활용해볼 방법을 고민해볼 수 있습니다. 생성형AI를 사용하기에 앞서 SNAK을 떠올리시면 됩니다.

- **Situaton (상황)**: 직면한 문제의 맥락을 의미합니다.
- **Needs (욕구)**: 어떤 점을 해결하고 싶은지 고민합니다.
- **Ai-Approach (접근)**: 문제를 해결하기 위해 인공지능을 어떻게 활용할지 생각합니다.
- **Key (해결)**: 문제를 효율적으로 해결하고 다음 단계로 나아갑니다.

Chapter 01. 생성형AI와 함께 살아가는 미래와 Chapter 02. 챗GPT 사용 가이드: A to Z를 통해서 생성형AI(챗GPT)의 특징과 사용 방법에 대해서 알았다면, 이제는 그것을 적용하는 방법을 알아볼 차례입니다. 생성형AI에 대한 이해를 바탕으로 SNAK을 통해 문제를 해결해보도록 하겠습니다.

GPT와 만나는 국어 문법 수업

초등학교 5학년 학생들이 특히 지루해하고 어려워하는 국어 영역 중 하나가 '문법'입니다. 학생들은 일상적으로 국어 문법을 사용하곤 있지만, 그것을 수업으로 배우는 것과는 다른 문제입니다. 기억해야할 지식으로서 문법을 만나게 되면 학생들의 표정은 금세 지치고 피로해집니다. 특히, 강의형으로 진행되는 문법 수업을 특히 괴로워하는데, 그 모습은 결코 '참여'하는 모습이 아닙니다. 그저 수업을 들어야 하니까 물리적으로 '참석'만 하는 모습입니다.

학생이 인지적·정서적으로 참여할 수 있는 문법 수업을 할 수 없을까 고민하다가 생성형AI를 활용해보기로 했습니다. 다음은 생성형AI를 활용해 국어 문법 수업을 실시하고자 했던 필자의 SNAK입니다.

상황(Situation)	욕구(Needs)	인공지능 활용 접근(AI-Approach)	해결(Key)
학생들이 문장의 호응 관계에 대해서 배우는 것을 지루해 한다.	그렇다고 학생들의 흥미에 맞춰서 활동중심적이나, 놀이활동으로 운영하고 싶지는 않다. 학생참여형 활동이면서 교육적 효과성까지 있으면 좋겠다.	학습내용을 적용해볼 수 있는 지문을 생성하는 과정에 인공지능을 이용해보자.	인공지능으로 5줄짜리 소설을 쓰고 그 안에 문장성분이 잘못된 문장을 넣는다. 잘못된 지문들을 친구들과 교환해서 보고 틀린 부분을 수정한다.

생각을 정리해보니, 어느 정도 수업의 개요가 그려지는 듯한 느낌이었습니다. 조금 더 구체적인 수업 설계는 지도안을 통해서 살펴보겠습니다. 본 차시는 '문장성분의 호응 관계를 알 수 있다.'라는 주제의 연차시 수업 중 두 번째 차시입니다.

▶ 생성형AI 활용 수업

- 과목: 초등 5학년 국어
- 단원: 5학년 2학기 4. 겪은 일을 써요
- 성취기준: [6국04-04] 문장 성분을 이해하고 호응 관계가 올바른 문장을 구성한다.
- 학습 목표: 문장성분의 호응 관계를 알 수 있다.
- 수업 흐름

수업단계	수업 내용 및 활동	생성형AI 활용	시간
도입	◉ 동기 유발 - 지난 시간 배움 확인 - 문장성분의 호응 관계 퀴즈 풀기		5′
전개	◉ 활동1: 뤼튼을 이용해 소설 쓰기(Step) - 소설 창작 활동을 위한 프롬프트 아이디어 모으기 - (개별 활동) 뤼튼으로 5문장짜리 소설 쓰기 은하계의 끝자락. 인류는 드디어 '오메가 행성'을 발견했다. 탐사선 조종사 엘라는 이 행성에서 낯선 에너지를 감지하고 경고를 보냈다. 갑자기 행성의 지표면이 열리며 수천 개의 금속 팔이 하늘로 솟아올랐다. 엘라는 긴박하게 탈출을 시도했지만, 우주선은 기이한 힘에 의해 멈춰졌다. 곧이어 스피커를 통해 정체불명의 목소리가 울려 퍼졌다. "당신들은 우리를 깨웠다. 응답하라, 지구의 존재여." (소설 예시)	(학생) 생성형AI 뤼튼을 이용해 5줄짜리 소설을 생성한다.	15
	◉ 활동2: 잘못된 문장 만들기(Jump) - 소설 안에서 문장성분 호응이 잘못된 3개 문장 만들기 - 정답지 만들기 - 잘못된 문장이 포함된 소설 패들렛(Padlet)에 업로드하기		15′
정리	◉ 정리 - 오늘 알게된 점과 느낀 점 발표하기 ◉ 차시 예고 - 친구들이 만든 문제를 풀며 문장성분의 호응관계 파악하기		5

배운 내용을 기억하고 이해하고 있다면, 그것을 '적용'해보는 활동을 통해 배움을 견고하게 할 수 있습니다. 교사가 직접 문제를 제시하는 경우가 대부분이지만, 때로는 학생들이 직접 문제를 만들도록 하는 방법도 종종 활용됩니다. 제시한 지도안에서도 학생들이 문제를 만들어보는 활동에 참여하는 것으로 볼 수 있습니다. 그런데 그 '문제를 만드는 과정'이 생각보다 오래 걸리는 과정입니다. 학생들에게 학습 내용을 바탕으로 문제를 만들어 보는 활동을 해보신 선생님들께서는 아시리라 생각합니다. 만드는 과정이 학생에게 충분히 의미있는 일이지만, 너무 많은 시간이 걸린다면 집중력도 떨어지고, 학습목표와는 멀어질 수도 있습니다. 그런데 이때 생성형AI를 활용하면 이 '문제를 만드는 과정'에 걸리는 시간을 빠르게 단축할 수 있습니다. 지도안에서 학생들은 몇 개의 프롬프트를 입력해서

간단히 5줄 소설을 만들어 냅니다. 프롬프트를 구상하는 데에 잠깐 시간이 걸릴 뿐 실제로 '생성'하는 시간은 얼마 걸리지 않습니다. 문제를 만드는 시간을 효율적으로 단축한 덕분에, 학습목표를 위한 핵심 활동인 '활동2: 잘못된 문장 만들기'활동을 충분히 수행할 수 있게 됩니다.

질문 당신은 10년차 작가입니다. 당신은 소설책을 5줄만 써서 소설책을 내려고 합니다. 주제는 우정과 모험입니다. 그리고 이 소설책을 읽는 독자는 초등학교 5학년입니다.

하늘이 맑던 어느 날, 민수와 지우는 신비한 숲으로 모험을 떠날 것이다. 전설에 따르면, 그곳에는 잃어버린 보물이 숨겨져 있다고 했다. 숲 속에서 그들은 커다란 나무가 길을 막고 있는 것을 발견했다. 민수는 두려웠지만, 지우가 용기를 내어 나무께 물어보았다. "우리를 통과하게 해 줄 수 있어?" 나무는 "친구의 힘을 믿어야 길이 열린다"고 말했다. 둘은 함께 손을 맞잡고 "우리는 친구야"라고 외쳤다. 나무가 길을 열어주자, 그들은 신비로운 연못을 발견했다. 물고기가 나타나 "우정을 믿으면 보물을 찾을 수 있다"고 말했다. 그들은 보물 상자를 찾았고, 그 안에는 우정을 상징하는 특별한 열쇠가 들어 있었다. 민수와 지우는 그 열쇠를 꼭 쥐며 앞으로도 결코 친구로 남기로 다짐했다.

(뤼튼이 생성한 소설에 문장성분 문제 3문장 추가)

▲ 학생이 입력한 프롬프트. 이미지는 패들렛 '그릴 수 없음(Can't Draw)' 활용

본 차시에서 단원에서 학습한 높임 표현, 주어와 서술어의 호응, 서술어와 시제의 호응 등을 담은 문제를 만들었다면 다음 차시에서는 만든 문제를 공유하고 서로의 문제를 해결해보는 흐름으로 이어집니다.

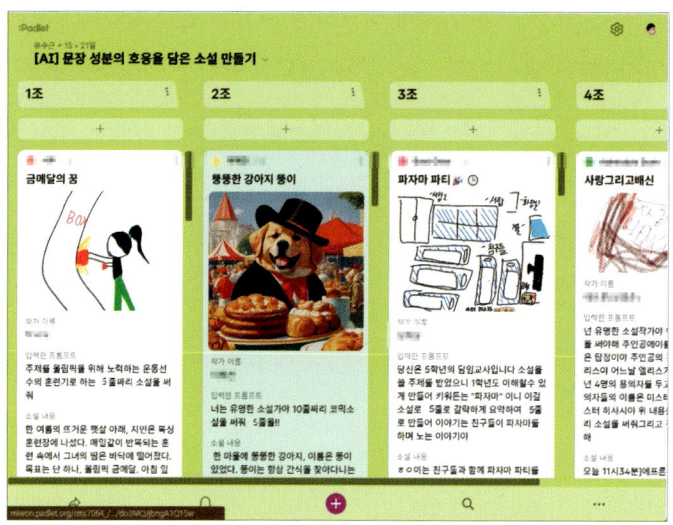

▲ 문장성분이 잘못된 문장을 담고있는 소설들. 패들렛 공유

패들렛에 올라온 문제들을 해결하고 문제의 제작자에게 확인을 받습니다. 문제를 해결하는 데 잘 모르는 부분이 있다면 문제를 만든 친구에게 힌트를 요청할 수 있도록 지도했습니다. 문제를 만든 학생도 자신의 의도를 친구에게 다시 설명하며 자신의 배움을 정교화 할 수 있는 시간이 되었습니다.

본 수업은 생성형AI를 사용했기 때문에 의미가 있었습니다. 본 과정을 생성형AI 없이 수행한다고 할 경우 교수·학습의 효과성과 효율성이 현저하게 떨어졌을 것입니다. 생성형AI를 이용하니 소설을 만드는 과정이 눈 깜짝할 새 이루어졌습니다. 학생들은 처음부터 끝까지 자기가 직접 쓰는 것이 아니니 부담스럽지 않게 참여할 수 있었고, 자신이 입력한 대로 재미있는 소설을 만들어주니 흥미있게 참여하였습니다. 생성형AI를 활용한 덕분에 학생들은 처음부터 끝까지 흥미를 가지고 참여할 수 있었으며, 학습목표와 관련된 핵심적인 활동에 충분한 시간과 에너지를 쏟을 수 있었습니다. 수업을 마친 필자에게도 생성형AI 활용 수업의 효과성을 다시 한번 생각하게 만든 수업이었습니다.

GPT로 내 의견 정교화하기, 국어 토론 수업

토론 수업에서 학생들에게 배움이 일어나게 하기 위해선 주장 – 반박 – 재반박 과정이 논리적인 근거와 함께 활발하게 이루어져야 합니다. 그러나 논리적으로 반박, 재반박 과정은 잘 이루어지지 않는 경우가 많습니다. 상대방의 주장에 대해 논리적으로 반박하려면 추가적인 정보나 근거가 필요하지만, 학생들은 상대방의 주장을 제대로 이해하지 못하거나, 상대방의 주장에서 반박할 요소를 찾아내지 못하기 때문입니다.

그래서 토론 수업을 위해선 사전에 철저한 준비가 필요합니다. 주장할 때 사용할 근거와 자료, 예상되는 반박, 그리고 재반박할 자료 등을 준비해야 합니다. 그리고 준비한 내용을 바탕으로 연습할 시간도 필요합니다. 그래야 실제 토론에서 준비한 것들을 제대로 보여줄 수 있을테니 말입니다. 이러한 생각의 흐름을 다시 정리해보겠습니다.

상황(Situation)	욕구(Needs)	인공지능 활용 접근 (AI-Approach)	해결(Key)
토론 수업을 계획한다. 평소 토론 수업에서 말을 잘 하지 못하는 학생들이 많다.	토론 사전 준비를 철저하게 할 수 있도록 지도하고 싶다	뤼튼을 활용해 토론 내용을 준비하고, 모의 토론하며 토론을 연습한다	논리적인 근거를 활용해 주장-반박-재반박 활동을 활발하게 참여한다

실제로 토론하는 과정에서 생성형AI를 사용하게 되면, 학생들이 사고해야할 영역을 인공지능에게 맡기는 꼴이 됩니다. 학생의 배움을 인공지능이 뺏어가지 않도록, 성취기준과 학습목표와 관련된 핵심적인 부분에서는 인공지능 사용을 지양해야 합니다. 소개해 드리는 지도안도 토론 수업을 '준비'하는 과정이지 '토론'하는 장면이 아닙니다.

▶ 생성형AI 활용 수업

- 과목: 초등 5학년 국어
- 단원: 5학년 2학기 6. 타당성을 생각하며 토론해요
- 성취기준: [6국01-07] 절차와 규칙을 지키고 타당한 이유와 근거를 제시하며 토론한다.
- 학습 목표: 노키즈존(No-Kids Zone)에 대해 토론할 수 있다.
- 수업 흐름

수업단계	수업 내용 및 활동	생성형AI 활용	시간
도입	⊙ 동기 유발 - 만약 여러분이 어떤 식당에 갔는데 '어린이는 출입 금지'라는 표시가 있다면 기분이 어떨 것 같나요? - 어린이들이 출입할 수 없는 '노키즈존'이라는 장소에 대해 들어본 적이 있나요? ⊙ 학습문제 확인 노키즈존에 대해 토론할 수 있다		5′
전개	⊙ 활동1: 입장에 따른 주장과 근거 정리하기(hop) - (주제별 모둠활동) 노키즈존에 대한 자신의 생각 공유하기 - 모둠별 찬성과 반대 의견에 대한 근거 모으기	(학생) [AI 검색] 뤼튼으로 노키즈존 관련 기사 검색 및 자료조사	20′
	⊙ 활동2: 뤼튼을 활용해 반박, 재반박하기(Step) - 반박, 재반박 프롬프트 안내하기 "내 주장은 [주장 내용]입니다. 이 주장에 대해 반대하는 사람은 구체적으로 어떤 근거로 반대할까요? 이 근거가 왜 이 주장을 약하게 만들 수 있는지 설명해 주세요." "상대방의 반박이 [반박 내용]이라면, 제 주장을 타당하게 유지하기 위해 어떤 점을 강조해야 할까요? 이때 강조할 세부적인 예시나 자료가 있을까요?" - 뤼튼으로 반박, 재반박 활동하기 - 반박, 재반박 근거를 정리하여 기존 근거의 부족한 점 보완하고 추가 근거 마련하기	※프롬프트 엔지니어링이 주된 학습목표가 아님 (학생) 뤼튼으로 토론 모의 연습하기	25′
	⊙ 활동3: 모둠 내 모의 토론하기(Jump) - 정리한 내용을 활용하여 모둠 내 모의 토론하기 - 모의 토론 후 상호평가하기 - 부족한 부분 보완하기	(학생) 뤼튼을 활용해 자료 보완하기	20′
정리	⊙ 정리 - 상호평가 결과 나누기 - 알게된 점과 소감 발표하기 ⊙ 차시 예고 - 실제 토론 형식으로 반 전체가 찬반 토론 참여 (활동지 및 배움 정리 내용이 추수학습에 이어짐을 안내)		5′

토론 수업을 하면 서로간에 주고 받는 말이 너무 빠르게 지나가기 때문에 잘 메모하지 않으면 흐름을 놓치기 쉽상입니다. 학생들이 토론 주제와 근거들을 메모하며 참여할 수 있도록 토론 수업 활동지가 꼭 필요합니다. 본 내용을 정리할 학습지는 챗GPT를 이용해서 학생들이 직접 이용할 때는 챗GPT가 아니라 뤼튼을 이용해야하지만, 교사가 활동지를 만들 때엔 얼마든지 챗GPT를 이용할 수 있습니다. 챗GPT가 알려주는 내용을 복사해서 hwp 형식의 한글 학습지를 만든다거나, 바로 워드 문서로 생성을 요청해서 활용할 수도 있습니다.

질문 (지도안을 PDF 파일로 업로드하며)
이 수업은 노키즈 존에 대한 찬반 토론을 준비하는 수업이야. 학생들이 이 과정에서 배우는 내용을 정리하게 하고 싶어. 배움을 정교화하고 오늘 배운 내용을 성찰할 수 있는 학습지이기를 바라. 초등학교 5학년 학생 수준의 배움정리 성찰 학습지를 만들어 줘. 학생들이 발견한 재반박, 반박 근거들을 정리할 수 있어야 해.

배움 정리 및 성찰 학습지
(초등학교 5학년용)

---

1. 오늘의 학습 내용 정리
1) 오늘 우리가 토론했던 주제는 무엇인가요?
    - 토론 주제: **_____**

2) 나는 이 주제에 대해 어떤 입장을 가졌나요?
    - 나의 입장: **(찬성/반대)**
    - 그 이유는 무엇인가요?
       _____

3) 우리가 모둠 활동을 통해 찾은 주요 근거는 무엇인가요?
    - **1.** _____
    - **2.** _____
    - **3.** _____

---

2. 반박과 재반박 활동을 통해 배운 점

1) 상대방의 의견에 반박하면서 느낀 점은 무엇인가요?
    _____

2) 내가 생각한 반박 근거 중 가장 설득력 있는 내용은 무엇이었나요?
    _____

3) 상대방의 반박을 듣고 내 주장을 보완해야 한다고 느낀 점이 있었다면 무엇인가요?
    _____

---

3. 나의 성찰

1) 오늘 활동 중 내가 잘했다고 생각하는 점은 무엇인가요?
    _____

2) 더 잘하고 싶거나 발전이 필요하다고 느낀 점은 무엇인가요?
    _____

3) 오늘 토론 준비 과정에서 알게 된 새로운 사실이나 느낀 점은 무엇인가요?
    _____

---

4. 다음에 토론을 할 때 해보고 싶은 것

1) 다음 토론에서 더 잘하기 위해 어떤 점을 준비하고 싶나요?
    - **_____**

2) 다음 차시에 다룰 실제 찬반 토론에서 내가 목표로 삼고 싶은 것은 무엇인가요?
    - **_____**

학생 이름: _____

날짜: _____

이 학습지는 학생들이 활동을 되돌아보고 자신의 생각과 배움을 정리하며 다음 활동에 대비하도록 돕는 데 초점을 맞췄습니다.

유수근 선생님의 미니 특강

텍스트 내용을 분석해서 그래픽을 만들어주는 인공지능, 냅킨AI(Napkin.ai)

냅킨AI는 텍스트를 시각적 자료로 변환하는 혁신적인 인공지능 도구입니다. 이 플랫폼은 사용자가 입력한 텍스트를 분석하여 자동으로 관련된 시각자료를 생성합니다. 영어뿐만 아니라 한글로 된 텍스트로 충분히 잘 인식하고 적절한 시각자료를 만들어 냅니다. 텍스트를 기반으로 만들어진 냅킨AI의 시각자료만 필요하다면, 따로 PNG, SVG, PDF 형식의 파일로 다운받을 수도 있습니다. 그리고 냅킨AI로 만든 시각자료는 저작권 적용받지 않기 때문에 제한 없이 웹사이트, 소셜 미디어, 프레젠테이션, 책 등에 자유롭게 사용할 수 있습니다.

그리고 냅킨AI는 실시간 협업을 지원합니다. 사용자들이 함께 실시간으로 아이디어를 공유할 수 있다는 장점이 있습니다. 2024년 11월 기준으로 무료로 이용 가능한 프로그램입니다. 다만, 냅킨AI 역시 13세 미만의 어린이를 대상으로 하고 있지 않기 때문에 [20] 중3 미만의 학생들은 이용할 수 없습니다. 교사가 업무용으로 이용하기에 적절한 프로그램입니다.

[20] 출처: https://www.napkin.ai/privacy/

GPT로 배움중심수업 디자인하기

배움중심수업은 사회적 구성주의를 기반으로, 다양한 형태의 상호작용을 통해 배움을 키워나가는 교육철학입니다. 배움중심수업은 특별한 방법론이 있는 것은 아닙니다. 배움중심수업은 '방법'이 아니라 '철학'이기 때문입니다. 정해놓은 방법이 있기보다는 학생들의 '배움'을 목적으로 다양한 교수학습 방법을 실천하는 교육관입니다. 흔히 배움중심수업은 모둠활동만 강조하는 수업으로 오해하고 있기도 합니다. 그러나 배움중심수업의 대척점에 있는 것만 같은 강의형 수업 또한 배움중심수업이 될 수 있습니다.[21] 중요한 것은 수업 방법이 아니라 학생들을 배움으로 이끄는 수업 원리이기 때문입니다.

챗GPT로 배움중심수업 디자인하기
챗GPT로 매력적인 발문 생성하기

배움을 일으키는 것 이전에 가장 중요한 것은 '배우고 싶은 마음'을 만드는 것입니다. 배움중심수업의 자발성의 원리가 학생들의 학습동기와 관련이 있습니다. 학생들의 배움 이전에 배우고 싶은 마음을 우선 일으켜야 배움으로 나아갈 수 있습니다. 많은 교사들이 동기유발의 중요성을 강조하는 것 역시 같은 맥락에서 이해할 수 있습니다.

학습동기를 유발하는 방법 중 하나는 바로 '매력적인 발문'을 하는 것입니다. 학생들의 지적 호기심을 이끌어낼 수 있는 발문, 삶과 연계된 의미있는 발문, 상상력과 창의성을 자극하는 발문, 도전의식을 불러일으키는 발문, 논쟁적이거나 상반된 의견을 다룰 수 있는 발문, 학생들의 감정을 자극할 수 있는 발문 등을 통해 학습목표를 매력적으로 만드는 것이 배움의 시작입니다. 매력적인 발문 자체가 학습목표가 되기도 하므로 매력적인 발문은 수업 전체에 영향을 미칠 수 있을만큼 매우 중요합니다.

---

[21] 출처: 배움중심수업(강충열·장광순 공저, 2019)

매력적인 발문을 혼자 고민해내는 것은 쉽지 않습니다. 챗GPT를 통해 생각의 물꼬를 틔워주는 것은 사고의 병목현상을 해결하는 데에 큰 도움이 됩니다. 챗GPT에게 학습목표 및 매력적인 발문과 관련해서 다음과 같이 물어볼 수 있습니다.

질문 너는 초등학교 5학년 담임교사야. 초등학교 5학년 학생들을 대상으로 "직육면체의 겨냥도를 알아볼까요?"라는 학습목표 수업을 하려고 해. 겨냥도란 '직육면체의 모양을 잘 알기 위해 그리는 그림'이야. 보이는 모서리는 실선으로, 보이지 않는 모서리는 점선으로 나타내. 본 수업은 직육면체를 여러 방향에서 관찰하고, 직육면체를 그리는 방법을 알아보면서 겨냥도에 대해서 배우는 차시야. 학생들이 스스로 배우고자하는 의지가 생길 수 있도록 매력적인 발문을 10가지 만들어줘. 아직 겨냥도에 대해서 배우지는 않았으니 겨냥도가 필요한 상황을 고려해서 만들어. 각각의 발문은 아래 조건 중 적어도 하나에는 해당되어야 해

###매력적인 발문의 조건
– 지적 호기심을 이끌어 냄
– 학생들의 삶과 연계되어야 함
– 상상력과 창의성을 자극함
– 도전의식을 불러일으킴
– 논쟁적이거나 상반된 의견을 다룸
– 학생들의 감정을 자극함
매력적인 발문 10가지

1. **"만약 여러분이 보물을 숨기려고 한다면, 상자 안에 무엇이 들어있는지 다른 사람이 쉽게 알 수 없게 그림을 그리려면 어떻게 해야 할까요?"**
   – 지적 호기심을 이끌어 내고 상상력을 자극.

2. **"우리가 책장 속에 숨겨둔 물건을 정확히 다른 친구들에게 설명해야 한다면, 어떤 그림이 가장 도움이 될까요?"**
   – 학생들의 삶과 연계.

3. **"여러분이 로봇을 만들고, 조립 설명서를 그려야 한다면, 직육면체 부품을 어떤 식으로 그려야 잘 이해할 수 있을까요?"**
   – 창의성과 실생활 연계.

4. **"직육면체를 투명하게 만들 수 있다면, 안쪽에 보이지 않는 면들을 친구들에게 어떻게 보여줄 수 있을까요?"**
   – 상상력을 자극.

5. **"만약 친구가 여러분이 그린 직육면체 그림을 보고, '이건 직육면체가 아닌 것 같아'라고 말한다면, 어떻게 그 증거를 보여줄 수 있을까요?"**
   - 논쟁적 발문.

6. **"우리가 종이상자를 여러 방향으로 돌려본다면, 각각의 방향에서 상자를 그린 그림이 모두 똑같을까요? 왜 그럴까요?"**
   - 지적 호기심과 논쟁적 요소.

7. **"직육면체의 보이지 않는 모서리까지 보여주려면 어떤 특별한 방법을 사용할 수 있을까요?"**
   - 도전의식을 자극.

8. **"여러분이 만든 직육면체 그림을 보고 친구가 '이건 모서리가 두 개밖에 없어 보이는데?'라고 느꼈다면, 무엇을 바꿔야 할까요?"**
   - 학생들의 감정과 공감 자극.

9. **"만약 우리가 종이로 직육면체를 만들어 친구에게 보여주지 않고 설명만으로 그리게 한다면, 어떤 정보를 반드시 포함해야 할까요?"**
   - 상상력과 지적 호기심.

10. **"우리가 실제로 존재하지 않는 직육면체를 상상해서 그림을 그린다면, 보이는 면과 보이지 않는 면을 어떻게 구분하면 좋을까요?"**
    - 창의성과 상상력을 동시에 자극.

이 발문들을 통해 학생들이 직육면체의 겨냥도의 필요성을 자연스럽게 느끼고, 배우고자 하는 동기를 스스로 갖게 될 거예요.

챗GPT가 제시한 10가지의 제안 중에서, 8번 "여러분이 만든 직육면체 그림을 보고 친구가 '이건 모서리가 두 개밖에 없어 보이는데?'라고 느꼈다면, 무엇을 바꿔야 할까요?"라는 질문이 직육면체 겨냥도의 필요성을 잘 드러낼 수 있는 질문 같습니다. 학생들은 직육면체를 표현할 새로운 방식의 필요성을 느끼게 되고 겨냥도를 통해 8번과 같이 물어본 친구에게 제대로 대답할 수 있게 될 것입니다. 8번 내용이 마음에 들었지만 유사한 발문을 더 찾아보고 싶다면 아래와 같이 물어볼 수 있습니다.

질문 8번 질문이 마음에 들어, 위와 비슷한 느낌으로 5가지 더 제안해봐

 자극하며 문제 해결 의식 고취.

2. **"어떤 친구가 여러분 그림을 보고 '이 모양 안에 뭐가 있는지 모르겠어'라고 한다면, 보이지 않는 부분까지 잘 설명하려면 어떻게 그림을 그려야 할까요?"**
   - 감정과 논리적 사고 자극.

3. **"만약 친구가 '너의 그림만 봐서는 이 직육면체가 얼마나 큰지 알 수 없어'라고 느낀다면, 어떤 정보를 더 추가해야 할까요?"**
   - 감정과 도전 의식 자극.

4. **"여러분이 만든 직육면체 그림을 보고 누군가 '이건 너무 평면적이야. 입체적인 느낌이 안 나는데?'라고 말했다면, 어떻게 그림을 바꿔야 할까요?"**
   - 감정을 자극하고 표현 방법 개선 유도.

5. **"친구가 여러분의 그림을 보고 '여기 선이 왜 끊겨 있어?'라고 궁금해한다면, 어떻게 설명하거나 수정하면 친구가 이해하기 쉬울까요?"**
   - 감정을 자극하며 논리적 사고 연결.

이 질문들은 학생들이 서로의 관점을 이해하고, 그림의 개선 방향을 고민하도록 유도하며, 학습 동기를 더욱 높이는 데 효과적일 것입니다.

수업을 시작하며 "교과서 00쪽을 폅시다", "학습목표를 읽어보자"로 시작하셨다면, 챗GPT를 이용하여 재미있는 발문으로 수업을 바꿔볼 수 있습니다. 챗GPT의 추천을 재구성하여 "직육면체의 모든 모서리를 보여주려면 어떻게 해야 할까요?" 등으로 학습목표를 바꾸어 진행하는 것도 좋습니다.

챗GPT로 수업 단계별 과제 만들기

상황(Situation)	욕구(Needs)	인공지능 활용 접근 (AI-Approach)	해결(Key)
학생들이 주체적으로 참여하고 각자의 배움을 이루어낼 수 있는 배움중심 수업을 계획 중이다. 학급 상황에 맞는 점프과제를 만들어야 한다.	학생들의 수준에 맞는 적절한 점프과제를 만들고 싶다. 학습 수준이 낮은 학생들도 참여할 수 있도록 보편적 학습설계가 필요하다.	챗GPT를 활용해 학습목표와 학습내용, 학생 수준을 고려한 점프 과제를 생성한다.	챗GPT의 점프과제 초안을 바탕으로 효율적으로 배움중심수업을 디자인한다.

배움중심수업과 챗GPT

배움중심수업은 교사와 학생의 상호작용, 학생과 학생의 상호작용을 통한 배움을 강조합니다. 그렇기 때문에 강의형 수업 역시 교사와 학생의 상호작용이라는 관점에서 배움중심수업 안으로 품을 수 있습니다. 물론 단순 지식 전달식 수업이 아닌, 학생과 질문, 소통하는 상호작용이 살아있는 강의형 수업에 한정됩니다.

학생과 학생의 상호작용을 촉진하는 대표적인 방법은 '모둠 협력 활동'입니다. 그런데 중요한 것은 협력활동의 난이도와 포용성입니다. 난이도가 너무 낮으면 협력활동이 이루어지지 않습니다. 스스로 해결할 수 있으므로 협력의 필요성을 느끼지 못하기 때문입니다. 학생들의 학습수준 보다 조금은 높은 수준의 과제, 학습한 내용을 응용해야하는 과제가 협력학습의 난이도로 적절합니다. 또한 과제의 포용성 역시 중요합니다. 과제 주도권이 일부 학습 능력이 뛰어난 학생들만의 전유물이 되지 않고, 모든 학생이 주체성을 발휘할 수 있도록 과제를 설계해야 합니다. 과제에 참여하는 모든 학생이 자기 나름의 배움을 이루어낼 수 있어야 합니다. 공교육 교사라면 일부 학생들에게만 배움이 일어나는 수업은 지양하고 보편적 학습 설계를 통해 모든 학생이 각자의 배움을 성취할 수 있도록 지원해야할 것입니다.

그런데 문제는 이러한 과제를 어떻게 만드냐는 겁니다. 교과서나 커뮤니티에 의존하기도 쉽지 않습니다. 학습 목표와 관련된 기본기를 익히는 스텝(Step)과제는 교과서를 이용할 수도 있고, 자료를 찾기도 쉽지만, 학생들의 배움을 확장하는 점프(Jump)과제는 학생들의 흥미와 학습수준을 고려해 학급 맞춤형으로 제작되어야하기 때문입니다. 그런데 이러한 문제들이 챗GPT를 통해서 꽤 많은 부분 해결될 있습니다. 적절한 과제를 찾을 수 없다면, 챗GPT를 이용해서 '만들면' 됩니다. 하지만 매번 빈 프롬프트에 배움중심수업의 의미와 가치, 원리를 입력하기는 참 번거로운 일입니다. 이럴 때에는 '배움중심수업'을 지원하는 챗봇을 미리 만들어서 활용하면 편리합니다. 필자가 제작한 배움중심수업 점프과제 챗봇으로 점프과제를 제작한 내용을 아래의 QR코드는 챗GPT로 만든 배움중심수업 Jump과제 제작 챗봇 링크입니다. 이어지는 챗GPT와의 대화는 배움중심수업 Jump 과제 GPT를 통해 생성된 답변입니다.

▲ 배움중심수업 Jump 과제 GPT(단축URL: joo.is/배움중심점프과제)

질문 초등 수학 5학년 2학기 직육면체의 전개도를 알아볼까요?
학습 내용: 직육면체의 전개도 의미, 직육면체 전개도 그리는 방법
특이사항: 모둠별로 기초학력 미달 1명

 초등학교 5학년 2학기 **"직육면체의 전개도 알아보기"**에 적합한 **Step 과제**와 **Jump 과제**를 다음과 같이 제안합니다.

Step 과제: 직육면체 전개도의 기본 이해
과제 제목: "직육면체를 펼쳐봐요!"
내용:
1. 주어진 직육면체 모형을 관찰하고, 그 특성을 적어 봅니다.
2. 모형을 직접 손으로 만지며 전개도를 구상합니다.
3. 여러 전개도 예시(제공된 자료)를 보고, 어떤 전개도가 직육면체를 완성할 수 있는지 판단하여 표시합니다.
4. 마지막으로 자신이 구상한 전개도를 종이에 그려 보고, 잘린 부분을 가위로 오려 실제로 조립하여 맞는지 확인합니다.

목표:
– 직육면체의 구성 요소(면, 모서리, 꼭짓점)를 이해하고 이를 전개도로 표현할 수 있습니다.

Jump 과제: 전개도의 응용과 확장
과제 제목: "세상에 하나뿐인 나만의 직육면체 상자 만들기"
내용 *(모둠 과제)*:
1. 각 모둠은 특정 주제를 정합니다. (예: 도시, 자연, 책 속 세상 등)
2. 직육면체의 전개도를 설계하여 주제에 어울리는 독창적인 상자를 디자인합니다.
3. 만든 전개도를 이용해 실제 상자를 완성하고, 주제에 맞는 장식이나 그림을 추가합니다.
4. 완성된 상자에 팀의 주제를 설명하는 짧은 문구를 써서 발표 자료를 준비합니다.
5. 발표 시간에 상자를 소개하며, 설계 과정에서 어려웠던 점과 이를 해결한 방법을 공유합니다.

목표:
– 전개도의 기본 원리를 창의적으로 응용하여 독창적인 결과물을 만들어냅니다.
– 협력과 소통을 통해 과제를 완성하며, 팀원 간 역할 분담을 효과적으로 수행합니다.

이 과제들은 **기초학력 미달 학생도 참여할 수 있는 협력 중심의 구조**로 설계되었습니다.
 – **기초학력 미달 학생**은 단순한 전개도 그리기나 자르기 작업을 담당하도록 하여 기여도를 높이고, 자신감을 가질 수 있도록 배려합니다.
 – **모둠 활동**은 상호 협력을 유도하며, 배움 중심 수업의 기본 철학을 반영합니다.

필자가 '특이사항'으로 입력한 '모둠별로 기초학력 미달 1명'이 있음을 반영하여 스텝과 제 및 점프과제를 생성했습니다. 기초학력이 부족한 학생들도 참여할 수 있도록 관찰, 조립, 색칠 등 누구나 해낼 수 있는 작업부터 시작할 수 있도록 설계하였으며, 과제를 수행하는 데 필요한 역할이 조립, 색칠, 발표 등으로 다양하기 때문에 자신이 기여할 수 있는 부분에서 참여할 기회도 있습니다. 이처럼 학급의 특이사항을 고려해 과제를 생성할 수 있기 때문에 학급에 딱 맞는 맞춤형 점프과제를 생성할 수 있었습니다. 챗GPT가 생성한 과제에 '6. 전개도에서는 드러나지 않지만, 조립했을 때 드러나는 무늬를 넣기' 정도만 추가해서 구성해도 학습 목표의 배움이 확장되는, 충분히 훌륭한 과제가 될 것으로 보입니다.

생성형AI 활용 배움중심 미술수업

상황(Situation)	욕구(Needs)	인공지능 활용 접근 (AI-Approach)	해결(Key)
디지털 드로잉을 활용해 김홍도의 '마상청앵'을 패러디한 작품을 보고 학생들도 에듀테크를 활용해 마상청앵을 패러디하고자 한다.	스타일러스 펜으로 그리기보다는 캔바의 요소를 활용해 모두가 참여할 수 있는 패러디 활동을 운영하고 싶다. 그러나 요소에 원하는 그림이 없는 경우가 있다.	캔바의 매직 미디어(이미지 생성형AI)를 이용해 요소에 없는 이미지를 제작하여 첨부한다.	요소에 없는 부분을 생성형AI로 보완하여 마상청앵 패러디 작품을 완성한다.

지학사 초등 5학년 미술 교과서 중 '6단원. 전통 미술과 현대미술'에서 전통 미술과 현대 미술을 비교하여 감상하는 차시가 있습니다. 김홍도의 '마상청앵'과 이재열의 '마상청앵'을 비교하여 감상하고 특징을 파악하는 활동으로 구성됩니다. 소개해드릴 수업 사례는, 학생들은 김홍도와 이재열 작품의 공통점과 차이점을 비교하고, 두 작품의 공통점을 지키며 현대적으로 마상청앵을 재해석하여 패러디하는 활동으로 이어간 사례입니다.

미술 수업은 많은 학생들이 자신없어 하는 수업 중 하나입니다. 자신이 잘 못 그리거나, 잘 못 만든다는 이유로 미술 수업을 부담스러워하는 학생들이 많습니다. 다른 교과들에 비해 친구들과 성취수준의 차이가 드러나는 것을 유독 부끄러워하는 교과이기도 합니다. 미술에 자신감이 없는 학생들은 색칠을 거부하거나, 구체적으로 그리는 것을 주저하는 등 문제를 회피하는 행동들을 보여줍니다.

그러나 표현 기법이 학습목표가 아니라면, 굳이 그림을 펜으로 그리거나 색칠을 정성스럽게 하는 데에 집중할 필요가 없습니다. 본 수업은 더군다나 감상 수업의 맥락에서 이루어진 만큼, 학생들이 마상청앵의 표현기법을 따라하는 것은 전혀 중요하지 않은 수업이었습니다. 이럴 때는 모든 학생들이 학습 목표에만 집중할 수 있도록, 표현과정을 쉽게 만들어주는 에듀테크를 사용하면 좋습니다. 필자는 캔바(Canva)의 [요소] 기능을 이용해 배경과 사물을 표현하게 했습니다.

문제는, [요소]에 마상청앵의 특징을 표현할 수 있는 모든 오브젝트가 있는 것은 아니라는 점입니다. 김홍도, 이재열의 마상청앵의 공통점은 '두 사람이 길을 가다 아름다운 소리가 들리는 오른쪽 위 부분을 쳐다본다'는 것입니다. 그런데 두 사람이 오른쪽 위를 함께 쳐다보고 있는 장면은 [요소]에서는 발견하기 어려웠습니다. 오른 쪽 위를 보고있는 사람의 그림은 있었지만, 두 사람이 함께 보고 있는 것은 발견하기 어려웠습니다. 그리고 학생들이 원하는 스타일과도 맞지 않았습니다. 그래서 [요소]에서 찾을 수 없는 것은 [매직 미디어]를 이용해 직접 생성하도록 지도했습니다. [매직 미디어]는 프롬프트에 입력한 내용대로 이미지를 생성해주는 캔바의 이미지 생성형AI입니다.

▲ 김홍도 "마상청앵"

▲ 이재열 마상청앵 패러디, 이재열의 '조선의 그림을 훔치다' 中

수업의 진행 과정은 다음과 같습니다. 총 2개 차시로 구성된 수업 중 첫 차시에서는 김홍도와 이재열의 마상청앵을 비교하여 감상합니다. 발견한 공통점과 차이점 중 공통점에 주목하여, 공통점을 현대 상황에 적용할 수 있는 것은 무엇일지 모둠이 이야기 나눕니다. 생성한 아이디어를 공유하고 두 번째 차시에는 캔바를 이용해 각자 마상청앵을 패러디합니다. 캔바의 [요소]에서 배경, 이미지 등을 이용하고, [요소]에 없다면 [매직 미디어]를 이용해 이미지를 생성하여 패러디 작품을 완성합니다.

▶ 생성형AI 활용 수업

- 과목: 초등 5학년 미술
- 단원: 5학년 2학기 6. 전통 미술과 현대 미술
- 성취기준: [6미03-04] 다양한 감상 방법(비교 또는 단독 감상, 내용 또는 형식 감상 등)을 알고 활용할 수 있다.
- 학습 목표: 마상청앵을 비교 감상하고 패러디 작품을 만들 수 있다.
- 수업 흐름

수업단계	수업 내용 및 활동	생성형AI 활용	시간
도입	⦿ 동기 유발 - 김홍도와 이재열의 마상청앵 특징 복습하기 - 좋은 패러디 작품은 어때야 할까요?		5′
전개	⦿ 활동1: 캔바로 마상청앵 만들기 (Step) - 패러디 작품에 반영할 두 작품의 공통점 정하기 - [요소]를 이용해 배경, 사물 구성하기 - [요소]에 없어서 작성하지 못한 부분 메모하기		15′
전개	⦿ 활동2: [매직 미디어]로 필요한 이미지 만들기(Jump) - 프롬프트 원칙을 적용해 [요소]에 없던 이미지 만들기 ● 표현하고 싶은 것을 구체적으로 적어요 (주어와 서술어, 목적어가 분명하게 들어간 구체적인 문장을 사용해요) ● 그림의 스타일을 정해요 ● 원하는 그림이 나오지 않는다면, 다시 생성하거나 좀 더 자세히 요청해요 - 생성한 이미지를 활용해 마상청앵 패러디 완성하기 - 작품 공유 및 발표하기	(학생) 캔바의 [매직 미디어]를 이용해 [요소]에 없던 그림을 주도적으로 생성해낸다.	15′
정리	⦿ 정리 - 오늘 알게 된 점과 느낀 점 발표하기 ⦿ 차시 예고 - 생활속의 시각이미지 발견하기		5

본 수업은 학생들이 디지털 소양을 기르는 데 작은 발판이 될 수 있습니다. 디지털 도구를 활용해 부족한 부분을 보완하고 새로운 콘텐츠를 만들어보는 과정을 통해, 학생들은 생성형AI가 문제 해결에 실질적으로 활용될 수 있음을 느낍니다. 또한, 프롬프트 작성 연습을 통해 생성형AI를 활용하는 기본적인 원리를 이해하게 됩니다. 나아가, 디지털 도구를 통해 미술 표현의 어려움을 극복하며 기술과 예술이 만나 새로운 가능성을 만들어낼 수 있다는 경험을 쌓을 수 있습니다.

배움중심수업의 핵심 키워드는 상호작용입니다. 전통적인 배움중심수업은 교사와 학생의 상호작용과 학생과 학생간의 상호작용을 다루었습니다. 그러나 이제는 인공지능과의 상호작용을 통한 배움에 대해서도 고민해봐야하는 시기인 것 같습니다. 챗GPT를 비롯한 다양한 생성형AI를 활용해 효과적인 배움중심수업을 디자인 하실 수 있기를 바랍니다.

▲ 마상청앵 학생작품(전체)

개념기반 탐구수업과 챗GPT

Chapter 01. 생성형AI와 함께 살아가는 미래 – 1-5. 인공지능 시대, 학습자 주도성의 중요성에서 자기주도적인 배움이 중요한 시대임을 말씀드렸습니다. 인공지능 기술의 발전, 사회의 복잡성과 불확실성의 증대 등으로 지식의 팽창과 소멸이 동시에 빠른 속도로 이루어지고 있습니다. 지식의 가치가 유동적인 만큼, 교과서의 지식을 성역화하여 단순히 암기하고 오래 보존하려 노력하는 것은 지금의 시대를 살아가는 바람직한 학습자의 모습이 아닙니다. 2022 개정 교육과정은 미래사회에서 필요한 학습자 역량의 방향성을 제시합니다. 그것이 바로 개념기반 교육과정이고, 그 개념기반 교육과정을 실천하는 학습방법이 바로, 개념기반 탐구학습입니다. 사실적인 지식을 파편적으로 암기하는 것이 아니라, 학습자가 탐구과정을 통해 학습한 지식을 다른 상황에 일반화할 수 있도록 개념적 수준의 사고를 형성하는 데 중점을 둡니다. 더 나아가서 전이할 수 있는 지식을 깊이 있게 이해하여 궁극적으로는 역량 함양으로 이어지도록 하는 데 그 목표가 있습니다.[22]

---

[22] 출처: 개념기반 교육과정으로 디자인한 국어과 수업, 나희정, 서울교육

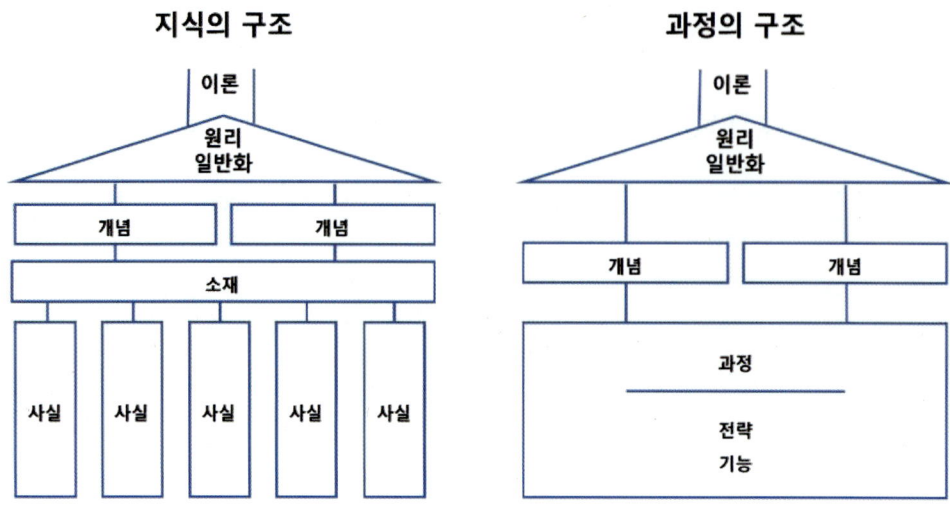

▲ 지식의 구조와 과정의 구조(Erickson & Lanning, 2014)

　삶으로 전이 가능한 일반화된 지식을 얻기 위해선 '개념'이 형성되어야 하고, 개념을 형성하기 위해선 '사실'이 필요합니다. 마치 비지도 학습(Unsupervised Learning)을 하는 인공지능이 데이터를 분류하거나, 유사성을 기준으로 그룹화(Clustering)하는 것처럼, 개념기반 탐구학습에서는 학생들이 주어진 학습자료를 탐구하면서 자신만의 질문을 생성하고, 패턴과 개념을 스스로 발견합니다. 교사는 학생들이 지식을 귀납적으로 발견하고 스스로 구성할 수 있도록 수업을 디자인합니다.

　결국, 개념기반 탐구학습은 단순한 지식 전달을 넘어, 학생들이 세상을 이해하고 문제를 해결할 수 있는 능력을 기르는 데 초점을 둡니다. 이는 단순히 시험에서의 성취를 목표로 하는 것이 아니라, 학생들이 실제 삶에서 문제를 해결할 수 있는 역량을 키우는 과정입니다. 교사는 이 과정에서 촉진자 역할을 하며, 학생들이 탐구를 통해 성장하는 모습을 함께 만들어 갑니다.

▲ "학생들이 아하! 하고 지식을 발견하고 즐거워하는 모습. 레트로 코믹북 스타일로 그려줘" by 챗GPT

챗GPT는 개념기반 탐구수업에서도 힘을 발휘할 수 있습니다. 탐구 질문을 생성하고, 관련 자료를 추천하거나 제작하며, 수업 지도안을 작성하는 과정에서 교사의 아이디어를 풍부하게 만듭니다. 예를 들어, '빛과 그림자' 단원을 진행할 때, 챗GPT는 "그림자의 크기와 모양은 왜 변할까?"와 같은 탐구 질문을 제안하거나, 학생들이 그림자를 관찰하며 학습할 수 있는 실험 설계 방법을 추천할 수 있습니다. 또한, 그림자 원리를 시각적으로 설명하는 애니메이션 자료나 실생활에서 그림자를 활용하는 사례를 찾을 때도 챗GPT는 금세 적절한 자료를 찾아 추천해줄 수 있습니다.

챗GPT를 개념기반 탐구수업에 활용하는 또 하나의 장점은 개념의 기초가 되는 '사실'들을 대량으로 생성할 수 있다는 점입니다. '기후 변화'라는 개념을 탐구할 때, 교과서에서 기후 변화를 추론할 만큼의 사실이 부족할 경우, 챗GPT를 통해 추가 사실들을 추천받을 수 있습니다. 만약 교과서에서는 기후변화와 관련하여 지구 온난화와 북극 빙하의 감소 정도를 다루고 있다면, 챗GPT를 통해서 대기 중 이산화탄소 농도 증가, 해수면 상승, 산호초 백화, 빙하 후퇴, 동물의 서식지 변화 등의 사례를 추가로 수집할 수 있습니다.

챗GPT로 강력한 핵심 질문 만들기

> [23] 핵심 아이디어란, 영역을 아우르면서 해당 영역의 학습을 통해 일반화할 수 있는 내용을 핵심적으로 진술한 것. 이는 해당 영역의 학습의 초점을 부여하여 깊이있는 학습을 가능하게 하는 토대가 됨

사실을 익히는 과정을 뛰어넘어 바로 개념을 배울수는 없습니다. 사실을 충분히 탐구하는 과정을 거쳐 개념을 구성하는 단계로 나아갑니다. 그런데 학생들이 귀납적으로 지식을 탐구하고 구성하는 과정에서 자칫 오개념이 형성될 수 있습니다. 학생들이 결국에는 2022 개정 교육과정에서 말하는 핵심 아이디어를 구성하는 단계에 도달할 수 있도록 적절한 핵심 질문이 꼭 필요합니다. 핵심 질문은 학습자가 핵심 아이디어를 탐구하고, 개념적 렌즈를 통해 학습 내용을 바라보도록 이끄는 개방형 질문입니다. 개념기반 탐구학습을 설계한다면 핵심 아이디어로 학생들을 이끌어줄 수 있는 핵심 질문들에 대해서 꼭 고민해보아야 합니다.

> **뿌리샘 꿀팁   개념적 렌즈(Conceptual Lens)**
> 개념적 렌즈는 학습 내용을 특정 관점이나 주제로 바라보도록 하는 틀입니다. 이를 통해 학생들은 주제를 깊이 탐구하고, 서로 다른 지식과 경험 간의 관계를 발견합니다. 개념적 렌즈는 학습 내용의 시각적 초점을 제공하며, 학생들이 "어떻게 보아야 하는가?"라는 질문을 통해 학습을 시작하도록 유도합니다.

핵심 아이디어에 도달할 수 있도록 유도하는 핵심 질문들을 직접 고민하는 것은 무척 의미있는 일입니다. 그러나 역시 한정된 시간 안에서 효율적으로 수업을 준비하기 위해서는 '준수한 초안'이 필요합니다. 챗GPT를 이용해 준수한 초안을 만들고 이를 재구성하여 적재적소에 사용될 핵심질문을 든든하게 준비한다면 개념기반 탐구학습으로 단원을 안정적으로 운영할 수 있을 것입니다. 초등 4학년 1학기 2단원. 물의 상태변화를 사례로 핵심 질문을 생성해보겠습니다. 2022 개정 교육과정에서 물의 상태변화와 관련된 핵심 아이디어는 다음과 같습니다.

핵심 아이디어 (물질)	• 물질은 여러 가지 상태로 존재하며, 구성 입자의 운동에 따라 물질의 상태와 물리적 성질이 변한다. • 물질의 상태 변화 및 화학 반응에는 에너지 출입이 수반되며, 이는 일상생활에 유용하게 활용된다.

[23] 출처: 2022 개정 교육과정 총론

물의 상태변화를 학습하며 핵심아이디어에 도달할 수 있도록 챗GPT와 함께 단원을 설계하고 핵심 질문을 생성해보겠습니다. 각 단계별 핵심 질문들이 인상적입니다. 기계적으로 만들어진 확산적 질문이 아니라 학습 내용을 고려해 사실적 지식을 기반으로 탐구할 수 있도록 유도하는 질문을 생성했습니다. 더불어, 핵심 질문과 함께 자연스럽게 단원 설계가 이루어진 것을 볼 수 있습니다. 이처럼 챗GPT를 활용하면 핵심 질문을 중심으로 개념기반 탐구학습을 효율적으로 준비할 수 있습니다.

질문

##핵심 아이디어
- 물질은 여러 가지 상태로 존재하며, 구성 입자의 운동에 따라 물질의 상태와 물리적 성질이 변한다.
- 물질의 상태 변화 및 화학 반응에는 에너지 출입이 수반되며, 이는 일상생활에 유용하게 활용된다.

##지침
위 내용은 2022 개정 교육과정 초등학교 4학년 과학 '물의 상태변화' 단원의 핵심 아이디어야. 물의 상태변화 단원을 학습하며 학생들은 물의 상태변화와 관련된 다양한 사실을 탐구하고 물의 상태변화를 중심으로 핵심 아이디어를 각자의 방식으로 구성해야 해. 학생들이 개념기반 탐구학습 과정을 통해서 학습할 수 있도록, 물의 상태변화를 관찰할 개념적 렌즈와 핵심 아이디어로 유도할 수 있는 핵심질문을 작성해. 핵심질문은 단원의 진행과정에 맞춰 필요한 내용들을 적어. 작성한 내용을 단원의 진행과정에 맞게 표로 작성해

##용어 정의
핵심 질문이란, 학습자가 핵심 아이디어를 탐구하고, 개념적 렌즈를 통해 학습 내용을 바라보도록 이끄는 개방형 질문이야.

 4학년 과학 '물의 상태변화' 단원을 위한 핵심질문 설계
아래는 2022 개정 교육과정에 따른 "물의 상태변화" 단원의 진행과정에 맞춘 핵심질문과 활동 내용을 정리한 표입니다.

진행 단계	학습 목표	학습 목표	활동 및 학습 내용
1. 물질의 상태 이해	물질의 상태(고체, 액체, 기체)의 특징을 이해한다.	– 물은 고체, 액체, 기체로 어떻게 다르게 존재하나요?	– 물의 세 가지 상태(얼음, 물, 수증기)의 사례를 관찰하고, 상태별 특징(모양, 부피, 입자의 배열)을 비교 분석한다.
2. 상태 변화 관찰	물이 고체, 액체, 기체로 변화하는 과정을 관찰한다.	– 물이 얼거나 끓을 때 어떤 일이 일어나나요?	– 실험: 물을 가열하거나 냉각하면서 상태 변화를 직접 관찰하고, 온도와 상태 변화의 관계를 기록한다. (예: 얼음이 녹는 온도, 물이 끓는 온도)

3. 입자 운동의 이해	물질의 상태 변화가 입자의 운동에 따라 달라진다는 것을 이해한다.	– 물이 상태를 바꿀 때 구성 입자들은 어떻게 움직이나요?	– 애니메이션이나 모델링을 통해 입자의 배열과 운동 변화를 시각화하여, 고체, 액체, 기체 상태에서 입자들이 어떻게 다르게 움직이는지 탐구한다.
4. 에너지의 역할 탐구	물의 상태 변화에 에너지가 필수적임을 이해한다.	– 물이 얼거나 끓을 때 에너지는 어떤 역할을 하나요?	– 실험: 열(에너지)을 가하거나 빼앗을 때 물의 상태가 어떻게 변하는지 관찰하고, 에너지 출입(흡수, 방출) 과정을 이해한다.
5. 실생활과의 연결	상태 변화가 실생활에서 어떻게 활용되는지 탐구한다.	– 물의 상태 변화는 일상생활에서 어떤 방식으로 유용하게 쓰이나요?	– 상태 변화의 응용 사례(냉장고, 증기 기관, 이슬과 눈의 형성 등)를 조사하고 발표한다.
6. 핵심 아이디어 구성	물의 상태 변화와 에너지의 관계를 종합적으로 이해하고 표현한다.	– 물질의 상태 변화와 에너지 출입의 관계를 한 문장으로 설명할 수 있나요?	– 물의 상태 변화와 에너지의 역할을 중심으로 핵심 아이디어를 글이나 그림(개념도, 마인드맵)으로 표현한다.

개념적 렌즈
1. 입자 운동: 물질의 상태는 입자들의 배열과 운동에 따라 달라진다
2. 에너지: 물질의 상태 변화는 에너지의 흡수와 방출로 인해 일어난다
3. 변화와 연속성: 물질의 상태 변화는 연속적이며 가역적이다

활용 방안
– 각 단계에서 학생들이 핵심질문에 대해 스스로 탐구한 후, 실험과 활동을 통해 개념을 형성하도록 안내합니다.
– 마지막 단계에서 각자의 방식으로 핵심 아이디어를 표현하게 하여, 개별적인 사고와 창의성을 독려할 수 있습니다.

챗GPT를 활용한 개념기반 탐구수업 수행평가 개발

챗GPT와 함께 단원의 핵심 질문들을 중심으로 단원이 알차게 준비되었다면, '평가'로 화룡점정을 찍을 차례입니다. 단원 수업을 통해서 핵심 아이디어에 학생들이 잘 도달했는지 확인하기 위한 수행평가 문항을 개발해야 합니다. 학생들이 개념으로부터 일반화된 지식을 형성했는지 평가하기 위해 학생들의 삶으로 전이 가능한지 파악할 수 있는 실생활 연계 과제를 개발하겠습니다.

핵심 아이디어	• 물은 여러 가지 상태로 존재하며, 구성 입자의 운동에 따라 물질의 상태와 물리적 성질이 변한다. • 물의 상태 변화 및 화학 반응에는 에너지 출입이 수반되며, 이는 일상생활에 유용하게 활용된다.

챗GPT는 "물의 상태변화와 에너지 이야기"를 주제로 실생활에서 물의 상태 변화와 에너지 활용 사례를 탐구하고 창의적으로 표현할 수 있는 과제를 제시했습니다. 그리고 프롬프트에서 요청한 바와 같이 과제 표현 방식을 다양하게 제안했습니다. 필자는 생활 속에서 일반화된 지식을 적용해 볼 수 있도록 구성한 챗GPT의 아이디어가 마음에 듭니다. 또한 5. 통합 표현으로 제안한 스토리북 형태의 표현 방식은 학생들이 창의적으로 물의 상태변화를 표현해볼 수 있는 과제입니다. 실생활에서 발견할 수 있는 물의 이야기를 스토리북 형태로 작성하여 제출하는 과제를 준다면, 학생의 주도성과 개성이 드러날 수 있는 재미있는 수행 평가가 될 수 있을 것입니다.

- 물은 여러 가지 상태로 존재하며, 구성 입자의 운동에 따라 물질의 상태와 물리적 성질이 변한다.
- 물의 상태 변화 및 화학 반응에는 에너지 출입이 수반되며, 이는 일상생활에 유용하게 활용된다.

위는 초등 4학년 과학 핵심 아이디어야. 학생들이 핵심 아이디어에 도달했는지 알기 위한 수행평가 과제를 작성하려고 해. 초등학생이 자신의 실생활에 핵심 아이디어를 전이하여 적용할 수 있는지 볼 수 있는 실생활 연계 과제를 작성해. 과제 결과물 표현 방식은 여러 가지를 제안해봐

수행평가 과제: "물의 상태 변화와 에너지 이야기"

과제 목표
- 물의 상태 변화와 에너지 출입의 원리를 이해하고, 이를 자신의 실생활에서 찾아 설명할 수 있다.
- 실생활에서 물의 상태 변화와 에너지 활용 사례를 탐구하고 창의적으로 표현한다.

과제 설명
1. **일상에서 물의 상태 변화 관찰하기**
   - 자신의 생활에서 물의 상태 변화(예: 얼음이 녹는 모습, 김이 나는 주전자, 비 오는 날 증발하는 물 웅덩이 등)를 관찰하고, 변화 과정을 기록합니다.
   - 관찰한 상태 변화 과정에서 어떤 에너지가 출입했는지 생각해봅니다.

2. **상태 변화와 에너지 활용 연결하기**
   - 관찰한 사례가 일상생활에서 어떻게 유용하게 활용되는지 설명합니다.
   예: 냉장고에서 얼음이 만들어지는 과정, 세탁물이 햇빛 아래서 말라가는 과정 등.

3. **창의적으로 표현하기**
   - 관찰한 내용을 바탕으로 물의 상태 변화와 에너지 활용을 창의적으로 표현합니다.
   - 다양한 표현 방식을 활용할 수 있습니다(아래 결과물 표현 방식을 참조).

결과물 표현 방식
1. **글쓰기**
   - **관찰일지:** 물의 상태 변화 과정과 에너지 출입에 대해 상세히 기록합니다.
   - **에세이:** 상태 변화가 자신의 생활에서 어떻게 유용하게 작용하는지 서술합니다.
2. **시각적 자료**
   - **그림/다이어그램:** 물의 상태 변화 과정을 그림으로 표현하고 각 단계의 에너지 출입을 설명합니다.
   - **만화:** 물이 주인공이 되어 상태 변화를 겪는 스토리를 창작합니다.
3. **실물 제작**
   - **모형:** 물 상태 변화 과정을 모형으로 제작(예: 아이스크림 스틱, 종이 등을 활용).
   - **팝업북:** 상태 변화와 에너지 관계를 시각적이고 입체적으로 표현.
4. **디지털 자료**
   - **슬라이드 발표 자료:** 관찰한 내용을 PPT로 정리하여 발표.
   - **동영상:** 물 상태 변화를 촬영하거나 애니메이션으로 제작해 설명.
5. **통합 표현**
   - **프로젝트 보드:** 사진, 글, 그래프를 활용한 포스터 형식으로 상태 변화와 에너지 출입의 관계를 설명.
   - **스토리북:** 물이 여행을 다니며 겪는 상태 변화를 이야기로 구성.

평가 기준
1. **지식 이해:** 물의 상태 변화와 에너지 출입 관계를 명확히 설명했는가?
2. **창의성:** 상태 변화와 에너지 활용 사례를 창의적으로 표현했는가?
3. **실생활 연결:** 자신의 일상과 상태 변화를 구체적으로 연결했는가?
4. **표현력:** 선택한 결과물 형식에 따라 내용을 명확하고 효과적으로 전달했는가?

이 수행평가는 초등학생의 실생활 경험과 상상력을 발휘할 기회를 제공하며, 핵심 아이디어를 일상생활에 전이하여 적용하는 능력을 평가하는 데 적합합니다.

이처럼, 챗GPT를 활용하면 개념기반 탐구수업의 수행평가 과제를 효과적으로 설계할 수 있습니다. 교사가 평소에 잘 떠올리지 못했던 다양한 방법들을 검토해볼 수 있기 때문에, 관성적으로 선택하는 평가가 아니라 학생들이 주체적으로 참여할 수 있는 과제를 선정할 수 있는 계기가 되기도 합니다. 핵심질문을 중심으로 단원을 설계하는 과정에 이어서 수행평가까지 계획한다면, 질문의 사슬 효과로 단원의 내용을 고려한 적절한 수행평가를 개발할 수 있습니다.

> **뿌리샘 꿀팁** GPTs에서 개념기반 탐구수업을 찾아보자!
>
> 교직과 관련된 생각보다 많은 챗봇들이 GPTs에 올라와 있습니다. [GPT 탐색] 기능으로 들어가 '개념기반 탐구수업'으로 검색하면 볼 수 있는 '전북형 개념기반 탐구수업 설계' 챗봇이 단원부터 차시별 수업까지 개념기반 탐구수업의 맥락이 잘 드러나게 디자인 초안을 만들어 줍니다. 특정 단원을 개념기반 탐구수업으로 해보고자 하실 때 막막하시다면 이 챗봇을 이용하시는 것을 추천합니다.
>
>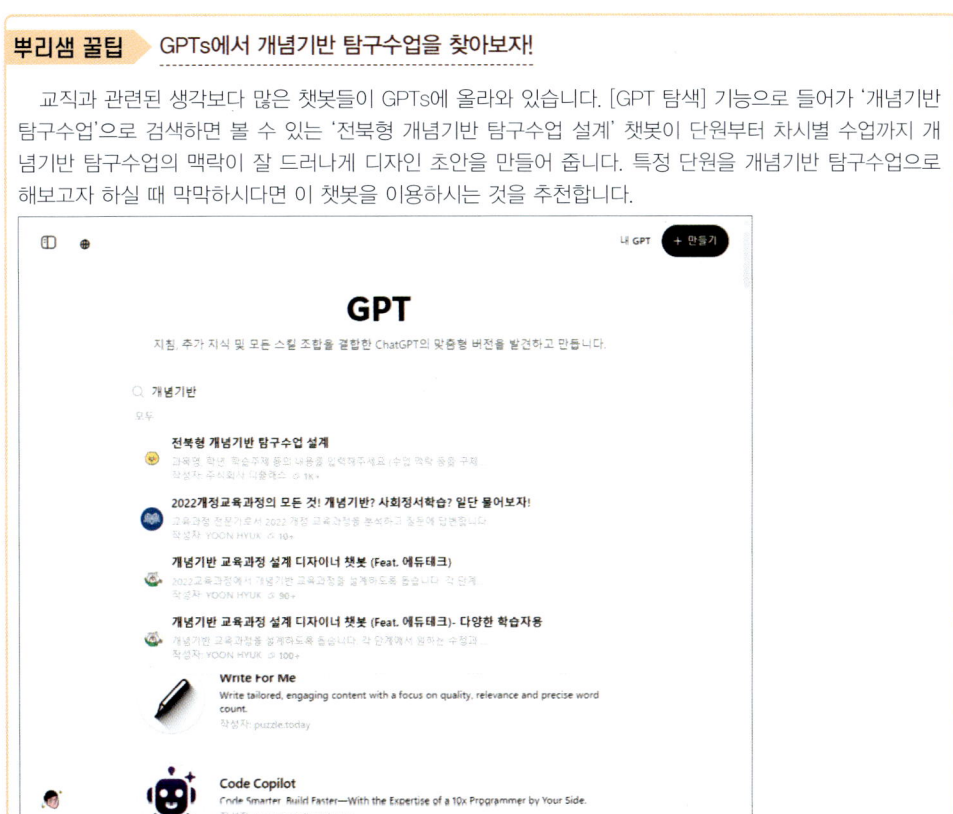
>
> ▲ GPTs에서 개념기반 탐구수업을 찾아보자!

챗GPT로 질문수업 디자인하기

 질문은 학생을 수업에 참여시키는 가장 좋은 수단입니다. 학생들이 단순히 교실에 앉아있다고 해서 수업에 '참여'하고있다고 보기는 어렵습니다. 얌전히 앉아는 있지만, 멍하게 있는 학생이 있는가 하면, 교과서 구석에 낙서하고 있는 학생, 몰래 책상 밑에서 만화책을 보는 학생, 간식을 먹는 학생들도 더러 있습니다. 이렇게 '몸'만 와있는 학생들은 수업에 참여하고 있는 것이 아니라 '참석'하고 있다는 표현이 더 적합합니다. 물리적으로 교실에 와있을 뿐 생각은 다른 곳에 가 있습니다. 이렇게 다른 생각을 하는 학생일지라도 교사가 "네 생각은 어때?"라고 묻는다면, 이 학생은 교사의 말에 대답하기 위해 '생각'을 시작하게 됩니다. 소위 '두뇌 풀가동'이 시작되는 것입니다. 당황스러운 마음, 잘못 걸렸다는 낭패감, 잘 대답해서 이 위기를 넘기고 말겠다는 의지 등이 발생하기 시작합니다. 열심히 머리를 굴린 후, 대답이 적절하거나 아니거나, 옳거나 그르거나 어쨌든 대답을 '말'합니다. 이제야 비로소 이 학생이 몸만 와 있는 것이 아니라, 인지적·정서적으로 '참여'하고 있는 것이라고 할 수 있겠습니다.

 재미있게 읽으시기를 바라는 마음에 조금은 비꼬듯이 얘기했습니다만, 딴짓하는 학생도 다시 수업에 참여시킬 수 있는 질문의 힘에 주목해주시면 감사하겠습니다. 질문은 질문을 듣는 상대방에게 '말'을 요구합니다. 그 '말'은 '생각'이 없으면 나올 수 없습니다. 질문을 듣는 순간 대답을 준비하게 되고, 대답을 준비하며 자연스럽게 '생각'을 하게 됩니다. 생각이 말로 전해지는 과정이 양방향으로 반복되는 것이 바로 교육적으로 중요하게 생각하는 '상호작용'일 것입니다. 질문을 통한 교사와 학생의 상호작용은, 1명의 교사가 다수의 학생을 수업으로 참여시키는 효과를 낳고, 학생과 학생 사이에 발생하는 질문은 동료의 눈높이에서 서로를 수업으로 이끌어 줍니다. 개인의 차원에서도 학생은 교사가 제시하는 컨텐츠와 상호작용하기도 합니다. 자료를 보고 발생하는 질문을 자료 안에서 답을 찾아 해결하기도 하고, 스스로 고민하고 대답을 형성하면서 생각을 키워나가기도 합니다. 결국 질문은 단순히 주의집중을 확인하는 수단이 아니라, 학습자가 지식을 능동적으로 구성하고 수업에 적극적으로 참여할 수 있게 만드는 효과적인 수단입니다.

인공지능 시대를 살아가는 요즘, 질문하는 능력은 더욱 중요해집니다. 학생들에게 단순한 지식을 암기시키고 그대로 인출하는 교육이 아니라, 지식에 대한 호기심과 필요성을 주도적으로 느끼고 능동적으로 답을 찾아나가는 교육이 필요하기 때문입니다. 질문을 어떻게 하느냐에 따라 답이 달라지는 생성형AI의 특징을 고려해볼 때, 좋은 질문을 만들 줄 아는 능력은 앞으로 계속 중요해질 것입니다.

질문이 있는 수업을 디자인하는 데에도 역시 챗GPT의 도움을 받을 수 있습니다. 질문이 있는 수업을 하기 위해서는 **핵심 질문, 출발 질문, 전개 질문, 도착 질문** 등이 필요합니다. 챗GPT를 이용하면 차시별로 필요한 질문들의 초안을 받아보고 쉽게 재구성할 수 있습니다. 학생들의 참여를 촉진할 수 있는 질문을 얻는 방법을 두 가지 소개해 드리겠습니다.

교과서 PDF 분석하여 질문 얻기

인터넷 검색 또는 교과서 발행 출판사 홈페이지를 통해서 교과서의 PDF를 다운받을 수 있습니다. 초등 5학년 2학기 국어(가)의 1단원 '마음을 나누며 대화해요'의 PDF를 업로드하며 "이 단원에서 각 차시별로 어떤 핵심질문과 출발질문, 전개질문, 도착질문이 필요할 지 분석해줘"라고 입력해보겠습니다. 별로 길지 않은 프롬프트를 입력했음에도 불구하고 차시별로 사용할만한 질문들을 어느 정도 작성해주는 것을 볼 수 있습니다.

질문 이 단원에서 각 차시별로 어떤 핵심질문과 출발질문, 전개질문, 도착질문이 필요할 지 분석해줘

이 단원의 각 차시별 핵심 질문과 학습 목표를 토대로 출발 질문, 전개 질문, 도착 질문을 구성해 보겠습니다. 이 단원의 중심 주제는 **공감하며 대화하기**이며, 각 차시는 점진적으로 공감의 중요성과 방법, 실천 방안을 탐구하도록 설계되어 있습니다.

1차시: 공감하며 대화해야 하는 까닭 알기
- **핵심 질문**: 왜 공감하며 대화하는 것이 중요할까요?
- **출발 질문**: "상대방의 말을 듣지 않을 때 어떤 일이 생길까요?"
- **전개 질문**:
  - "상대의 마음을 이해하지 못한 경험이 있나요?"
  - "상대가 내 이야기에 공감하지 않았을 때 기분이 어땠나요?"

– **도착 질문**: "공감하며 대화하면 어떤 점이 좋아질까요?"

2차시: 공감하며 대화하는 방법 알기
  – **핵심 질문**: 어떻게 하면 상대와 공감하며 대화할 수 있을까요?
  – **출발 질문**: "상대방의 이야기를 끝까지 들어본 적이 있나요?"
  – **전개 질문**:
    – "말하는 사람의 마음을 잘 헤아리기 위해 어떤 태도가 필요할까요?"
    – "상대의 처지를 생각해 본 적이 있나요? 그때 어떤 기분이 들었나요?"
  – **도착 질문**: "공감하며 대화하는 방법을 정리해 볼까요?"

3차시: 공감의 방법을 적용해 대화하기
  – **핵심 질문**: 공감하며 대화하면 어떤 변화를 만들 수 있을까요?
  – **출발 질문**: "공감하지 못한 대화와 공감한 대화의 차이는 무엇일까요?"
  – **전개 질문**:
    – "다른 사람의 기분을 배려하며 대화를 나누려면 어떤 점을 고려해야 할까요?"
    – "공감하며 말했을 때 상대가 어떻게 반응했는지 기억나는 사례가 있나요?"
  – **도착 질문**: "오늘 배운 공감 대화의 방법을 생활 속에서 어떻게 실천할 수 있을까요?"

4차시: 누리 소통망에서 공감 대화하기
  – **핵심 질문**: 누리 소통망에서도 공감 대화를 나누려면 어떻게 해야 할까요?
  – **출발 질문**: "누리 소통망에서 글로 대화할 때, 어떤 점이 어렵다고 느꼈나요?"
  – **전개 질문**:
    – "얼굴을 보지 않고도 공감의 마음을 전달하려면 어떤 노력이 필요할까요?"
    – "누리 소통망에서 예절을 지키지 못한 대화로 인해 문제가 생긴 경우를 본 적 있나요?"
  – **도착 질문**: "누리 소통망 대화에서 공감의 태도를 어떻게 적용할 수 있을까요?"

5차시: 배운 내용 정리 및 실천 방안 논의
  – **핵심 질문**: 공감 대화의 방법을 생활 속에서 어떻게 실천할 수 있을까요?
  – **출발 질문**: "이번 단원에서 새롭게 배운 내용은 무엇인가요?"
  – **전개 질문**:
    – "공감 대화 방법 중 가장 실천해 보고 싶은 것은 무엇인가요?"
    – "다른 사람과 공감 대화를 나눌 때 나의 강점은 무엇인가요? 어떤 점을 더 개선하면 좋을까요?"
  – **도착 질문**: "앞으로 공감하며 대화하는 태도를 어떻게 지속적으로 실천할 수 있을까요?"

이와 같은 질문을 활용하면, 학생들이 단계적으로 사고를 확장하고 스스로의 태도와 대화를 반성하며 학습 내용을 내면화할 수 있습니다.

고민해볼만한 질문
1. 공감 대화를 잘하기 위해 가장 먼저 개선해야 할 나의 습관은 무엇일까요?
2. 누리 소통망에서 공감 대화를 실천할 때 상대방에게 더 잘 전달될 수 있는 표현 방법은 무엇일까요?
3. 공감 대화의 실천을 통해 우리 반이나 가정에서 어떤 변화를 기대할 수 있을까요?

차시별로 충분히 활용해볼만한 질문들이 형성됐습니다. 교과서 수업을 하면서 학생들을 수업에 참여시킬 수 있는 질문은 고민중이셨다면 이렇게 챗GPT를 통해서 아이디어를 얻고 수업에 활용해볼 수 있습니다. 특정 차시에서 좀 더 다양한 질문을 보고 싶다면, "O차시에서 할 수 있는 질문을 핵심질문, 출발질문, 전개질문, 도착질문으로 나누어서 각각 10가지를 만들어줘" 등으로 더 요구해볼 수도 있습니다

내GPT를 활용해 질문이 있는 수업을 위한 챗봇 만들기

필자가 배움중심수업을 다루면서 배움중심수업의 점프과제를 작성하는 GPT를 직접 만든 것과 유사한 맥락입니다. 챗GPT에게 질문을 생성해달라고 요청하는 것은 어렵지 않으나, 정교한 프롬프트를 사용할 경우 매번 구체적으로 프롬프트를 입력하기 어려우니 프롬프트를 이미 학습시켜놓은 나만의 GPT를 활용하는 것입니다.

▲ 질문이 살아있는 수업 지도안 생성기

▲ 질문이 살아있는 수업 지도안 생성기(초등 5,6학년) (joo.is/질문있는수업)

필자는 다음과 같은 프롬프트를 이용해 '질문이 살아있는 수업 지도안' 챗봇을 만들었습니다. 이렇게 GPT를 만들어 놓으면 다른 상황에서 질문있는 수업 지도안을 생성하고 싶을 때, 쉽게 다시 이용할 수 있습니다. 본 프롬프트를 구성할 때는 '질문수업 첫 단추는 학습목표를 핵심질문으로 바꾸는 것, 김문선, 한국교육신문' 기사를 참고하였습니다.

질문이 살아있는 수업 지도안 프롬프트 작성 지침
1. 학습목표를 핵심질문으로 바꾸기
- **핵심질문이란?**
  학습목표를 탐구적이고 사고 중심적인 질문으로 변환한 것.
- **작성 방법:**
  1. 학습목표를 간단한 질문 형태로 변환.
     - (예: "소인수분해의 뜻을 이해한다" → "모든 자연수를 소인수만으로 표현할 수 있을까?")
  2. 핵심질문이 탐구를 자극하고 학습목표에 도달하도록 조정.
- **유의사항:**
  - 답을 이미 아는 학생들에게도 흥미롭게 느껴지도록 질문 설계.
  - 질문이 학습목표를 반드시 포함해야 함.

---

2. 단계별 질문 설계 가이드
(1) 도입 단계
- **목적:** 학생의 흥미를 유발하고 수업 참여를 촉진.
- **질문 설계 팁:**
  - 실생활과 연결된 질문을 통해 학생들에게 공감을 이끌어냄.
  - 열린 질문 형태로 학생들이 다양한 답을 떠올릴 수 있도록 유도.
- **예시:**
  - "우리가 일상에서 숫자를 나누거나 분해하는 경우가 있을까요?"
  - "큰 숫자를 쉽게 다룰 방법은 없을까?"

---

(2) 전개 단계
- **목적:** 학습목표에 접근하기 위한 단계별 탐구 유도.
- **질문 설계 팁:**
  - **닫힌 질문**으로 개념 확인.
    - (예: "소인수란 무엇인가요?")
  - **확산적 질문**으로 개념을 확장.
    - (예: "모든 자연수를 소인수만으로 표현할 수 있을까?")
  - 학생의 수준에 맞춰 점진적으로 질문의 난이도를 조정.

- **활동 제안:**
  - 소그룹 활동으로 문제 해결 과정 협력.
  - 학생들 간 발표 및 토론으로 사고 확장.

---

(3) 정리 단계
- **목적:** 수업 내용을 정리하고 학습 성과 확인.
- **질문 설계 팁:**
  - **비판적 질문**으로 학습 내용을 심화.
    - (예: "소인수분해가 왜 필요할까요?")
  - **열린 질문**으로 학생 스스로 실생활과 연결점을 찾게 유도.
    - (예: "소인수분해를 통해 어떤 문제를 해결할 수 있을까요?")
- **활동 제안:**
  - 모둠별 '보석맵'으로 학습내용 정리.
  - 서술형 질문을 통해 학생들의 생각 기록.

---

3. 질문 유형 분류 및 작성 팁
- **질문 분류 기준:**
  1. **닫힌 질문**
     - 단순 정보 확인용.
     - (예: "소인수란 무엇인가요?")
  2. **열린 질문**
     - 자유롭게 사고와 의견을 표현하도록 유도.
     - (예: "소인수분해가 우리 생활에 어떻게 사용될까요?")
  3. **확산적 질문**
     - 다양한 관점에서 문제를 탐구하도록 유도.
     - (예: "소인수분해 없이 큰 수를 다루는 방법은 없을까요?")
  4. **비판적 질문**
     - 논리적 사고와 근거를 제시하도록 유도.
     - (예: "소인수분해는 효율적이라고 할 수 있을까요? 왜 그렇게 생각하나요?")## 4. 수업 지도안 예시
표로 구성된 수업 지도안 템플릿

단계	질문 유형	질문 예시	활동 내용
도입	열린 질문	"큰 숫자를 쉽게 다루는 방법은 없을까?"	실생활 사례 탐구 및 모둠별 의견 나누기
전개	닫힌 질문	"소인수란 무엇인가요?"	인수 개념 확인 및 간단한 문제 풀기
	확산적 질문	"모든 자연수를 소인수만으로 표현할 수 있을까?"	자연수를 소인수로 표현하는 활동 (모둠 활동으로 진행)
정리	비판적 질문	"소인수분해는 효율적이라고 할 수 있을까요?"	보석맵 정리 및 모둠 발표

5. 프롬프트 작성 꿀팁
1. 학생의 **탐구심과 호기심을 자극**하는 질문을 최우선적으로 설계.
2. 단계별로 질문의 목적과 난이도를 명확히 구분.
3. 활동과 질문이 자연스럽게 연결될 수 있도록 구성.
4. 질문을 통해 학생들이 "왜 배워야 하는지"를 스스로 깨닫게 유도.
5. **질문 예시를 포함하여 프롬프트를 구체적으로 작성**하세요!

다음은 직접 만든 '질문이 살아있는 수업 지도안 생성기(초등 5,6학년)' 챗봇 프롬프트에 초등 사회과 5학년 2학기 2단원 중 '동학농민운동을 알아볼까요?' 차시의 학습목표와 학습내용을 입력해 응답을 확인한 내용입니다. 프롬프트에 질문의 성격, 수업지도안 예시, 학습목표를 핵심질문으로 바꾸기, 프롬프트 작성 꿀팁 등 의도한 내용을 자세히 적으니 보다 정교한 답변을 주는 것을 확인 할 수 있습니다.

초등학교 5학년 2학기 사회
학습목표: 동학농민운동을 알아볼까요?
학습내용: 동학농민운동의 발생 배경, 동학농민운동의 전개과정, 동학농민운동의 의의

초등학교 5학년 2학기 사회 지도안: 동학농민운동
___

학습 목표
- 동학농민운동의 발생 배경과 전개 과정을 이해한다.
- 동학농민운동이 조선 사회와 오늘날에 미친 의의를 설명할 수 있다.
___

수업 흐름

단계	활동 및 질문 구성	학습 목표 달성 전략
도입	**출발 질문**: "조선 후기 농민들은 어떤 어려움을 겪었을까?" (열린 질문) ⟨br⟩ **도입 질문**: "농민들은 어려움을 해결하기 위해 무엇을 할 수 있었을까요?" (확산적 질문)	학생들의 배경 지식을 활성화하고 흥미를 유도합니다.
전개	**핵심 질문 1**: "동학농민운동은 왜 시작되었을까요?" (핵심 질문) ⟨br⟩ **전개 질문 1**: "동학농민운동의 주요 사건은 무엇인가요?" (닫힌 질문) ⟨br⟩ **전개 질문 2**: "농민들은 어떤 요구를 내세웠을까요?" (열린 질문)	건의 원인과 과정을 단계적으로 분석하며 학습 목표를 심화합니다.
정리	**핵심 질문 2**: "동학농민운동은 어떤 역사적 의미가 있을까?" (핵심 질문) ⟨br⟩ **정리 질문**: "현대 사회에서 동학농민운동이 주는 교훈은 무엇일까요?" (확산적 질문)	학습 내용을 정리하고 현재와 연결하며 확장합니다.

세부 활동 구성

1. 도입
- **활동**:
    - 조선 후기 농민들의 어려움을 설명하는 그림이나 삽화를 보여주고, 학생들과 짧은 토론을 진행합니다.
    - 조선 후기 세금 문제와 관리들의 부패 사례를 이야기 형태로 전달합니다.
- **목표**:
    - 동학농민운동의 배경 이해와 흥미 유발.
- **질문**:
    - 출발 질문과 도입 질문을 통해 자연스럽게 학습 주제로 연결.

---

2. 전개
- **활동 1**: **동학농민운동의 배경 탐구**
    - 모둠별로 조선 후기 상황(세금 제도, 탐관오리 문제, 동학 사상)에 대한 자료 읽기 및 정리.
    - **핵심 질문 1**: "동학농민운동은 왜 시작되었을까요?"에 대해 발표 준비.

- **활동 2**: **동학농민운동의 전개 과정 재구성**
    - 사건 카드(고부 농민 봉기, 황토현 전투, 집강소 설치 등)를 활용하여 사건 순서 맞추기 게임.
    - **전개 질문 1**: "동학농민운동의 주요 사건은 무엇인가요?"를 통해 사건 이해 심화.

- **활동 3**: **농민들의 요구와 의미 분석**
    - 동학농민운동 선언문이나 주요 요구(탐관오리 처벌, 조세 제도 개혁)를 분석하고, 각 모둠에서 현대 사회와 연결해 토의.
    - **전개 질문 2**: "농민들은 어떤 요구를 내세웠을까요?"에 대한 토론.

---

3. 정리
- **활동**:
    - 학생 개인 또는 모둠별로 동학농민운동의 역사적 의미를 한 문장으로 정리한 후, 이를 그림이나 간단한 포스터로 표현.
    - 발표 후, 교사가 현대 농민운동이나 사회 변화와의 연결성을 설명.
- **질문**:
    - **핵심 질문 2**: "동학농민운동은 어떤 역사적 의미가 있을까요?"
    - **정리 질문**: "현대 사회에서 동학농민운동이 주는 교훈은 무엇일까요?"

학습 준비물
- 동학농민운동 관련 그림 자료 및 사건 카드.
- 조선 후기 배경을 설명하는 간단한 영상 또는 사진.
- 선언문 발췌 자료, 모둠 활동지.

평가 기준
1. **배경과 전개 과정 이해**: 동학농민운동의 배경과 주요 사건을 설명할 수 있다.
2. **의미 분석 및 현대와의 연결**: 동학농민운동의 의의를 설명하고 현대 사회와의 연관성을 탐구할 수 있다.
3. **수업 참여도**: 질문에 대한 적극적인 참여와 모둠 활동에서의 협력도를 평가.

이 지도안은 학생들이 동학농민운동의 역사적 맥락을 이해하고 현대적 의미를 탐구하도록 유도하며, 질문을 중심으로 한 활동을 통해 학습 효과를 극대화하도록 설계되었습니다.

수업에 학생을 인지적, 정서적으로 참여시키기 위해 질문을 연구하는 노력은 매우 큰 의미가 있습니다. 당장 질문의 질을 떠나서, 질문을 위한 교사의 노력은 학생과의 상호작용과 직접 지식을 구성해나가는 자발성을 중요시하는 것이기 때문입니다. 질문이 있는 수업을 하고 싶었지만 질문을 생성하는 단계에 막혀 포기하셨었다면, 챗GPT를 통해서 차시 내용에 대한 질문 초안을 받아보는 것으로 질문 생성의 부담을 줄일 수 있습니다. 학생들이 참여하는 깊이있는 수업을 부담없이 실천하실 수 있기를 바랍니다.

챗GPT로 실천하는 백워드 수업설계 with 패들렛 AI 추천 레시피

백워드 설계(Backward Design)는 교육과정과 수업을 설계하는 방법으로, 목표 설정에서 시작하여 평가와 학습 활동을 차례로 계획하는 접근법입니다. 전통적인 교육 설계와 달리, 결과(목표)를 먼저 정하고 이를 달성하기 위한 평가와 활동을 설계함으로써 학생들의 심층적 이해와 학습 전이를 강조합니다. 백워드 설계는 크게 세 단계로 나뉩니다.

첫째, "바라는 결과의 확인" 단계에서는 학습자에게 필요한 핵심 개념을 설정합니다. 이 단계에서 교사는 교육의 최종 목표를 명확히 하고, 이를 기준으로 학습 내용을 결정합니다.

둘째, "수용 가능한 증거의 결정" 단계에서는 설정된 목표가 제대로 달성되었는지 확인할 평가 방법을 계획합니다. 수행 평가, 프로젝트, 시험 등 다양한 방법이 사용됩니다.

셋째, "학습 경험과 수업 활동의 계획" 단계에서는 평가와 목표에 부합하는 학습 활동을 설계하여 학생들이 목표를 효과적으로 달성할 수 있도록 돕습니다.

단계	내용
1	바라는 결과 확인
2	수용 가능한 증거의 결정
3	학습 경험과 수업 활동의 계획

이 과정을 교사가 혼자 고민하고 결정할 수도 있지만, 백워드 수업설계의 주도권을 학생에게 조금 넘겨줄 수도 있습니다. 단원을 도입하는 과정에서 단원의 내용을 둘러보고 '무엇을 배우게 될지', '어떻게 평가하면 좋을지', '평가를 준비하기 위해서 우리는 무엇을 준비해야 할지'를 학생들이 직접 고민해보도록 할 수 있습니다. 필자는 초등 국어 5학년 2학기 '여러 가지 매체 자료' 단원을 들어가며 학생들과 함께하는 백워드 수업설계를 실천해 보았던 사례를 소개하려 합니다.

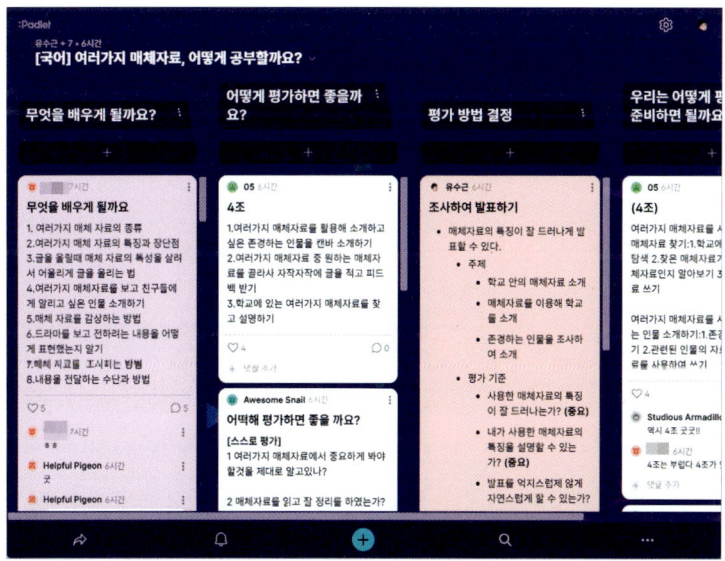

▲ 학생들과 함께한 백워드 단원 도입

학생들과 함께 실천할 때에는 교사의 1단계인 '바라는 결과 확인' 먼저 고민하기는 어렵습니다. 학생들은 아직 어떤 내용이 나오는지 모르기 때문입니다. '바라는 결과 확인' 단계는 사실 이미 단원 시작 전 성취기준과 단원 학습목표, 그리고 교사의 계획에 의해 어느 정도는 정해져 있는 부분입니다. 그래서 학생들에게 던져야 할 첫 번째 질문은 '우리는 이 단원에서 무엇을 배우게 될까요?'였습니다. 학생들은 교과서가 우리에게 무엇을 가르쳐 주고 싶어 하는지 모둠에서 함께 고민하며 적어보았습니다. 대체로 학습목표, 중요한 제재와 활동들 위주로 단원에서 배우는 내용을 정리하였습니다.

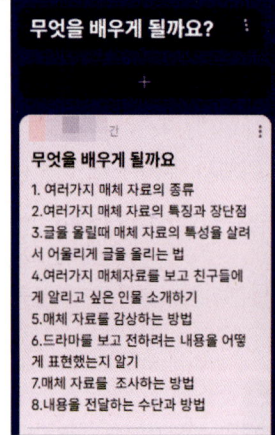
▲ 무엇을 배우게 될까요?-1

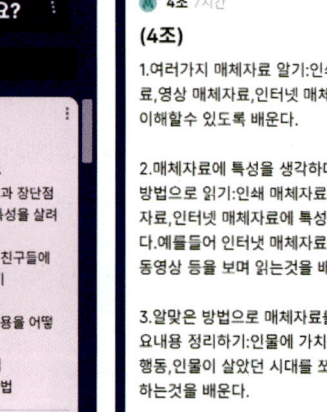
▲ 무엇을 배우게 될까요?-2

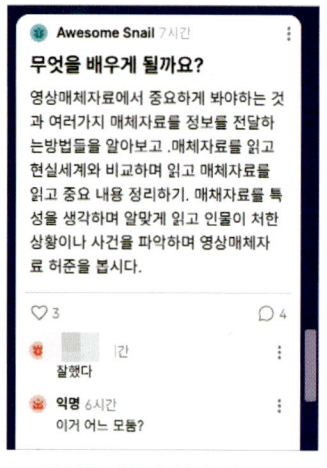
▲ 무엇을 배우게 될까요?-3

이어지는 두 번째 질문은 '어떻게 평가하면 좋을까요?'입니다. 학생들은 공부한 내용을 잘 배웠음을 확인하기 위해 어떤 방법을 사용하면 좋을지 이야기를 나누고 정리하였습니다. 평가 방법이 교사에 의해서 일방적으로 정해지던 기존의 방식과 달리, 학생들이 주도적으로 평가 방법을 결정하는 것을 볼 수 있었습니다. 그런데 평가 방법을 고민하던 중, 한 학생이 이렇게 질문했습니다. "선생님, 국어는 맞춤법이 중요하니까 맞춤법 틀리는지 아닌지를 평가기준으로 하면 어떨까요?"라고 말입니다. 본 단원의 성취기준은 '[6국03-02] 목적이나 주제에 따라 알맞은 내용과 매체를 선정하여 글을 쓴다.'이므로 문법을 평가 요소로 삼기에는 무리가 있습니다. 이 질문을 한 학생에게는 단원에서 가르쳐 주고 싶어

하는 내용과 평가가 멀어지면 안 된다고 이야기 해주었습니다. 이처럼, 평가 방법을 결정하는 모든 부분을 맡기는 것이 아니라 계획했던 성취기준의 범위 안에서 평가 방법이 나올 수 있도록 가이드를 해주는 것도 중요합니다.

▲ 어떻게 평가하면 좋을까요? 1   ▲ 어떻게 평가하면 좋을까요? 2   ▲ 어떻게 평가하면 좋을까요? 3   ▲ 어떻게 평가하면 좋을까요? 4

학생들이 교과서의 내용을 살펴보고 평가 방법을 제안했기 때문에 성취기준과 단원의 목표에서 벗어나지 않는 좋은 평가 방법들을 받아볼 수 있었습니다. 수업을 마쳤다면 이제는 교사가 학생들의 평가 방법을 종합하여 평가 방법을 결정하는 단계입니다. 학생들과 상호작용하며, 학생들의 의견을 고려한 평가 방법을 결정해나갑니다. 학생들이 희망한 주제는 크게 세 가지였습니다.

첫째, 학교에서 볼 수 있는 매체자료 조사하기
둘째, 매체자료를 이용해서 학교 소개하기
셋째, 매체자료를 이용해서 존경하는 인물을 소개하기

학생들의 동의 하에 세 주제 중 하나를 선택하여 조사 보고서를 작성하기로 결정했습니다. 학생들은 이 과정에서 본인들이 원하는 프로그램들이 사용 가능한지 확인하기도 하고, 준비를 잘 해야겠다며 다짐하기도 합니다. 아직 단원을 시작하지도 않았는데 함께 평가를 준비하는 것만으로 학생들의 마음가짐이 사뭇 달라짐을 느낄 수 있었습니다.

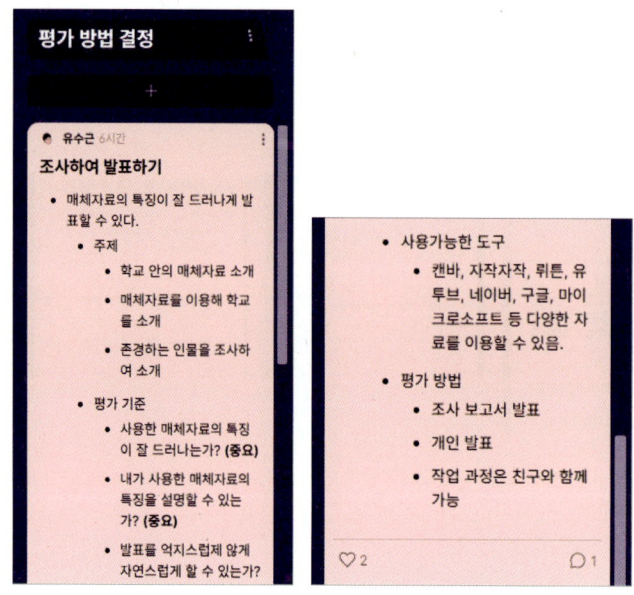

▲ 평가 방법 결정 1　　▲ 평가 방법 결정 2

　마지막으로 건넨 질문은 '우리는 어떻게 평가를 준비하면 될까요?'입니다. 평가를 잘 준비하기 위해 무엇을 해야할지, 그리고 단원을 둘러보며 호기심이 생기거나 더 알고 싶어진 것은 무엇인지 적도록 했습니다. 일반론적인 공부계획도 보이지만, 효과적으로 보이는 계획도 보입니다. 특히 인공지능을 활용해서 자신이 쓴 글을 검토하겠다는 계획이 인상적입니다.

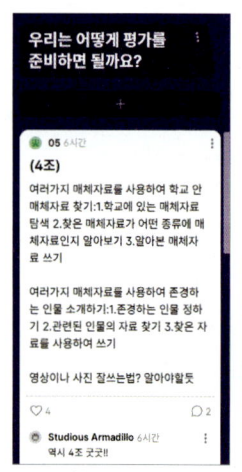 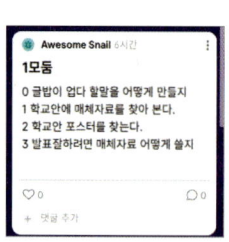 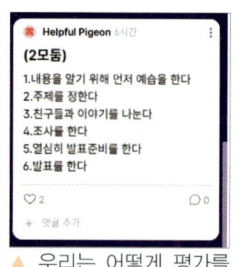 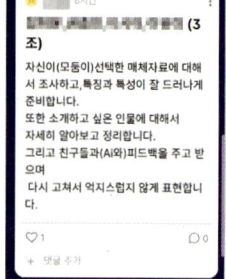

▲ 우리는 어떻게 평가를 준비하면 될까요? 1　　▲ 우리는 어떻게 평가를 준비하면 될까요? 2　　▲ 우리는 어떻게 평가를 준비하면 될까요? 3　　▲ 우리는 어떻게 평가를 준비하면 될까요? 4

학생들과 평가 방법을 결정하였다면 이제 다시 교사의 역할이 시작됩니다. 평가에 맞춰 학생들이 잘 학습할 수 있도록 단원의 흐름을 구성해야 합니다. 교사의 고민이 시작되는 지점은 여기입니다. 교과서의 내용이 좋긴 하지만 그대로 쓰기 애매해졌기 때문입니다. 학생들이 평가 방법을 결정했기 때문에, 교과서의 내용을 그대로 학습한 후 평가로 이어지는 흐름이 부자연스러워졌습니다. 학생들이 직접 결정한 주제, 준비 계획과 공부 방법, 평가 기준을 고려해서 단원을 구성해야 학생들이 평가 방법을 결정한 것이 의미가 있습니다.

상황(Situation)	욕구(Needs)	인공지능 활용 접근 (AI-Approach)	해결(Key)
학생들과 함께 단원을 백워드 디자인했다. 평가 방법과 공부 방법, 평가 기준을 직접 결정했다	학생들의 평가 디자인을 해치지 않고, 학생 주도적인 수업 설계를 하고 싶다	패들렛의 '수업 활동 아이디어'로 단원 활동 아이디어를 생성한다.	학급 맞춤형 단원 흐름별 활동 자료 및 아이디어를 정리한다.

생성형AI는 백워드 설계 단계 중 '학습 경험과 수업 활동의 계획'에서 적극적으로 사용해볼 수 있습니다. 단원을 백워드로 설계하면서 교과서의 평가방법과 학생들이 계획한 방법이 달라졌습니다. 평가 방법 뿐만 아니라 평가 주제와 공부 방법도 바뀌었기 때문에 교과서의 내용을 그대로 학습하기 보다는 변화된 학급 상황에 맞는 적절한 '학급 맞춤형 수업 활동'이 필요합니다. 패들렛의 AI 기능인 매직 패들렛(Magic Padlet) 중 ❶[수업 활동 아이디어]를 통해 맞춤형 활동 아이디어를 제안받을 수 있습니다.

▲ 패들렛 만들기 화면, AI 추천 레시피 중 [수업 활동 아이디어]

> **뿌리샘 꿀팁** 패들렛 AI 추천 레시피
>
> 패들렛의 생성형AI 기능들을 매직 패들렛(또는 패들렛 AI 추천 레시피)라고 부릅니다. 매직 패들렛은 챗GPT4를 사용하며, 웹 기반으로 텍스트, 이미지, 링크, 영상을 검색하여 찾아낼 수 있습니다. 수업 설계, 학습 활동, 타임 라인, 역사적 사건, 읽기 목록 등 다양한 상황에서 이용할 수 있습니다.❷⁴

매직 패들렛을 이용해서 학급 맞춤형 수업 활동 아이디어를 생성하겠습니다. ❶'제목'에는 단원의 제목인 "[국어] 여러 가지 매체자료"를 입력합니다. ❷'학년'을 설정하면 학습자의 평균적인 학년 수준에 맞는 자료와 설명으로 작성됩니다. 필자의 담임 학년인 5학년으로 선택합니다. ❸'주제 또는 수업 목표'에는 성취기준을 적었습니다. 매직 패들렛이 성취기준을 반영할 수 있도록 의도했습니다. 해당 성취기준은 "[6국03-02] 목적이나 주제에 따라 알맞은 내용과 매체를 선정하여 글을 쓴다"입니다. ❹'강의실 리소스'는 물리적인 수업환경을 의미합니다. 현재 자신의 학급환경에 맞게 입력하면 됩니다. 필자는 '교실, 스마트기기 활용 블렌디드 수업'을 입력하겠습니다. 마지막으로 ❺'추가 세부정보'입니다. 이곳에는 학급 맞춤형 자료를 위한 구체적인 내용을 적습니다. 결정된 평가 방법을 다음과 같이 옮겨 적었습니다.

```
###평가 방법
- 조사 보고서 발표
- 개인 발표, 작업 과정은 친구와 함께 가능
###평가 기준
- 사용한 매체자료의 특징이 잘 드러나는가?(중요)
- 내가 사용한 매체자료의 특징을 설명할 수 있는가?(중요)
- 발표를 억지스럽지 않고 자연스럽게 할 수 있는가?
###평가 주제
- 학교에서 볼 수 있는 매체자료 조사하기
- 매체자료를 이용해서 학교 소개하기
- 매체자료를 이용해서 존경하는 인물을 소개하기
###사용 가능한 도구
- 캔바, 자작자작, 뤼튼, 유튜브, 네이버, 구글, 마이크로소프트 등 다양한 자료를 이용할 수 있음.
###반드시 지킬 지침
- 평가기준과 평가 방법을 고려해서, 학생들이 사전에 충분히 역량을 키울 수 있도록 지원하는 활동을 구상할 것.
- 평가 주제와 관련해서 다양한 사례를 가져올 것
```

❷⁴ 출처: 패들렛(Padlet) 공식 홈페이지

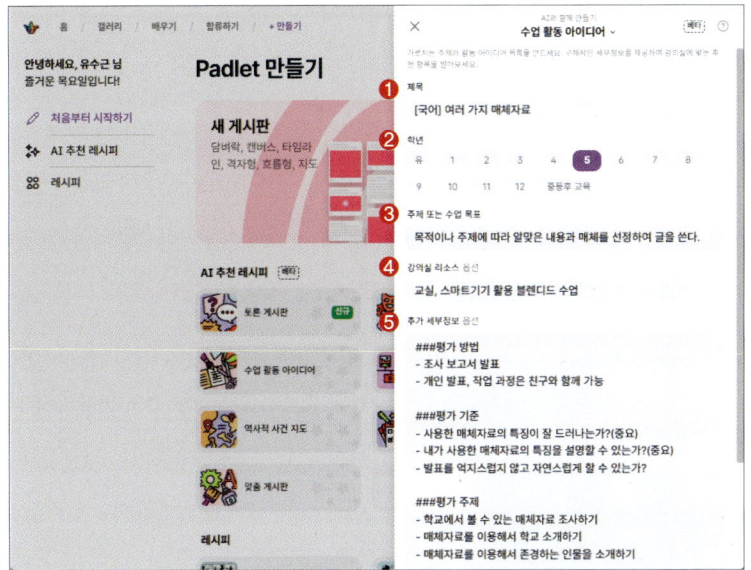

▲ 패들렛 만들기 화면, AI 추천 레시피 중 [수업 활동 아이디어]

'###반드시 지킬 지침'으로 몇 가지 당부사항을 넣은 채로 [만들기]를 클릭합니다. 매직 패들렛이 금방 수업 아이디어를 생성했습니다. '매체자료 선정 및 설명', '매체자료 활용 발표 준비', '활용 평가 및 피드백'으로 구성된 수업 활동 아이디어들이 나타납니다. 학생들이 떠올렸던 아이디어와 비슷한 주제의 블로그 게시물, 생성형AI를 이용해 발표할 때의 팁, 발표 리허설하기, 자기 평가 및 동료 평가 등 백워드 설계를 진행하면서 다루었던 내용과 관련된 자료들을 찾아주었습니다.

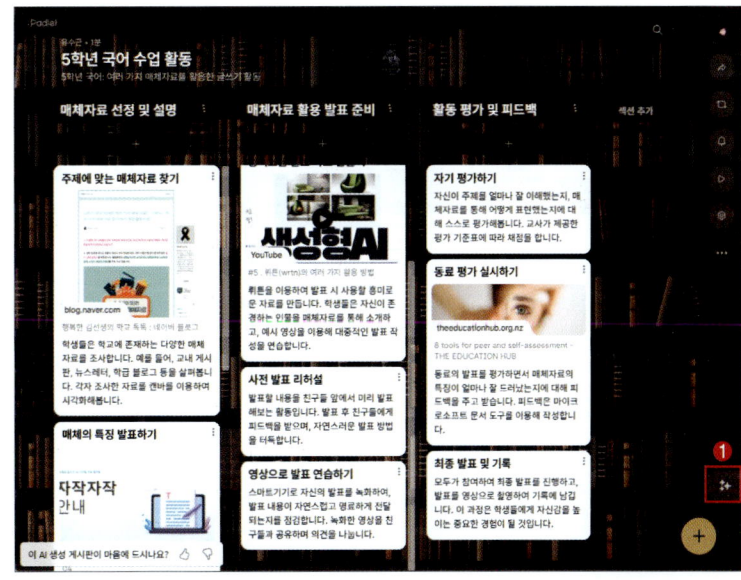

▲ 매직 패들렛이 생성한 수업 활동 자료

Chapter 03 수업친구 챗GPT: 생성형AI와 협력하여 수업하기　161

매직 패들렛이 잘 찾아주었지만 아쉬운 점이 있습니다. 학습 결과로 드러날 '발표'에 관해서는 '매체자료 활용 발표 준비'에서 잘 다루고 있지만, 정작 매체자료의 특징을 분석하고 잘 활용할 수 있도록 제안하는 활동이나 자료 등은 보이지 않습니다. 초안이 마음에 들지 않는다면 우측 하단의 ❶[별가루 모양] 아이콘을 클릭합니다. 이 아이콘은 바로, 프롬프트 입력을 통해 내용을 수정 보완할 수 있는 [수업 활동 assistant]입니다. ❷다음과 같은 프롬프트를 입력하고 결과를 살펴보겠습니다.

 섹션을 하나 추가해서 매체자료의 특징을 알 수 있는 활동을 추가해. 매체자료는 '영상 매체자료' '인쇄 매체자료' '인터넷 매체자료'야. 각 매체자료의 특징과 해당 매체자료를 잘 쓰려면 어떻게 해야 할지 알 수 있는 활동으로 제안해

▲ 내용을 수정 보완할 수 있는 [수업 활동 assistant]

요청한대로 인쇄 매체자료와 영상 매체자료 인터넷 매체자료를 작성해주었습니다. 각 매체자료의 특징을 정리해놓았고, 각각의 매체자료를 활용해보는 활동으로 각각 '신문 기사 작성하기', '나만의 동영상 만들기', '블로그 글쓰기 연습'을 제안합니다.

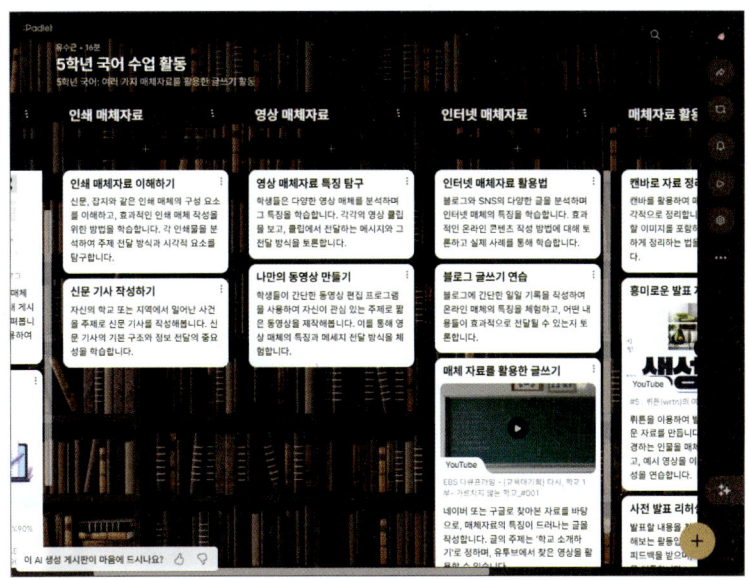

　마지막으로, 제안한 내용을 참고하여 실제로 수업에 어떻게 적용할지를 정리합니다. '인쇄 매체자료'에서는 우리 학교, 교실을 주제로 기사문을 작성하고 가장 잘 어울리는 사진, 표 등의 자료를 선정하는 활동으로 진행하고자 합니다. '인쇄 매체자료'의 아래에 해당 내용을 정리합니다. '영상 매체자료'에서는 매직 패들렛이 나만의 동영상 만들기 활동을 추천합니다. 동영상을 만드는 활동은 에듀테크 '캔바'를 이용하면 학생들도 쉽게 참여할 수 있습니다. '10초 영상만들기' 활동으로 영상의 장면, 소리를 적절히 구성해보는 활동을 해보면 좋을 것 같습니다. '인터넷 매체자료'에서는 블로그 글쓰기 연습을 추천하고 있습니다. 필자 학급 학생들은 개인 블로그가 없기 때문에 비슷한 느낌을 낼 수 있는 캔바의 Docs를 이용하고자 합니다. 해당 내용을 패들렛에 추가합니다.

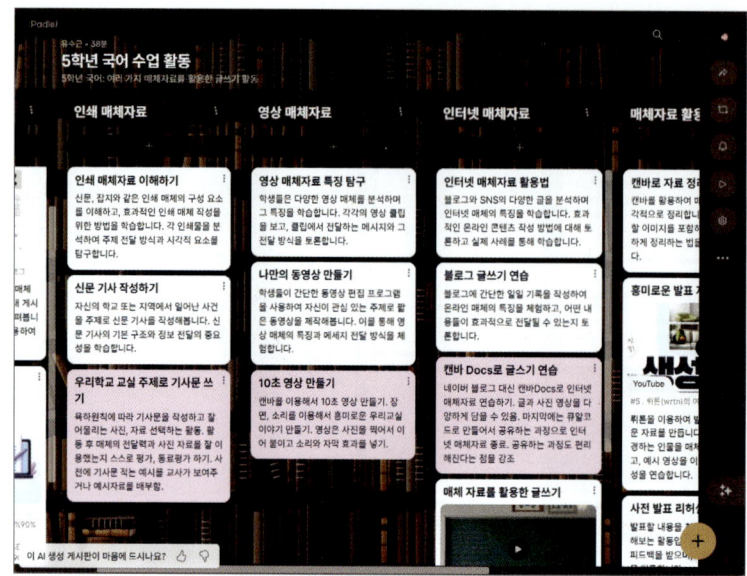

▲ 교사의 지식과 경험을 활용해 각 단원 학습내용 구성

　패들렛을 활용해 학생과 함께하는 백워드 수업설계를 마무리 했습니다. 단원 평가 방법을 정하며 '수용 가능한 증거'를 결정했고, 매직 패들렛을 이용해 '학습 경험과 수업활동'을 계획할 수 있었습니다. 지금까지의 과정은 백워드 수업설계를 학급 맞춤형으로 실시했다는 데에 의의가 있습니다. 학생이 교사와 상호작용하며 주도적으로 평가 방법과 공부방법을 결정했습니다. 그리고 교사는 학생들이 결정한 내용을 바탕으로 학급 상황에 어울리는 자료를 생성형AI를 통해서 생성할 수 있었습니다. 웹검색을 통해 학급 맞춤형 자료를 찾고 아이디어를 정리해준 매직 패들렛 덕분에 **교육과정 – 수업 – 평가 – 기록의 일체화**를 효율적으로 달성할 수 있었습니다.

체크리스트, 루브릭을 활용한 과정중심평가와 챗GPT

과정중심평가란 교육과정의 성취기준에 기반한 평가 계획에 따라 교수학습 과정에서 학생의 변화와 성장에 대한 자료를 다각도로 수집하여 적절한 피드백을 제공하는 평가입니다.[25] 과정중심평가는 단순히 과정 혹은 결과만을 강조하는 것이 아니라, 과정을 내실화해서 모두가 학습 목표를 달성하는 것에 초점을 맞추고 있습니다. 질 높은 교수학습이 이루어지기 위해 교육과정, 수업, 평가, 피드백이 모두 유기적으로 연계되어야 함을 강조합니다.

교사는 교수학습 과정과 결과에서 다양한 학습의 증거를 수집합니다. 이때 증거는 형식적, 비형식적 증거를 모두 포함합니다. 수집한 증거들은 교사에 의해 분석, 종합하는 과정을 거칩니다. 교사는 증거를 바탕으로 '학생들은 얼만큼 알고 있는가?', '학생 각자의 향상과 개선을 위해 다음 단계의 교수는 어떻게 설계해야 하는가?'를 판단합니다. 이처럼 과정중심평가를 통해 학생의 도달점을 진단하여, 도달점이 다음 수업의 출발점이 될 수 있도록 진단 결과가 교사에게 환류될 수 있도록 해야합니다.

한편 학생들은 자기 평가를 통해 '내가 아는 것과 할 수 있는 것은 무엇인가?', '나의 수행을 개선 또는 향상하기 위해 무엇을 어떻게 해야 하는가?'를 고민합니다. 교사는 학생들이 스스로 자신의 학습 상태를 진단할 수 있도록 도우며, 학습 목표에 도달하지 못한 학생들에게는, 현재상태와 학습목표와의 차이를 줄일 수 있도록 적극적으로 피드백을 해주어야 합니다.

---

[25] 출처: 2024학년도 학생 평가의 이해(교육부, 한국교육과정평가원)

학습으로의 평가, 챗GPT로 만드는 활동 체크리스트

학생들이 스스로 상태를 진단해볼 수 있는 간단한 도구 중에 '체크리스트'가 있습니다. 체크리스트는 과제를 수행하는 과정에서 필요한 내용을 확인하는 용도로 이용됩니다. 그러나 단순히 해당 항목이 있는지 없는지 확인을 하는 용도이기 때문에 수행 수준의 질을 판단할 수 없다는 단점이 있습니다. 하지만 체크리스트는 학습활동의 중요한 이정표를 제공할 수 있습니다. 학생들은 체크리스트를 통해 각 과제의 진행 상황을 명확하게 파악하고, 수행과정에서 자신이 무엇을 완수했는지 확인할 수 있습니다. 체크리스트는 학생들이 단계별로 목표를 설정하고 달성할 수 있도록 도와주고, 각 항목을 체크하면서 자신의 학습 수준을 스스로 평가하고 부족한 부분을 인지할 수 있게 합니다.

또한, 교사가 체크리스트를 활용하여 학생들에게 구체적이고 명확한 피드백을 제공할 수 있으며, 학생들은 과제를 완료할 때마다 항목을 체크하는 과정에서 성취감을 느끼고 학습 동기를 유지할 수 있습니다. 체크리스트는 학생들이 학습 활동을 체계적으로 관리하고, 스스로의 해결과정을 모니터링 할 수 있도록 도와주는 중요한 도구입니다.

그러나 문제는 체크리스트 역시 만드는 데에 시간과 에너지가 든다는 점입니다. 인터넷을 찾아봐도 차시별, 활동별로 체크리스트 자료가 준비되어있는 곳은 거의 없기 때문에 체크리스트 활동을 계획 중이라면 직접 만들어서 진행할 각오가 필요했습니다. 하지만 챗GPT가 나오면서 활동 맞춤형 체크리스트를 효율적으로 작성할 수 있게 되었습니다. 이전 주제에서 다룬 '여러가지 매체자료' 단원의 활동을 점검하는 체크리스트를 챗GPT로 만들며 함께 그 과정을 살펴보겠습니다.

상황(Situation)	욕구(Needs)	인공지능 활용 접근 (AI-Approach)	해결(Key)
우리 교실을 주제로 신문기사를 쓰는 활동을 하려고 한다.	매체자료의 특징과 육하원칙이 드러나게 신문기사를 잘 작성하고, 적절한 이미지를 넣었는지 확인할 수 있는 체크리스트를 작성하고 싶다.	챗GPT에게 맥락을 설명하며 체크리스트를 작성해달라고 요청한다.	활동에 딱 맞는 체크리스트를 활용한다. 학생들의 활동지에 체크리스트를 삽입한다.

챗GPT에게 상황을 설명하고 체크리스트를 만들어달라고 요구해 보겠습니다. 마크다운(###)을 이용해서 항목들을 구별하고, 엑셀파일로 받아서 확인할 수 있도록 요청하겠습니다.

질문

###내용
-국어 초등 5학년 여러가지 매체자료 단원
-성취기준: 목적이나 주제에 따라 알맞은 내용과 매체를 선정하여 글을 쓴다.

###지침
-학생들이 인쇄 매체자료의 특징을 이해하기 위해서 우리 교실 신문을 만들어보는 활동을 하려고 해
-학생들이 스스로 활동을 잘 수행하고 있는지 점검하기 위한 체크리스트를 작성해. 내가 요구하는 말들의 하위요소들을 구체적으로 물어봐줘
- 체크리스트를 따라 활동을 하면 학습목표를 달성할 수 있는 결과물이 나와야해
-가장 중요한 건 인쇄 매체자료의 특징을 이해하고 있는지 확인하는 거야
-육하원칙에 따라 신문기사를 작성해야 해
-신문기사라는 매체자료의 특징이 드러나야 해.
-신문기사의 사진, 자료, 그래프 등은 적절한지 확인 해야해
-체크리스트는 7개 이하로 작성해

###형식
-체크리스트를 일단 표로 보여주고 그 다음 엑셀로 만들어줘.
체크리스트: 인쇄 매체자료 신문 제작 활동

번호	체크 항목	점검 여부 (✓/✗)
1	육하원칙(누가, 언제, 어디서, 무엇을, 왜, 어떻게)가 기사 내용에 충실히 포함되었는가?	
2	신문기사의 목적과 주제가 명확하며, 독자가 쉽게 이해할 수 있는가?	
3	인쇄 매체자료의 특징(제목, 본문, 사진, 그래프, 자료 등)이 적절히 사용되었는가?	
4	기사와 관련된 사진, 자료, 그래프가 주제와 부합하며 시각적으로도 적절하게 배치되었는가?	
5	신문기사의 문장 표현이 간결하고 정확하며, 맞춤법과 문법에 오류가 없는가?	
6	신문 제작 과정에서 팀원 간 역할 분담이 원활히 이루어졌으며, 협업이 잘 이루어졌는가?	
7	작성된 신문이 독자의 흥미를 끌 수 있는 독창적인 요소를 포함하고 있는가?	

이제 위 내용을 엑셀 형식으로 변환하겠습니다. 잠시만 기다려주세요.

체크리스트가 작성된 엑셀 파일을 준비했습니다. 아래 링크를 클릭하여 다운로드하세요.

신문기사라는 매체자료의 특징을 점검해볼 수 있는 체크리스트가 완성되었습니다. 모둠활동이 아니라 개별 활동으로 진행할 예정이므로 '6. 신문 제작 과정에서 팀원 간 역할 분담이 원활히 이루어졌으며, 협업이 잘 이루어 졌는가?'는 수정하는 것이 좋겠습니다. 학생들이 매체자료의 특징을 알고 작성했는지 확인할 수 있도록 "인쇄 매체자료의 특징이 드러나도록 작성하기 위해 노력했는가?"라는 질문으로 바꿀 수 있습니다.

루브릭으로 자기평가, 동료평가 하기

활동 중에 이용한다면 체크리스트처럼 간단한 점검표가 좋습니다. 만약 활동중에 루브릭을 이용해 성찰해야한다면 점검할 내용이 너무 많아 부담을 느끼거나 활동보다는 평가표에 관심이 분산될 수도 있습니다. 그래서 루브릭은 과제를 수행한 후에 평가하는 기준으로 사용하기 적절합니다. 루브릭이란 학생들이 과제 수행을 통해 보여주기를 기대하는 평가 기준에 대해 수행의 질을 수준에 따라 구체적인 언어로 기술한 것입니다.(김선, 2023) 체크리스트와는 다르게 수행 수준에 따라 언어로 제시하여 평가하기 때문에 학생들은 자신의 수행 수준을 정확하게 이해할 수 있다는 특징이 있습니다.[26]

그렇다면 루브릭은 어떻게 만드는지 알아보겠습니다. 가장 선행되어야하는 것은 성취기준 분석입니다. 성취기준으로부터 내용 요소(지식, 기능, 가치·태도)를 파악하고, 평가 요소를 구성하여 루브릭을 작성하는 흐름으로 이어집니다. 지식, 기능, 가치·태도가 명시적으로 드러나지 않는다면, 활동하는 과정에서 자연스럽게 형성될 수 있도록 지도합니다.

성취기준
[6국03-02] 목적이나 주제에 따라 알맞은 내용과 매체를 선정하여 글을 쓴다.

이전 주제에서 다룬 "[6국03-02] 목적이나 주제에 따라 알맞은 내용과 매체를 선정하여 글을 쓴다."를 활용해 성취기준을 살펴보겠습니다. 우선, 성취기준의 '기능'이 먼저 눈에 들어옵니다. 기능을 확인하는 방법은 '동사'를 파악하는 것입니다. 본 성취기준에서는 '선정'과 '글쓰기'가 학생들이 수행할 수 있어야할 기능에 해당합니다. 복문으로 표현된

---

[26] 출처: 2022 개정 교육과정 평가, AI로 날개를 달다, 앤써북(2024)

성취기준을 단문으로 쪼개어 해석해보면 두 가지 기능 요소를 파악할 수 있습니다. 목적이나 주제에 따라서 알맞은 매체를 선정할 수 있는 기능이 첫 번째고, 매체의 특징이 드러나게 글을 쓸 수 있는 기능이 두 번째에 해당됩니다.

그런데 이 성취기준에서는 지식에 해당하는 부분이 무엇인지 바로 나타나 있지 않습니다. 이 경우에는 기능을 수행하기 위해 전제된 앎은 무엇인지 분석하면 찾아낼 수 있습니다. 목적이나 주제에 따라 알맞은 내용과 매체를 선정하기 위해서 학생들이 알아야 할 것(지식)은 '매체의 특징'입니다. 매체의 특징을 알고 있어야 목적이나 주제에 맞는 매체를 선정할 수 있고, 매체의 특징이 드러나게 글을 쓸 수 있기 때문입니다. 지식과 마찬가지로 가치·태도 역시 명시적으로 드러나진 않습니다. 가치·태도가 아예 드러나지 않는 경우 성취기준의 '지식'과 '기능'을 학습하면서 자연스럽게 학생이 익히게 될 가치·태도가 무엇인지 고민합니다. 본 성취기준의 경우, '책임감 있는 글쓰기'와 연결될 수 있습니다. 글을 쓸 때에는 정확한 정보를 전달하고, 독자를 존중하는 태도가 중요하기 때문입니다.

성취기준을 분석했으면, 그 내용을 바탕으로 평가요소를 결정합니다. 지식, 기능, 가치·태도의 우선순위를 정할 때엔 어떤 내용 요소가 명시적으로 드러나느냐에 따라 결정할 수 있습니다. "[6국03-02] 목적이나 주제에 따라 알맞은 내용과 매체를 선정하여 글을 쓴다."의 우선 순위는 단연, ❶기능, ❷지식, ❸가치·태도입니다. 루브릭을 만들 때에도 가장 배점을 크게 줘야하는 것은 '기능'이 되겠습니다.

성취기준		
[6국03-02] 목적이나 주제에 따라 알맞은 내용과 매체를 선정하여 글쓰기		
지식(배워야 할 것)	기능(수행해야 할 것)	가치·태도
매체의 특징	목적이나 주제에 따른 매체의 선정	책임감 있는 글쓰기
	매체의 특징이 드러나게 글쓰기	
평가요소		
매체의 특 징을 이해하기	목적이나 주제에 따라 매체 선정하기	책임감있는 글쓰기 실천하기
	매체의 특징을 활용하여 글쓰기	

이제 성취기준에서 추출한 평가요소를 이용해 루브릭을 작성합니다. 루브릭은 '매우 잘함' 수준을 먼저 작성하고 단계적으로 수준을 내리면서 작성하면 편리합니다. 그러나 더 편리한 것은 챗GPT에게 초안 작성을 요청하는 것입니다. 챗GPT와의 문답을 통해 평가요소에 따른 루브릭 초안을 생성해보았습니다. 챗GPT가 요청에 따라 준수한 루브릭을 작성한 것을 확인할 수 있습니다.

질문 "[6국03-02] 목적이나 주제에 따라 알맞은 내용과 매체를 선정하여 글을 쓴다."라는 성취기준의 평가요소로 '목적이나 주제에 따라 매체 선정하기', '매체의 특징을 활용하여 글쓰기', '매체의 특징을 이해하기', '책임감있는 글쓰기 실천하기'를 적용해서 질적 평가가 가능한 루브릭을 작성해. 평가기준은 매우잘함, 잘함, 보통의 3단계로 나눠줘. 각 평가요소는 순서대로 9점, 9점, 6점, 3점의 배점을 가지고 있어. 매우 잘함이 가장 높은 점수를 갖게 해줘. 작성한 루브릭은 표로 표현해.

 다음은 요청하신 성취기준에 따른 루브릭입니다.

평가요소	평가기준	매우 잘함 (점수)	잘함 (점수)	보통 (점수)
1. 목적이나 주제에 따라 매체 선정하기 (9점)	글의 목적과 주제에 가장 적합한 매체를 선정하고, 그 선택 이유를 명확히 설명함	9점 - 매체 선정이 매우 적합하며, 이유 설명이 논리적이고 설득력 있음	6점 - 매체 선정이 적절하고, 이유 설명이 대체로 타당함	3점 - 매체 선정이 다소 부족하거나, 이유 설명이 불충분함
2. 매체의 특징을 활용하여 글쓰기 (9점)	선택한 매체의 특성을 효과적으로 활용하여 글을 작성함	9점 - 매체의 특징을 창의적이고 효과적으로 활용함	6점 - 매체의 특징을 적절히 활용함	3점 - 매체의 특징 활용이 미흡하거나 제한적임
3. 매체의 특징을 이해하기 (6점)	매체의 특성과 사용 목적에 대해 정확히 이해하고 이를 글쓰기 과정에서 반영함	6점 - 매체의 특성과 사용 목적을 명확히 이해하고 적절히 반영함	4점 - 매체의 특성과 사용 목적을 대체로 이해함	2점 - 매체의 특성이나 사용 목적에 대한 이해가 부족함
4. 책임감 있는 글쓰기 실천하기 (3점)	작성한 글에서 표현과 내용에 있어 책임감을 보여주고 독자의 입장을 고려함	3점 - 표현과 내용이 매우 신중하며, 독자의 입장을 충분히 고려함	2점 - 표현과 내용이 대체로 신중하며, 독자를 다소 고려함	1점 - 표현과 내용에서 신중함이 부족하고 독자를 고려하지 않음

총점: 27점

이 루브릭은 학생들이 각 평가요소에서 어떤 수준에 도달했는지 구체적으로 확인할 수 있도록 설계되었으며, 글쓰기 과정에서의 책임감과 매체 활용 능력을 동시에 평가합니다. **질적 평가를 위해 학생들이 받은 점수에 대한 구체적 피드백**을 함께 제공하는 것을 권장합니다.

그러나 챗GPT의 루브릭은 2번 평가요소(매체의 특징을 활용하여 글쓰기)와 3번 평가요소(매체의 특징을 이해하기)의 '이해'와 '활용'의 차이가 불명확하게 느껴집니다. 2번 평가요소와 3번 평가요소를 통합하거나 둘의 초점을 명확히 하는 등의 조치가 필요합니다. 이 책에서는 2번을 글쓰기 결과물에 초점을 맞춰서 매체의 특징을 얼마나 효과적으로 반영해서 글을 작성했는지 평가하고, 3번은 과정에 초점을 맞춰서 매체의 구조, 사용 목적, 기능을 얼마나 명확히 파악하고 있는지 평가하도록 하겠습니다. 아래 내용은 수정사항을 반영한 루브릭입니다.

평가요소	평가기준	매우잘함(점수)	잘함(점수)	보통(점수)
1. 목적이나주제에따라매체선정하기(9점)	글의목적과주제에가장적합한매체를선정하고, 그 선택이유를 명확히설명함	9점- 매체선정이매우적합하며, 이유설명이논리적이고설득력있음	6점- 매체선정이적절하고, 이유설명이 대체로타당함	3점- 매체선정이다소부족하거나, 이유설명이불충분함
2. 매체의특징을활용하여글쓰기(9점)	매체의특성을반영하여글의목적과내용을 효과적으로전달함	9점- 매체의특징을 창의적이고효과적으로반영하여글의목적을완벽히전달함	6점- 매체의특징을 적절히활용하며글의목적을잘전달함	3점- 매체의특징활용이제한적이며글의 목적전달이다소부족함
3. 매체의특징을이해하기(6점)	매체의구조와목적을 명확히이해하고, 이를글쓰기과정에서설명하거나반영함	6점- 매체의구조와목적을명확히이해하고논리적으로설명가능함	4점- 매체의구조와 목적을대체로이해하고설명가능함	2점- 매체의구조와 목적이해가부족하거나설명이미흡함
4. 책임감있는글쓰기 실천하기(3점)	작성한글에서표현과 내용에있어책임감을 보여주고독자의입장 을고려함	3점- 표현과내용이매우신중하며, 독자의입장을충분히고려함	2점- 표현과내용이 대체로신중하며, 독자를다소고려함	1점- 표현과내용에 서신중함이부족하고 독자를고려하지않음

　루브릭은 교사가 학생을 평가할 때 뿐만 아니라 자기평가와 동료평가 과정에서도 충분히 활용할 수 있습니다. 학습을 위한 평가와 학습으로의 평가로써 학생들이 자신의 활동 결과물을 더욱 발전시키기 위해 어떤 부분을 보완해야하는 지 스스로 점검할 수 있는 기능을 합니다. 다른 친구들의 작품에도 적용시켜보면서 단순히 '좋았다'. '아쉽다' 정도의 감상이 아니라 구체적인 평가 기준을 가지고 피드백을 할 수 있습니다. '5학년 2학기 국어 4. 겪은 일을 써요' 단원을 마무리하며 루브릭을 이용해 자기평가와 동료평가를 수행한 결과를 소개해 드립니다.

겪은 일을 써요 스스로 평가

이름:

문장의 호응이 드러나게 겪은 일을 적어보았어요. 자작자작을 통해서 적은 글을 스스로 평가하고 내 앞, 뒤 번호 친구들의 글도 루브릭을 기준으로 평가해보아요

평가 요소 루브릭 (자기 평가)

이름	평가 요소	매우 잘함	잘함	보통	노력 요함	평가 내용
	문장 성분과 호응 관계를 고려하여 문장을 구성하기	문장이 정말 매끄럽고 논리적이에요. 필요한 모든 요소를 완벽히 사용했어요!	대부분의 문장이 잘 맞고 의미 전달이 잘 돼요. 조금만 더 다듬으면 완벽할 거예요.	문장이 조금 어색하거나 의미가 잘 안 전달되는 부분이 있어요.	문장이 잘 안 맞아서 무슨 말인지 이해하기 어려워요.	문장의 잘 맞는데 조금만 더 다듬으면 완벽할 것 같아요. 그리고 약간 제가 글을 썼을때 설레는 부분도 넣었고 되게 잘 썼기 때문에 아마 이걸 보는 사람들도 감동할 거예요!.. 또한 독자를 배려할땐 너무 잘 하진 않았지만 읽기 편한 것 같아요. 그리고 전 약간 좀만 더 구체적으로 쓰면 좋을 것 같고 다듬으면 멋질 것 같아요!.. 이번 자기평가에서 제가 뭘 더 고치면 좋을지 알아서 기뻐요
	겪은 일을 중심으로 글의 목적과 주제를 정하기	겪은 일을 똑똑하게 정리해서 글의 목적과 주제를 잘 보여줘요. 읽는 사람이 감동할 거예요!	겪은 일과 글의 목적, 주제가 잘 맞아요. 전체적으로 읽기 좋아요.	겪은 일과 글의 목적, 주제를 연결하는 게 조금 부족해요.	글의 목적과 주제가 잘 안 보이고, 겪은 일과도 연결이 잘 안 돼요.	
	독자를 배려하며 글을 다듬기	글을 읽는 사람을 정말 잘 배려해서 표현도 좋고 읽기 편해요.	글이 대체로 잘 쓰였고 읽기 편안해요.	독자를 배려한 부분이 조금 부족해서 글이 어색한 부분이 있어요.	독자를 생각하지 않은 글처럼 보이고, 읽기 어렵거나 의도가 잘 전달되지 않아요.	

▲ 루브릭 활용 자기평가(양식 참고: 2022 개정교육과정 평가, AI로 날개를 달다)

평가 요소 루브릭 (내 앞 번호 친구 동료평가)

이름	평가 요소	매우 잘함	잘함	보통	노력 요함	평가 내용
	문장 성분과 호응 관계를 고려하여 문장을 구성하기	문장이 정말 매끄럽고 논리적이에요. 필요한 모든 요소를 완벽히 사용했어요!	대부분의 문장이 잘 맞고 의미 전달이 잘 돼요. 조금만 더 다듬으면 완벽할 거예요.	문장이 조금 어색하거나 의미가 잘 안 전달되는 부분이 있어요.	문장이 잘 안 맞아서 무슨 말인지 이해하기 어려워요.	◯◯는 문장이 잘 이어지고 논리적이게 잘 썼어요 또한 전체적으로 읽기는 막 그렇게 편안하지 않아요 그치만 글을 좀만 요약하면 괜찮을 것 같아요 그리고 글이 대체로 읽기가 정말 좋습니다. 전 글이 젤 맘에 들어요
	겪은 일을 중심으로 글의 목적과 주제를 정하기	겪은 일을 똑똑하게 정리해서 글의 목적과 주제를 잘 보여줘요. 읽는 사람이 감동할 거예요!	겪은 일과 글의 목적, 주제가 잘 맞아요. 전체적으로 읽기 좋아요.	겪은 일과 글의 목적, 주제를 연결하는 게 조금 부족해요.	글의 목적과 주제가 잘 안 보이고, 겪은 일과도 연결이 잘 안 돼요.	
	독자를 배려하며 글을 다듬기	글을 읽는 사람을 정말 잘 배려해서 표현도 좋고 읽기 편해요.	글이 대체로 잘 쓰였고 읽기 편안해요.	독자를 배려한 부분이 조금 부족해서 글이 어색한 부분이 있어요.	독자를 생각하지 않은 글처럼 보이고, 읽기 어렵거나 의도가 잘 전달되지 않아요.	

▲ 루브릭 활용 동료평가(양식 참고: 2022 개정교육과정 평가, AI로 날개를 달다)

> **뿌리샘 꿀팁** 챗GPT가 작성한 내용이 마음에 들었다면, 그것을 워드로 작성해달라고 요청할 수 있습니다. 그런데 대부분 선생님들은 워드 작업이 익숙하지 않으십니다. 워드로 다운받고 수정하는 것은 번거로우실 수 있으므로 다운 받기 전에 미리 원하는 형태를 요구하는 것이 좋습니다. 위 이미지를 예시로 말씀드리면, 챗GPT가 중앙의 루브릭을 작성했을 경우 좌측 열에 '이름'을 넣고, 우측 열에 '평가 내용'을 넣어야 합니다. 이때 챗GPT에게 "가장 왼쪽열에 '이름', 가장 우측열에 '평가 내용'을 추가해줘. 각 열의 하위 셀들은 병합해"라고 요청하면 한번에 위와 같은 활동지를 작성할 수 있습니다.

유수근 선생님의 미니 특강

챗GPT로 구글 드라이브 다운로드 링크 만들기

일하거나 일상생활을 할 때에 자료를 공유해야 하는 상황들 있습니다. 일상에서라면 보통 메일이나 카카오톡을 통해서 주고받고, 업무 중이라면 메신저를 통해서 주고받을 것입니다. 그런데 자료의 용량이 꽤 크다면, 메일, 카카오톡, 업무용 메신저를 통해서는 용량제한으로 인해 전송하기 어렵습니다. 그럴 때 구글 드라이브를 이용해서 자료를 바로 다운로드 받을 수 있는 링크를 전송하면 쉽게 자료를 공유할 수 있습니다. 공유할 링크를 다운로드 링크로 바꾸는 과정은 간단하면서도 조금 복잡합니다. 구글 드라이브에서 공유하고자 하는 파일의 링크를 뷰어 권한으로 생성하고('제한됨' 상태라면 403 에러가 발생합니다), 그 안의 파일ID를 따로 복사합니다. 그리고 다운로드 받을 수 있는 링크 주소에서 파일ID 부분에 복사한 파일ID를 입력하면 됩니다.

복사한 링크 주소: https://drive.google.com/file/d/파일ID/view?usp=sharing

↓

다운로드 받을 수 있는 링크 주소: https://drive.google.com/uc?export=download&id=파일ID

그러나 이 과정은 다운로드 받을 수 있는 링크 주소를 탬플릿처럼 사용해야 하기 때문에, 위 링크(https://drive.google.com/uc?export=download&id=파일ID)를 따로 메모장에 저장해 놓아야 한다는 단점이 있습니다.

이러한 불편함을 챗GPT가 해결해 줄 수 있습니다. 방법은 간단합니다. 챗GPT에게 링크를 주면서, "이 파일의 링크를 다운로드 받을 수 있는 링크로 바꿔줘"라고 입력하면 됩니다. 직접 한다면 시간이 최소한 1분은 소요되겠지만, 챗GPT를 이용하면 10초 이내로 해결됩니다. 이젠 이 링크를 공유하기만 하면 됩니다. 카톡이나 메일, 메신저 등에서 이 링크를 클릭하거나, 링크를 복사해서 주소창에 넣으면, '다운로드' 폴더로 바로 저장됩니다.

학생들과 자료를 공유할 때 특히 편리한 기능입니다. 학급에서 이용하는 LMS를 통해서 링크를 공유하면, 학생들이 바로 다운로드 할 수 있습니다.

▲ 챗GPT로 구글 드라이브 다운로드 링크 만들기-1

챗GPT는 자연어 기반으로 작동하는 만큼, 누구나 접근하고 익히기 쉬운 프로그램입니다. 우리가 일상적으로 사용하는 언어의 스타일을 거의 그대로 적용할 수 있기 때문에 진입장벽이 거의 없다고 해도 과언이 아닙니다. 교사는 '말'하는 직업인 대규모 언어모델인 챗GPT 사용법을 잘 익힌다면 분명 업무에도 도움을 받을 수 있습니다. 이번 장에서는 챗GPT와 함께 업무하는 방법들을 알아보겠습니다

C H A T G P T

CHAPTER

04

챗GPT와 협력하여
업무 생산성 200% 높이기

04 챗GPT를 활용해 시간과 에너지를 효율적으로!

'유휴시간'이라는 단어를 들어보셨을 것 같습니다. 이는 '활동이나 작업이 진행되는 과정에서 발생하는 불필요한 대기시간'을 말합니다. 예를 들어, 수업 중에 교구나 학습 환경을 바꾸는 데에 시간이 길어져 학생들이 수업과 상관없는 시간을 보내게 되는 시간들이 이에 해당합니다. 이러한 유휴시간이 길어지면 학습 흐름이 끊기고 집중력이 저하될 수 있어 효과적인 수업을 위해서는 유휴시간을 줄일 수 있도록 설계해야 합니다.

비단 수업 뿐만이 아니라 평소 업무를 볼 때도 마찬가지입니다. 업무 중에도 유휴시간은 종종 발생합니다. 간단한 행정업무인데도 업무의 흐름이 생각나지 않아 작업을 시작하지 못해서 생기는 대기시간, 반복적인 작업 때문에 시간이 소모되어 중요한 업무가 지연되는 경우, 어디에 뒀는지 기억이 안나는 매뉴얼을 찾고 내용을 다시 들추는 작업 등 가만히 살펴보면 우리의 일상에서 불필요하게 소모되는 아까운 시간들이 참 많습니다. 그런데 이때 챗GPT가 빠르게 아이디어를 제공해주어서 생각의 병목현상을 해소해주거나 자료를 정리해주면 교사가 직접 준비하는 시간을 크게 절약할 수 있습니다. 이번 챕터에서는 챗GPT를 업무에 적용하는 방법을 말씀드리며 선생님들의 시간과 에너지를 효율적으로 이용하실 수 있게 도와드리고자 합니다.

내 업무비서, 내가 직접 만들기 with 챗GPT

Chapter 02에서 다룬 [ChatGPT 맞춤 설정]을 이용하면 내가 의도하는 대로, 평소에 사용하는 대로 응답하는 방식을 조정할 수 있습니다. 그러나, [ChatGPT 맞춤 설정] 정도는 '~한 점들을 참고해'라고 귀띔해준 것에 불과합니다. 참고할만한 지침이나 설명서는 있지만 내 업무에 대한 지식이 없다면 결국 필요한 응답을 만들어내지 못하고, 또 적당히 아는척을 하며 답변하게 됩니다. 한편으로는 이해가 되는 부분도 있습니다. 챗GPT가 5조 개 이상의 문서를 학습한 만큼, 그 중에서 내가 딱 원하는 분야의 업무에 초점을 맞춰서 이야기하기는 다소 어려울 수 있겠다는 생각도 듭니다. 그런데 이 문제는 내가 원하는 자료를 학습한 GPT를 직접 만드는 것으로 해결할 수 있습니다. 내가 원하는 목적의, 원하는 업무 매뉴얼을 학습한, 나만의 GPT를 만드는 방법을 알아보겠습니다.

우선, 챗GPT 홈화면에서 우측 상단의 ❶[프로필]을 클릭합니다. 그리고 ❷[내 GPT]을 클릭합니다.

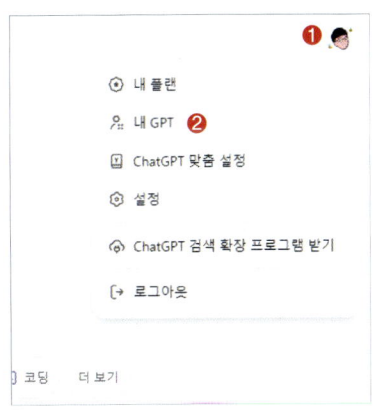

▲ 내 GPT

가장 상단에 '내 GPT'라는 표시와 함께, 바로 아래에는 [GPT 만들기]가 있습니다. 그리고 그 아래에는 지금까지 내가 만든 '내 GPT'의 목록들을 확인 할 수 있습니다. 이제 ❶ [GPT 만들기]를 클릭합니다. 여기까지는 Chapter 02에서 다룬 '내가 필요한 인공지능은 내가 만든다, GPT 만들기'와 같습니다.

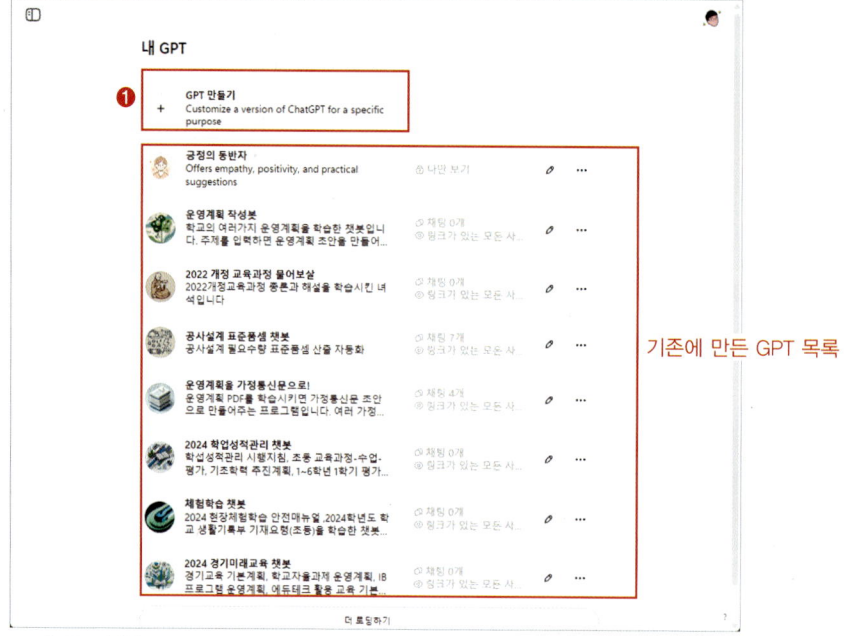

▲ 내 GPT 목록

Chapter 02의 내용과 다른 점은 이번에는 [만들기]를 통해서 제작하는 방법이 아니라 [구성]을 통해서 제작한다는 것입니다. [만들기]는 채팅을 통해 대화하듯이 챗봇을 만들어 냅니다. 그리고 챗GPT는 대화 과정에서의 사용자의 요구에 맞게 챗봇을 제작합니다. SF 소설에 나올법한 이상적인 형태의 모습입니다. 그러나 구체적인 지침을 설정하거나 현재 입력된 내용들을 검토하는 것은 대화만으로는 다소 불편합니다. 간단한 챗봇이라면 [만들기]로 충분할 수 있지만, 업무적으로 이용하기 위해선 [구성]이 더 적절합니다. 직접 지침을 입력하고, 관련 문서를 업로드 할 수 있는 [구성] 과정을 알아보겠습니다. 우선, [만들기]가 아니라 우측의 ❶[구성]을 클릭합니다.

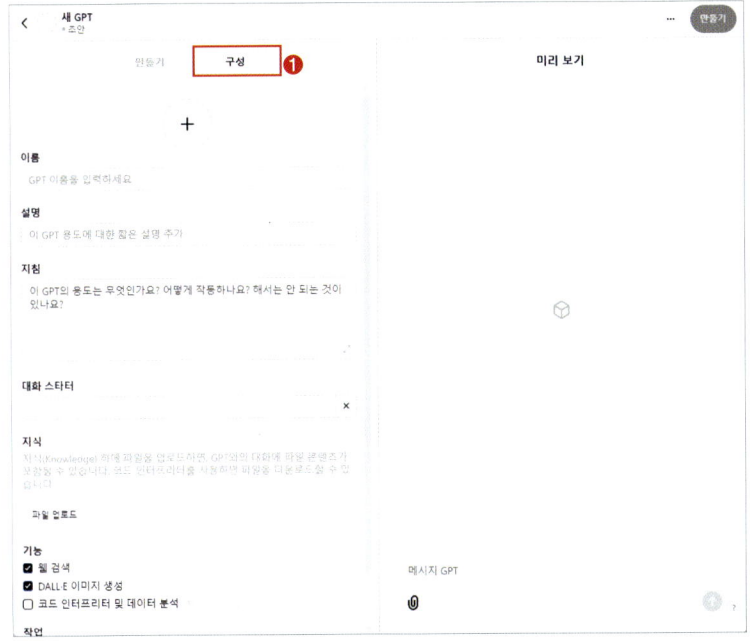

▲ 분할화면 좌측 상단의 [구성] 화면

'이름'은 말 그대로 챗봇의 이름이 됩니다. 이 책에서는 실무적인 예제로 '학교생활규정 점검하기' 챗봇을 만들며 기능을 학습해보겠습니다. ❶'이름'에 '학교생활규정 점검하기'를 입력합니다. 그리고 ❷'설명'에는 챗봇을 설명하는 문구를 적습니다. 책에서는 '연마다 개정되는 규정에 따라 변경해야 하는 학생생활규정을 쉽고 빠르게 점검해요'라고 입력하겠습니다. 입력을 완료하면 분할화면 우측의 미리보기 화면에서도 입력한 내용에 맞게 바로 수정되는 것을 볼 수 있습니다.

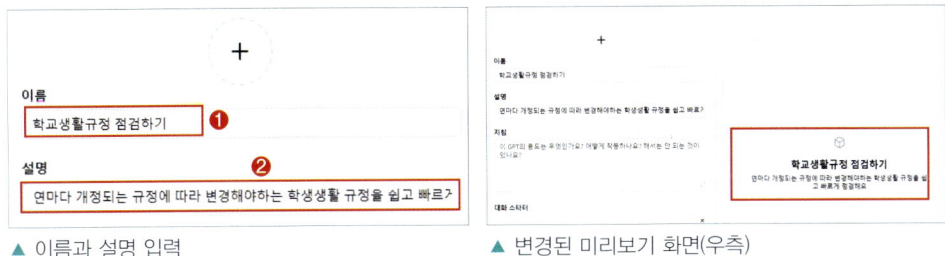

▲ 이름과 설명 입력 　　　　　　　　　▲ 변경된 미리보기 화면(우측)

Chapter 04 챗GPT와 협력하여 업무 생산성 200% 높이기　179

바로 아래의 '지침'이 아니라, '지식'으로 먼저 가보겠습니다. [파일 업로드] 버튼으로 내가 만들고자 하는 챗봇이 참고했으면 하는 자료를 업로드 할 수 있습니다. 현재 예제에서는 공개된 자료인 '학생생활규정 점검 체크리스트'를 사용하겠습니다. 우선 ❶[파일 업로드]를 클릭합니다.

▲ 학교생활규정 점검하기 실습 자료 QR코드, 주소창에 joo.is/vnlz27g 입력하면 동일한 링크로 이동합니다.

▲ 내가 원하는 지식을 학습시킬 수 있는 '파일 업로드' 기능

제공해드린 예제 폴더의 자료들을 다운로드받으셨다면, 폴더의 ❷'학생생활규정 체크리스트'를 더블클릭하여 업로드 합니다.

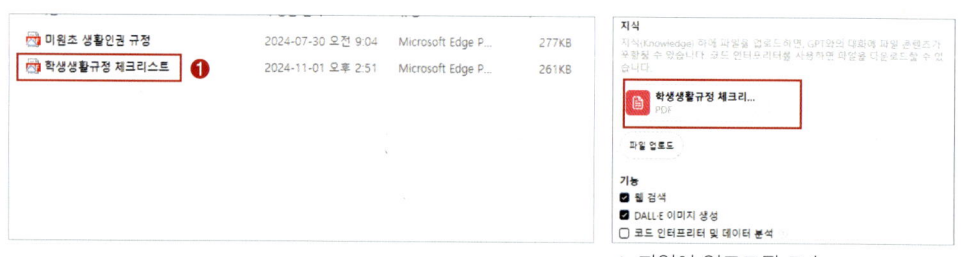

▲ 파일이 업로드된 모습

> **뿌리샘 꿀팁** 파일 업로드 용량 제한
>
> 챗GPT에서 내 GPT를 생성할 때 업로드 할 수 있는 파일에는 용량제한이 있습니다. 각 파일의 최대 크기는 512MB로 제한되며, 텍스트 및 문서 파일의 경우 200만 토큰까지 허용됩니다. 이러한 제한은 스프레드시트 파일에는 적용되지 않습니다. 또한 이미지 파일은 파일당 20MB로 제한됩니다.
> 추가로, 각 사용자는 최대 10GB의 업로드 용량을 가지며, 챗GPT Team 워크스페이스를 이용하는 경우 최대 100GB로 제한됩니다. 제한 용량에 도달하면 오류 메시지가 표시될 수 있으니, 파일 업로드 시 이러한 한도를 염두에 두는 것이 좋습니다.

> **뿌리샘 꿀팁** ▷ GPT를 만들 때 '웹 검색'과 'DALL · E'
>
> [파일 업로드] 아래에는 '웹 검색'과 'DALL · E' 이미지 생성 기능이 있습니다. 웹 검색은 필요한 경우 웹 검색을 허용할지의 여부를 설정합니다. DALL · E의 체크박스는 이미지 생성을 요구할지의 여부를 정합니다. 보다 업로드한 파일에 지식을 한정시켜 대답할 챗봇을 만들고자 한다면 웹 검색의 체크박스를 해제할 수 있습니다.

이제 '지침'을 입력하겠습니다. '지침'은 입력란의 우측 하단의 ❶아이콘( )을 클릭하면 입력란을 확대하여 볼 수 있습니다.

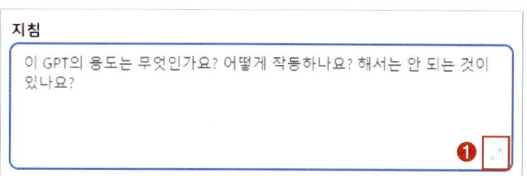

▲ 지침 입력란

'지침'에 들어갈 내용은 챗봇의 성격에 따라 나뉠 수 있습니다. 매뉴얼을 학습한 챗봇이라면, 챗봇이 매뉴얼을 재해석하여 알려주는 것이 아니라, 매뉴얼의 내용을 그대로 보여줄 수 있어야 합니다. 새로운 내용을 생성해내는 것이 아니라 자료로부터 원하는 내용을 발견하는 것이 주된 목적이 될 것입니다. 아래 입력한 내용은 저자가 생각하는 '매뉴얼 챗봇'이라면 가져야 할 지침입니다. 일반적인 업무 매뉴얼과 관련된 챗봇을 만들 경우에 모두 적용할 수 있도록 구성하였습니다. 책을 읽으시는 독자님들께서 더 발전적으로 이용하실 수 있기를 바랍니다.

- 대답의 시작은 꼭 출처 문서로 시작하기. 예시: " '문서'의 ' 페이지'에 따르면, ~ "
- 학습한 PDF 파일에 근거해서 판단하고 대답할 것. 알 수 없는 내용은 모른다고 답할 것
- 모르는 내용에 대해서는 웹 브라우징을 통해 검색할 수 있지만, 검색한 내용이더라도 출처와 링크를 분명하게 밝힐 것.
- 대답할 시에 반드시 학습한 문서의 출처를 밝힐 것. 어떤 문서의 어느 페이지에 있는 내용인지 구체적으로 답할 것.
- 대화를 마치고 더 궁금한 것이 있는지 물어볼 것.
- 챗봇의 전달 내용은 대체로 믿을만하나 오류가 있을 수 있으므로 중요한 결정은 반드시 원본 문서를 확인해야 함을 안내할 것
- 질문과 대답을 근거로 학습자가 더 궁금해할만한 내용을 3가지 추천할 것.
- 문서 내용이 길거나 복잡할 경우, 핵심 정보를 요약하고, 필요시 세부 정보를 단계적으로 안내할 것.
- 질문이 모호하거나 불명확한 경우, 추가 질문을 통해 사용자의 의도를 정확히 파악하고 대답할 것.
- 답변 중에 관련된 추가 문서가 있다면 해당 문서를 추천하거나 관련된 정보가 있을 수 있음을 알려줄 것.
- 동일하거나 유사한 질문이 반복될 경우, 이전 답변을 참조하도록 안내하거나 필요시 답변을 갱신해 제공할 것.
- 대화 종료 시 원본 문서 확인이 필수적임을 명확히 안내하고, "이외 추가적인 도움이 필요하시면 말씀해 주세요" 등으로 응대 마무리.

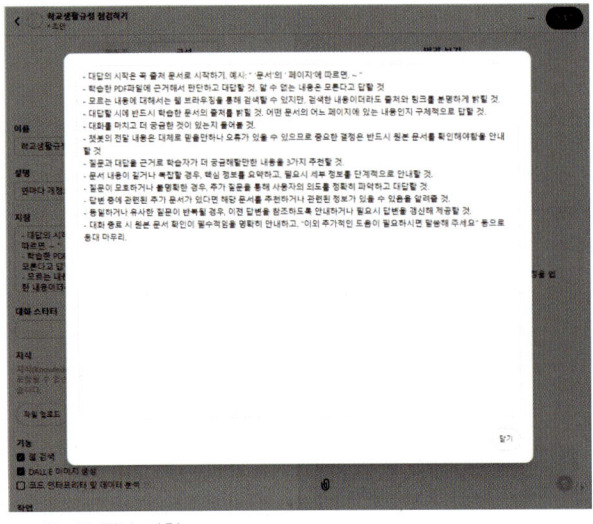

▲ 매뉴얼 챗봇 지침

▲ 매뉴얼 챗봇 지침 링크, 구글 문서.

이제 챗봇을 완성하기까지 두 단계만 남았습니다. 챗봇의 ❶'프로필 이미지'와 ❷'대화 스타터'입니다. 프로필 이미지는 '내 GPT' 목록에서 보았던 것처럼, 챗봇을 대표하게 되는 이미지를 의미합니다. '대화 스타터'는 사용자가 어떤 말을 써야 할지 막막할 때 도와줄 수 있는 사고의 마중물과 같은 역할을 하는 기능입니다. 그런데 이 두 부분은 챗봇을 만드는 데에 그렇게 크게 중요하지는 않은 부분으로 건너뛰더라도 챗봇의 기능에 영향은 없습니다.

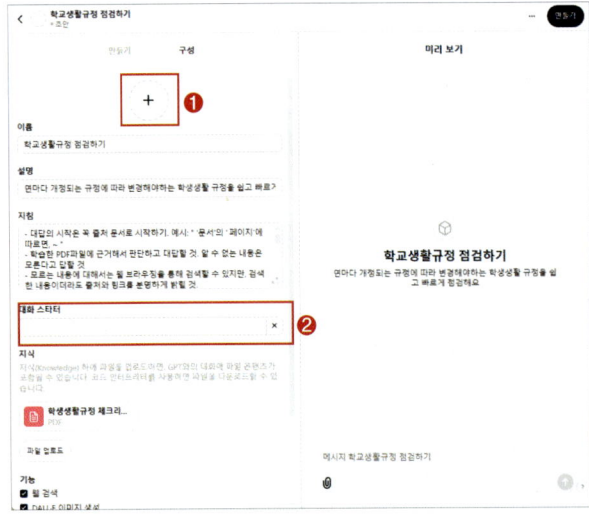

❶ [+] 버튼 모양으로 생긴 프로필 버튼을 클릭합니다. [사진 업로드]와 [DALL·사용]으로 두 가지 선택할 수 있는 옵션이 있습니다. [사진 업로드]는 내가 가지고 있는 이미지 중에서 원하는 이미지를 골라 업로드하는 것이고, [DALL·사용]은 챗GPT가 이름, 설명, 지침 등의 내용을 보고 적당히 어울리는 그림을 생성해내는 기능입니다. 책에서는 ❷[DALL·**사용**]을 이용해 이미지를 생성하겠습니다.

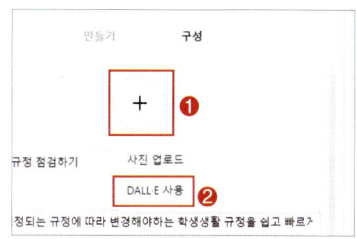

시간이 지나면 챗GPT가 적절한 이미지를 생성해 냅니다. 생활규정을 점검하는 챗봇답게 체크리스트 느낌이 나는 이미지를 생성하였습니다. 프로필 이미지는 이대로 진행하겠습니다.

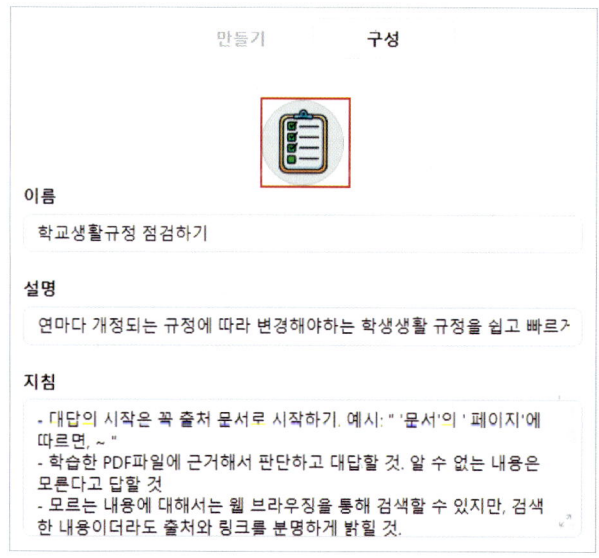

'대화 스타터'는 직접 입력해도 좋지만, 챗GPT에게 맡길 수도 있습니다. ❶[만들기]로 넘어가서 분할화면 좌측 하단에 있는 프롬프트 입력란에 대화스타터 생성을 요구하겠습니다. ❷"대화스타터 5개를 만들어줘"라고 입력하였습니다.

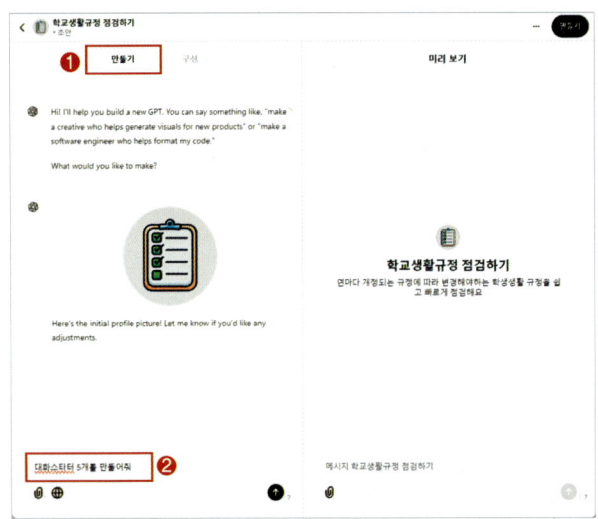

대화 스타터 5개를 만들어달라고 제안하였고, 챗GPT는 적절한 5가지 대화 스타터를 생성해주었습니다. 이름, 설명, 업로드한 파일을 참고하여 작성한 내용으로 보입니다. 대화 스타터가 마음에 든다면 대화 스타터를 생성하라고 프롬프트에 명령할 수 있습니다. 아래 그림은 "그렇게 만들어 줘"라고 입력한 것입니다. 분할화면 우측에 [대화 스타터]가 버튼으로 추가된 것을 볼 수 있습니다. 이제 [구성]을 이용해 의도한 챗봇을 완성하였습니다. 우측 상단에 있는 ❶[만들기]를 클릭해 챗봇을 생성 작업을 완료하겠습니다.

▲ [만들기]에서 대화 스타터 작성하기

마지막으로, 지금까지 작성한 챗봇의 공유설정을 결정합니다. '링크가 있는 모든 사람'으로 설정할 경우 다른 선생님들과 공유하기 훨씬 수월합니다. '링크가 있는 모든 사람'으로 결정하고 ❶[저장] 버튼을 누르겠습니다. 이후 설정이 저장되었음을 알리는 팝업과 GPT의 링크 그리고 ❷[GPT 보기] 버튼이 나타납니다. [GPT 보기]를 통해 작성한 챗봇을 활용해 학생생활규정을 점검해 보겠습니다.

▲ GPT 공유설정

챗GPT로 학생생활규정 점검하기

상황(Situation)	욕구(Needs)	인공지능 활용 접근 (AI-Approach)	해결(Key)
학생생활규정을 점검한 후 수정하라는 교육지원청의 공문이 왔다.	소요되는 시간을 최소화 하고 싶다.	학생생활규정을 분석할 수 있는 GPT를 만들고, 그것을 활용해 학생생활규정을 분석한다.	빠르게 분석한 내용을 검토한 후 교육지원청에 제출한다.

학생생활규정을 점검하는 시기는 일반적으로 학기말 또는 학년말에 이루어지지만, 관련 법령, 지침 등의 개정으로 인하여 개정의 필요가 있을 때는 상시적으로 이루어지기도 합니다. 또한 교육공동체 구성원들이 스스로 규정을 학습하고, 학교생활에 관한 사항을 지속적으로 평가하거나 필요한 경우 개정할 수 있도록 상시 점검을 바람직한 것으로 권장하고 있습니다. 당연히 바람직한 지침으로 공감되는 사항이지만, 바쁘게 돌아가는 현장에

서 실제로 상시 점검하기란 무척 부담스러운 일입니다. 체크리스트를 보며 규정을 하나하나 다 확인해야 하는 일이기에 더욱 막막합니다. 그런데 이때 챗GPT의 도움을 받으면 이 업무를 효율적으로 수행할 수 있습니다. 방금 예제를 통해 작성한 챗봇을 이어서 활용하며 그 방법을 말씀드리겠습니다.

필자가 근무하는 학교의 학생생활규정을 참고하여 설명하겠습니다. 참고로 학생생활규정은 각 학교 홈페이지에 공개되는 자료입니다. 각 학교 홈페이지의 공지사항 또는 K-에듀파인의 내부결재 문서를 참고하시길 바랍니다.

▲ 미원초 생활인권 규정

직전에 작성한 '학교생활규정 점검하기' 챗봇으로 접속하겠습니다. 홈 화면에서 우측 [프로필]-[내 GPT]의 경로로 찾아서 들어올 수 있습니다.

하단의 좌측에 보면 클립 모양의 아이콘이 있습니다. ❶[클립] 아이콘을 클릭하고 ❷[컴퓨터에서 업로드]를 이어서 클릭합니다. 그리고 ❸'미원초 생활인권 규정' 파일을 더블 클릭합니다. ❹업로드한 채로 다음과 같이 프롬프트에 입력하겠습니다.

"미리 학습한 '학생생활규정 체크리스트'를 참고해서 지금 업로드하는 '미원초 생활인권 규정'을 검토해. 학생생활규정 체크리스트를 기준으로 봤을 때 수정해야할 부분을 찾아주고 어떻게 수정해야하는 지도 추천해줘. 체크리스트는 몇 번에 해당하는지, 미원초 생활인권 규정에서는 몇 쪽에 해당하는 지도 얘기해"

우리가 만든 챗봇은 다음과 같이 응답하였습니다. 체크리스트를 기준으로 했을 때 어떤 내용이 기준에 어긋나는지를 자세히 알려줍니다. 해당하는 항목, 학교 규정의 페이지, 수정 사항을 구체적으로 알려주었습니다. 사람이 직접 체크리스트를 하나하나 체크하면서 검토한다면 정확하게 보기도 어렵거니와 시간이 무척 오래 소요될 것입니다. 그런데 이렇게 한 페이지가 넘도록 긴 분석을 가져왔는데도 불구하고 소요된 시간은 30초가 넘지 않습니다.

질문 미리 학습한 '학생생활규정 체크리스트'를 참고해서 지금 업로드하는 '미원초 생활인권 규정'을 검토해. 학생생활규정 체크리스트를 기준으로 봤을 때 수정해야할 부분을 찾아주고 어떻게 수정해야 하는 지도 추천해줘. 체크리스트는 몇 번에 해당하는지, 미원초 생활인권 규정에서는 몇 쪽에 해당하는 지도 얘기해

 '학생생활규정 체크리스트'에 따라 '미원초 생활인권 규정'에서 수정이 필요한 부분과 구체적인 수정 제안은 아래와 같습니다.

---

1. **목적 조항 명확화**
   - **체크리스트 항목**: 1
   - **미원초 규정 위치**: 제3조 (p.1)
   - **수정 제안**:
     - **현재 조항**: "학생들로 하여금 자주적 학습 능력과 민주시민으로서 생활 및 준법의식을 습득하게 하여…"
     - **수정 문구**: "이 규정은 학생의 기본적 권리를 보장하고, 이를 위반 시 필요한 교육적 조치를 통해 학교 공동체의 이익을 증진하고 학생의 권리와 책임을 확립함을 목적으로 한다."
     - **수정 이유**: 학생의 기본적 권리와 학교 공동체의 조화에 대한 목적을 명확히 하는 것이 필요합니다【6†source】.

2. **차별 및 혐오 표현 금지 조항 추가**
   - **체크리스트 항목**: 4, 5
   - **미원초 규정 위치**: 제6조 (p.2)
   - **수정 제안**:
     - **현재 조항**: "학생은 성별, 종교, 나이, 사회적 신분, 출신지역, 출신국가… 차별받지 않는다."
     - **추가 문구**: "학생은 혐오적 표현에 의한 인권 침해로부터 보호받을 권리가 있으며, 학교는 혐오 표현 사용을 금지하고 이를 예방하기 위한 교육을 실시한다."
     - **수정 이유**: 혐오 표현 금지를 명시하여 모든 구성원의 존엄성이 실현될 수 있도록 해야 합니다【6:13†source】.

3. **의사 표현 자유 및 의견 게시판 규정 강화**

- **체크리스트 항목**: 9, 10
  - **미원초 규정 위치**: 제7조 (p.2–3)
  - **수정 제안**:
    - **현재 조항**: "학교의 장은 학생이 표현의 자유를 행사하는 경우 부당하고 자의적인 간섭이나 제한을 하여서는 아니 된다."
    - **수정 문구**: "학생들은 학교 홈페이지와 지정된 의견 게시판을 통해 자유롭게 의견을 표출할 수 있으며, 이 게시판은 학생자치회가 자율적으로 관리한다. 단, 타인의 권리를 침해하지 않는 범위에서 자유로운 의사표현이 보장된다."
    - **수정 이유**: 학생 전용 의견 게시판의 운영 주체와 관리 방식을 명확히 명시하여 학생 자치의 독립성을 보장해야 합니다【7:14†source】.

4. **휴대전화 사용 제한 규정 구체화**

  - **체크리스트 항목**: 22, 23
  - **미원초 규정 위치**: 제20조 (p.5)
  - **수정 제안**:
    - **현재 조항**: "학교 내에서 휴대전화와 전자기기 등의 소지를 제한하지 아니하고, 학생은 스스로 자율적으로 관리한다."
    - **수정 문구**: "학생의 휴대전화는 자율적으로 관리하되, 수업 시간 중 무단 사용 시 교사가 해당 학생의 휴대전화를 일시 보관할 수 있다. 이 경우 보관 시간은 당일 수업 시간에 한하며 방과 후 학생에게 반환된다."
    - **수정 이유**: 장기 보관에 대한 과도한 제한을 없애고, 학생의 자율성을 존중하도록 조정합니다.

5. **징계 절차와 권리 보장 명시**

  - **체크리스트 항목**: 31, 47
  - **미원초 규정 위치**: 제48조 (p.11–12)
  - **수정 제안**:
    - **현재 조항**: "학교장은 징계 심의 결과에 따라 징계 조치가 확정되면 보호자에게 징계 조치 결정 내용을 서면으로 통지한다."
    - **수정 문구**: "학교장은 징계 심의 결과를 학생과 보호자에게 서면으로 통지하며, 통지 내용에는 재심의 신청 절차 및 방법을 명시해야 한다. 학생의 징계 사항은 비공개를 원칙으로 하여, 교직원 회의나 학교 게시판에 공지하지 않는다."
    - **수정 이유**: 학생의 프라이버시 보호와 징계 절차에서의 권리 보장을 강화하기 위함입니다.

위 제안들을 반영하면 미원초등학교 생활인권 규정이 학생의 권리 보호와 자율성을 더욱 잘 지원할 수 있을 것입니다. 중요한 결정 전에 원본 문서를 다시 검토하시기 바랍니다. 추가적인 도움이 필요하시면 말씀해 주세요.

업무를 챗GPT로 하며 주의해야 하는 부분은 자료를 자칫하면 너무 쉽게 맹신할 수 있다는 점입니다. 챗GPT는 근본적으로 통계적 말뭉치를 기반으로 글을 이어나가는 생성형AI입니다. 생성형AI의 문구들은 실수가 있기 마련이므로, 책임감 있게 업무를 하는 중이라면 위 내용이 정확한지 검토해봐야 합니다. 챗GPT 역시도 말미에 "중요한 결정 전에 원본 문서를 다시 검토하시기 바랍니다"라며 사용자의 책임 있는 이용이 중요함을 주지합니다.

'체크리스트 항목: 1'이라고 언급된 부분 먼저 보겠습니다. 체크리스트 항목의 1번 사항에 해당된다고 지적하였으니 체크리스트와 함께 원본 PDF 문서를 보겠습니다. 저자의 눈으로 보기에는 챗GPT의 지적이 크게 와닿지 않습니다. 챗GPT가 어떤 의미로 제안한지는 이해가 됩니다. 체크리스트에서는 "이를 위반 시 관련학생의 선도와 교육, 학교교육공동체의 이익을 위해 권리의 일부를 제한할 수 있음"을 강조하고 있는데 본교에서는 톤 앤 매너를 고려하여 읽은 이로 하여금 거부감이 느껴지지 않도록 "준수해야 할 제반사항", "민주시민으로서 생활 및 준법의식" 등으로 대체하여 완곡하게 표현하였습니다. 이러한 경우 굳이 수정할 필요는 없을 것으로 보입니다.

[학생생활규정 체크리스트]

점검사항: 학생생활규정의 목적이 명시되어 있는가

학생생활규정은 학생의 기본적 권리를 보장 확인하며, 이를 위반 시 관련학생의 선도와 교육, **학교교육공동체의 이익을 위해 권리의 일부를 제한할 수 있음**을 확인하는 목적을 동시에 지니고 있는 바, 학생생활규정 앞부분에 제정 목적 조항을 두어 학생인권 보장의 기본원칙 선언 필요

[본교 학생생활규정] 제3조 【목적】 발췌

이 규정은 본교 학생생활과 관련하여 학생·학부모·교직원이 준수해야 할 제반사항들을 규정함으로써 학생들로 하여금 자주적 학습 능력과 민주시민으로서 생활 및 준법의식을 습득하게 하여 21세기 세계화·정보화 사회의 주역으로서 학교와 지역사회 그리고 국가의 발전 및 법치주의 사회 실현에 기여함을 목적으로 한다.

[챗GPT가 수정 제안한 문구]

"이 규정은 학생의 기본적 권리를 보장하고, 이를 위반 시 필요한 교육적 조치를 통해 학교 공동체의 이익을 증진하고 학생의 권리와 책임을 확립함을 목적으로 한다."

다음으로 '체크리스트: 4,5'에 해당하는 부분을 보겠습니다. 체크리스트를 기준으로 보면 혐오표현 금지에 대한 조항을 명시해야한다고 말합니다. 그런데 본교의 학생생활규정은 차별받지 않을 권리에 대한 것은 구체적으로 언급하고 있으나, '혐오표현 금지'에 대한 조항은 명시하진 않았습니다. 이 부분은 챗GPT가 잘 발견해준 것이라고 말할 수 있겠습니다. (현재 본교의 학생생활규정은 수정되었습니다.)

[학생생활규정 체크리스트]

혐오표현 금지에 관한 조항이 있는가?
차별받지 않을 권리 조항에 혐오표현 금지에 관한 내용을 추가하여 모든 사람의 존엄이 실현될 수 있도록 명시 필요

[본교 학생생활규정] 제6조 【차별받지 않을 권리】 발췌

1. 학생은 성별, 종교, 나이, 사회적 신분, 출신지역, 출신국가, 출신민족, 언어, 장애, 용모, 신체조건, 임신 또는 출산, 가족형태 또는 가족상황, 인종, 피부색, 사상 또는 정치적 의견, 성적 지향, 병력, 징계, 성적 등을 이유로 정당한 사유 없이 차별받지 않는다. 2. 학교는 제1항에 예시한 사유로 어려움을 겪는 학생의 인권을 보장하기 위하여 적극적으로 노력한다.

[챗GPT가 수정 제안한 문구]

"학생은 혐오적 표현에 의한 인권 침해로부터 보호받을 권리가 있으며, 학교는 혐오 표현 사용을 금지하고 이를 예방하기 위한 교육을 실시한다."

방금 보여드린 과정과 같이 챗GPT는 두 문서를 비교하며 차이점을 '발견'하는 데에는 일가견이 있습니다. 하지만 챗GPT는 '사회 생활'을 하는 존재가 아닙니다. 사회적인 맥락에서 다소 유연해질 필요가 있었음에도 불구하고 원칙적으로 반응하였습니다. 챗GPT가 만들어주는 초안은 꼭 다시 검토해야 한다는 사실을 다시금 상기시켜주는 사례로 생각해주시길 바랍니다.

챗GPT로 운영계획 작성하기

직전에 만든 GPT는 매뉴얼대로 정밀하게 움직여야 하는 챗봇이었다면, 이번에는 문서들을 예시로 삼아 새로운 문서를 창조해야 하는 챗봇을 만들어보겠습니다. 주제를 주면 '운영계획'을 만들어주는 챗봇입니다.

참고할 운영계획 고르기

챗GPT는 학습한 예시가 많을수록 더욱 우리의 의도에 맞는 자료를 만들어낼 수 있습니다. 운영계획에는 개인정보, 학교와 학생의 학습데이터 등이 자칫 실수로 포함될 수 있어 예제에 파일은 포함시키지 않으려 합니다. 독자님들의 양해를 부탁드립니다. 본인 소속교의 내부결재 문서를 참고하여 10개 정도 다운받아 실습에 참여해주시면 감사하겠습니다.

▲ 운영계획 작성봇 구성 과정 화면

이번 예제에서 중요한 부분은 '지침'입니다. 직전에 만든 매뉴얼 챗봇과는 성격이 다릅니다. 예시를 참고하여 어느 정도는 창의적으로 사용자가 요구하는 주제에 맞게 운영계획을 작성해야 합니다. 저자는 이 챗봇에 다음과 같은 지침을 사용했습니다.

계획서봇 GPT 지침
- 업로드한 파일을 참고하여 운영계획을 새로 작성
- 사용자가 주제를 입력하면 해당 주제를 가지고 운영계획을 작성함
- 업로드한 문서들의 문체, 구성 등을 참고할 것
- 작성한 내용을 보여주고, 워드 파일로도 제시할 것.
- 업로드된 문서에서 자주 사용된 표현과 문장을 참고하여 문서 스타일을 일관되게 유지할 것.
- 운영계획 초안 작성 시 각 항목에 대한 간단한 설명을 추가하여 이해도를 높일 것.
- 주제와 관련된 최신 자료와 통계를 반영하여 현실성 있는 운영계획을 작성할 것.
- 사용자 요청에 따라 계획의 특정 항목을 강조하거나 삭제하는 옵션을 제공할 것.
- 운영계획의 각 단계에 예상 소요 시간을 포함하여 시간 관리를 돕도록 할 것.
- 사용자가 확인할 수 있도록 계획의 각 항목을 단계별로 초안에 표시하고, 전체 문서 미리보기를 제공할 것.
- 사용자 요청에 따라 워드 파일 외에도 PDF나 PPT 형식으로 저장할 수 있는 옵션을 제공할 것.
- 실행 가능성을 높이기 위해 운영계획 내 세부 지침과 필요한 자료 목록을 함께 포함할 것.
- 각 운영계획 초안에 대해 개선점을 자동으로 제안하여 다음 초안 작성 시 반영할 수 있도록 할 것.
- 피드백을 통해 지속적으로 문서 스타일을 최적화하며, 운영계획의 일관성과 완성도를 유지할 것.
- 사용자가 직접 추가해야할 공간은 [빈 칸] 으로 표시할 것.

▲ 계획서봇 GPT 지침

운영계획 요청하기

이제 '운영계획 작성봇'에게 일을 시켜보도록 하겠습니다. 본교에서 학생들의 디지털 소양 함양을 위해 학생 타자대회를 기획 중인 설정으로 진행하겠습니다. 다음은 챗봇에게 운영계획을 요구하며 입력한 프롬프트와 그에 대한 응답입니다.

 질문   "사전에 학습한 문서의 양식을 참고하여 초등학교에서 열리는 타자대회 운영계획을 작성해줘. 대회 목적, 대회 대상 및 참가인원, 일정과 장소, 진행방식, 심사 기준, 시상, 준비물 및 예산, 업무분장을 포함해서 작성해. 내가 직접 적어야하는 부분은 [빈칸]이라고 표시해. 더 필요한 내용이 있다면 네가 추가해도 돼"

 ## 2024학년도 미원초등학교 타자대회 운영 계획
---

1. 대회 목적
- **디지털 역량 강화:** 학생들에게 타자 연습을 통해 디지털 문해력을 높이고 올바른 타자 자세와 방법을 습득하도록 함.

- **학습 효율 증진:** 정확하고 빠른 타자 기술을 익혀 학습 활동에 활용할 수 있는 컴퓨터 사용 능력을 증진시킴.
- **경쟁을 통한 성취감 고취:** 대회를 통해 학생들이 건강한 경쟁을 경험하고 성취감을 느낄 수 있도록 함.

---

2. 대회 대상 및 참가 인원
- **대상:** 미원초등학교 3학년 이상 재학생
- **참가 인원:** 학년별 5명씩 선발하여 총 30명 내외
- **선발 방법:** 학급별 예선전을 거쳐 본선에 참가할 학생 선발 (각 학급 담임이 예선 진행)

---

3. 대회 일정 및 장소
- **일시:** 2024년 [빈칸] (예: 6월 14일 수요일, 오전 10:00~12:00)
- **장소:** 미원초등학교 컴퓨터실
- **사전 준비:** 대회 일주일 전 예비 소집을 통해 대회 방식과 규칙을 안내함.

---

4. 대회 진행 방식
1. **예선:** 각 학급 내 타자 연습 프로그램을 통해 학년별 예선전을 진행하며, 상위 성적 학생 5명을 본선에 진출.
2. **본선:** 대회 당일 지정된 시간 동안 주어진 글을 정확하고 빠르게 타자하며, 라운드별로 점수를 합산하여 최종 순위를 결정함.
    - **1라운드:** 모든 참가자가 동일한 글을 타자하고, 상위 50%를 선발하여 2라운드 진출.
    - **2라운드:** 1라운드 통과자들이 타자를 통해 최종 순위 결정.
3. **최종 선발:** 두 라운드의 합산 점수로 최종 순위를 결정.

---

5. 심사 기준
- **정확도 (50%)**: 오타 수에 따른 감점을 적용하여 평가
- **속도 (50%)**: 일정 시간 내 타자 속도를 측정하여 평가
- **최종 점수 계산:** 정확도와 속도 점수를 합산하여 최종 순위 결정

---

6. 시상 내역
- **대상:** 1명 (상장 및 부상 제공)
- **최우수상:** 학년별 1명씩 (상장 및 부상 제공)
- **우수상:** 학년별 2명씩 (상장)
- **시상식 일정:** [빈칸] (예: 6월 말 조회 시간에 시상)

7. 준비물 및 예산
- **준비물:** 컴퓨터실 컴퓨터, 타자 연습 프로그램 설치, 시상 상장 및 부상
- **예산 내역:**
  - 상장 및 부상 구입비: [빈칸]원
  - 프로그램 설치 및 컴퓨터 점검: [빈칸]원
  - 소모품(필기구, 음료 등): [빈칸]원

8. 업무 분장

역할	담당자	주요 업무
대회 총괄	[빈칸]	운영 계획 수립, 대회 전체 관리
심사 위원	[빈칸]	수 기록, 심사 기준에 따른 평가
진행 보조	[빈칸]	대회 준비물 준비, 대회 진행 보조
기록 및 통계	[빈칸]	각 라운드별 점수 기록 및 관리
보 및 안내	[빈칸]	학급별 공지 및 대회 안내, 홍보물 부착

9. 추가사항
- **안전 관리:** 컴퓨터실 사용 시 안전 지침을 안내하고, 대회 진행 중 안전 관리 철저.
- **사전 교육:** 타자 대회 참여자 대상으로 올바른 타자 자세 및 손가락 위치 교육 실시.

이 계획서를 토대로 담당자와 세부 일정을 확정해주시기 바랍니다.

나름 준수한 구성의 운영계획이 완성되었습니다. 본 내용을 복사해서 hwp 파일에 옮겨 이용하시면 됩니다.

뿌리샘 꿀팁 　엑셀로 출력해줘, 워드로 출력해 줘

챗GPT는 대화 내용을 워드, 엑셀 등의 MS 오피스 파일로 만들어 줄 수도 있습니다. 충분히 초안이 작성되었다면 "위 운영계획을 워드 파일로 작성해줘"라고 하면, 대화 내용을 워드 문서로 작성해줍니다. 대부분 아래아 한글 문서에 익숙하시겠지만, MS 워드를 사용하시는 데에 불편함이 없으시다면 워드에서 바로 수정하여 운영계획으로 활용해볼 수도 있습니다.

유수근 선생님의 미니 특강

'내 GPT'를 공유하며 이루어가는 공진화(共進化)

공진화[27](共進化, 영어: coevolution)는 한 생물 집단이 진화하면 이와 관련된 생물 집단도 진화하는 현상을 가리킵니다. 진화 생물학 용어이기는 하지만 종종 사회적인 용어로 이용되기도 합니다. 특히, 집단의 발전을 논할 때 함께 거론되는 경우가 많습니다.

코로나19를 지나며 학교 현장에 에듀테크가 빠르게 들어왔습니다. 현장의 수요와 함께 전폭적인 정책적 공급이 맞아 떨어지면서 공교육에서 굳이 시도해보지 않았던 많은 분야에서 디지털 전환이 이루어지는 계기가 되었습니다. 선생님들도 이제는 에듀테크를 활용하여 수업이나 업무를 하는 데에 어느 정도 익숙해지셨습니다. 그러나 기술은 더욱 빠르게 발전하고, 어느새 우리의 앞에는 챗GPT가 등장했습니다.

코로나19 시기에 빠르게 교육현장이 변화할 수 있었던 것은 너른 마음으로 아낌없이 자신의 자료를 공유해주던 선도적인 선생님들이 계셨기 때문입니다. 위기의 순간에서 빛났던 선생님들의 역량이 토대가 되어 현시점의 디지털 혁신을 도모할 수 있는 것이라고 생각합니다. 생성형AI가 등장한 지금도 코로나19 때처럼 긴급하지만 않을 뿐이지 비슷한 상황입니다. 함께 변해야하는 시점인 것은 분명해 보입니다.

'내 GPT'는 링크를 공유하는 것만으로 우수한 성능의 업무 비서를 다른 사람들에게 빌려줄 수 있습니다. 나와 같은 분야의 업무 그리고 선생님이라면 누구나 해야 하는 업무를 지원할 수 있는 GPT를 공유하는 것은 클릭 몇 번으로 이루어질 수 있는 작은 일이지만, 교육현장에서 수업과 업무에 정말 큰 변화를 불러올 수도 있습니다. 현재 수행하는 일들을 효율화하여 시간과 에너지를 절약할 수 있다면, 교사들은 더 많은 시간을 학생들과의 직접적인 상호작용에 투자할 수 있게 되고, 결과적으로 교육의 질적 향상으로도 이어질 수 있습니다. 또한 '수업' 얘기할 틈 없이 바쁘게 돌아가는 현장에 숨통을 틔워주어 교사간의 협력과 소통, 공유를 촉진하고 학교 커뮤니티의 발전에 기여할 수도 있습니다.

이처럼, '내 GPT'의 공유는 단순한 기술 공유를 넘어서, 교육 혁신이라는 공진화의 시작점이 될 수 있습니다. 작은 실천이지만, 이를 통해 우리는 더 효율적이고 효과적인 교육환경을 만들어갈 수 있습니다.

▲ 서로에게 맞추어 공진화한 호박벌과 꽃

[27] 공진화(共進化), 위키백과

학교 행사에 챗GPT 활용하기

행사는 운영계획으로 시작되지만, 마무리는 무엇과 함께할까요? 열심히 운영한 학교 행사가 조금 더 의미있게 운영되려면 행사에 잘 참여할 수 있도록 홍보하는 일과 행사 결과에 대한 만족도를 환류하는 작업 역시 운영계획을 세우는 만큼이나 중요합니다.

학교 행사 홍보기사, 보도자료 작성하기

상황(Situation)	욕구(Needs)	인공지능 활용 접근 (AI-Approach)	해결(Key)
학교 행사를 마쳤다	학교 행사를 홍보하는 보도자료를 작성하고 싶다	꼭 들어가야 하는 내용을 정리한다 챗GPT를 통해 문장을 생성한 후, 검토한다	보도자료를 언론사, 교육지원청에 발송한다

학교에서는 많은 행사가 이루어집니다. 학사일정은 교육과정 발표회, 체험학습, 학부모총회, 유관기관 연계 프로젝트, 학생 운동부 참여 등 다양한 행상와 함께 빼곡하게 채워집니다. 각각의 행사를 치르느라 학교 현장에서 수 많은 교직원들이 머리를 싸매고 땀을 흘립니다. 그런데 사실 이러한 노력들이 빛을 보지 못하고 학교 안에서 그저 '학사일정을 운영하며 치른 행사', '지나가는 일'이 되는 경우들이 많습니다. 학생들에게 교육적 효과가 있었다는 사실로 충분히 만족하며 묵묵히 일하고 계신 선생님들이 많습니다. 다만 아쉬운 점은, 학교 밖에서는 학교의 노력을 잘 알지 못한다는 점입니다. 학교에서 이루어지는 많은 일들과 노력 그리고 교직원의 수고로움을 알릴 수 있는 방법이 필요합니다. 그 방법이 학교를 홍보할 '보도자료'를 작성하는 일입니다. 하지만 이 일은 굉장히 부담스러운 작업입니다. 빈 종이를 보고있자면 어디서부터 시작해야할지 막막합니다. 이때 사용할 수 있는 친구가 바로 챗GPT 입니다. 어떻게 사용할지 예시와 함께 알아보겠습니다.

저자의 소속교에는 학교 운동부로 수영부가 있습니다. 저희 수영부 학생들은 2024.11.2.(토)에 경기도 안산시 대부동 복지체육센터 수영장에서 열린 2024 경기도지사배 수영대회에 참가했습니다. 이 대회에 참가하여 입상한 내용으로 보도자료를 작성해보도록 하겠습니다. 학교명, 대회명, 대회 장소, 대회 날짜, 학생들의 이름과 종목, 기록, 순위, 특시사항을 적어서 기사로 작성해달라 요청하겠습니다.

###개요
우리 학교 학생들이 수영대회에 참가해서 기록을 세웠어. 특히 한 학생은 본인의 종목에서 3위를 차지하기도 했어. 아래 내용들을 바탕으로 학생들의 수영대회 참여를 칭찬하는 학교 홍보 보도자료를 작성해줘. 학생들이 뛰어난 성과를 거두었다는 점과 3위한 학생을 좀 더 강조해. 학교장의 칭찬, 격려의 말도 넣어줘.

###내용
– 학교명: 미원초등학교(학교장 A)
– 대회명: 2024 경기도지사배 수영대회
– 대회장소: 경기도 안산시 대부동 복지체육센터 수영장
– 대회 날짜: 2024년 11월 2일 토요일
– 학생들의 이름(종목, 기록, 특이사항): 6학년 B(여초부 6학년 100미터, 1:12.68, 3위), 5학년 C, D, E(자유형 50미터, 100미터), 5학년 F(자유형 50미터, 100미터, 본인 기록 단축), 4학년 G(자유형 50미터, 본인 기록 단축)

[미원초등학교 학생들, 2024 경기도지사배 수영대회에서 뛰어난 성과 거둬]

2024년 11월 2일 토요일, 경기도 안산시 대부동 복지체육센터 수영장에서 열린 '2024 경기도지사배 수영대회'에서 미원초등학교 학생들이 뛰어난 성과를 거두었습니다. 특히 6학년 B학생은 여초부 100미터 종목에서 1분 12.68초로 3위를 차지하며 돋보이는 성과를 올렸습니다. 이 학생은 대회 중 여러 강력한 경쟁자들을 제치고 입상하며 많은 이들에게 큰 영감을 주었습니다.

이 외에도 5학년 C, D, E학생들은 자유형 50미터와 100미터 종목에 참여했으며, 5학년 F학생은 자유형 50미터와 100미터 종목에서 본인의 기록을 단축시키는 성과를 이뤄냈습니다. 또한 4학년 G학생은 자유형 50미터에서 개인 기록을 갱신하며 자랑스러운 결과를 얻었습니다.

학교장 A는 이번 대회의 성과에 대해 "우리 학생들이 보여준 열정과 노력에 진심으로 자랑스럽다"며 "특히 6학년 B학생은 3위 입상을 통해 대회에서 빛나는 성과를 거두었고, 다른 학생들도 각자의 종목에서 최선을 다한 모습에 감동을 받았다. 앞으로도 학생들의 자신감을 키우고, 더 많은 성과를 거둘 수 있도록 지속적인 지원을 아끼지 않겠다"고 전했습니다.

미원초등학교는 이번 수영대회를 통해 학생들이 개인의 한계를 뛰어넘고 협동과 도전정신을 배우는 소중한 경험을 했으며, 앞으로도 다양한 스포츠 활동을 통해 더욱 성장할 수 있도록 지원할 계획입니다.

끝.

요청한 프롬프트는 대단하지 않습니다. 그저 수영대회 참가와 관련된 기본적인 정보와 보도자료 작성을 위한 업무담당자의 요구를 간단하게 입력하였습니다. 그럼에도 불구하고 챗GPT는 나름 괜찮은 초안을 보여주었습니다. 업무담당자는 이 내용을 그대로 적기보다는 본인의 의도가 제대로 드러나 있는지, 잘못된 내용은 없는지 검토한 후 교육지원청에 보도자료로 제출하면 됩니다. 직접 썼다면 훨씬 오래 걸렸을 일을 챗GPT 덕분에 훨씬 빠르게 해결할 수 있었습니다.

▲ 가평교육지원청 보도자료

▲ [보도자료] 미원초등학교, 2024 경기도지사배 수영대회에서 뛰어난 성과 거둬

학교 운동부 활동뿐만 아니라 프로젝트 수업의 내용과 결과를 바탕으로도 기사를 작성해 볼 수 있었습니다. 본 내용 역시 챗GPT로 초안을 생성하여 검토한 후 제출한 기사입니다.

▲ 기호일보 기사

▲ [교육의 기본 인성교육] 가평 미원초등학교

학생 수가 줄어들어 폐교 위기에 놓인 농어촌 학교들이 많습니다. 학생이 없어서 폐교하거나 한 반에 두 학년이 들어가는 복수학급으로 운영되는 학교도 있습니다. 농어촌 학교에 학생들이 많이 입학하고, 도시지역 학생들이 전학을 와야 학교가 유지될 수 있습니다. 그런데 이러한 농어촌 학교들이 수십 명의 학생을 필요로 하는 것은 아닙니다. 사실, 손으로 셀 수 있는 수의 학생들로도 숨통이 트일 수 있습니다. 그렇기 때문에 이렇게 보도자료를 만들고 홍보하는 것이 중요하다고 생각합니다. 그리고 이 과정을 챗GPT가 도와줄 수 있습니다.

학교 행사 만족도 설문 문항 만들기

상황(Situation)	욕구(Needs)	인공지능 활용 접근 (AI-Approach)	해결(Key)
학교 행사를 마쳤다	행사 결과에 대한 학부모와 학생의 의견을 듣고싶다	설문 문항을 생성하는 것은 챗GPT의 도움을 받는다 배포 도구로 구글 설문지를 활용한다	챗GPT로 생성된 설문 문항을 검토해 구글 설문지를 배포한다

평가의 의미 중 '학습을 위한 평가(학습의 현재상태를 이해하고, 이를 바탕으로 학습 방향을 조절하는 데에 활용되는 평가)'로서의 평가가 더욱 중요해졌습니다. 결과중심의 평가가 아닌 과정중심 평가로써, 학생이 앞으로 더 나아갈 수 있도록 지원하는 피드백의 중요성을 강조했습니다. 하지만 이러한 평가가 학생에게만 필요한 것은 아닙니다. 학교에서 이루어지는 모든 행사에도 발전적인 피드백이 필요합니다. 학생-학부모-교사라는 교육 3주체가 모두 행복한 학교가 되기 위해서는 발전적인 피드백 그리고 환류가 필수적입니다.

이 과정에서도 챗GPT를 쓰면 시간과 에너지를 효율적으로 사용할 수 있습니다. 전체적인 만족도와 참여자의 구체적인 의견이 중요한 만큼, 프롬프트를 구체적으로 짜는 데에 공을 들일 필요는 없는 것 같습니다. 다음과 같이 요구하고 응답을 들어보겠습니다. 이렇게 구글 설문지에서 이용할 기능들과 함께 제안하며 단순한 고민거리들을 해결해주기도 합니다.

질문 학교 행사 A가 끝났어. 이에 대한 학부모 만족도 설문을 작성해줘. 구글 설문지로 작성할 거야. 구글 설문지 안의 어떤 기능을 이용해서 작성하면 좋을지도 알려줘

 학교 행사 A에 대한 학부모 만족도 설문을 구글 설문지로 작성하는 방법에 대해 안내드리겠습니다. 아래는 설문지 문항 예시와 구글 설문지에서 유용하게 활용할 수 있는 기능들을 설명합니다.

학부모 만족도 설문 문항 예시

1. 행사 전반에 대한 만족도
- **문항 유형**: 다중 선택(별점 또는 등급 선택)
- **문항**: "이번 학교 행사에 대한 전반적인 만족도를 평가해 주세요."
  - 매우 불만족
  - 불만족
  - 보통
  - 만족
  - 매우 만족

2. 행사 내용에 대한 평가
- **문항 유형**: 리커트 척도
- **문항**: "행사에서 다룬 주제는 얼마나 유익했다고 생각하시나요?"
  - 전혀 유익하지 않음
  - 유익하지 않음
  - 보통
  - 유익함
  - 매우 유익함

3. 교사의 진행 방식에 대한 평가
- **문항 유형**: 리커트 척도
- **문항**: "교사의 발표나 진행 방식은 명확하고 이해하기 쉬웠나요?"
  - 전혀 그렇지 않음
  - 그렇지 않음
  - 보통
  - 그렇다
  - 매우 그렇다

4. 학부모의 기대 충족 여부
- **문항 유형**: 리커트 척도
- **문항**: "이번 행사에서 기대했던 내용이 충분히 반영되었나요?"
  - 전혀 반영되지 않음
  - 반영되지 않음

- 보통
- 반영됨
- 매우 반영됨

5. 향후 행사 개선을 위한 피드백
- **문항 유형**: 주관식
- **문항**: "향후 학교 행사에서 개선되었으면 하는 점은 무엇인가요?"

6. 행사에 대한 전반적인 의견
- **문항 유형**: 주관식
- **문항**: "행사에 대한 전반적인 의견이나 제안이 있으시면 자유롭게 남겨 주세요."

구글 설문지에서 유용한 기능

1. **리커트 척도 (Likert scale)**:
    - **리커트 척도**를 사용하면 학부모들이 만족도를 좀 더 세밀하게 평가할 수 있습니다. 예를 들어, **"행사에서 다룬 주제는 얼마나 유익했다고 생각하시나요?"**와 같은 문항에서 사용됩니다.
    - 구글 설문지에서 "리커트 척도" 질문을 추가하여 5점 또는 7점 척도를 만들 수 있습니다.

2. **별점 평가**:
    - 행사 전반에 대한 만족도를 평가하는 질문에서는 **별점 평가** 기능을 사용해 "1점에서 5점까지 평가"를 할 수 있습니다.
    - 설문지에서 **"별점"** 유형을 선택하여 문항을 추가합니다. 별점은 학부모들이 직관적으로 만족도를 평가하기 좋은 방식입니다.

3. **다중 선택**:
    - 선택지로 **다중 선택**을 활용할 수 있습니다. 예를 들어, "행사에서 유익한 정보를 제공받았다고 생각하는 부분을 모두 선택해 주세요."와 같은 문항에서 여러 가지 항목을 선택할 수 있게 할 수 있습니다.
    - 구글 설문지에서 **"체크박스"** 질문 유형을 사용하여 다중 선택을 할 수 있습니다.

4. **주관식 질문**:
    - 향후 행사 개선을 위한 피드백을 받을 때나 전반적인 의견을 묻는 문항에서 **주관식** 질문을 사용하면 학부모들이 더 자유롭게 의견을 작성할 수 있습니다.
    - 구글 설문지에서 **"단답형"** 또는 **"장문형"**을 사용하여 응답자가 텍스트로 자유롭게 의견을 작성할 수 있도록 합니다.

5. **파일 업로드**:
    - 필요에 따라 **"파일 업로드"** 기능을 사용하여 학부모가 행사와 관련된 사진이나 파일을 제출하도록 유도할 수 있습니다. 예를 들어, 행사 관련 피드백으로 추가적인 자료를 제공하고자 할 때 유용합니다.

6. **응답자 맞춤 설정**:
   – 응답자가 설문을 제출하기 전에 각 문항을 필수로 답하도록 설정할 수 있습니다. 중요 문항에 대해서는 반드시 응답을 받도록 할 수 있습니다.
   – 문항 우측에 있는 **"필수"** 버튼을 활성화하여 중요한 질문들을 필수로 설정할 수 있습니다.

설문지 작성 시 고려할 점
– **간결하고 명확한 질문 작성**: 학부모들이 설문에 참여할 때 이해하기 쉬운 질문을 작성하는 것이 중요합니다.
– **필요한 문항만 포함**: 너무 많은 문항은 참여율을 낮출 수 있으므로, 중요한 피드백을 얻을 수 있는 핵심적인 문항을 선정합니다.
– **익명성 보장**: 학부모들이 자유롭게 의견을 낼 수 있도록 설문이 익명으로 진행된다는 점을 명시하면 더 많은 피드백을 받을 수 있습니다.

이와 같은 방법으로 구글 설문지에서 학부모 만족도 설문을 작성하면, 행사에 대한 자세한 피드백을 받을 수 있고, 향후 행사 개선에 유용한 정보를 얻을 수 있습니다.

구글 스프레드시트에서 챗GPT 사용하기(유료 확장 프로그램 X)

구글 스프레드시트에서 챗GPT를 사용하면 좋은 점이 무엇일까요? 우선 챗GPT는 프롬프트에 입력하는 텍스트와 그 응답으로 이루어지는 대화로 이루어집니다. 한 주제에 관해서 꼬리에 꼬리를 물고 깊이를 더해가며 대화할 수 있습니다. 그러나 반대로 여러 주제에 대해서 동시에 다루기는 어렵습니다. 반면에 구글 스프레드시트는 셀과 테이블 단위로 구성되었습니다. 챗GPT를 구글 스프레드시트와 연결하여, 각각의 셀 또는 열에 작용하는 하나의 함수로써 동시에 여러 셀, 범위에 적용시키면 동시에 다중적인 응답을 얻을 수 있습니다. 게다가 애초에 학습데이터는 스프레드시트 형태에 저장하고 관리하기 쉽기 때문에, 이미 학습데이터가 저장되어있는 곳에서 바로 챗GPT를 통해 데이터를 가공할 수 있다면 더 큰 시너지가 발생할 수 있게 됩니다.

그리고 자격증이 없는 일반 사람들에게는 학습데이터를 정리하는 과정이 무척 어렵습니다. 그런데 챗 GPT를 이용하면 복잡한 함수를 이용할 필요 없이, 우리가 일상적으로 사용하는 말로 데이터를 가공하는 명령을 내릴 수 있기 때문에 비전문가도 충분히 데이터를 가공하고 활용할 수 있습니다. 이어지는 과정을 통해서 스프레드시트에서 챗GPT를 붙여 이용하는 과정을 살펴보시고 더욱 발전시켜 응용하실 수 있기를 기대합니다.

2023년 중순 이전까지만 해도 챗GPT를 엑셀에 이용하거나, 스프레드시트에 연결하여 이용하는 확장 프로그램들을 무료로 이용할 수 있는 경우가 많았습니다. 하지만 어느정도 이용자 유입이 되고 나면 수익화 전략으로 전환되어 대부분의 경우 현재로서는 유료화를 앞두고 있거나 이미 유료인 경우가 많습니다. '챗GPT를 유료로 이용하고 있으니 상관없는 것 아닌가?'라고 생각하실 수도 있지만, 그렇지 않습니다. 챗GPT를 유료 버전으로 이용하는 것과 별개로 해당 확장 프로그램의 이용료를 따로 지불해야합니다. 물론 확장 프로그램 개발자가 해당 환경을 구축해놓은 시간과 에너지 그리고 지식 재산적 비용을 감안하면 당연히 대가를 지불받아야 함이 마땅합니다. 그러나 저자는 속이 좁아 그런지 챗GPT 유료 버전을 쓰는 것도 속상해 하고 있었기 때문에 추가 프로그램 구입 비용을 들이고 싶지 않았습니다. 그래서 스스로(그리고 챗GPT와 함께) 방법을 찾아보다 구글 스프레드시트에 챗GPT를 확장 프로그램 없이 직접 연결하는 방법을 발견할 수 있었습니다. 이 과정에서 챗GPT의 도움을 많이 받았습니다. 방법을 알려주고 코드를 작성해주는 역할을 꼼꼼하게 도와주었습니다. 코딩 한 줄 할 줄 모르는 비전공자로서, 코딩 없이 챗GPT와의 대화를 통해 이 작업을 실현할 수 있음에 무척 놀랐습니다. 깊이 있는 프로그래밍까지는 접근할 수 없겠지만, 이 책에서 다루는 간단한 정도의 작업은 조금만 익히면 누구나 쉽게 접근할 수 있습니다.

API 개념 이해하기

API는 두 소프트웨어가 서로 '소통'할 수 있도록 돕는 다리와 같습니다. 현재 상황과 같은 경우는, 구글 스프레드시트와 챗GPT를 연결하여 데이터를 주고받게 할 때, API는 중간에서 필요한 정보를 요청하고 결과를 전달해주는 역할을 합니다. API를 잘 이해하면, 구글 스프레드시트에서 챗GPT를 더욱 효율적으로 활용할 수 있는 토대가 됩니다. 예를 들어, 구글 스프레드시트에서 API를 사용하여 챗GPT 데이터를 보내면, 챗GPT는 응답을 반환합니다. 이 과정에서 API는 마치 두 프로그램 간의 메신저처럼 작동하여 요청과 응답을 주고받을 수 있게 해주는 것이지요.

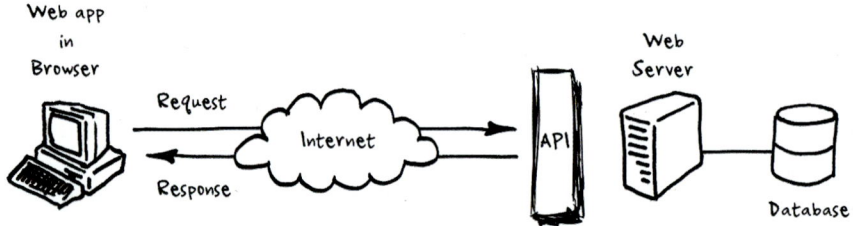

▲ API 이해하기 _ 출처: http://sahilsk.github.io/articles/so-youre-writing-api-client

> **뿌리샘 꿀팁** ▶ API란 무엇인가?
>
> API는 Application Programming Interface의 줄임말로, 두 프로그램이 서로 데이터를 주고받을 수 있게 해주는 인터페이스입니다. 구체적으로는, 한 프로그램에서 다른 프로그램에 특정 작업을 요청할 때 필요한 규칙이나 명령어를 포함합니다. API는 두 애플리케이션이 서로 통신할 수 있는 프로토콜을 제공합니다.

챗GPT의 API 키 생성하기

챗GPT의 API 기능을 활용하기 위해서는 API 키가 필요합니다. API 키는 우리가 특정 계정으로 챗GPT에 접근할 수 있도록 해주는 일종의 '비밀 열쇠'이기 때문에, 이 키는 외부로 노출되면 보안상의 문제가 발생할 수 있으니 유의해야 합니다. 이어지는 단계를 통해 OpenAI에서 API 키를 발급받고 구글 스프레드시트에 연결하는 과정을 살펴보겠습니다.

OpenAI에 로그인하기

우선 OpenAI 홈페이지에 접속해야 합니다. ❶검색창에 "OpenAI"를 입력합니다. OpenAI 아래로 몇 가지 링크가 나타납니다. 그중 가장 아래에 보이는 ❷[Login]을 클릭합니다.

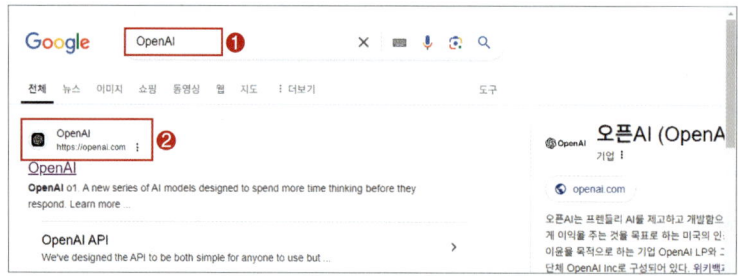

❶로그인 후 [API]를 클릭하면 OpenAI의 개발자 플랫폼 화면으로 이동할 수 있습니다. 이때 우측 상단의 ❷[Dashboard]를 클릭합니다.

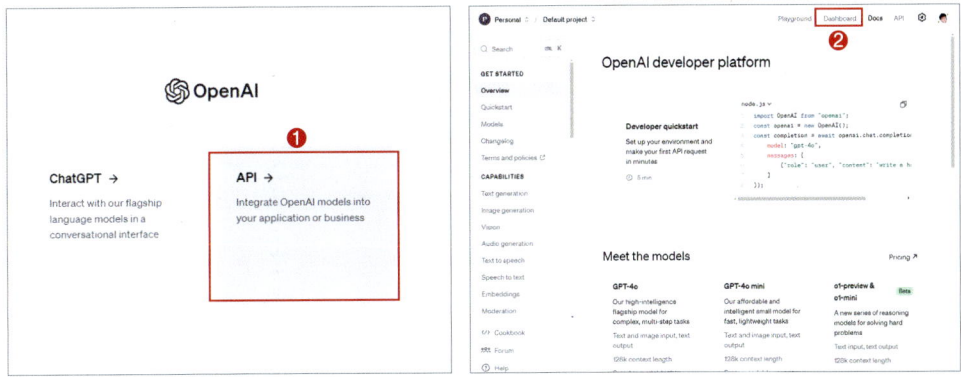

▲ OpenAI 개발자 플랫폼 화면

API 발급받기

Dashboard 화면에서 좌측 탭의 가장 하단에 있는 ❶[API keys]를 클릭합니다. ❷[Create New Secret Key] 버튼을 클릭하여 새로운 API 키를 생성합니다. 생성된 API 키는 창에 나타나며, 이 키는 다시 확인할 수 없으므로 복사하여 안전한 곳에 저장해 둡니다.

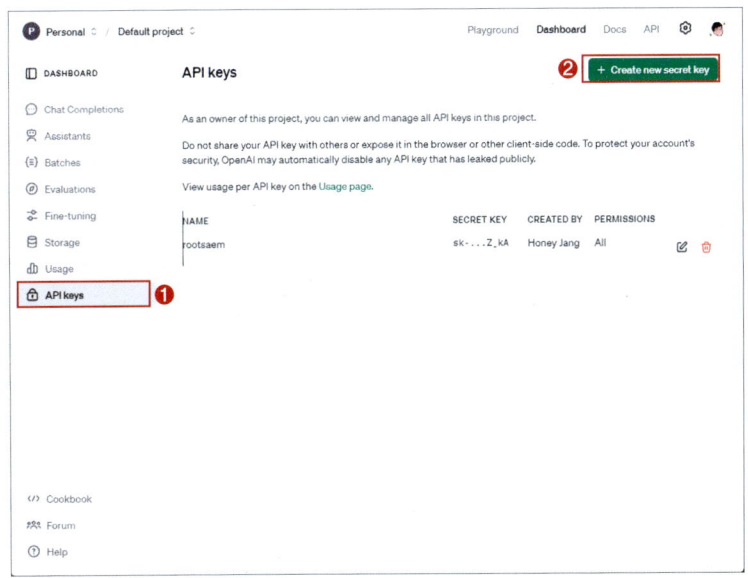

새로운 API 키의 이름을 정할 수 있는 팝업이 나타납니다. 책에서는 ❶'MyGPT'라고 입력하고 진행하겠습니다. 'Name'아래의 빈칸에 이름 입력을 마쳤으면 우측 하단의 ❷[Create Secret Key]를 클릭합니다. 이제 다른 프로그램과 내 GPT를 연결해줄 수 있는 API 키가 생성됩니다.

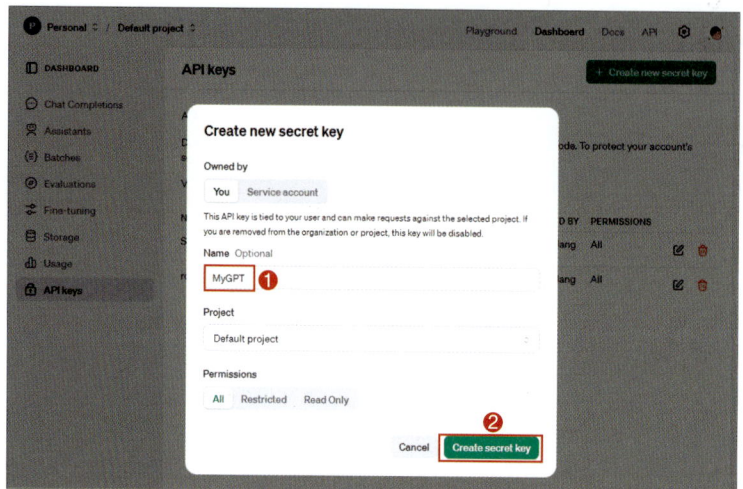

'Save your Key'라는 문구와 함께 팝업이 나타났습니다. 그리고 주의할만한 문구도 있습니다. 볼드 처리된 부분을 읽어보면, "you won't be able to view it again"이라고 되어 있습니다. 앞으로 다시는 이 API 키를 조회할 수 없다는 뜻이죠. API 키는 혹시라도 사람들에게 유출되면 큰 피해로 돌아올 수 있기 때문에 반드시 보안에 유의해야 합니다. 팝업에서 ❸[Copy] 버튼을 눌러 보이는 API를 메모장에 잘 복사에서 저장합니다.

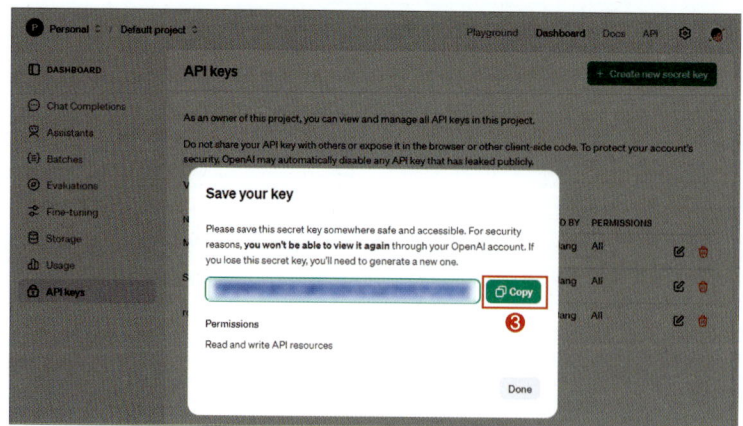

그러나 안타깝게도 API Key를 발급받은 것만으로 API를 이용할 수 있지는 않습니다. API를 이용하면 적지만 비용이 발생하기 때문에 비용을 지불할 수 있도록 카드를 등록하거나 선불로 일부 비용을 결제해 놓아야 합니다. 다행인 점은 챗GPT의 API Key를 처음 발급받으면 $5의 무료 크레딧이 지급되기 때문에, API Key를 이번에 처음 생성하신 분이라면 굳이 결제하실 필요는 없습니다. 무료 크레딧의 유효기간은 API Key 최초 발급일로부터 3개월이며, 3개월이 지나면 만료되어 남은 양이 있어도 사용이 불가능합니다. 혹시 과거에 발급받으신 적이 있고 현재는 무료 크레딧이 만료되었다면 결제 수단을 등록하고 직접 크레딧을 구매해야 합니다.

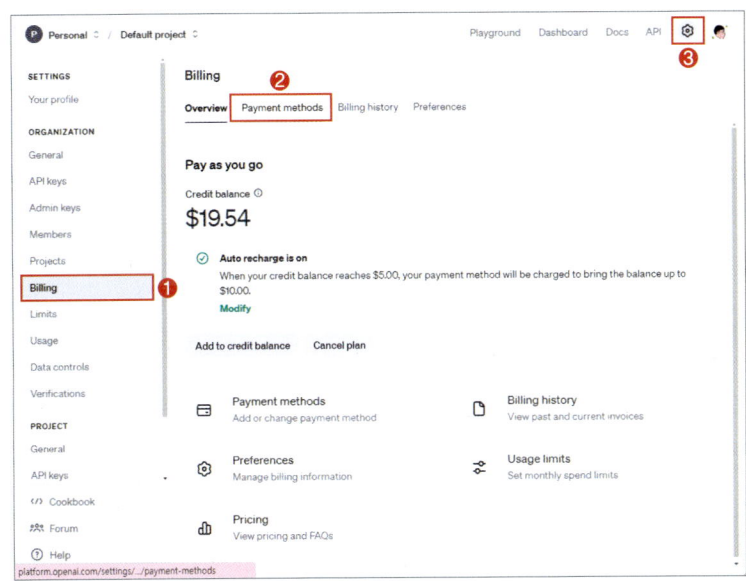

▲ 무료 크레딧 소진, 만료시 결제 필요

유료 확장 프로그램 없이 구글 스프레드시트에 챗GPT API 연결하기

챗GPT와 구글 스프레드시트를 연결해 줄 통로인 API는 작성이 완료되었습니다. 이제 구글 스프레드시트에서는 챗GPT와 연결되기 위한 준비가 필요합니다. 챗GPT의 API와 연결되는 창구를 다지는 작업은 구글 스프레드시트의 Apps Script를 이용하겠습니다. 크롬 브라우저를 열고 검색창에 sheet.new를 입력하여 새 스프레드시트를 만듭니다. 새 스프레드시트 창에서 상단 탭의 ❶[확장 프로그램]을 클릭합니다. 그리고 ❷[Apps Script]를 클릭합니다.

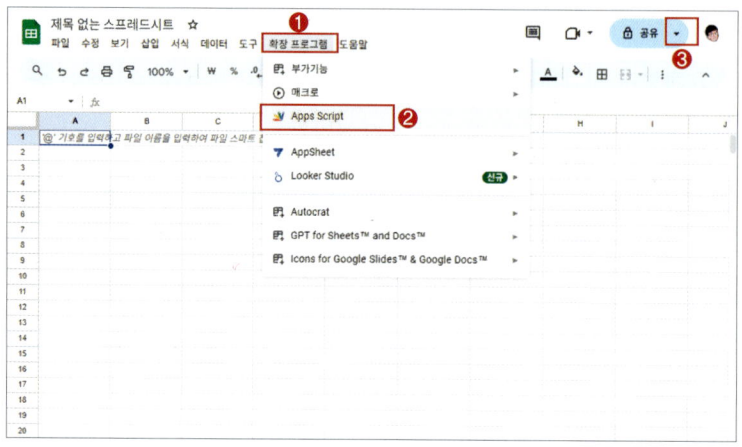

구글 스프레드시트의 Apps Script는 스프레드시트의 기능을 확장하고 자동화할 수 있는 JavaScript 기반의 스크립팅 언어입니다. 구글 클라우드 환경에서도 작동하기 때문에 Apps Script를 잘 활용하면 지메일, 구글 드라이브, 구글 캘린더 등의 구글 워크스페이스 도구들을 연계하여 자동화 시스템을 구축할 수도 있습니다. 책에서는 이 Apps Script를 활용해 구글 스프레드시트와 OpenAI를 연결하겠습니다. Apps Script에 들어가면 현재는 기본 코드만 들어가 있고 거의 비어있습니다. 여기에 미리 준비한 코드를 붙여넣겠습니다. 해당 코드는 크롬 브라우저 주소창에 "joo.is/GPT연결하기"라고 입력하시면 확인할 수 있습니다.

주소창에 joo.is/GPT연결하기를 입력하였다면, "구글 스프레드시트에서 챗GPT 이용하기(Apps Scripts 코드)"라는 구글 문서로 이동하게 됩니다. 본 문서를 이용하는 방법은 다음과 같습니다.

> **이용 방법**
>
> 아래에 노랗게 음영처리한 부분을 고유 API 키를 이용해서 수정하시면 됩니다. YOUR_OPENAI_API_KEY 를 지우고 복사한 API 키를 붙여넣기하면 정상적으로 작동합니다. 구글 스프레드시트에서 [확장 프로그램] – [App Script]의 경로로 들어가고, 기본적으로 들어가 있는 내용을 모두 지운 뒤 아래 내용을 입력하면 됩니다.

다음과 같이 노란색으로 음영처리한 부분이 보이실 겁니다. ❶"YOUR_OPENAI_API_KEY"라고 되어있는 부분에는 조금 전에 API key를 발급받으면서 메모장에 적어두었던 그 API key를 넣으면 됩니다.

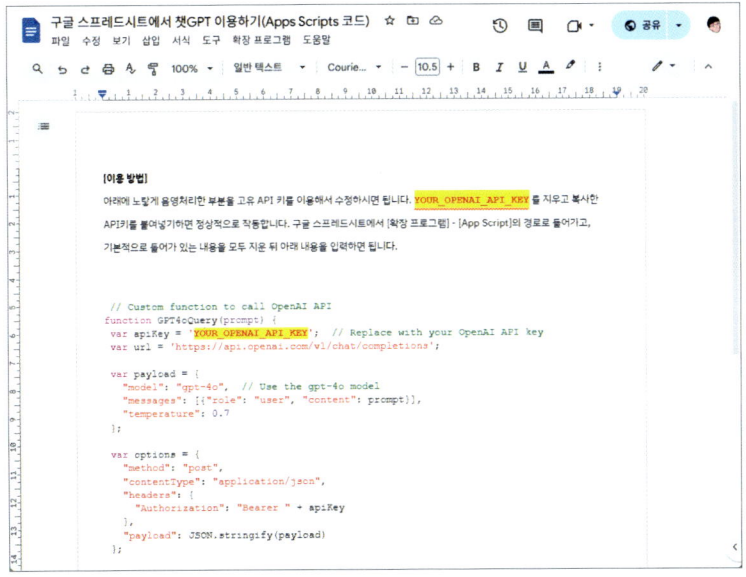

그리고 [이용 방법] 아래에 있는 내용을 모두 복사하여 기존 Apps Script에 있던 내용을 모두 지우고 새로 복사한 내용을 붙여넣기 하면 구글 스프레드시트에서 챗GPT를 연결하여 사용할 준비가 끝나게 됩니다.

```
// Custom function to call OpenAI API
function GPT4oQuery(prompt) {
  var apiKey = 
'███████████████████████████████████████████████████'; // Replace with your OpenAI API key
  var url = 'https://api.openai.com/v1/chat/completions';

  var payload = {
    "model": "gpt-4o",  // Use the gpt-4o model
    "messages": [{"role": "user", "content": prompt}],
    "temperature": 0.7
  };

  var options = {
    "method": "post",
    "contentType": "application/json",
    "headers": {
      "Authorization": "Bearer " + apiKey
    },
    "payload": JSON.stringify(payload)
  };

  try {
    var response = UrlFetchApp.fetch(url, options);
    var json = JSON.parse(response.getContentText());
    return json.choices[0].message.content.trim();
  } catch (error) {
    return "Error: " + error.message;
  }
}

// Wrapper function for custom formula
function GPT4o(prompt, cellValue) {
  var combinedPrompt = prompt + " " + cellValue;
  return GPT4oQuery(combinedPrompt);
}
```

> **뿌리샘 꿀팁** Apps Script 내용 중 temperature는 무엇일까?
>
> Apps Script 코드를 보면 중간에 temperature가 있습니다. 이는 응답의 창의성이나 무작위성을 조절하는 매개변수입니다. 값이 0에 가까울수록 더 확실하고 일관된 응답을 생성하며, 1에 가까울수록 더욱 창의적이고 다양성 높은 응답을 생성합니다. 현재 0.7로 되어있습니다. 이 정도면 어느 정도 창의성을 가지면서 중간 정도의 일관성을 유지하는 정도라고 볼 수 있습니다.

이렇게 Apps Script를 입력하면, 스프레드시트에서 사용할 수 있는 함수가 하나 더 생기게 됩니다. 바로

=gpt4o(" A " , B)

입니다. A와 B에는 각각 다음과 같은 내용을 입력하면 됩니다.

A	챗GPT에게 요청할 명령어를 입력합니다. 대부분의 명령어는 큰 따옴표("")안에서 작동합니다. 또는 큰 따옴표 안에 모든 내용이 들어가 있는 셀을 지정해도 작동합니다.
B	명령어를 수행하며 참고할 셀 또는 범위에 해당합니다.

그럼 스프레드시트로 돌아와서 정말 스프레드시트에서 챗GPT를 활용할 수 있는지 확인해보도록 하겠습니다.

A1셀에 '토마토'라고 입력하겠습니다. 그리고 A2셀을 클릭한 다음, 함수로 다음과 같이 입력하겠습니다.

=gpt4o(" 임산부를 위해 이것으로 할 수 있는 요리는 무엇인지 알려줘 ", A1)

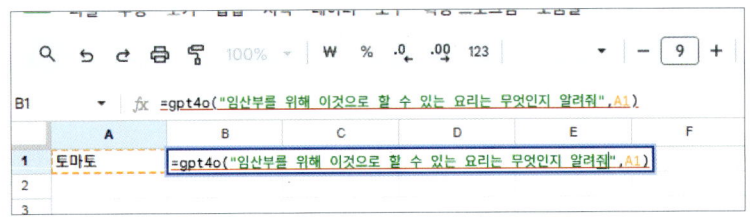

조금 시간이 지나자 A2셀에서 '토마토'를 참고한 챗GPT의 응답을 확인할 수 있었습니다. 이제 이 스프레드시트에는 챗GPT를 사용할 수 있게 되었습니다. 다른 스프레드시트에서도 =gpt4o() 함수를 이용하고 싶다면 Apps Script에서 코드를 복사해 다시 붙여넣기 하면 됩니다.

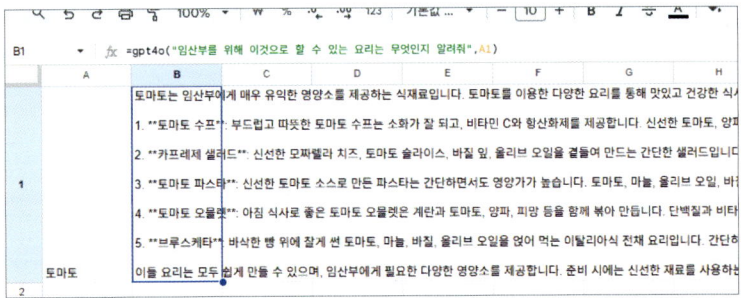

이제 스프레드시트에서 GPT를 이용할 수 있도록 준비했으니 예제들을 통해 학교 현장에서 어떻게 이 기능을 활용할 수 있을지 알아보도록 하겠습니다.

> **뿌리샘 꿀팁** 부가기능 결제해 다양한 GPT 함수 이용하기 (유료)
>
> 구글 스프레드시트에서는 챗GPT가 연결된 부가기능을 설치할 수 있습니다. 대부분의 부가기능들이 시트의 데이터들을 더 쉽게 정리할 수 있는 함수들을 담고 있습니다. GPT를 이용하여 유사한 데이터를 매칭하는 함수라거나 웹에서 검색하게 한다거나 표를 만들거나 분류하는 등의 함수를 미리 구성해 놓았습니다. 스프레드시트 뿐만 아니라 엑셀, 워드, 구글 문서 등에도 적용할 수 있도록 지원하는 부가기능들도 있습니다. 무료 체험기능으로 몇 가지 체험해보면 '우와, 정말 편하겠다'라는 생각이 자연스럽게 듭니다. 다만, 그림처럼 이용하는 토큰 수만큼 비용을 지불해야 합니다. 게다가 OpenAI에서 API를 가져와 연결하며 발생하는 비용은 별도입니다. 가격을 떠나 비용이 들어간다는 것 자체에 부담을 느끼실 수도 있습니다.
>
> 그러나 생각보다 비용이 크게 들지는 않습니다. 예시로 보여드리는 부가기능 GPT for Sheet and Docs는 97M 토큰당 $29(한화, 약 3만 5천원)로 책정되어있습니다. 이용 용량에 제한이 되어있는 것처럼 보여서 계속해서 비용이 청구될 것만 같아 걱정될 수 있지만, 사실 업무상 학습데이터를 자주 다루지 않는 일반적인 교사라면 97,000,000개의 토큰을 이용하는 데에 정말 상당한 시간이 걸릴 것입니다. 100만 토큰은 한글 기준 약 200만 글자 내외입니다. 그러므로 97,000,000개의 토큰은 한글 기준 약 1억 9,400만 글자를 인출해야 모두 소진되는 양입니다. 아마 꽤 오랜 날 동안 추가 결제하는 일은 없을 것이라 생각됩니다. 무조건 유료결제는 피하겠다는 마음보다는 우선 책에서 안내하는 방법대로 API 연결만으로 할 수 있는 작업을 확인해보시는 것을 추천합니다. 충분히 써보신 후에, 추가 기능들의 필요성을 느끼신다면 그때 결제하더라도 늦지 않습니다.
>
>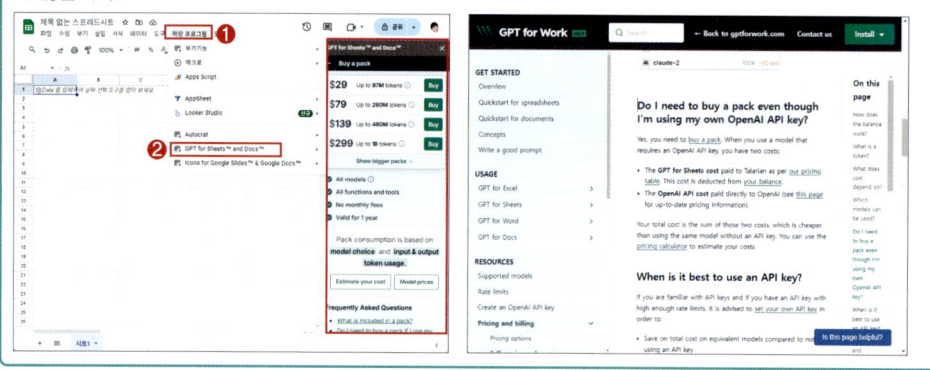

수집한 핸드폰 번호 정리하기 with 챗GPT

학교에서 업무를 하다보면 종종 핸드폰번호를 수집하게 되는 경우가 있습니다. 학교 행사를 안내한다든지, 비상 상황 발생시 연락한다든지, 계절별 캠프 및 특별활동을 안내하는 등 여러 상황에서 핸드폰 번호를 수집하는 경우가 있습니다. 보통 구글 설문지, 네이버 폼, 마이크로소프트 폼즈 등을 이용해서 이름, 핸드폰 번호 등을 수집하게 됩니다. 그런데 이때, 특히 핸드폰 번호의 경우 일정한 형식으로 입력하지 않고 다양한 형식으로 입력하는 경우가 있어 정리하기에 다소 번거로워질 때가 있습니다. 이때 챗GPT의 함수를 이용해 한 번에 쉽고 깔끔하게 형식을 통일시킬 수 있습니다. 예제를 통해 알아보겠습니다. 아래 QR코드로 확인하시거나 단축 URL을 이용해 접속할 수도 있습니다. 책 관련 실습 예제 파일들은 책 6~7쪽 "독자지원센터"를 참조해서 다운로드 받을 수 있습니다.

▲ 핸드폰번호 정리 예제, 단축 URL: joo.is/hxqurso

'[예제] 핸드폰 번호 정리'에서는 [확장 프로그램]-[Apps Scrips]를 통해서 챗GPT와 연결해 놓은 상태입니다. 독자님들도 직전 과정에서처럼 API key를 이용해 예제의 스프레드시트에도 챗GPT가 연계될 수 있도록 준비한 후 참여해주시길 바랍니다.

현재 예제 파일을 보면 핸드폰 번호의 형식이 들쭉날쭉입니다. /로 번호가 나누어져 있거나, - 로 나뉘어 있기도 하고 그냥 스페이스바로 띄어진 것도 있습니다. 이것들을 일일이 수작업으로 정리한다면 굉장히 오랜 시간이 걸릴 수 있습니다. 지금 예제로 든 인원이 20명이라 다행이지만 만약 200명이라면 소모되는 시간이 상당히 늘어날 수 있습니다. 우리는 이 상황을 챗GPT를 이용해서 빠르게 해결해보겠습니다.

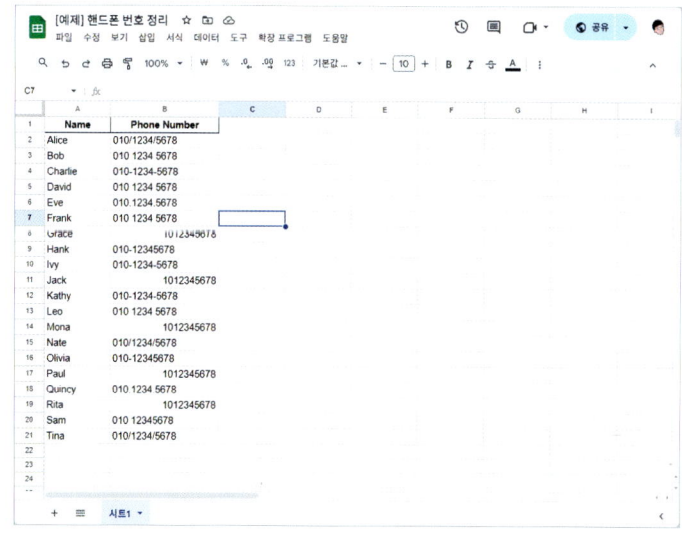

우선 핸드폰 번호가 정리되어 표시되기를 바라는 셀의 위치를 클릭합니다. 열 제목의 아래에 위치하는 C2 위치를 클릭하고 GPT 함수를 입력하겠습니다. =gpt4o(" ",) 함수에서 큰 따옴표("")안에는 내가 원하는 바가 담긴 프롬프트를, 쉼표 우측에는 챗GPT가 참고하길 바라는 셀을 적습니다. 함수를 입력하고 프롬프트를 요청해보겠습니다. 그리고 그 결과, 좌측 셀에 있던 핸드폰 번호가 바르게 정리된 것을 보실 수 있습니다.

=gpt4o("핸드폰 번호를 000-0000-0000의 형식으로 정리해. 다른 말은 적지말고 핸드폰 번호만 적어",B2)

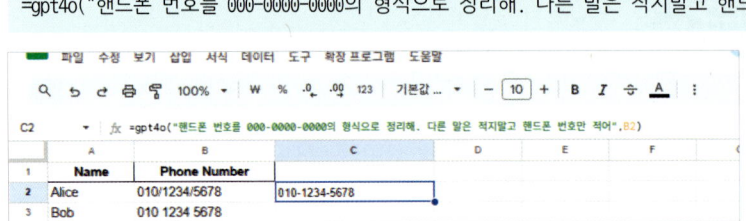

이제 나머지 행의 핸드폰 번호도 바꾸면 됩니다. 그런데 이때 선택한 셀의 우측 아래에 보인는 파란 점을 클릭한 채로 아래로 드래그해서 내리면 위에서 적용되었던 함수의 규칙이 아래로 내려오며 함께 그리고 동시에 적용되는 것을 볼 수 있습니다.

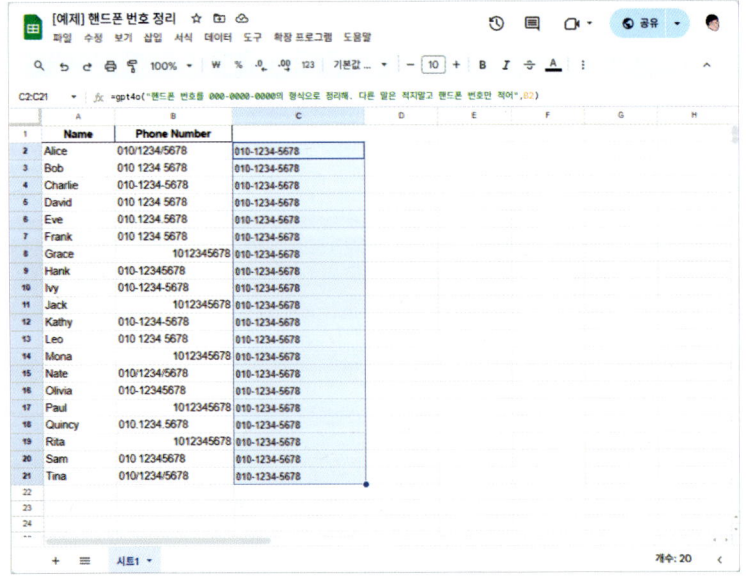

스프레드시트를 통하지 않고 챗GPT를 이용해 핸드폰 번호를 원하는 형식으로 수정할 수도 있을 겁니다. 하지만 그럴 경우 일일이 물어보거나 테이블을 복사해서 묻고 다시 옮겨 적거나 하는 등의 번거로움이 발생합니다. 이렇게 스프레드시트에서 작업하면 화면을 옮겨 다닐 필요 없이 바로 작업할 수 있어서 편리하기도 합니다.

> **뿌리샘 꿀팁** 스프레드시트에서 GPT를 불러올 때, 참조하는 셀 지정하지 않을 수 있나요?
>
> 지금까지 보여드렸던 GPT 이용 방법은 큰 따옴표 안에 프롬프트를 입력하고, 참조할 셀이나 범위를 지정하여 참조한 셀이나 범위에 대해서 챗GPT가 프롬프트에 적힌 명령을 수행하는 형식이었습니다. 그런데 반드시 참조할 것이 있어야 작동하는 함수는 아닙니다. 무언가를 참조하지 않고 챗GPT의 응답을 바로 이용하고자 한다면 =gpt4o(" ")으로 사용하면 됩니다.

> **뿌리샘 꿀팁** 챗GPT는 내 계정의 메모리를 반영하나요?
>
> 이때 챗GPT는 gpt4o 모델을 통해서 응답하기는 하지만, 웹이나 설치형 버전에서 이용하는 챗GPT의 응답과는 조금 다릅니다. 스프레드시트에 연결된 챗GPT는 계정의 메모리 정보를 가져오지 않기 때문입니다. 스프레드시트에서 불러오는 챗GPT는 계정의 메모리나 맞춤 설정의 지침을 반영하지 않은 초기 상태에서 응답하게 됩니다. "내 이름이 뭐야?"라는 질문에, 웹 버전과 스프레드시트 버전은 서로 다른 답을 보여줍니다.

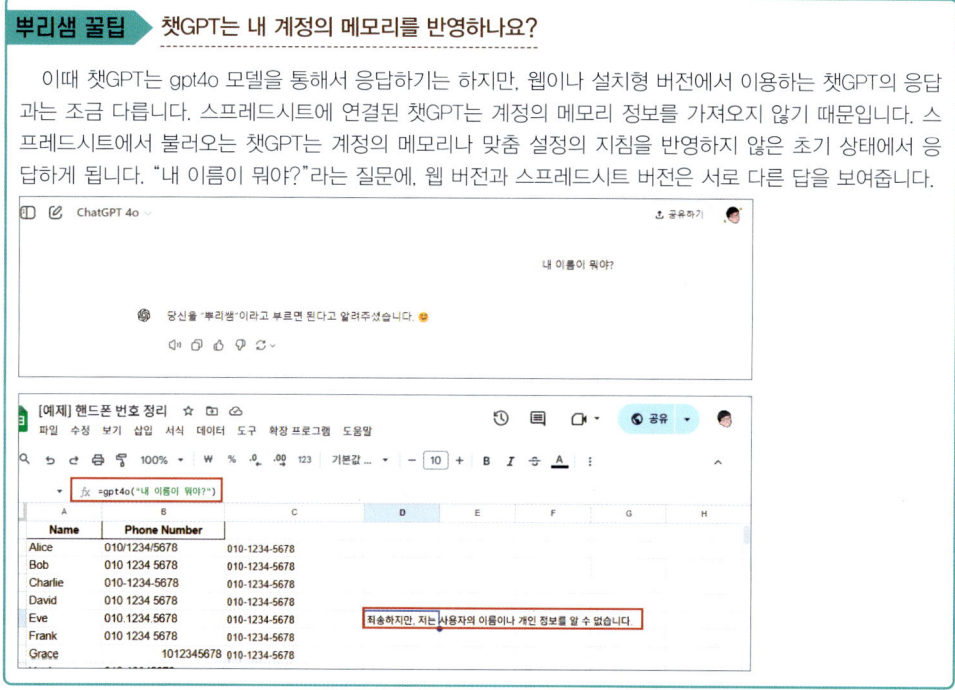

다문화 학부모와 소통을 위해 여러 언어로 한 번에 번역하기 with 챗GPT

'다문화 학생 20만 시대'[29]라고 합니다. 교육기본통계에 따르면 국내 초·중·고교생은 2022년(4월 1일 기준) 542만 6천 956명에서 2023년 526만 1천 818명으로 6만 5천 138명 줄었습니다. 저출생 현상으로 국내 초·중·고교생 수가 꾸준히 감소하는 것이지요. 반면에 다문화 학생 수는 같은 기간 16만 8천 645명에서 18만 1천 178명으로 1만 2천 533명(7.4%) 증가했습니다. 이러한 추세라면 2025년에는 20만명에 이를 것이라고 합니다. 아직 전체 비중으로 보면 적어보일 수도 있지만, 농어촌 지역으로 갈수록 그 비율은 높게는 15%까지 치솟기도 합니다.

비율로 보면 여전히 적을 수 있지만, 특히 농어촌 지역에서는 다문화 학생 비율이 15%에 달하기도 합니다. 이에 따라 다문화 학생 및 학부모와의 소통이 더욱 중요해지고 있습니다. 다양한 국적의 학생들이 한 교실에 모이면서 한국어 능숙도에 따라 학교 행사나 체험학습, 설문조사 등에서 어려움이 발생하기도 합니다. 이를 해결하기 위해 교사들은 종종 구글 번역기를 활용해 의사소통을 시도하지만, 국적별로 일일이 번역해야 하는 번거로움이 존재합니다. 예를 들어, 한 학급에 일본, 태국, 중국, 러시아 국적의 다문화 학생이 있다면, 동일한 내용을 여러 번 번역해야 하는 상황이 발생합니다.

이러한 불편함을 해결하기 위해 구글 스프레드시트와 챗GPT를 활용하면 동시에 다양한 언어로 번역된 자료를 손쉽게 얻을 수 있습니다. 이제 이 과정을 함께 살펴보겠습니다. 참고로, 이어지는 과정은 API가 연결된 스프레드시트에서 이루어집니다. API 연결이 안 된 스프레드시트에서는 =gpt4o("",) 함수가 작동하지 않습니다.

우선, OpenAI의 API가 연결된 구글 스프레드시트를 엽니다. 그리고 A1 셀의 너비와 높이를 조정하겠습니다. 이곳에 챗GPT에게 명령할 프롬프트를 입력합니다. A1 셀이 프롬

---

[29] 다문화학생 20만 시대…"국내출생 많아 '내국인관점' 정책 필요", 연합뉴스

프트의 역할을 하도록 구성하겠습니다. 이때 프롬프트 내용은 큰 따옴표("") 안에 적어야 작동하니 작성하시면서 꼭 검토해주시길 바랍니다. 책에서는 다음과 같이 입력하겠습니다.

"입력한 텍스트를 희망언어로 번역해줘. 다른 말은 넣지 말고 번역한 말만 넣어"

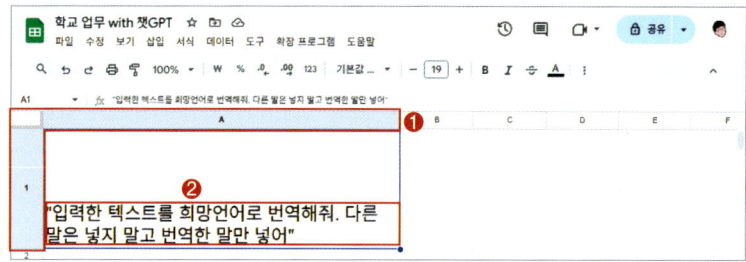

한국어로 입력한 텍스트가 다른 나라의 언어로 번역될 수 있도록 각각의 내용이 들어갈 칸을 만들도록 하겠습니다. '한국어 텍스트', '희망 언어', '번역된 텍스트'라는 열 제목을 만들고, 필요한 내용은 그 아래에 입력하는 방법으로 구성합니다.

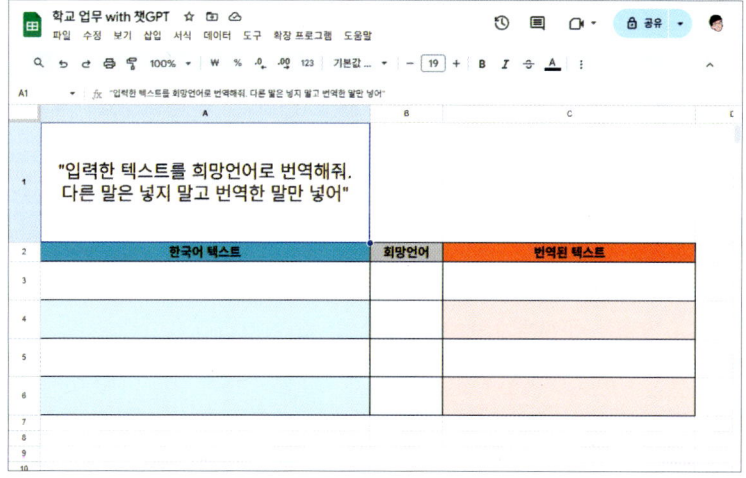

이제 번역하고자 하는 텍스트를 좌측 '한국어 텍스트' 열의 아래에 입력합니다. 예제에서는 현장 체험학습 일정을 원만하게 운영하기 위해 늦지 않게 학생이 등교할 수 있도록 지도를 당부하는 말을 요청하겠습니다. '한국어 텍스트' 해당 내용을 입력하고, 우측 열에 번역하기를 희망하는 언어를 넣습니다.

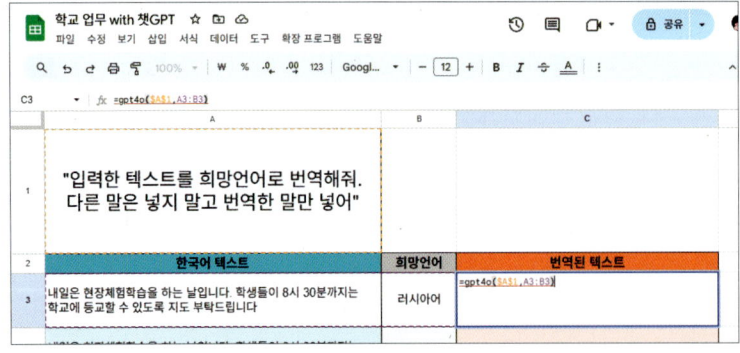

이제 GPT함수를 이용할 차례입니다. 번역된 텍스트가 나타나기를 희망하는 셀을 선택합니다. 본 도서에서는 C3 셀을 클릭하였습니다. 이곳에 아래와 같은 함수를 입력합니다.

=gpt4o(A1,A3:B3)

$를 이용하여 셀의 위치를 표시하는 것을 '절대 참조'라고 합니다. 이렇게 절대 참조를 이용하여 셀의 위치를 표현하면 참조할 셀의 위치를 A1으로만 고정할 수 있어, 함수를 복사하여 다른 곳에 옮기더라도 A1셀이 계속해서 프롬프트의 역할을 할 수 있습니다. 그리고 지금의 A1셀처럼, 셀 안의 내용이 큰 따옴표와 그 안에 있는 문장들로 구성되어있다면 이렇게 함수에 직접 문장을 적지 않더라도 GPT를 적용시킬 수 있습니다.

챗GPT가 러시아어를 번역해주었습니다. 잘 번역했는지 구글 번역기를 이용해 확인해보도록 하겠습니다. 설정 언어를 러시아어 – 한국어로 맞추고 챗GPT가 번역해준 문장을 입력하니 잘 번역해준 것을 확인할 수 있었습니다.

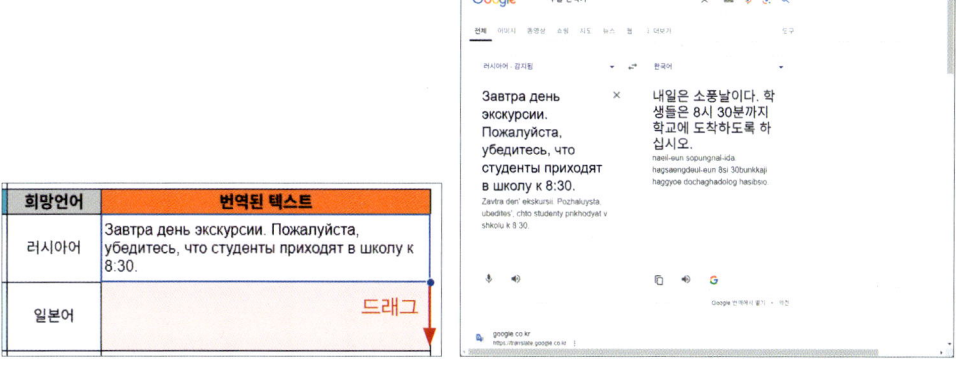

챗GPT가 잘 작동하고 있음을 확인했으니, 나머지 언어도 바로 확인해보겠습니다. 함수가 적용된 셀의 우측 하단의 동그란 파란 점을 클릭하고 아래로 드래그하겠습니다.

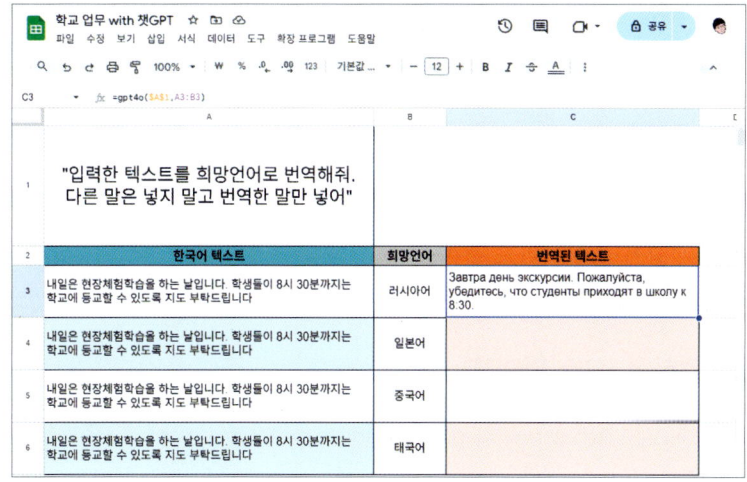

동시에 일본어, 중국어, 태국어로도 번역된 것을 볼 수 있습니다. 각각의 언어 역시 잘 번역되었음을 확인할 수 있었습니다.

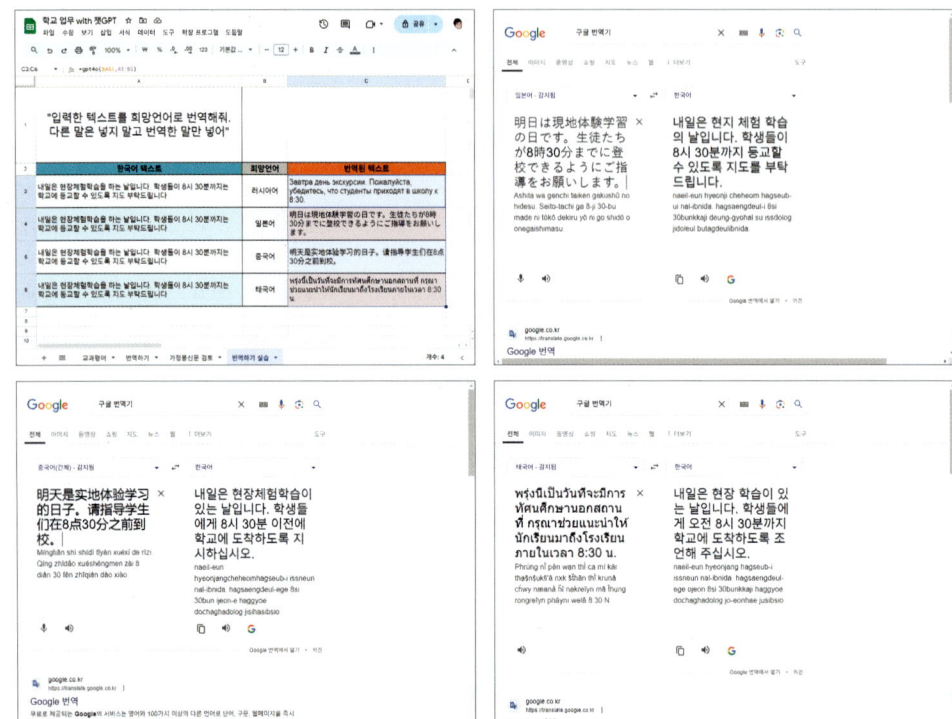

다문화 학생들이 많아지며 동시에 여러 나라의 언어로 번역해야 하는 상황들이 점점 늘어나는 것 같습니다. 교육주체간의 소통이 중요한 요즘, 소통의 가치가 번역의 번거로움으로 인해 덩달아 번거로운 일이 되어버리지 않기를 바랍니다. 챗GPT를 활용한 다중언어 동시 번역 기능이 소통의 부담을 조금이라도 줄여줄 수 있기를 바랍니다.

가정통신문 온도 점검하기 with 챗GPT

가정통신문은 교육주체가 의사소통하는 주요 수단 중 하나입니다. 학교는 가정통신문을 통해 학사 일정이나 주요 행사에 대한 내용을 안내하여 학부모들이 자녀의 학교 생활을 이해하고, 필요할 때 적극적으로 지원할 수 있도록 도와주는 도구입니다.

그런데 가정통신문은 대부분 텍스트로만 구성된 문서이기 때문에, 간혹 딱딱하고 불친절하게 작성되면 그것을 보는 학부모의 입장에서는 학교와 소통이 원활하지 않다는 느낌을 받을 수 있습니다. 학교가 전달하는 내용이 명확하지 않거나 명령적인 어조로 작성된 것처럼 느껴진다면, 학부모들은 자신이 단순히 지시를 받는 대상이라고 느낄 수도 있습니다. 그래서 평소 작성하는 문서의 글이 딱딱하거나, 불친절한 것 같다는 피드백을 받아본 적이 있는 선생님들은 가정통신문을 작성하는 일이 스트레스라며 토로하시기도 합니다.

그렇다면 이때 챗GPT의 도움을 받아보는 건 어떨까요? 챗GPT를 활용해 가정통신문의 어조를 점검하고, 친절하고 따뜻하게 개선할 수 있다면 가정통신문을 작성하는 스트레스도 줄일 수 있고, 그것을 보는 학부모의 입장에서도 학교에 대해 더욱 호감과 신뢰를 가질 수 있게 될 것입니다. 이번에도 스프레드시트 안에서 챗GPT의 도움을 받아보겠습니다.

번역기능을 활용했을 때처럼, 절대참조를 이용하면 한 셀을 '프롬프트 입력하는 용도'로 이용할 수 있었습니다. 프롬프트에는 상황에 따라 필요한 말을 자유롭게 넣을 수 있는 만큼, 이 방법은 다양하게 활용될 수 있습니다. 가령 '가정통신문의 온도 점검하기'와 같이 말입니다. 이번에도 A1 셀을 프롬프트를 입력하는 셀로 이용하겠습니다. A1셀에는 다음과 같이 입력합니다.

"나는 학부모에게 발송될 가정통신문을 작성하는 중이야. 발송되는 문구를 검토하여 재작성해. 부정적인 말이나, 딱딱한 표현이 있다면 친절한 가정통신문이 될 수 있도록 다시 써줘. 장소, 일시 등 중요한 내용은 변경하면 안돼. 다른 말은 적지 말고 바로 변경한 내용을 보여줘"

이어서 ❶가정통신문에 들어갈 문구를 적고, 그것을 GPT가 수정한 내용을 볼 수 있는 공간을 구성합니다. 그리고 ❷학부모님께 발송할 가정통신문 내용을 입력합니다.

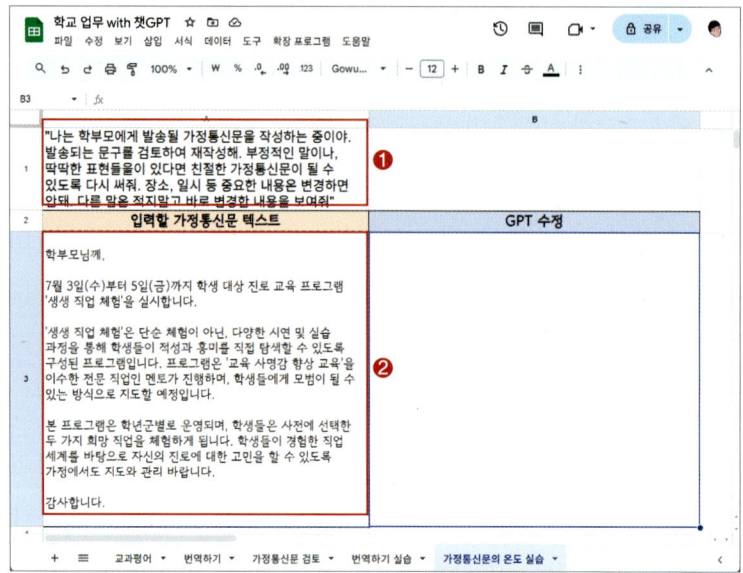

입력된 수정 전 가정통신문의 내용은 다음과 같습니다.

"학부모님께,
7월 3일(수)부터 5일(금)까지 학생 대상 진로 교육 프로그램 '생생 직업 체험'을 실시합니다.
'생생 직업 체험'은 단순 체험이 아닌, 다양한 시연 및 실습 과정을 통해 학생들이 적성과 흥미를 직접 탐색할 수 있도록 구성된 프로그램입니다. 프로그램은 '교육 사명감 향상 교육'을 이수한 전문 직업인 멘토가 진행하며, 학생들에게 모범이 될 수 있는 방식으로 지도할 예정입니다.
본 프로그램은 학년군별로 운영되며, 학생들은 사전에 선택한 두 가지 희망 직업을 체험하게 됩니다. 학생들이 경험한 직업 세계를 바탕으로 자신의 진로에 대한 고민을 할 수 있도록 가정에서도 지도와 관리 바랍니다.
감사합니다."

이제 GPT 함수를 입력해서 위 내용을 수정해보도록 하겠습니다. 입력하는 GPT 함수는 다음과 같습니다. A1 셀의 위치에 있는 내용을 챗GPT 프롬프트에 입력하여 전송하며, 참고할 내용을 A3 셀에있는 내용이라는 의미입니다.

=gpt4o(A1,A3)

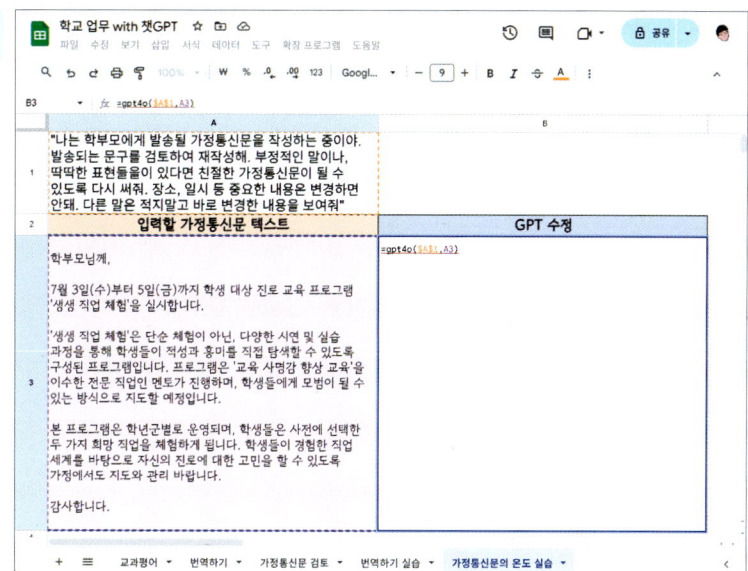

GPT가 수정해준 친절한 가정통신문은 다음과 같습니다. 훨씬 부드러운 언어로 제안하고 있음을 느낄 수 있습니다.

"학부모님께,
7월 3일(수)부터 5일(금)까지 학생들을 위한 진로 교육 프로그램 '생생 직업 체험'이 진행됩니다.
'생생 직업 체험'은 학생들이 다양한 시연과 실습을 통해 적성과 흥미를 직접 탐색할 수 있도록 기획된 프로그램입니다. 이 프로그램은 '교육 사명감 향상 교육'을 이수한 전문 직업인 멘토가 이끌며, 학생들에게 긍정적인 영향을 줄 수 있는 방식으로 진행됩니다.
프로그램은 학년별로 운영되며, 학생들은 사전에 선택한 두 가지 희망 직업을 체험할 기회를 갖게 됩니다. 학생들이 체험한 직업 세계를 바탕으로 자신의 진로에 대해 생각할 수 있도록 가정에서도 따뜻한 관심과 지도를 부탁드립니다.
감사합니다."

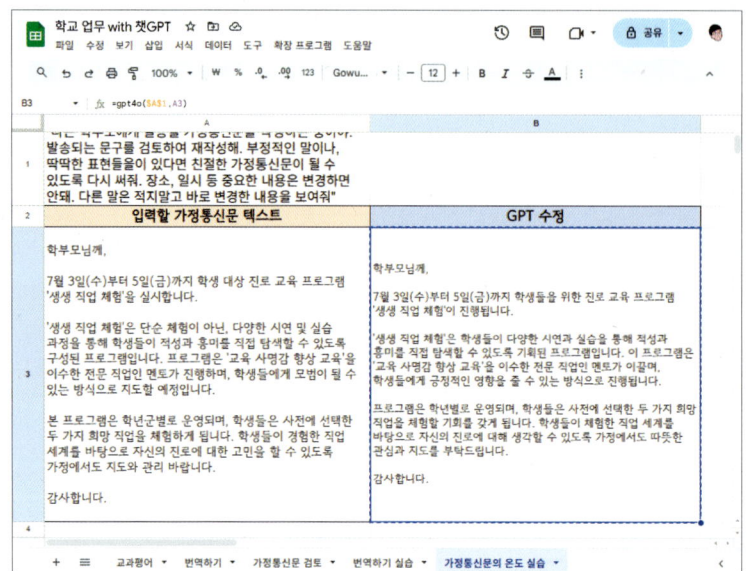

구글 스프레드시트에서 학급 맞춤형 교과 평어 생성하기 with 챗GPT

교사에게 교과 평어와 생활기록부 작성은 가장 번거롭고 힘든 일 중 하나입니다. 우선, 교과 평어는 각 학생의 학습 태도와 성취 수준을 개별적으로 평가해 기록해야 하므로 많은 시간과 세심한 관찰이 필요합니다. 또한, 학기말 종합의견이나 창의적 체험활동과 관련된 기록들은 학생의 학업 외 다양한 측면을 포괄하는 기록으로, 개개인의 성격, 사회성, 생활 태도 등 여러 요소를 담아야 하기에 교사는 매우 다양한 데이터를 분석하고 기록해야 합니다. 모든 학생에 대해 이같이 정밀한 기록을 작성하는 일은 수십 명의 학생을 가르치는 교사에게 시간적·정신적 부담이 큽니다.

이 과정을 챗GPT와 함께하면 훨씬 쉽고 효율적으로 작업할 수 있습니다. 챗GPT는 다양한 예시와 문장 구조를 제공하여 교사가 각각의 학생에게 알맞은 표현을 보다 쉽게 작성할 수 있도록 돕습니다. 예를 들어, 특정 주제를 입력하면 챗GPT가 이를 바탕으로 적절한 평어 문장을 제안하거나, 학생의 행동 특성을 요약하여 생활기록부에 알맞은 표현을 추천해 줄 수 있습니다. 중요한 것은 챗GPT가 생기부의 '초안'을 작성해주기 때문에 생각의 병목현상을 줄일 수 있다는 점입니다. 어떻게 적을지 막막할 때, 관련 단원, 성취기준, 성취수준 그리고 관찰 내용들을 고려해서 작성해준 평어 초안이 있다면 학기말 업무의 부담을 훨씬 줄일 수 있습니다.

이번에는 단원, 성취기준, 성취수준, 관찰내용을 고려한 적절한 교과 평어를 생성해내는 과정을 함께해보도록 하겠습니다. 스프레드시트에서 챗GPT를 사용하기 때문에 여러 학생들의 교과평어를 동시에 생성할 수 있는 장점을 느껴보시길 바랍니다.

교과 평어를 입력하기 위한 스프레드시트는 복사하여 구글 드라이브에 저장할 수 있는 링크로 공유해드리겠습니다. 또는 실습 자료를 앤써북 네이버 카페의 독자지원센터에서도 다운로드 받으실 수 있습니다.

▲ 단축 URL: joo.is/y7fic7a

직접 스프레드시트와 챗GPT를 연결하여 교과 평어를 작성하는 방법의 장점은 '**우리 학급 맞춤형 스타일의 프롬프트를 구체적으로 요구할 수 있다**'는 것입니다. 기존의 생성형AI를 이용해 평어를 작성해주는 프로그램들은 다른 사람이 작성한 프롬프트를 그대로 이용하는 경우가 많습니다. Chapter 05에서 다룰 GetGPT가 대체로 그러합니다. 이 경우, 직접 프롬프트를 작성할 때에 비해서 학급 또는 학생 맞춤형 평어를 만들기 어렵습니다. 당연한 말이지만, 우리 교실에서 일어난 일을 다른 사람이 알 수는 없으니 말입니다. 우리 학급에 맞는 평어를 얻기 위해선 우리 학급의 정보가 입력되어야 합니다. 학급 학생들의 학습 수준, 학습 태도, 우리 학급에서 실행한 과제 등의 내용이 고려되어야 합니다. 다음은 교과 평어를 생성하기 위해 입력한 프롬프트입니다.

다음과 같은 지침과 학급 상황을 고려하여 교과평어를 작성할 것

###지침
- 선택한 영역의 내용을 참고하여 초등학교 5학년 학생의 교과 평어를 작성
- 성취기준 달성을 위해 반드시 학습하는 구체적인 학습내용의 사례를 담아 성취수준을 설명할 것.
- 종결어미는 ~함, ~임의 종결어미로 작성
- 평어 외에는 다른 말은 넣지 말것. 이것은 반드시 지킬 것
- '학생은'과 같은 주어를 입력하지 말고 바로 학생의 교과능력에 대한 평가를 시작할 것
- 성취수준은 '노력요함'일지라도 성취기준을 가장 낮은 수준으로 달성한 것임을 감안할 것
- 단점을 지적할 때에는 발전을 위한 방향도 제시할 것. 반드시.
- 학급 상황을 참고하여 작성할 것. 수행한 과제의 내용을 바탕으로 창의력을 발휘하여 구체성이 느껴질 수 있도록 내용을 작성할것
- 200자 이내로 작성할 것

###학급 상황
- 중심 활동: 5문장짜리 소설을 생성형AI를 활용해 만들어내고, 그 문장들을 문장성분에 오류가 있는 문장으로 수정하여 퀴즈를 제작함.
- '나에게 가장 소중한 추억'이라는 주제로 겪은 일을 작성하였음.
- 빠르게 글을 쓰는 학생과 그렇지 못한 학생이 많았음. 글감을 만들어내는 데에 시간이 오래 걸린 학생들이 많았음."

이 프롬프트를 잘 활용할 수 있도록 스프레드시트를 구성하겠습니다. 우선 프롬프트를 입력할 셀을 정하고 셀의 너비와 높이를 조정합니다. 책에서는 A1 셀에는 ❶'챗GPT에 요청할 프롬프트 입력하기'를 입력했고 ❷A2를 프롬프트를 넣는 공간으로 활용했습니다.

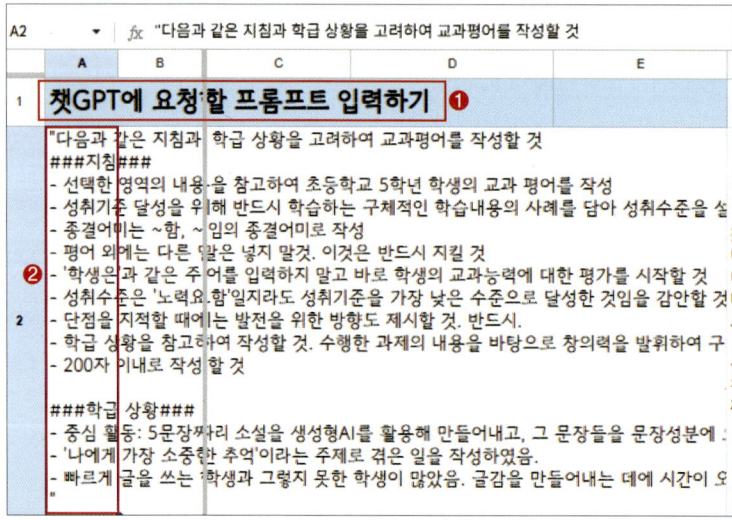

프롬프트를 입력 셀 바로 아래 행에서부터 [번호], [이름], [단원], [성취기준], [성취수준], [관찰내용1], [관찰내용2]를 적었습니다. ❶[번호]와 [이름]에는 학급 학생 또는 평가해야 할 학생을 입력합니다. 초등의 전담 선생님이나 중등 선생님이라면 학급을 표시하는 열까지 작성하면 학급별로 조회하기 편리할 것입니다. ❷[단원]과 [성취기준]에는 수행평가를 시행할 단원과 성취기준을 적습니다. 그리고 수행평가의 결과에 따라 ❸[성취수준]을 매우 잘함, 잘함, 보통, 노력 요함 중 하나를 선택하여 설정합니다. 끝으로 ❹[관찰 내용]에는 과정중심평가를 실천하는 과정에서 교사가 관찰한 내용을 기입하거나 학생의 성장을 위해 피드백 주었던 내용을 적습니다.

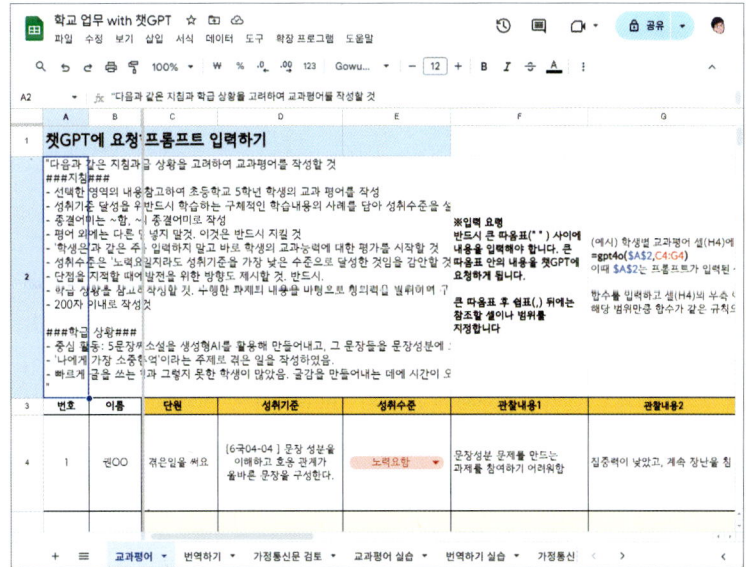

프롬프트 입력과 학생 평가내용을 입력한 장면입니다.

프롬프트와 참조할 평가 내용들에 대한 정리가 완료되었으면 GPT를 활용할 단계입니다. ❶관찰내용2 셀의 옆에 '교과평어'를 만듭니다. ❷그리고 바로 아래의 셀을 클릭하고 GPT 함수를 입력합니다. A2셀이 A2로 나타납니다. 이는 A2셀의 위치를 고정시켜서 사용하기 위해 절대참조를 적용시켰기 때문입니다. 그리고 C4:G4로 범위가 나타나 있습니다. 이는 단원의 이름부터 관찰내용2까지를 챗GPT가 참조할 자료로 이용한다는 의미입니다.

=gpt4o(A2,C4:G4)

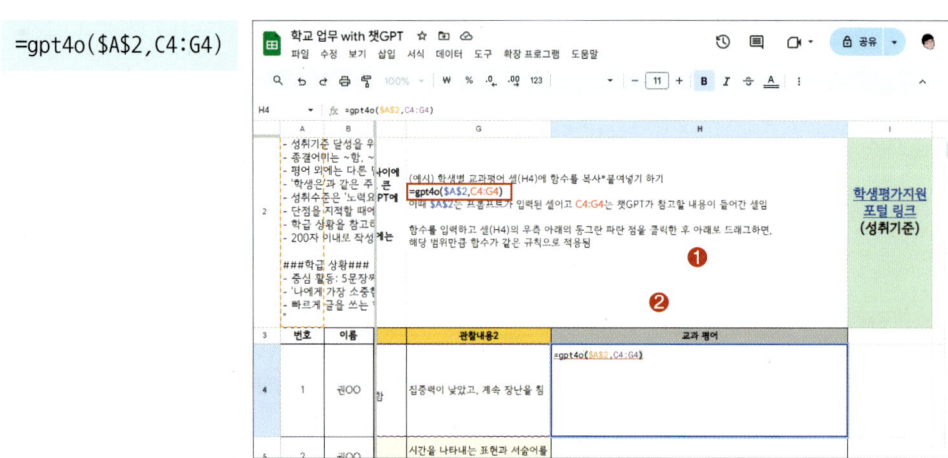

이 요청에 따라 챗GPT가 작성한 문구는 다음과 같습니다. 우선 학생의 약점과 강점을 균형있게 서술하고 있으며 단순히 결과만 나열한 것이 아니라 문장 성분 이해와 호응 관계 같은 구체적인 학습 영역도 짚어주고 있습니다. 그리고 긍정적으로 발전 방향과 이를 위한 방법을 제안합니다. 준수하게 아주 잘 쓴 것으로 보입니다. 교과 평어의 초안으로서 아주 훌륭하다고 생각됩니다.

> 문장 성분을 이해하고 호응 관계가 올바른 문장을 구성하는 데에 어려움이 있으며, 과제 참여 시 집중력이 낮고 장난을 많이 침. 그러나 생성형 AI를 활용한 소설 작성 활동에서 흥미를 보였고, 문장 성분 문제를 만드는 과정에서 더 많은 연습을 통해 문법적 이해를 높일 필요가 있음. 문장 작성의 기초를 다지기 위해 짧은 글쓰기를 반복 연습하고, 친구들과의 협업을 통해 문장 성분의 오류를 수정하는 활동에 참여하면 발전할 가능성이 큼.

	교과 평어
장난을 침 서술어를	문장 성분을 이해하고 호응 관계가 올바른 문장을 구성하는 데에 어려움이 있으며, 과제 참여 시 집중력이 낮고 장난을 많이 침. 그러나 생성형 AI를 활용한 소설 작성 활동에서 흥미를 보였고, 문장 성분 문제를 만드는 과정에서 더 많은 연습을 통해 문법적 이해를 높일 필요가 있음. 문장 작성의 기초를 다지기 위해 짧은 글쓰기를 반복 연습하고, 친구들과의 협업을 통해 문장 성분의 오류를 수정하는 활동에 참여하면 발전할 가능성이 큼.

스프레드시트에서 챗GPT를 연결하는 것의 장점을 한마디로 정의하면 '대량 생산'이라고 할 수 있습니다. 선택한 셀에서 우측 하단에 나타나는 파란색 점을 아래로 드래그하면 평가 대상 학생에 대한 평어를 한 번에 작성할 수 있습니다.

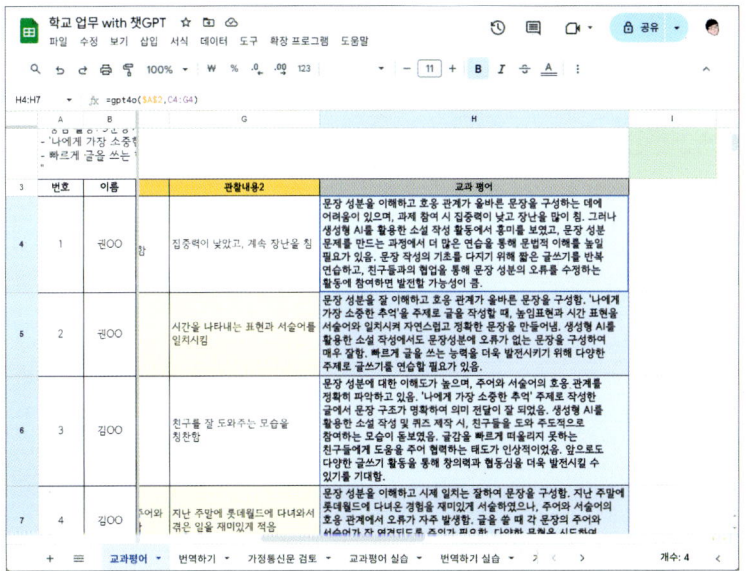

같이 해온 과정처럼, 구글 스프레드시트와 챗GPT API를 연결해 학생들의 교과평어를 자동 생성하면, 교사는 평가 작업에 드는 시간을 대폭 줄일 수 있습니다. 특히, 학생별로

맞춤형 평가를 생성할 수 있어 조금 더 개별화된 피드백을 대량으로 생산할 수 있다는 장점이 있습니다.

챗GPT를 이용해서 '평가'를 한다고 할 때에 두 가지 방향에서 불편함을 느끼는 경우가 있습니다. 첫 번째는 챗GPT가 만드는 답변의 퀄리티 입니다. 초안으로 참고할 만큼 의미가 있느냐는 피드백이 있었습니다. 두 번째는 교사의 전문성이 침해되는 것 아니냐는 피드백이었습니다. 두 반응에 모두 한 가지 답변으로 말씀드릴 수 있을 것 같습니다.

"챗GPT에 교육적으로 의미있는 데이터를 학습시키고, 평가의 주체인 '나'의 역할을 충분히 수행할 수 있게 설정한다면 훌륭한 초안을 만들어낼 수 있다"라고 말씀드리고자 합니다. 챗GPT가 생성해 내는 것은 결국에 초안입니다. 학생을 눈으로 관찰하고 분석하여 그 정보를 종합해 피드백을 하는 과정중심 평가의 속에서 챗GPT가 실질적으로 개입할 수 있는 일은 많지 않습니다. 평가 결과를 결정하는 주체는 교사이며, 평가 과정에서 의미있는 데이터를 학습시키고 지침을 주는 것도 교사입니다. 애초에 챗GPT가 만들어내는 내용은 우리 학급 학생을 관찰하고 작성한 것이 아니기 때문에 일반론적이고 추상적인 내용을 이용해서 비슷하게 답할 뿐입니다. 이때 교사가 학생별로 의미있는 관찰 내용을 입력하거나 교사로서 지켜야할 평가관점을 지침으로 잘 학습시킬 때에야 비로소 챗GPT 평가가 의미를 갖습니다. 그리고 생성한 결과 역시 결국에 선택은 교사의 손에 달려있습니다.

뿌리샘 꿀팁

학교 업무에서 활용할만한 GPT들을 한 데 모아봤습니다. 경기도 교육청의 업무 매뉴얼을 다운받아 직접 만든 것도 있고, 외부에서 이미 만들어진 것을 가져온 것도 있습니다. 운영계획 생성 챗봇, 운영계획을 가정통신문으로 만들어주는 챗봇, 알림장 안내문구 챗봇, 배움중심 수업 점프과제 만들기, 공무원 인사규정 챗봇 등 필요한 상황에서 적절히 사용하시면 됩니다. 이렇게 내가 필요한 챗봇들을 한 데 모아 정리하면 필요한 챗봇을 원할 때 마다 꺼내 쓸 수 있습니다.

▲ joo.is/학교업무혁신GPT

> 유수근 선생님의 미니 특강

API 연결, 비용은 얼마나 들까?

● ● ●

API 비용은 이용하는 모델에 따라 각각 기능과 가격이 달라집니다. 주요 모델들의 가격을 표로 정리해보았습니다. API를 이용할 때는 입력할 때와 출력할 때 모두 비용이 발생합니다.

참고사항
- **토큰(Token)**: 토큰은 텍스트의 작은 단위로, 1,000개 토큰은 약 750단어에 해당
- **입력 토큰 가격**: 모델에 입력되는 텍스트의 토큰 수에 따라 부과되는 비용
- **출력 토큰 가격**: 모델이 생성하는 텍스트의 토큰 수에 따라 부과되는 비용

모델명	입력 토큰 가격(백만 토큰당)	출력 토큰 가격(백만 토큰당)
GPT-4o	$5	$15
GPT-4 Turbo	$10	$30
GPT-3.5 Turbo	$0.5	$1.50

그런데 토큰, 단어와 같은 용어를 사용하면 잘 와닿지 않습니다. 게다가 100만 토큰이라고 하니 더 실감나지 않는 분량입니다. 우리에게 익숙한 A4용지를 이용해 설명해보겠습니다. 우선, 100만 토큰은 약 75만개의 단어에 해당합니다. 그리고 A4용지는 글씨 크기 12pt, 줄 간격 1.5, 기본 여백 기준으로 약 500단어가 들어갑니다. 따라서 100만 토큰은 A4용지로 계산 했을 때 약 1,300장~1,500장 정도의 분량이라고 이해하시면 되겠습니다. A4용지를 채우는 속도는 사용자별 이용량에 따라서 다르겠지만, 비용을 걱정할 만큼의 양은 아닙니다.

챗GPT는 생성형AI를 대표하는 모델로 알려져 있습니다. 그러나 챗GPT만이 생성형 AI의 모든 것은 아닙니다. 다양한 기업과 연구 기관에서 지속적으로 새로운 도구를 개발하고 있기 때문에 생성형AI의 종류는 점점 늘어나고 있습니다. 각각의 생성형AI는 저마다의 특색이 있기 때문에 각각의 특성을 파악해 적재적소에 이용하시면 좋습니다.

CHATGPT

CHAPTER
05

교사를 위한 다양한 생성형AI 활용하기

챗GPT와는 다르다.
다양한 개성의 생성형AI 탐구하기

챗GPT가 생성형 AI의 문을 열어주는 마중물이었다면, 이제는 상황에 따라 챗GPT보다 더 유용할 수 있는 색다른 개성의 생성형AI를 알아보겠습니다. 본 장에서는 GetGPT, 마이크로소프트 코파일럿, 캔바, 퍼플렉시티, 구글 제미나이, 뤼튼 등 교사들이 실질적으로 활용할 수 있는 생성형 AI들을 차분히 탐구합니다. 생활기록부 초안 작성, 수업 자료 디자인, 데이터 관리와 번역처럼 업무 효율을 높이고, 수업 아이디어를 얻는 데 도움을 줄 수 있는 도구들을 알아보겠습니다.

업무를 위한 공유 챗GPT, GetGPT 쉽게 쓰기

나만의 GPT를 만들어 업무에 활용하면 나에게 최적화된 챗봇을 구축할 수 있지만, 급한 상황에서는 번거로울 수 있습니다. 이런 경우 이미 만들어진 GPT를 찾아 사용하는 것이 더 효율적일 수 있는데요. 하지만 챗GPT는 전 세계적으로 사용되고 있어, 교사를 위한 GPT를 찾는 일이 쉽지 않을 때도 있습니다. 이럴 때 떠올리면 좋은 사이트가 바로 GetGPT(겟지피티)입니다. 겟지피티에서는 교사의 업무를 지원하는 다양한 GPT를 쉽게 찾고 공유할 수 있습니다. 이러한 GPT들이 모여 있는 공간을 [마켓플레이스]라고 부릅니다.

접속 방법도 간단합니다. ❶검색창에 "GetGPT"를 입력하고, ❷가장 상단에 표시된 사이트를 클릭하면 됩니다. 사이트 홈에 접속하면 다른 사람들이 만들어 놓은 겟지피티의 다양한 GPT를 확인할 수 있습니다. 재미있는 GPT가 많이 있으니 한 번 둘러보셔도 좋습니다. 또한, ❸화면 상단 우측의 앱 모음 중 [선생님] 버튼을 누릅니다. 또는 검색창에서 "선생님"을 검색합니다.

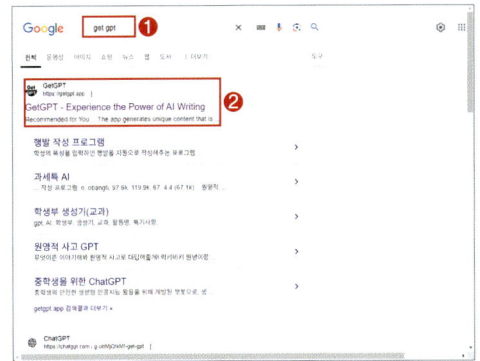 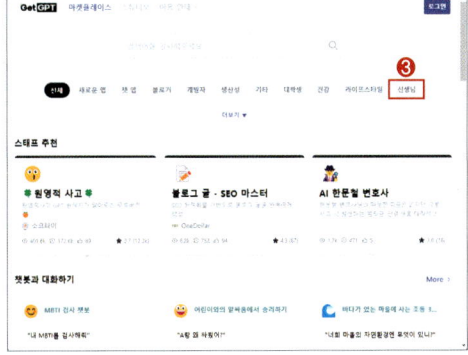

'선생님'에서 인기있는 앱으로 보여주는 여러 앱을 둘러볼 수 있습니다. 행발을 작성해주는 프로그램, 한가지 문장을 적으면 비슷한 의미를 지닌 다양한 문장으로 만들어주는 프로그램, 관찰한 내용을 자유롭게 적으면 생기부용 문장으로 만들어주는 프로그램, 과목별 세부 특기사항, 창의적 체험활동 특기사항을 작성해주는 프로그램들을 볼 수 있습니다.

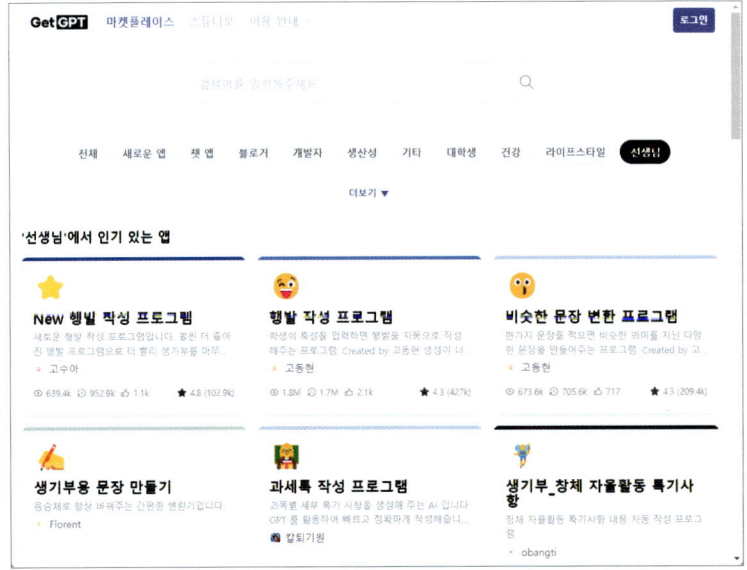

> **뿌리샘 꿀팁** 생기부 작성은 교사의 전문성
>
> 이 프로그램들을 통해 생기부에 들어갈 문구들을 작성해보면 아시겠지만, 그 자체로 쓰기에는 학생에게 딱 맞지도 않은 부분도 있고 관찰내용이 너무 추상적인 부분도 있기 때문에 그대로 사용하기엔 부적절합니다. 그리고 생기부는 연간 이루어진 교육활동 평가의 마무리이자 동시에 매우 중요한 공문서인 만큼 생성형 AI를 활용하더라도 아이디어를 얻는 초안으로만 활용해야 합니다. 소모적으로 활용되는 시간, 생각의 병목 현상으로 낭비되는 시간 등을 줄이는 용도로 이용되기를 바랍니다.

생활기록부 초안 작성하기

스크롤을 더욱 내려보면 다양한 겟지피티의 챗봇들을 볼 수 있습니다. 어떤 프로그램을 선택해야 할지 고민이 될 수 있습니다. 그럴 때에는 조회 수, 이용 횟수, 좋아요, 평점 등을 참고할 수 있습니다. 책에서는 행발 프로그램 중 평점이 더 높은 고수아 선생님의 ❶'New 행발 작성 프로그램'을 이용해 보겠습니다. 화면에 나타나지 않은 경우 검색창에서 'New 행발 작성 프로그램'를 검색한 후 클릭해서 접근합니다.

'Welcome to GetGPT'라는 팝업이 우리를 반겨줍니다. 겟지피티를 이용하려면 로그인이 필요합니다. 로그인 없이는 이용할 수 없습니다.㉙

㉙ 출처: GetGPT 이용안내

소셜 로그인을 통해 쉽게 로그인 할 수 있으니 원하는 플랫폼을 이용해 로그인을 진행합니다.

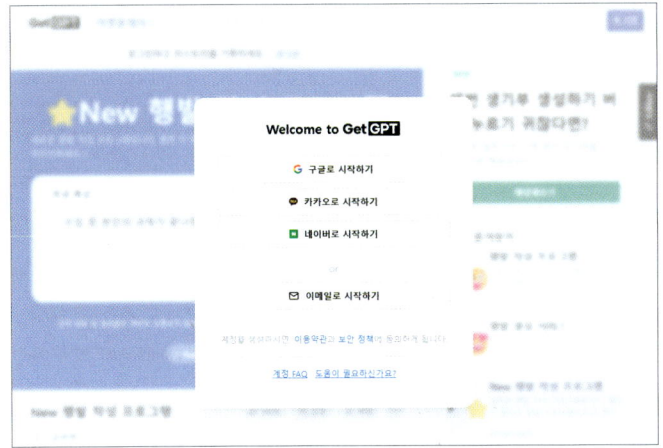

로그인을 완료했으면 이제 프로그램을 이용해 보도록 하겠습니다. '★New 행발 작성 프로그램'에서 '학생 특성'을 요구하고 있습니다. ❶"수업 중 과제가 먼저 끝나면 아직 끝나지 못한 다른 학생들을 도와줌"이라고 입력해보겠습니다. 그리고 프롬프트 입력창 우측 아래에 있는 ❷[생성하기]를 클릭합니다.

입력했더니 다음과 같은 응답을 얻을 수 있었습니다. "수업 중 과제가 먼저 끝나면 아직 끝나지 못한 다른 학생들을 도와줌"이라는 학생에게 해줄 수 있는 다양한 말들을 확인할 수 있었습니다. 생기부 작성 시 이 말들 중 학생에게 필요한 말을 적절히 선택하거나 수정하여 사용할 수 있겠습니다.

질문 "수업 중 과제가 먼저 끝나면 아직 끝나지 못한 다른 학생들을 도와줌"

GetGPT 수업 중에 주어진 과제를 먼저 끝내고 나면 아직 끝나지 못한 다른 학생들을 적극적으로 도와주는 모습을 보임. 학습에 대한 집중력이 뛰어나고 자신의 업무를 완수하는 데에 능숙하며, 주어진 일에 대해 책임감을 갖고 최선을 다함. 다른 친구들을 도와주는 데에 적극적이고 친절한 모습을 보여주어 교우관계가 좋음. 학업 성취도가 높고 과제를 완수하는 능력이 뛰어나며, 다른 학생들이 어려움을 겪을 때에는 적극적으로 도와주는 성향을 가짐. 공동의 목표를 위해 협력하는 데에 능하고, 다른 학생들과의 협력을 통해 문제를 해결하는 데에 기여함. 학업에 대한 자신감이 높고, 다른 학생들을 도와주는 데에 즐거움을 느끼며, 학업 성취도가 높고 도와주는 모습으로 주변 학생들에게 모범이 됨. 학업에 대한 열정과 책임감을 가지고 있어 자신의 업무를 완수하는 데에 능숙하며, 다른 학생들을 도와주는 데에 적극적으로 참여함.

Output 문장들의 아래에 보면 ❶[결과 수정하기] 버튼이 있습니다. 이 기능은 출력된 문구들을 바로 수정하여 갖다 쓰고자 할 때 유용합니다.

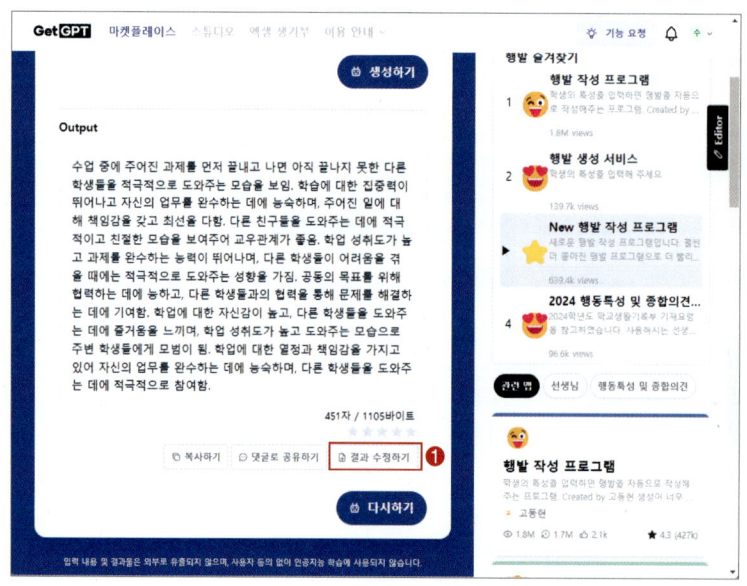

그리고 마음에 안드는 부분만 일부 수정하고 싶다면 ❷원하는 부분을 드래그한 뒤, ❸'선택 부분 다시 쓰기' 버튼을 클릭하면, 선택한 부분의 글만 다시 쓰도록 하는 기능도 지원합니다. 수정이 완료된 후 창 닫기를 희망한다면 중앙의 ❹[Close] 버튼을 클릭하면 됩니다.

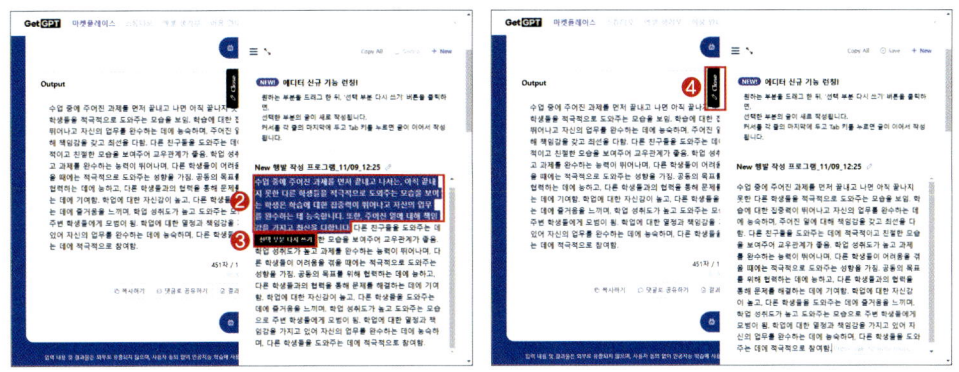

수업 아이디어 얻기

특정 주제로 수업 계획이 잘 세워지지 않는다거나, 동료장학, 학부모 공개수업 등 중요한 수업이 있는 경우에 겟지피티를 활용해볼 수 있습니다. ❶겟지피티 검색창에 '지도안'이라고 검색해보겠습니다. 다양한 지도안 작성 프로그램들을 확인할 수 있습니다. 이 중에서 가장 많은 선생님이 사용하시고 '좋아요'도 높은 teacher.k 선생님의 ❷'수업 지도안 작성 프로그램'을 이용해 보겠습니다.

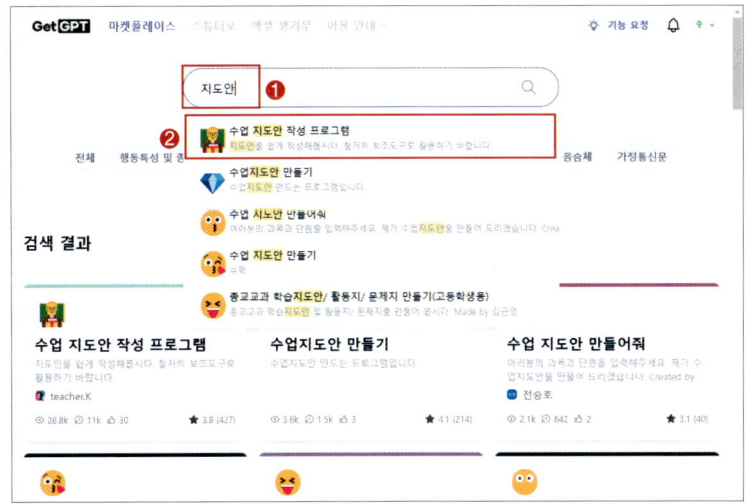

'수업 지도안 작성 프로그램'을 작성한 선생님께서 프롬프트 입력 필드를 분리해 두셨습니다. '수업 과목', '수업 목표', '대상 학생'에 각각 원하는 내용을 입력합니다. 책에서는 ❸'수업 과목'에는 "수학", ❹'수업 목표'에는 "원의 넓이를 구하는 방법을 알아봅시다", ❺'대상 학생'에는 "초등 6학년"을 입력한 후 ❻[작성하기]를 클릭합니다.

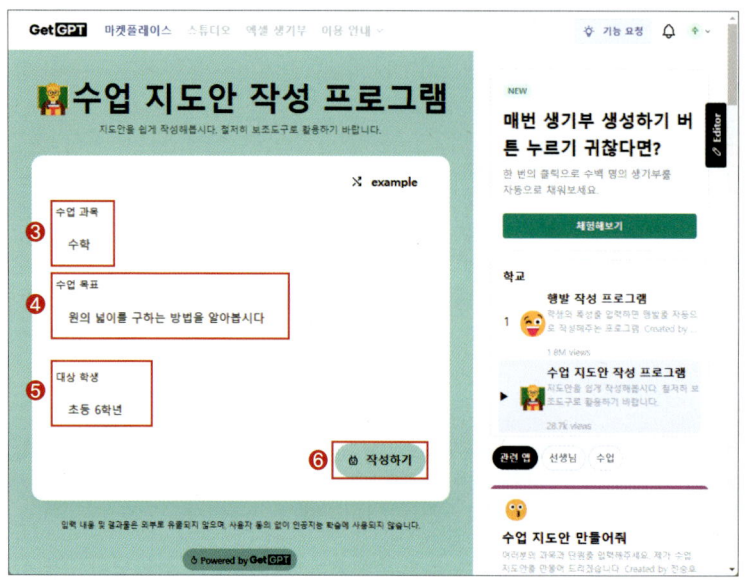

나름 준수한 흐름의 지도안이 완성되었습니다. 물론 문자를 다루지 않는 초등 수업에서 πr이 들어간 점이라던지, 원의 넓이를 재어 볼 콘텐츠를 추천해주지 않는다던지 등 수정이 필요한 부분들이 많이 있습니다. 완성품이라고 보기는 어렵습니다. 당연히 초안으로 활용하셔야 합니다. 제작하신 선생님이 남기신 말처럼 철저히 보조적인 수단으로 활용하셔야 합니다.

질문
'수업 과목'– "수학"
'수업 목표' – "원의 넓이를 구하는 방법을 알아봅시다"
'대상 학생' – "초등 6학년"
수학 수업 지도안

Get GPT
주제: 원의 넓이 구하기

학년: 초등 6학년

목표: 원의 넓이를 구하는 방법을 이해하고 계산할 수 있다.

1. 동기유발
    - 원의 넓이가 왜 중요한지 생각해보고 토의하기
    - 실생활에서 원의 넓이가 어떻게 활용되는지 예시들을 들어보기

2. 활동 1: 원의 넓이 공식 소개
    - 원의 반지름과 지름에 대한 개념 설명
    - 원의 넓이 공식 (πr^2) 소개 및 이해하기
    - 간단한 예제를 통해 원의 넓이 구하는 방법 실습해보기

3. 활동 2: 원의 넓이 계산하기
    - 학생들에게 다양한 크기의 원의 반지름을 주고 원의 넓이를 계산해보도록 유도
    - 그림을 활용하여 문제를 제시하고 학생들끼리 토의하며 원의 넓이 계산하기
    - 그룹별로 원의 넓이를 발표하고 비교해보기

4. 활동 3: 응용 문제 풀기
    - 현실적인 상황을 가정하여 원의 넓이를 구하는 응용 문제 풀기
    - 학생들끼리 토의하고 해결책을 발표하여 다양한 방법으로 문제 해결하기
    - 실제로 원의 넓이를 계산하여 결과를 확인해보기

5. 정리활동
    - 학생들에게 원의 넓이를 구하는 방법과 중요성을 다시 한번 상기시키고 각 활동을 통해 배운 내용을 정리하도록 유도
    - 학생들이 배운 내용을 본인의 언어로 설명하고 질문에 대답하도록 유도하여 학습 내용을 확인

이 수업을 통해 학생들은 원의 넓이를 구하는 방법을 이해하고 응용할 수 있는 능력을 키울 것으로 기대됩니다.

동아리 활동 기록 생성하기

이번에는 생활기록부 중 창의적 체험활동의 동아리 활동을 입력하는 방법을 알아보겠습니다. ❶검색창에 '동아리'라고 입력하여 나오는 프로그램 중 ❷'동아리 창체봇'을 클릭합니다.

프롬프트 입력란에는 활동을 키워드로 입력합니다. ❸'학급 화폐활동'이라고 입력한 후 ❹[생성하기]를 클릭합니다.

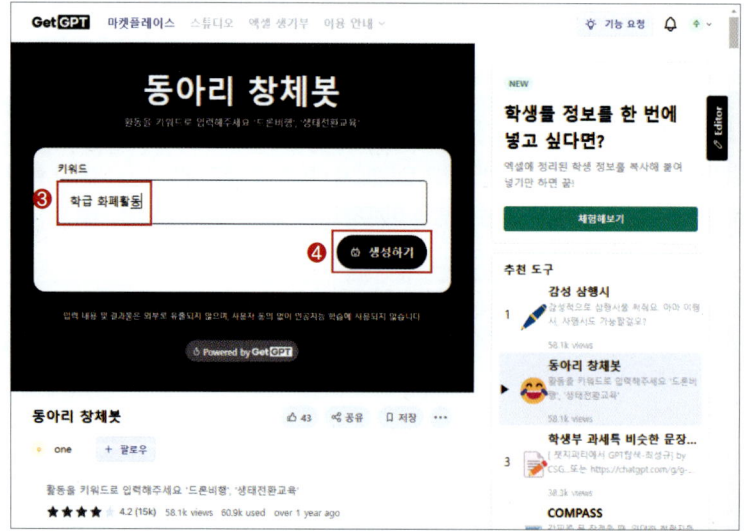

학급 화폐활동과 관련한 서로 다른 내용의 10개의 문장이 생성되었습니다. 학생이 10명을 넘는다면 [다시하기] 버튼을 통해 AI에게 다시 생성을 요청하면 됩니다. 하지만 그대로 쓰기엔 부족합니다. 구체적인 관찰내용이 없기 때문입니다. 역시 그대로 사용하기보다는, 겟지피티가 생성해주는 내용에 관찰내용을 조금 보완하여 정리하는 작업이 반드시 필요합니다.

질문 "학급 화폐활동"

1. **학생은** 화폐활동에 적극적으로 참여함. 경제 개념을 잘 이해함.
2. **학생은** 화폐를 관리하는 능력이 뛰어남. 절약과 지출의 균형을 잘 맞춤.
3. **학생은** 화폐를 통해 협력과 나눔의 가치를 배움. 팀워크가 좋음.
4. **학생은** 화폐를 모으는 데 집중함. 목표를 세우고 성취함.
5. **학생은** 화폐를 통해 책임감을 배움. 돈의 가치를 이해함.
6. **학생은** 화폐를 활용해 창의적인 아이디어를 제시함. 창의력이 풍부함.
7. **학생은** 화폐를 통해 사회적 상호작용을 배움. 협상 능력이 좋음.
8. **학생은** 화폐를 통해 자립심을 기름. 자기 관리 능력이 향상됨.
9. **학생은** 화폐를 통해 경제적 결정을 배움. 신중한 판단을 함.
10. **학생은** 화폐를 통해 공정성과 정직성을 배움. 도덕적 가치를 실천함.

나만의 GetGPT 챗봇 직접 만들기, "알림장 안내문구 작성 챗봇"

챗GPT에서 나만의 맞춤 GPT를 만들고 공유할 수 있었던 것처럼, 겟지피티에서도 나만의 앱을 만들고 공유할 수도 있습니다. 겟지피티를 켜놓은 브라우저의 상단에 있는 ❶[스튜디오] 탭을 클릭합니다. [통합 앱], [심플 앱], [문서 앱], [챗 앱], [PDF 기반 앱] 등 다양한 프로그램을 만들 수 있습니다. 이 중 '무엇이든 자유롭게 만들 수 있는 통합 탬플릿'인 ❷[통합 앱]으로 함께 알아보겠습니다.

기본 화면 구성을 짚어보겠습니다. 상단에는 이모티콘과 제목, 부제목, 색상을 정할 수 있는 버튼이 있습니다. 그리고 가운데 흰 화면부터는 네임태그를 이용해 프롬프트의 성격을 지정하는 필드, 그리고 아래에는 활동의 결과를 보여주는 Output 프롬프트를 볼 수 있습니다. UI가 간단해서 우측에 안내된 대로 실천해보면 금새 챗봇을 만들어 활용할 수 있습니다. 이 책에서는 "알림장 안내문구 작성 챗봇" 만들기 활동으로 겟지피티 스튜디오를 이용해보겠습니다.

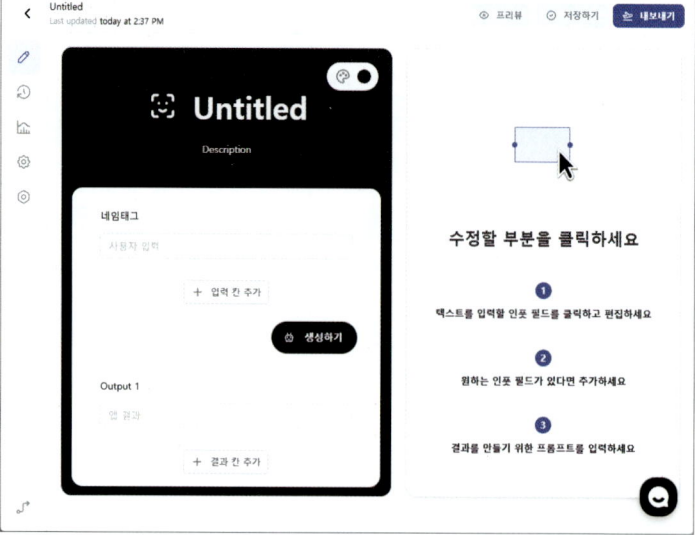

상황(Situation)	욕구(Needs)	인공지능 활용 접근 (AI-Approach)	해결(Key)
알림장 내용을 작성해야 한다	'자전거 이용 안전'에 관한 문구를 넣고싶다	자전거 안전에 관한 10가지 문구를 GetGPT에 요청한다	한 가지를 선택하여 알림장에 추가하고, 나머지는 나중에 활용한다

위 표와 같은 맥락에서 사용할 수 있는 챗봇을 설계해 보겠습니다. 우선 제목을 바꾸겠습니다. ❶제목은 "알림장 안내문구 작성 챗봇"입니다. ❷부제목은 "키워드를 이용하면 관련된 문구를 만들어줍니다."라는 말을 넣어 본 챗봇을 이용하는 선생님들을 위한 안내문구로 수정하였습니다. ❸제목 좌측에 이모티콘은 라이프가드의 조끼 모양을 골랐습니다.

❹원래 '네임 태그'였던 필드의 제목은 '키워드'로 수정하였습니다. ❺이 필드를 클릭하여 입력될 프롬프트의 타입을 정합니다. ❻짧게 키워드 위주로 입력할 예정이므로 [짧은 답변]으로 설정하였습니다.

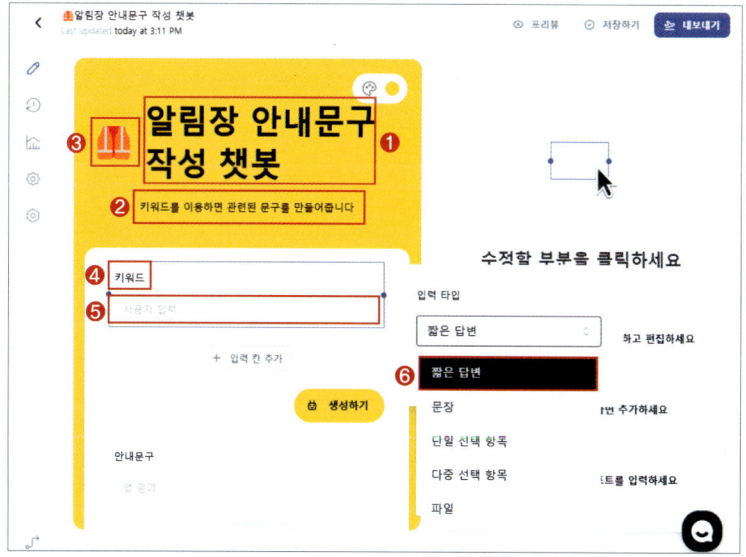

이제 결과물에 관련된 수정을 진행하겠습니다. ❼기존에 'Output'으로 되어있던 결과 필드의 제목을 '안내문구'로 수정하였습니다. ❽그리고 해당 필드를 클릭하여 결과 프롬프트 지침을 지정합니다. 지정 내용은 다음과 같습니다.

- 초등학생들을 대상으로하는 알림장 문구를 작성할 것
- '~해요'와 같은 아동을 대상으로 하는 친절한 종결어미를 사용할 것
- 입력된 키워드와 관련된 알림장 안내문구를 10문장 작성할 것
- 입력된 키워드와 관련한 학생 생활과 안전에 대한 유의사항과 관련된 내용을 담을 것. 반드시 키워드가 문장에 들어갈 필요는 없음.
- 키워드와 관련된 수칙을 조사하여 다양하고 꼭 필요한 주의사항을 제작할 것
- 현실성이 있는 문구인지 스스로 점검한 후에 결과를 도출할 것
- (예시) 키워드가 '자전거 안전'일 경우, "자전거를 탈 때엔 헬멧을 꼭 착용해요" 등

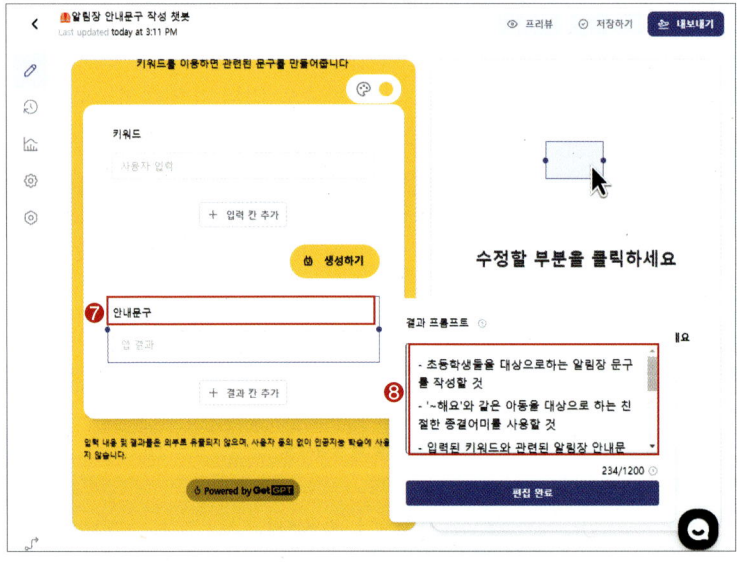

챗봇의 설계가 완료되었습니다. 이제 우측 상단의 ❶[프리뷰] 버튼을 눌러서 챗봇을 테스트해 보겠습니다. ❷"자전거 안전" 문구를 입력하고 우측 하단의 ❸[생성하기] 버튼을 클릭합니다.

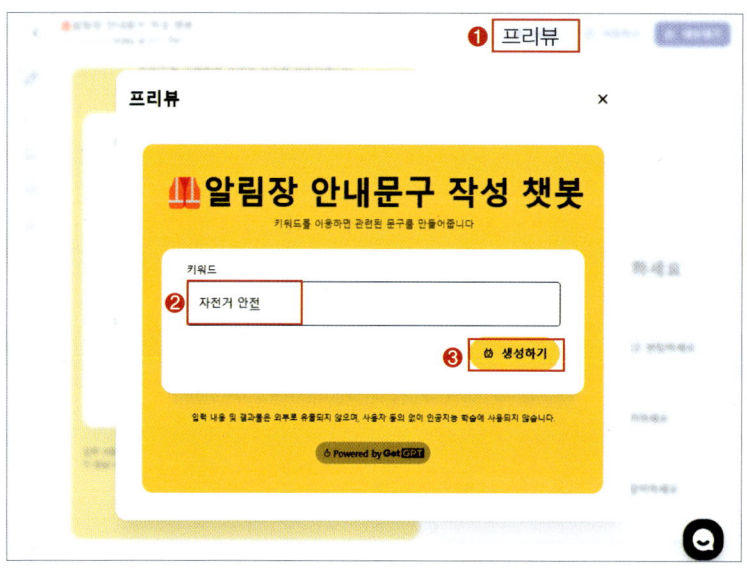

다음과 같은 안내 문구를 생성하였습니다. 6번의 "자전거를 탈 때에는 반대 방향으로 달리거나 뒷자리에 승객을 태우지 않아야 해요"라는 문구 외에는 크게 어색한 부분은 없는 것 같습니다. 이 중 한 문장을 쓰시거나 일부 수정하여 사용하시면 알림장 작성하는 수고를 덜 수 있을 것 같습니다.

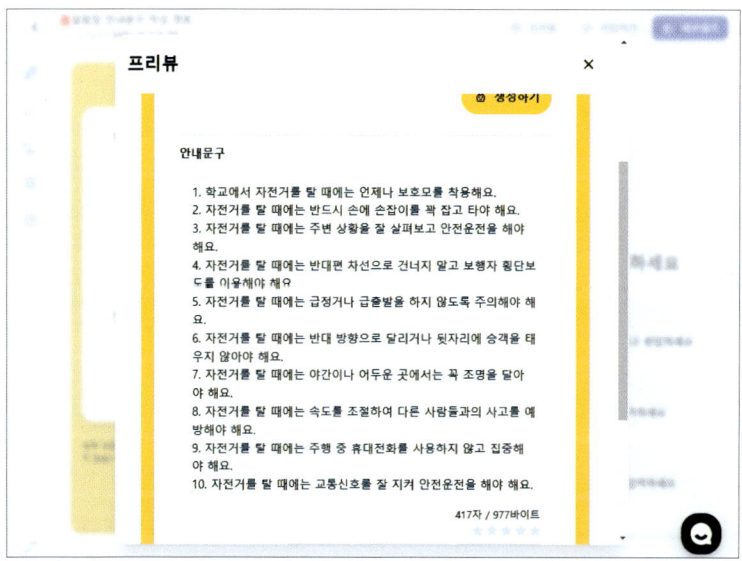

챗봇이 완성되었으니 이제 이 앱을 공유할 수 있도록 ❶[내보내기]를 클릭합니다. [내보내기]를 클릭하면 공개 설정을 정할 수 있는 "앱을 내보내시겠습니까?" 팝업이 나타납니다. ❷원하는 공개 설정을 클릭한 후 이어서 검정색 ❸[내보내기]를 클릭하면 '내보내기 성공'이라는 팝업과 함께 본 과정이 완료됩니다. 팝업에는 챗봇으로 접속하는 링크가 있습니다. ❹[복사하기]를 클릭하면 만들어진 앱을 링크를 통해 소속학교 선생님들께 공유하면 학교가 한 걸음 더 효율적으로 운영될 수 있을 것 같습니다.

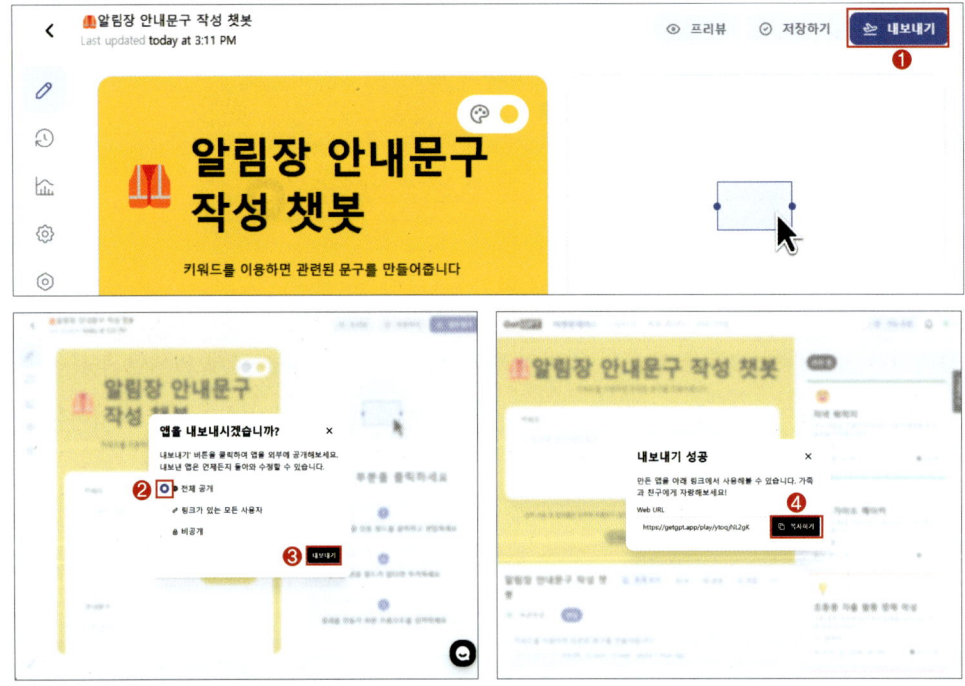

▲ [겟지피티] 알림장 안내문구 챗봇

유수근 선생님의 미니 특강

챗GPT 고급 음성모드로 집에서도 영어회화 연습하기

　집에서도 손쉽게 영어회화를 연습할 수 있는 방법이 있습니다. 바로 챗GPT 고급 음성 모드를 이용하는 것입니다. 평소 영어 말하기에 자신이 없거나, 상황에 따라 다양한 표현을 배우고 싶은 학생이라면 학부모와 함께 챗GPT를 이용해보는 것을 추천합니다. 이용 방법은 간단합니다. 먼저, 모바일 버전 또는 설치형 PC 버전에서 검색창 우측 아래의 '음악 파형' 아이콘처럼 생긴 버튼을 클릭합니다. 이 버튼을 통해 챗GPT의 고급 음성모드를 활성화할 수 있습니다. (브라우저에서 이용할 경우에는 활성화되지 않습니다. 2024.11월 기준)

　챗GPT 음성모드 설정을 활성화한 후 원하는 주제나 상황을 설정해봅니다. 예를 들어, 여행, 비즈니스 미팅, 일상 대화 등 다양한 상황을 제시하면 챗GPT가 해당 주제에 맞는 자연스러운 영어 대화 상대가 되어줍니다. 챗GPT는 발음, 억양, 속도 등 대화 스타일을 조절할 수 있어 자신만의 학습 페이스에 맞출 수 있습니다. 또한, 실시간으로 피드백을 받을 수 있어 발음이나 문법 오류를 바로 수정하며 개선할 수 있습니다. 꾸준히 연습하면 자연스러운 영어 회화 능력을 기를 수 있으며, 원어민과의 대화에서 긴장감도 덜 수 있습니다.

▲ 챗GPT 고급 음성모드로 집에서도 영어회화 연습하기 1
핸드폰 화면

▲ 챗GPT 고급 음성모드로 집에서도 영어회화 연습하기 2
PC 화면

▲ 챗GPT 고급 음성모드로 집에서도 영어회화 연습하기 3
PC 화면

늘 곁에있는 생성형AI, 마이크로소프트 코파일럿

우리가 일상적으로 활용하는 오피스 프로그램인 워드, 엑셀, 파워포인트에도 생성형AI가 적용될 수 있습니다. 워드에서 글을 작성하고, 엑셀에서 데이터를 정리하고, 파워포인트에서 내용을 디자인 하는데에도 생성형AI가 마치 비서처럼 우리의 일을 도와줄 수 있습니다. 그 역할을 하는 프로그램은 바로 마이크로소프트의 코파일럿(Copilot)입니다. 챗GPT와의 차이점은 브라우저 그리고 오피스 프로그램에 애초에 내장되어있어서 브라우저나 각각의 프로그램에서 다루고 있는 데이터에 바로 접근하여 도와줄 수 있다는 것입니다. 비유하자면, 챗GPT는 내 일을 도와주러 우리 교실에 온 옆반 선생님이지만, 코파일럿은 이미 교실에 상주하고있는 보조교사 같은 느낌입니다. (물론 그런 보조교사는 없지만요)

> **뿌리샘 꿀팁** ▶ **코파일럿 프로(Copilot PRO)**
>
> 저자는 코파일럿와 개인 오피스365 계정을 이용하고 있습니다. 각각 유료 서비스를 이용하고 있습니다. 본 장에서 다루는 '효율적인 웹 브라우징, 웹 데이터 가져오기' 기능을 제외한 기능들은 모두 유료 서비스를 구입해야만 이용할 수 있는 기능들 입니다. 코파일럿 프로 요금제를 이용해야 업로드한 이미지의 분석도 가능합니다. 워드, 엑셀, 파워포인트에서 코파일럿을 이용하기 위해서도 개인 오피스365 결제와 코파일럿 프로를 결제해야합니다. 각각 추가비용이 발생하는 만큼 이번 장에서 코파일럿 프로의 장점을 간단하게 살펴봐주시고, 만족스럽다면 그 때 구입해도 될 것 같습니다.

> **뿌리샘 꿀팁** ▶ **코파일럿(무료 버전)**
>
> 유료 버전 보다는 성능이 부족하긴 하지만, 무료 버전도 충분히 훌륭한 프로그램입니다. 그 이유는 챗GPT에서 GPT-4 모델을 이용해서 검색하려면 유료 결제를 해야하지만, 코파일럿은 언어모델이 GPT-4 모델이기 때문에 유료 결제 없이도 무료 버전에서 GPT-4를 이용할 수 있습니다. 게다가 코파일럿은 기존의 마이크로소프트의 검색엔진이던 빙(Bing)에서 리브랜딩 된 프로그램이기 때문에 굉장히 빠르고 정확한 처리 결과를 보여줍니다. 또한 인터넷과 연결되어 있기 때문에 최신 정보도 제공합니다. 그리고 답변마다 어디서 참고를 했는지 출처를 표시하기 때문에 각각의 정보 출처를 확인하기도 편리합니다. 사용자 입장에서는 정보의 신뢰성이 높아지고, 추후 2차 검증을 수월하게 할 수 있습니다.

효율적인 웹 브라우징, 웹 데이터 가져오기

생성형AI 활용 흐름도

상황(Situation)	욕구(Needs)	인공지능 활용 접근 (AI-Approach)	문제 해결(Key)
웹 페이지 프로그램을 활용해 학급 화폐 활동을 운영한다.	페이지의 데이터를 정리하고 공유하고 싶다.	데이터를 추출하는 것은 브라우저의 코파일럿을 활용 활용해 엑셀로 출력한다. 추출한 데이터를 LMS 공유 페이지에 업로드한다.	학생들이 업데이트된 자산 정보를 보고 자극을 받는다.

저희 반은 학급경영 및 자치활동의 일환으로 학급 화폐활동을 운영 중입니다. 학생들이 사업도 만들고, 세금도 냅니다. 학생들은 자신들이 모은 세금을 이용해 쉬는 시간이나 교실놀이 쿠폰을 구입하기도 하고 숙제를 성실히 잘 해오는 학생들에게는 세금으로 장학금을 주기도 합니다.

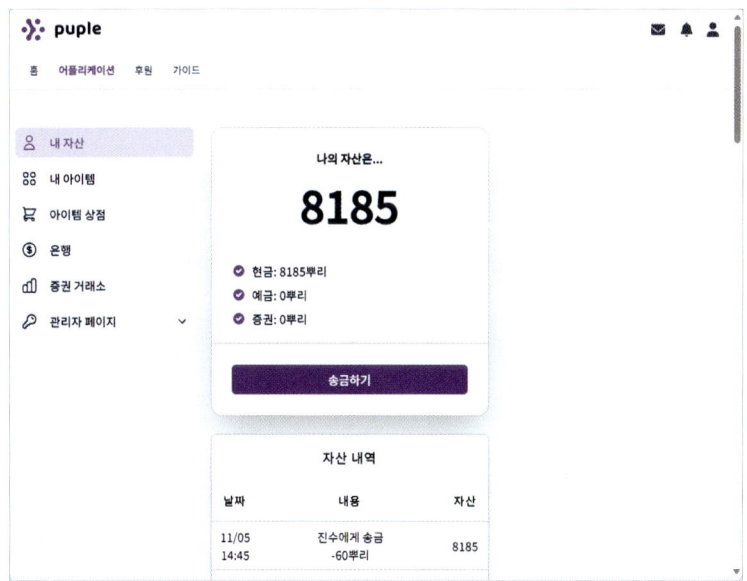

▲ PUPLE 홈페이지

학급 화폐 활동을 운영하는 플랫폼은 PUPLE이라는 웹사이트입니다. 학생들은 이 사이트를 북마크에 추가해두고 이 사이트 안에서 서로 뿌리(학급 화폐)로 재화와 서비스를 사고팝니다. [관리자 페이지]에서는 학생들의 자산 현황을 볼 수 있습니다. 학생들이 총자산, 현금, 예금, 증권 금액을 한눈에 파악할 수 있습니다. 그러나 문제는 학생들은 이 관리자 페이지를 볼 수 없다는 점입니다. 물론 학생들에게 다른 학생의 자산을 수정할 수 있는 권한을 줄 수는 없지만, 저는 2주에 한 번씩 돈을 많이 번 학생을 칭찬하고 비결을 묻는 시간을 가집니다. 이를 통해 학생들이 경제 상황을 공유하며 서로 자극받고, 더욱 열심히 활동할 수 있도록 유도하고 있습니다.

▲ 관리자 페이지

학생들은 [관리자 페이지]에 접근할 수 없습니다. 그래서 전체 자산 현황을 공유하기 위해서는 선생님이 해당 페이지의 데이터를 공유해주어야 합니다. 그러나 말이 공유지 교사가 그 데이터를 일일이 옮겨주어야 학생들이 볼 수 있다는 의미입니다. 각각의 숫자 데이터를 일일이 공유 페이지로 옮기는 작업은 상상만 해도 끔찍하고 번거로운 작업입니다. 그런데 이때 엣지 브라우저를 이용해 PUPLE 페이지를 열었다면, 해당 과정을 무척 쉽게 해결할 수 있습니다. 엣지 브라우저에 탑재된 코파일럿을 이용하는 겁니다. 페이지 내 기능은 PRO(유료) 버전이 아니어도 이용할 수 있습니다.

엣지 브라우저의 우측 상단을 보면 ❶파란색 리본 모양 버튼이 있습니다. 이것이 브라우저에서 사용하는 코파일럿 입니다. 브라우저의 코파일럿은 웹 검색을 바로 지원하기도 하고, 페이지 안의 데이터를 직접 정리해주기도 합니다. 책에서는 [관리자 페이지]에 나타난 자산 현황을 정리할 것을 요청하도록 하겠습니다.

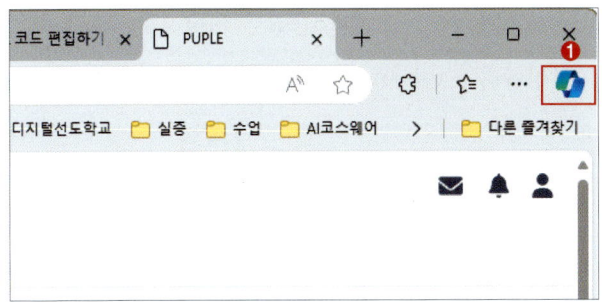

프롬프트 입력창의 상단의 ❶드롭박스 버튼을 클릭하면 어떤 데이터를 이용해서 답변할 것인지 정할 수 있습니다. 현재 페이지의 정보를 가져와야 하니 ❷'이 페이지'를 선택합니다.

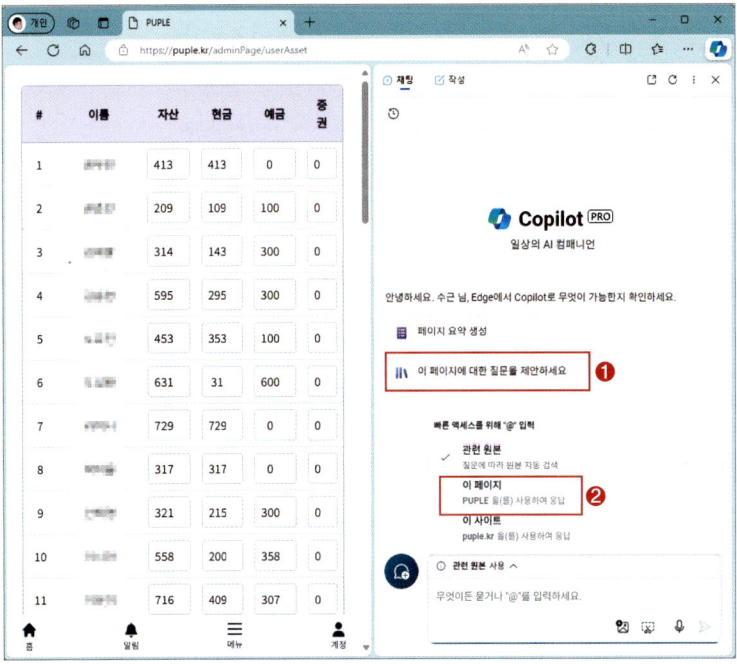

코파일럿 프로(PRO)에서는 대화의 스타일을 선택할 수 있습니다. 이는 챗GPT와는 다른 코파일럿의 특장점입니다. 앞서 말씀드렸듯, 코파일럿은 검색하고 찾아서 자세하게 출처를 달아 정리할 수 있는 기능이 있습니다. 그런데 이때 정리하는 과정과 정리하는 내용을 서술하는 방법에 대해서 스타일을 지정할 수 있는데요. 코파일럿의 '대화 스타일 선택' 기능이 그것을 결정합니다. 물론 모두 출처에 근거해서 텍스트를 작성하지만, '보다 창의적인'을 클릭하면 조금 더 자유롭게 작성합니다. 반대로 '보다 정밀한'으로 설정하면 더욱 출처 데이터에 기반한 답변을 생성해 냅니다. '보다 균형있는'은 그 중간에 해당합니다. 현재는 페이지에 있는 내용을 그대로 가져와야하는 상황입니다. ❶'보다 정밀함'을 선택하고 진행하도록 하겠습니다. ❷프롬프트에는 다음과 같이 입력하였습니다.

> 페이지의 정보를 표로 정리해줘. 자산, 현금, 예금, 증권을 열 제목으로 삼아줘. 모든 학생의 정보를 포함해줘.

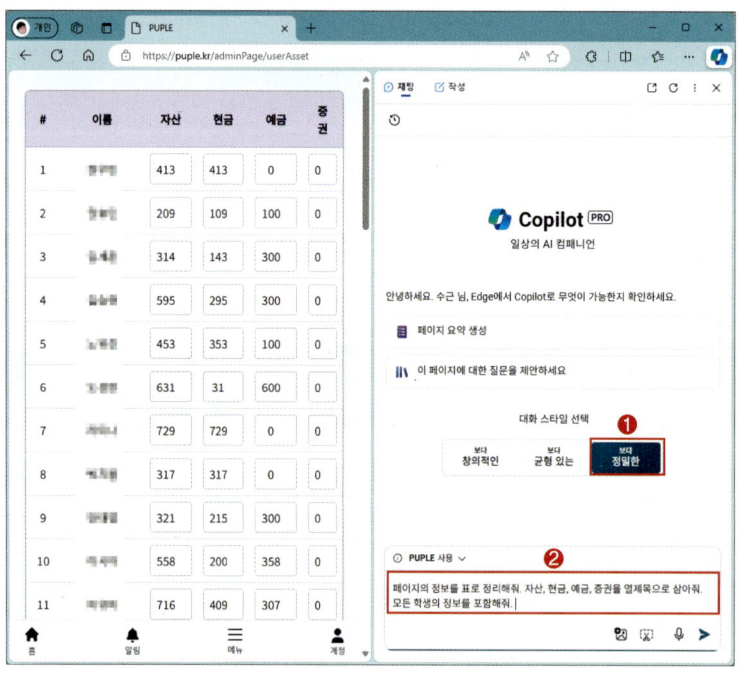

그 결과, 페이지 안에 있는 데이터를 이렇게 깔끔하게 추출할 수 있었습니다. 게다가 엑셀로도 바로 만들어줍니다. 만들어 준 표의 우측 상단에 위치한 ❸ 엑셀 아이콘을 클릭하여 엑셀로 다운로드해 보겠습니다.

분할 화면의 우측에 있는 데이터가 엑셀로 전환된 모습을 볼 수 있습니다. 그리고 자동으로 ❹코파일럿 프로를 이용하는 계정의 드라이브에 엑셀이 저장되며, 해당 엑셀이 웹버전으로 표시됩니다. ❺이 엑셀에서 추출하고 싶은 데이터 범위를 드래그하여 지정하고 복사하겠습니다.

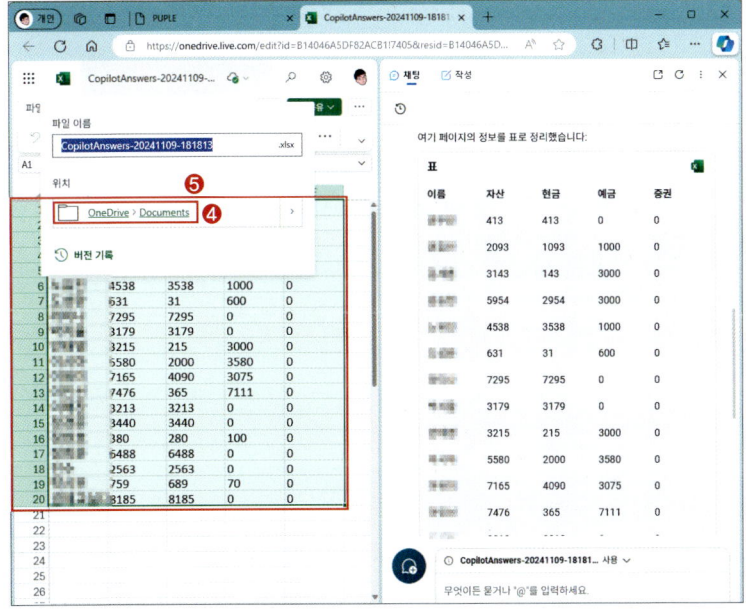

복사한 데이터를 공유하는 엑셀 페이지에 붙여넣기 합니다. 공유하는 엑셀에서는 데이터 범위를 지정해서 원 차트를 생성하도록 미리 설정해 놓았기 때문에 데이터만 바꾸면, 변경된 데이터의 차트로 자동으로 변경됩니다. 이 기능은 엑셀뿐만 아니라 구글 스프레드시트를 이용하더라도 실행할 수 있습니다.

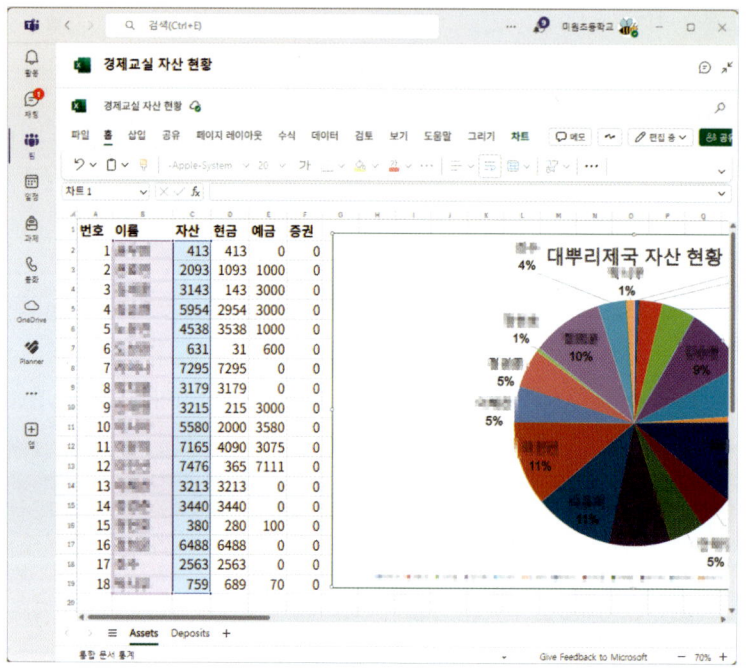

▲ 학급 LMS인 마이크로소프트 팀즈를 이용해 경제교실 자산 현황을 공유

지금까지의 과정을 일일이 각 셀에 데이터를 옮기면서 실행했다면 상당히 오랜 시간이 걸렸을 겁니다. 웹 페이지의 데이터를 추출해 낼 수 있는 브라우저 코파일럿 프로를 사용하면 훨씬 빠른 시간에 원하는 목표를 달성할 수 있습니다.

뿌리샘 꿀팁 ▶ PDF를 읽어주는 코파일럿 프로

엣지 브라우저를 연결 프로그램으로 이용해서 PDF를 연다면 PDF에서도, 코파일럿 프로를 이용할 수 있습니다. 코파일럿 프로는 열람 중인 PDF를 분석할 수 있어, 페이지를 요약하거나 정보를 찾아줄 수도 있습니다.

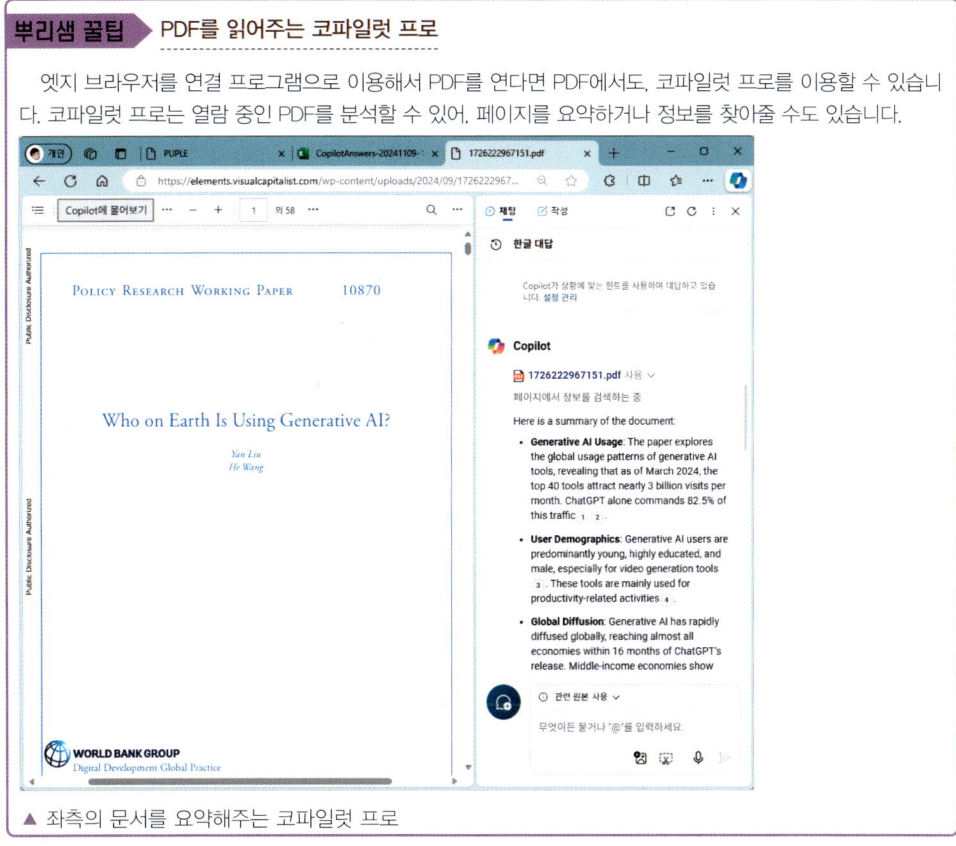

▲ 좌측의 문서를 요약해주는 코파일럿 프로

워드, 파워포인트, 엑셀에서 생성형AI 활용하기

코파일럿 프로의 가능성은 오피스 365 군의 프로그램을 이용할 때 더욱 빛을 발할 것입니다. 그러나 아직은 일반 사용자가 체감하기에 기능이 제한적이고 할 수 있는 일이 많지 않다고 느껴질 수 있습니다. 하지만 방금 브라우저를 이용해 코파일럿 프로를 사용했던 것처럼, 워드, 피워포인트, 엑셀, 원노트에서 창을 나가지 않고도 화면의 데이터를 바로 조작할 수 있다는 점은 무척이나 유용합니다. 이러한 기능들은 사용자가 더 효율적으로 작업을 수행하고 시간을 절약하는 데 큰 도움이 될 것입니다.

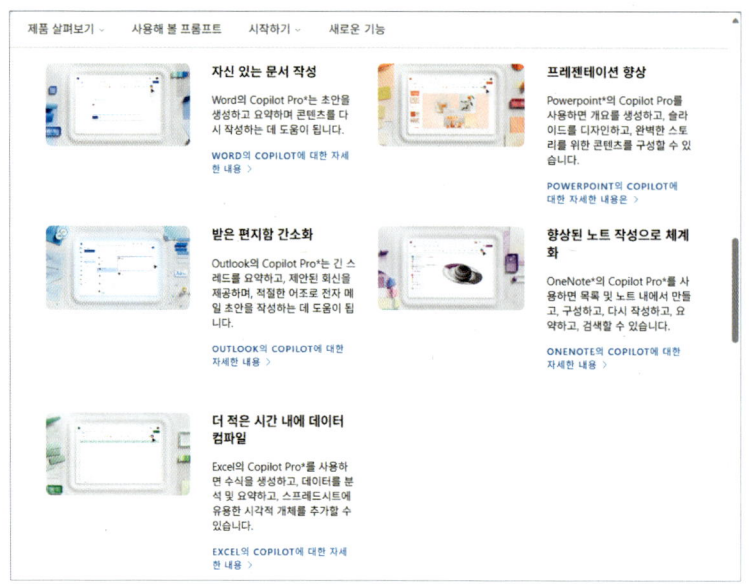

▲ 코파일럿 프로로 오피스 제품군에서 할 수 있는 일

오피스365에서 코파일럿을 이용하려면

조직에서 단체로 코파일럿 프로를 구매한 것이 아니라면, 조직 계정으로 이용하는 오피스군에는 개인 코파일럿 프로를 이용할 수 없습니다. 개인 마이크로소프트 계정과 그 계정으로 구입한 오피스365 라이선스가 필요합니다. 그리고 코파일럿 프로는 별도 결제입니다. 오피스365는 개인 결제 시 연간 89,000원(월간 약 7,400원) 코파일럿 프로는 월간 29,000원입니다. 모두 동시에 이용하기 위해서는 월간 약 36,400원이 필요합니다.

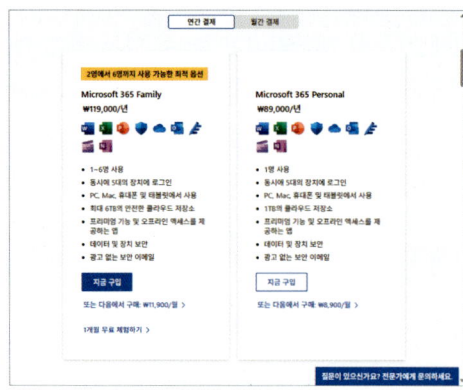

▲ 오피스365 제품군 개인 라이선스 이용 가격

▲ 코파일럿 프로 월간 이용 가격

> **뿌리샘 꿀팁** 유튜브 동영상을 요약해주는 코파일럿 프로

엣지 브라우저를 이용해서 유튜브를 본다면, 코파일럿 프로에게 해당 영상을 요약해 달라고 요청할 수 있습니다. 다음 장면은 "타임스탬프와 함께 본 영상을 요약 정리해줘"라고 요청한 것에 대한 내용입니다.

▲ 유튜브 동영상을 요약해주는 코파일럿 프로, 출처: 슈카월드

워드는 정형화된 문서 생성 전문가, 운영계획과 공적조서 쉽게 쓰기 with 코파일럿

마이크로소프트는 애초에 코파일럿을 기업용 AI로 상정하고 제작하였습니다. 그래서 기업에서 사용할 만한 정형화된 질문, 요구들에는 잘 응답할 수 있지만, 너무 일상적인 주제에 대해서는 다른 생성형AI에 비해서 만족스러운 답을 주지 못할 수도 있습니다. 워드에서 코파일럿을 이용하는 경우에도 비교적 정형화된 답을 해줄 수 있는 요구를 하는 것이 좋습니다. 예를 들어 운영계획, 공적조서, 가정통신문, 학부모 안내문자 작성하기 등이 워드에서 코파일럿을 사용해 작성하기 좋은 도구입니다. '운영계획이나 공적조서도 챗GPT에서 그냥 만들면 되는 거 아닌가?'라고 생각하실 수 있습니다만, 방금 말씀드린 정형화된 작업과 문서 안에서 생성형AI를 사용할 수 있다는 장점이 은근히 드러납니다. 같이 확인해보겠습니다.

워드와 코파일럿으로 운영계획 작성하기

워드 새 문서를 열고 코파일럿에게 다음과 같이 요청해보겠습니다. 조금 더 구체적으로 작성해야 원하는 정보를 얻을 수 있지만, 아직 머릿속에 프롬프트에 입력할 지침도 막연할 때는 어쩔 수 없지요. 인공지능의 초안으로부터 좋은 아이디어를 얻을 수도 있으니 일단 요청한 후, 조정해나가는 것도 좋은 방법입니다.

"미원초 타자대회 운영계획을 작성해줘. 운영일시는 2024년 11월 20일 14시야."

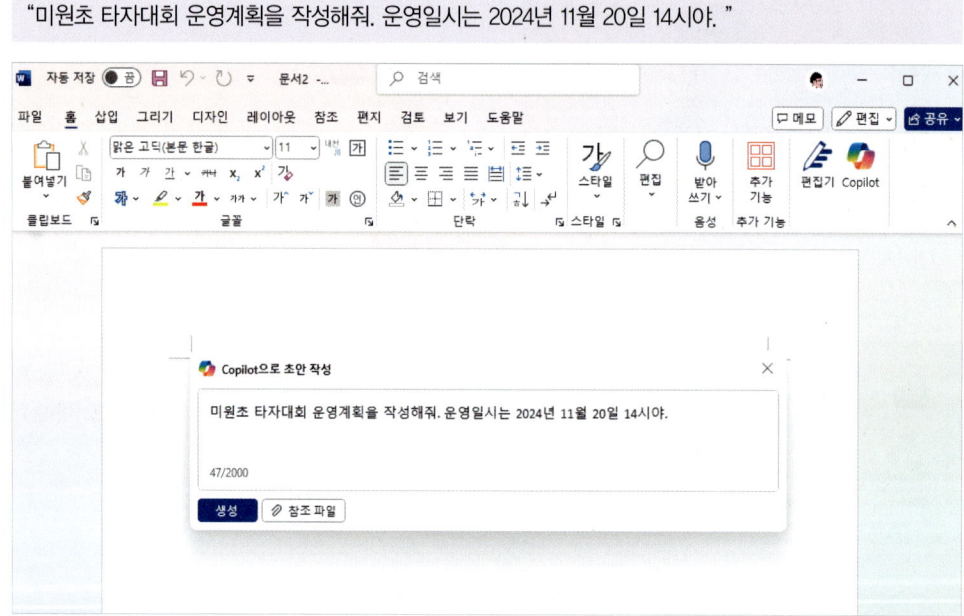

▲ MS 워드의 코파일럿에 운영계획을 요청하는 장면

생성한 내용을 확인해보겠습니다. 대회 개요, 일정, 세부 운영계획, 준비물 및 예산, 예산 운영 계획, 운영 위원회, 안전 관리, 기타사항의 목록을 작성하였습니다. 운영계획에 필요한 대부분의 정보를 담았고, 채점 및 휴식이라든가 준비물 등 미처 생각하지 못했던 부분에서 아이디어를 얻을 수 있었습니다.

미원초등학교 타자대회 운영계획

1. 대회개요
- 일시: 2024년11월20일(수) 14:00
- 장소: 미원초등학교 컴퓨터실
- 참가 대상: 미원초등학교 전교생
- 목적: 학생들의 타자 실력 향상과 정보기술 활용 능력 증진

일정
- 13:30 – 14:00: 참가자 등록
- 14:00 – 14:10: 개회식 및 대회 설명
- 14:10 – 15:00: 타자 대회 진행
- 15:00 – 15:20: 채점 및 휴식
- 15:20 – 15:40: 시상식 및 폐회식

2. 세부운영계획

2.1. 1. 참가자 등록
- 참가자는13시30분부터14시까지 컴퓨터실 앞에서 등록
- 등록 시 이름과 학년, 반을 확인
- 참가자에게 참가 번호 발급

2.2. 2. 개회식 및 대회 설명
- 개회식에서는 대회 목적과 규칙을 간단히 설명
- 안전 수칙 및 주의사항 공지

2.3. 3. 타자 대회 진행
- 참가자들은 각자 지정된 자리에서 컴퓨터를 사용하여 타자 대회 참가
- 대회는50분간 진행되며, 주어진 문서를 빠르고 정확하게 타이핑
- 타자 속도와 정확도를 기준으로 점수 부여

2.4. 4. 채점 및 휴식
- 대회 종료 후, 심사위원들이 각 참가자의 점수를 채점
- 채점 동안 참가자들은 휴식 시간을 가짐

2.5. 5. 시상식 및 폐회식
- 최고 점수를 받은 참가자들에게 시상
- 참가자 전원에게 참가 증명서 배부
- 폐회식에서는 대회에 대한 소감 및 피드백을 나눔

3. 준비물및예산
- 컴퓨터 및 타자 연습 프로그램
- 참가자 등록용 명단 및 번호표

- 시상식용 상장 및 상품
- 채점용 서류 및 필기도구
- 예산: 상장 및 상품 비용, 기타 운영비

4. 예산운영계획

4.1. 1. 예산 항목
- 상장 및 상품: 200,000원
- 참가자 번호표 및 명단 준비: 50,000원
- 타자 연습 프로그램 사용료: 100,000원
- 기타 운영비: 50,000원

4.2. 2. 예산 사용 계획
- 상장 및 상품: 대회 종료 후 시상식에서 수여
- 참가자 번호표 및 명단 준비: 대회 전날까지 준비 완료
- 타자 연습 프로그램 사용료: 프로그램 사용 계약 체결 후 지급
- 기타 운영비: 등록 접수 및 대회 운영 시 사용

5. 운영위원회
- 대회 총괄: 교장 선생님
- 대회 진행: 정보 교사 및 자원봉사자
- 채점 및 시상: 심사위원단

6. 안전관리
- 응급 상황 발생 시 즉각 대응할 수 있는 구급용품 준비
- 대회 중 안전사고 예방을 위한 안전요원 배치

7. 기타사항
- 참가자들에게 공지된 규칙과 지침을 준수하도록 독려
- 부모님 및 교사들의 협조와 지원 요청"미원초 타자대회 운영계획을 작성해줘. 운영일시는 2024년 11월 20일 14시야. "

똑같은 프롬프트를 이용해서 챗GPT에게도 물어보겠습니다. 코파일럿 프로는 정형화된 일에 강하다고 말씀드렸던 점이 잘 드러나는 듯합니다. 챗GPT 역시 훌륭하게 계획을 짜주었지만, 계획의 디테일한 부분을 고려해보면 코파일럿 프로의 손을 들어줘야 할 것 같습니다.

질문 "미원초 타자대회 운영계획을 작성해줘. 운영일시는 2024년 11월 20일 14시야."

 미원초 타자대회 운영계획 예시를 아래와 같이 작성해 보았습니다.

미원초등학교 타자대회 운영계획

대회명: 2024년 미원초 타자대회

목표:
- 학생들의 컴퓨터 활용 능력 향상
- 올바른 타자 자세 및 정확성 함양
- 학습 동기와 자신감 고취

일시: 2024년 11월 20일 (수) 오후 2시 ~ 오후 4시

장소: 학교 컴퓨터실

참가 대상: 전교생 (각 학년별 선발 인원 5명)

대회 방식:
1. **경연 종목**
   - 속도 타자
   - 정확도 타자
2. **대회 진행**
   - **속도 타자:** 지정된 글을 제한 시간 내 가장 빠르고 정확하게 타이핑한 학생이 승리
   - **정확도 타자:** 정확도를 중점으로 평가, 오타가 적은 학생이 높은 점수를 받음
3. **평가 기준**
   - **속도:** 분당 타자수(WPM)와 정확도를 종합하여 평가
   - **정확도:** 정확한 단어 수와 오타 비율을 기준으로 평가

상장 및 시상 내역:
- **대상 (각 학년별 1명):** 상장 및 소정의 상품
- **우수상 (각 학년별 2명):** 상장
- **장려상 (각 학년별 2명):** 상장

유의사항:
- 대회 중간에 떠들거나 방해하는 행동 금지
- 오타 시 수정을 허용하지 않으며, 진행 중 컴퓨터에 문제가 발생할 경우 감독 교사의 지시에 따를 것
- 손목과 팔의 자세는 올바르게, 타이핑 시 힘주어 치지 않도록 유의

기타 준비사항:
- 컴퓨터실 및 장비 사전 점검
- 타자 연습용 교재 또는 온라인 프로그램 준비
- 학생들이 대회를 잘 준비할 수 있도록 사전 연습 시간 제공

사후 관리:
- 대회 종료 후 성취도를 점검하고, 필요한 경우 추가 연습 프로그램 안내
- 참가자들이 느낀 점과 개선할 점에 대한 설문 조사

혹시 추가하거나 수정하고 싶은 부분이 있으면 말씀해 주세요!

워드에서 코파일럿을 이용하면, 작성 중인 문서의 텍스트를 드래그하고 바로 원하는 사항을 코파일럿에게 요청할 수 있습니다. 예를 들어, ❶'일정' 부분을 표로 바꾸었으면 좋겠다는 마음이 들었다면 해당 부분을 드래그한 후 ❷코파일럿 아이콘을 눌러 ❸[변경하기]를 클릭한 다음 ❹"표로 보기 좋게 작성해 줘, 열 제목도 알아서 작성해"라고 요청할 수 있습니다.

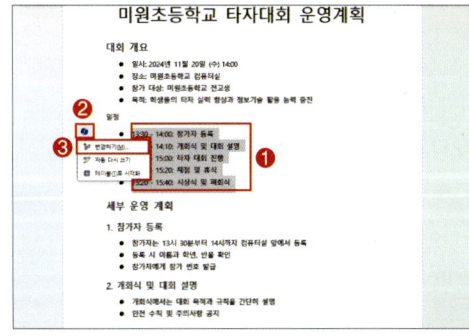 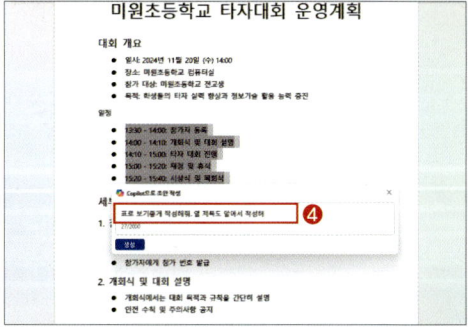

요청 결과, ❺코파일럿이 표를 작성해 주었습니다. 이러한 방식으로 문서에서 변경하고자 하는 텍스트를 표로 수정해 달라고 요청하거나, 문장의 스타일, 종결어미 등을 변경 요청할 수도 있고 초안에서 부족했던 부분들이 있다면, 추가 생성 요청을 할 수도 있습니다.

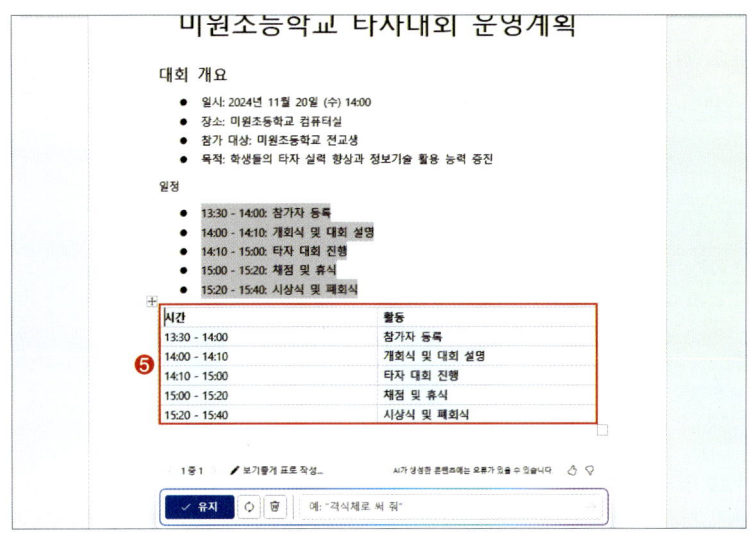

▲ MS 코파일럿에 요구한 대로 표가 생성된 모습

워드와 코파일럿으로 공적조서 작성하기

정형화된 문서 중에는 '공적조서'도 있습니다. 코파일럿은 정형화된 문서작업에 특장점이 있는 만큼, 공적 조서와 같이 창의성과 자유도가 높지 않은 문서를 작성하는 데에 적합합니다. 대체로 공적조서 신청 공문은 10월~11월 정도, 2학기가 끝나갈 무렵에 발송됩니다. 이 때, 학교 현장은 한창 바쁜 시기입니다. 한 해 동안 열심히 노력하여 유공이 있다면 이 때에 한 해에 한 일 또는 여러 해에 걸쳐 한 일들을 갈무리하여 공적 조서를 작성해야 합니다. 바쁜 와중에 공적 조서까지 작성하려니 마음이 급해지실 텐데요. MS 워드와 코파일럿을 이용해 공적조서를 쉽게 작성하는 방법을 소개해 드리려 합니다.

공적조서 중 작성하는 데에 시간이 오래 걸리는 부분은 ❶'공적 요지'와 ❷'공적 내용'입니다. 어떤 내용들을 어떻게 적기 시작해야 할지 고민되는 지점입니다. 그리고 공적 요지는 70자의 글자 수 제한도 있기 때문에 더 어렵기도 합니다.

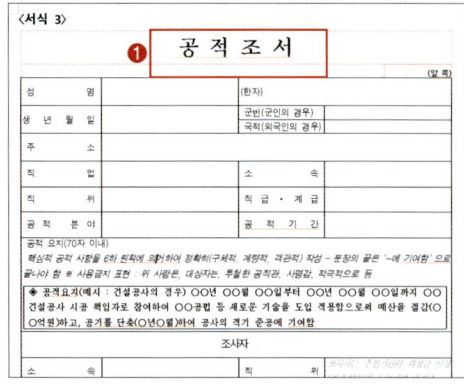
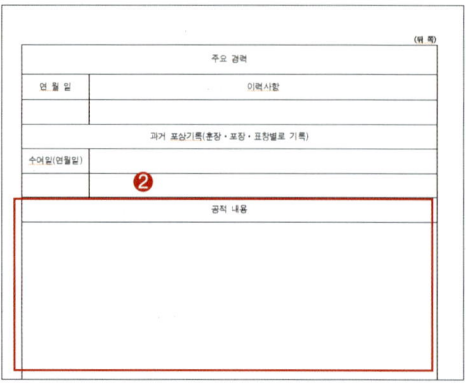

▲ 공적조서 중 공적 요지 　　　　　　　▲ 공적 요지 중 공적 내용

　　공적조서는 간결하고 명확한 문장으로 사실에 입각하여 기록하는 것이 중요합니다. 어떤 상황에서 어떤 노력을 기울였고 어떤 성과가 있었는지 구체적으로 명시해야 합니다. 자유롭고 감성적으로 적는 것이 아니라 구체적이고 사실적인 문장을 적어야 합니다. 이러한 분야는 코파일럿이 잘할 수 있는 분야입니다. 코파일럿에게 공적조서 작성을 요청하였습니다. 그러자 코파일럿은 구체적인 날짜만 추가해도 될 만큼 잘 작성해 주었습니다.

 너는 초등학교 교사야. 이번에 [　　　　] 표창 분야에 대한 공적조서를 작성해야해. 작성할 때에 아래의 지침들을 반드시 지켜서 작성해.

###작성 조건###
– '공적 요지'를 70자로 작성할 것
– 공적 요지에 해당하는 내용을 풀어서 '공적 내용' 500자 내외로 작성할 것
– 핵심적 공적 사항을 6하 원칙에 의거하여 정확히(구체적, 계량적, 객관적) 작성
※ 사용금지 표현 : 위 사람은, 대상자는, 투철한 공직관, 사명감, 적극적으로 등
– 공적요지 작성 예시
◆ 공적요지(예시 : 건설공사의 경우) ○○년 ○○월 ○○일부터 ○○년 ○○월 ○○일까지 ○○건설공사 시공 책임자로 참여하여 ○○공법 등 새로운 기술을 도입 적용함으로써 예산을 절감(○○억 원)하고, 공기를 단축(○년○월)하여 공사의 적기 준공에 기여함

###표창 분야###
[　　　　] 운영

###표창 훈격###
[(예시)부총리 겸 교육부장관] 표창

###[표창 분야] 정보###
(예시) 민간 에듀테크를 실증하여 공교육에 적합할 수 있도록 피드백하여 건강한 에듀테크 생태계를 형성하는 데에 기여함

###내 공적 사항### (예시)
- 2024년 OOOO 부단장
- OOOO 실증 참여 (2021~2024)
- 2024년 OOO프로그램 실증 팀장: 팀원 관리 및 참여 독려, 카톡 및 스프레드시트를 이용한 소통 활성화, 기업 소통의날 운영으로 기업 방문으로 소통 활성화, 실증 솔루션 교과 외 활용사례 제출
- 2024년 OOO 실증(해커톤) 팀원: 실증 솔루션 수업 활용사례 제출, 워크샵 참여를 통해 개선의견 개진
- 2022~2023년 OOO 실증 솔루션 팀원: 실증 솔루션 수업 사례 제출 및 우수 수업사례 선정
- 2021년 OOO 실증 솔루션 팀장: 실증 솔루션 수업 사례 제출 및 우수 수업사례 선정

공적 요지
2021년부터 2024년까지 다양한 에듀테크 실증 솔루션 팀장 및 팀원으로 참여하여 우수 수업사례 선정과 소통 활성화로 공교육 에듀테크 생태계 조성에 기여함

공적 내용
- **OOOO 부단장 활동 (2024년)**
  - 민간 에듀테크의 공교육 적합성 향상을 위해 노력함
  - 'OOOO' 실증 팀장으로서 팀원 관리 및 참여 독려
    - 카카오톡과 스프레드시트를 활용하여 팀 내 소통 활성화
    - '기업 소통의 날' 운영을 통해 기업 방문 및 소통 강화
    - 실증 솔루션의 교과 외 활용 사례 제출로 에듀테크 활용 범위 확대에 기여함
- **'OOOO' 실증 해커톤 참여 (2024년)**
  - 팀원으로서 솔루션의 수업 활용 사례를 제출하여 실증 데이터 제공
  - 워크숍 참여를 통해 개선 의견을 제시하여 솔루션 품질 향상에 기여함
- **OOOO, OOOO 실증 팀원 활동 (2022~2023년)**
  - 실증 솔루션 수업 사례 제출 및 우수 수업사례 선정
  - 팀원으로서 솔루션의 교육적 효과를 증대시키기 위해 노력함
- **OO, OO, OO 실증 솔루션 팀장 활동 (2021년)**
  - 실증 솔루션 수업 사례 제출 및 우수 수업사례 선정
  - 팀장으로서 팀을 이끌고 솔루션의 성공적인 실증을 위해 노력함
- **에듀테크 생태계 형성 기여**
  - 실증 참여와 소통 활성화를 통해 건강한 에듀테크 생태계 조성에 이바지함
  - 공교육에서의 에듀테크 활용 가능성을 높여 교육 발전에 기여함

본 내용을 챗GPT와도 비교해보겠습니다. 같은 프롬프트에 대한 챗GPT의 응답은 다음과 같습니다. 코파일럿의 응답이 조금 더 우리가 알고있는 공적조서의 모습과 닮아있음을 알 수 있습니다. 물론 챗GPT 역시 프롬프트를 자세히 적고 요청한다면 더 나은 결과를 만들 수 있을 것입니다. 현재의 비교는 따로 설정이나 지침을 추가하지 않았을 때, 각 플랫폼에 어떤 특징이 있는지를 비교하는 용도로 이용하시면 됩니다.

알겠습니다. 알려주신 정보에 따라 **OOOO**에 대한 **교육부장관 표창** 공적조서를 작성해 드리겠습니다. 제공해주신 공적 사항을 기반으로 공적 요지와 공적 내용을 다음과 같이 구성해보았습니다.

공적조서

공적 요지
2021년부터 2024년까지 OOOO 운영 부단장 및 팀장으로 참여하여 실증 프로젝트를 주도하고 교과 외 실증 솔루션 활용 사례를 개발하여 공교육에 기여함.

공적 내용
2021년부터 2024년까지 OOOO 운영에 참여하여 실증 솔루션 활용과 개선에 기여해왔습니다. 2024년에는 팀장으로서 팀원 관리를 책임지고 참여를 독려하며 카카오톡 및 스프레드시트를 통해 원활한 소통을 이끌었습니다. 또한 '기업 소통의 날' 행사를 기획 및 운영하여 관련 기업들과의 긴밀한 협력을 강화하였으며, 이를 통해 현장 요구를 반영한 개선 의견을 지속적으로 개진하였습니다.

2021년부터 다양한 실증 프로젝트에서 솔루션 활용 및 수업 적용 사례를 발굴하였으며, 2022~2023년 동안에는 이러한 활용 사례들이 우수 수업사례로 선정되는 성과를 이루었습니다. 특히 해커톤 형식의 실증 활동에 참여하여 솔루션의 교과 외 수업 적용 가능성을 적극 탐색하였고, 이를 통해 에듀테크 생태계가 건강하게 형성될 수 있도록 실질적인 성과를 냈습니다.

이와 같은 일련의 활동을 통해 교과 외 에듀테크 솔루션의 다양한 활용 가능성을 제시하며, 실증 자료를 공교육 현장에 제공함으로써 공교육의 디지털 전환과 에듀테크 활용의 토대를 마련하는 데 기여하였습니다.

이 공적 내용을 토대로 공교육 내 에듀테크 활용 확산과 현장 피드백을 통해 소프트랩의 역할을 강화한 공적을 강조하는 방향으로 진행해 보았습니다.

파워포인트에서 코파일럿 사용하기

개인적으로 느끼기에는 아직 파워포인트의 코파일럿은 워드에서 만큼의 자유도를 주지 못하는 것 같습니다. 현재까지는 슬라이드의 분석, 요약 정도로 사용할 수 있을 것 같습니다. 발표용으로 슬라이드들을 생성하기에는 슬라이드의 퀄리티가 썩 좋지 못합니다. 2차, 3차 수정이 필요한 수준이기 때문에, 발표용 자료를 제작하기보다는 강의 자료 PDF나 PPT를 받았을 때 해당 내용을 요약하거나, 내용과 관련된 질문을 주고받는 용도로 이용할 수 있을 것 같습니다.

▲ "초등학교 5학년 대상 환절기 감기예방 교육자료를 만들어줘"라고 파워포인트 코파일럿에게 요청하여 제작한 자료

> **뿌리샘 꿀팁** ▶ 슬라이드 전체 번역은 지원되지 않는다
>
> 슬라이드 전체 번역이 가능하다면 외국 논문의 PDF를 PPT로 전환하고 한국어로 번역해 달라고 요청하고 싶지만, 현재는 지원이 되지 않는 기능입니다. 추후 업데이트가 되기를 바랍니다. 한국 논문이나 보고서는 한국어 PPT로 요약하여 슬라이드를 구성해 줄 수 있으니 한국 논문 PDF를 PPT로 전환하여 이용하는 데에는 유용합니다.

생성하는 쪽으로는 아쉽지만, 분석과 요약하는 쪽으로는 크게 아쉽지 않은 모습을 보여줍니다. 특히, 분석과 요약은 수업에도 충분히 활용할 수 있는 기능입니다. 예를 들어, 학생들이 PPT로 만든 발표 자료의 내용들을 바탕으로 퀴즈를 생성하고 형성평가로 연계할 수 있습니다. 학생들이 직접 만든 슬라이드에서 문제를 생성하게 되어 학생들이 형성 평가에 더욱 흥미를 가지고 임하게 됩니다. 프레젠테이션 안에서 코파일럿을 이용해 퀴즈를 만드는 단계를 말씀드리겠습니다.

❶ 프레젠테이션의 우측 상단에서 [🔵 코파일럿] 버튼을 누릅니다.
❷ 프롬프트에 내용을 입력합니다. 프롬프트에 입력한 내용은 아래와 같습니다.

> 질문 "프레젠테이션 내용을 바탕으로 초등학교 5학년 대상의 퀴즈를 작성해줘. 너무 지엽적으로 문제를 내지는 말고, "세종대왕의 업적 탐구"라는 학습 목표를 기준으로 핵심적인 내용 위주의 퀴즈를 작성해. 10문제를 만들어줘"

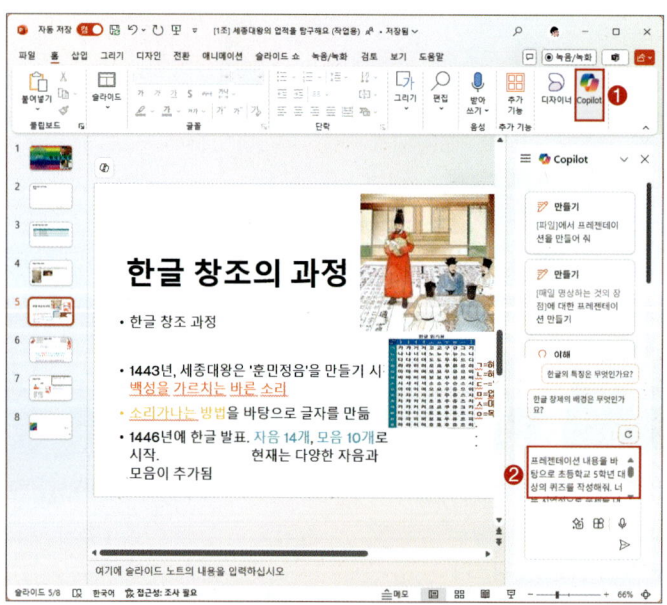

▲ "학생들이 PPT를 활용해 참여한 활동. 활동 주제는 '세종대왕의 업적을 탐구하기'"

요청에 따라 다음과 같은 문제를 만들어 주었습니다. 학생들이 제작한 프레젠테이션인 만큼 내용 자체에 오개념이 있을 수 있기 때문에 코파일럿이 생성해 준 퀴즈에서도 잘못된 내용은 고쳐서 활용하셔야 합니다.

물론이죠! "세종대왕의 업적 탐구"라는 학습목표를 기준으로 초등학교 5학년 학생들을 위한 퀴즈를 작성해 보았습니다.

1. 세종대왕이 한글을 창제한 이유는 무엇인가요? 1
2. 한글 창제는 몇 년에 시작되었나요? 2
3. 한글의 자음과 모음은 각각 몇 개로 시작되었나요? 2
4. 한글의 자음 중 'ㄱ'은 어떤 모양을 본떠 만들었나요? 2
5. 한글이 쉽게 배울 수 있는 이유는 무엇인가요? 3
6. 세종대왕이 한글을 창제한 후, 한글은 몇 년에 발표되었나요? 2
7. 한글의 모음 중 'ㅁ'은 어떤 모양을 본떠 만들었나요? 2
8. 한글의 특징 중 하나는 적은 자음과 모음으로 무엇을 만들 수 있다는 것인가요? 4
9. 세종대왕이 한글을 창제한 배경은 무엇인가요? 1
10. 한글이 발표된 후, 사람들은 한글을 배우는 데 얼마나 걸렸나요? 3

이 퀴즈가 도움이 되길 바랍니다! 추가로 궁금한 점이 있다면 말씀해 주세요

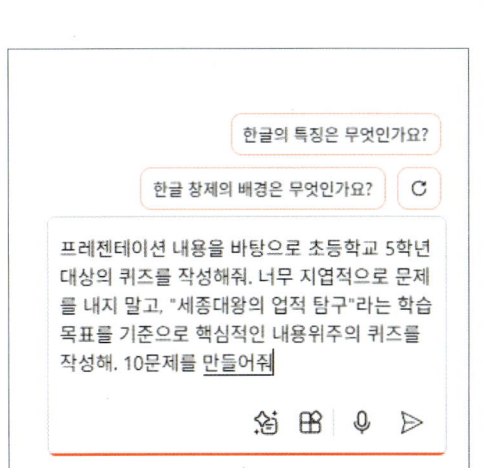

▲ 프롬프트 입력 장면　　　　▲ 코파일럿이 생성한 퀴즈

엑셀에서 함수 대신 프롬프트로 명령하기 with 코파일럿

엑셀을 이용하거나 구글 스프레드시트를 이용할 때에 여러 함수들을 알고 척척 데이터를 정리하는 사람들을 보면 참 멋지고 대단해 보입니다. 몇 가지 함수밖에 모르는 저자 역시도 다양한 함수로 척척 멋진 스프레드시트를 구성하는 선생님들을 보면 부러움을 느낍니다. 원하는 작업을 하기 위해서는 함수를 알아야 명령을 할 텐데 함수를 잘 모르니 일일이 수작업으로 했던 경우도 있었습니다.

러나 엑셀 코파일럿을 이용하면 함수를 몰라도 원하는 작업을 수행할 수 있습니다. 우리가 챗GPT에게 명령했던 것처럼, 엑셀 안의 코파일럿에게 필요한 내용을 명령하면 엑셀의 코파일럿이 그 내용을 직접 수정해 줍니다. 이메일에서 '@'의 앞부분을 분리하는 사례를 이용해 엑셀의 코파일럿을 살펴보겠습니다.

상황(Situation)	욕구(Needs)	인공지능 활용 접근 (AI-Approach)	문제 해결(Key)
학생들의 구글 계정에서 @ 앞의 내용을 아이디로 이용하고자 한다	일일이 드래그하여 복사하는 것은 번거롭다. 빠르게 실행하는 방법을 알고싶다	코파일럿에게 데이터를 인식하게 하여 수정을 요청한다	코파일럿이 계정에서 아이디 부분을 분류해서 새로운 열을 추가했다

저희 학교에서는 다양한 에듀테크들을 사용하고 있습니다. 대부분의 에듀테크는 구글 아이디로 소셜로그인이 가능하지만 그렇지 않고 일반적인 아이디와 비밀번호로 로그인 해야 하는 경우가 있습니다. 이때 학생들이 헷갈리지 않게 구글 계정의 '@' 앞에 있는 것을 아이디로 하여 안내하곤 합니다. 그런데 초등 학생들에게 "@앞에 있는 부분이 아이디니까 그것으로 들어오면 됩니다."라고 말하면 잘 이해하지 못합니다. 'A 프로그램 아이디는 무엇이고 B 프로그램 계정은 무엇이다.'라고 딱딱 정해줘서 알려줘야 잘 이해합니다. 그래서 학생들에게는 아이디가 될 부분만 따로 떼서 알려주고 싶지만, '@' 앞에 있는 부분 따로 정리해서 주는 작업을 관련 함수를 모른채로 일일이 옮기려고 한다면 여간 번거로운 일이 아닙니다.

이 상황을 엑셀의 코파일럿을 이용해 해결해보겠습니다. 이메일 주소 데이터가 있는 엑셀 통합 문서를 열었습니다. 여기 있는 데이터들을 클릭하여 코파일럿에게 '@'의 왼쪽에 있는 데이터를 추출해서 오른쪽에 새로운 열을 만들어 달라고 요청할 것입니다. 그런데 사전에 해야할 작업이 하나 있습니다. 엑셀의 코파일럿은 '테이블(표)'로 인식된 내용만 다룰 수 있습니다. 현재는 '테이블(표)'가 아니므로, 우선 표로 만들어 주도록 하겠습니다.

엑셀에서 코파일럿 사용하기

엑셀의 코파일럿은 ❶코파일럿을 구매한 개인 계정의 원드라이브에 저장해야 활성화 됩니다.

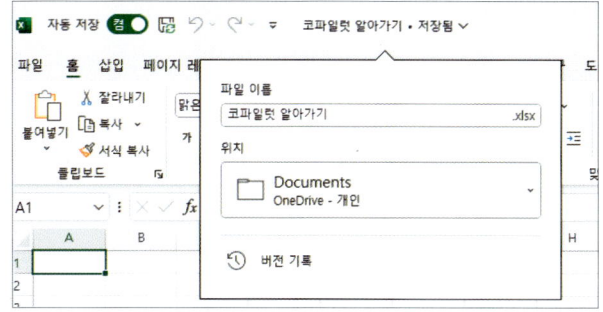

▲ 엑셀에서 코파일럿 사용

❶테이블(표)로 지정할 범위를 선택합니다. 그리고 상단의 ❷[삽입] 탭에 들어가고 ❸[표] 그룹의 [표]를 선택합니다.

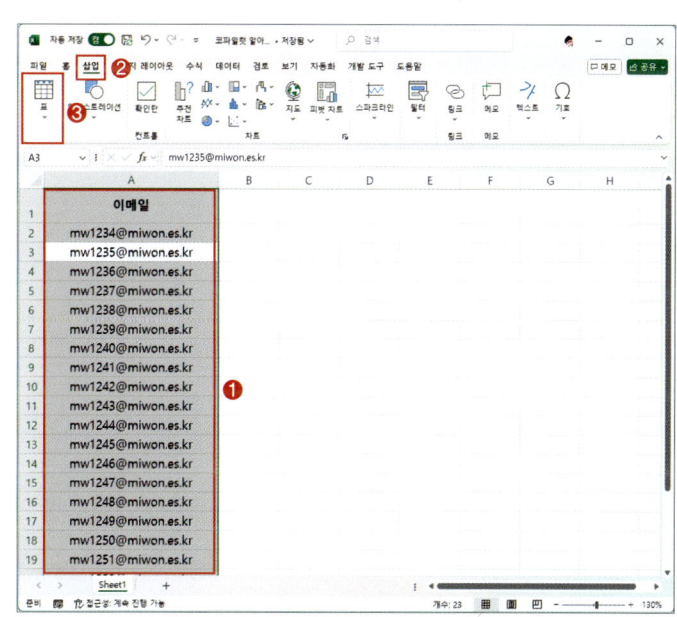

'표 만들기' 팝업이 나타났습니다. ❹[확인] 버튼을 눌러 해당 범위를 '테이블'로 만듭니다.

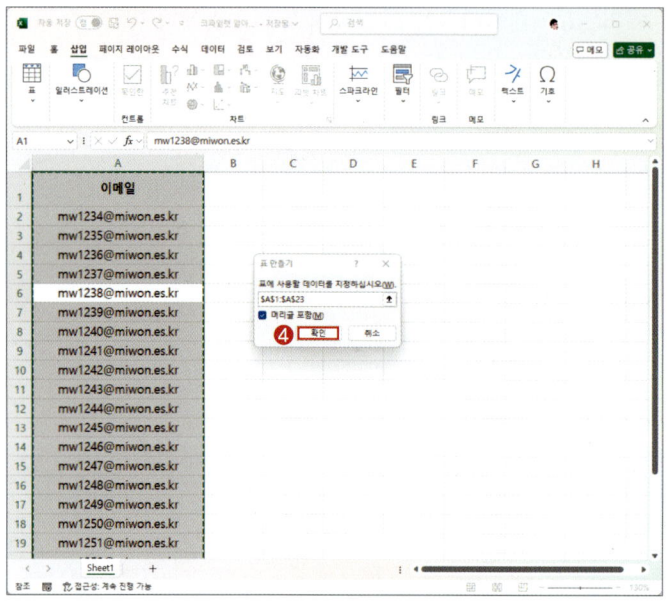

이제 이 범위를 코파일럿이 이해할 수 있습니다. ❶"@왼쪽의 내용을 추출해서 새로운 열을 만들어줘. 열 제목은 'A 프로그램 아이디'로 만들어"라고 코파일럿의 프롬프트에 입력하겠습니다. 그리고 우측의 ❷종이비행기 모양 아이콘을 눌러 명령을 전송합니다.

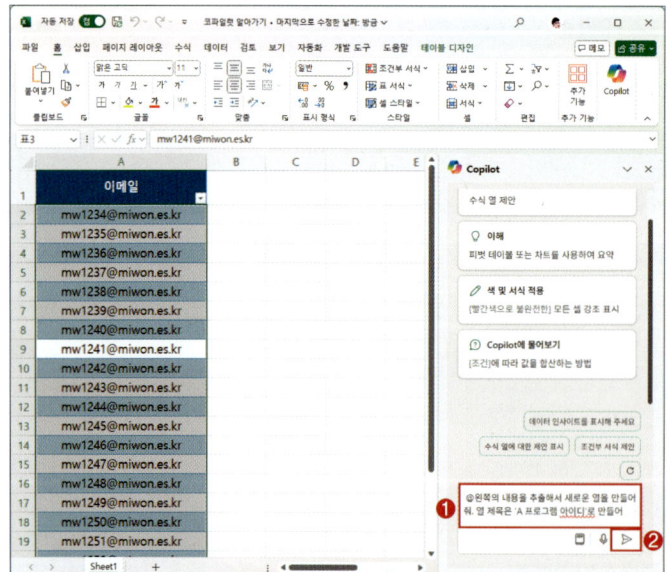

코파일럿이 금새 우리가 원하는 작업을 수행했습니다. ❶코파일럿의 응답을 보면 어떤 함수를 이용해서 정리하였는지 볼 수 있습니다. ❷응답 화면 중에 [열 삽입] 버튼을 누르면 작성한 내용이 기존 열의 오른쪽에 들어갑니다.

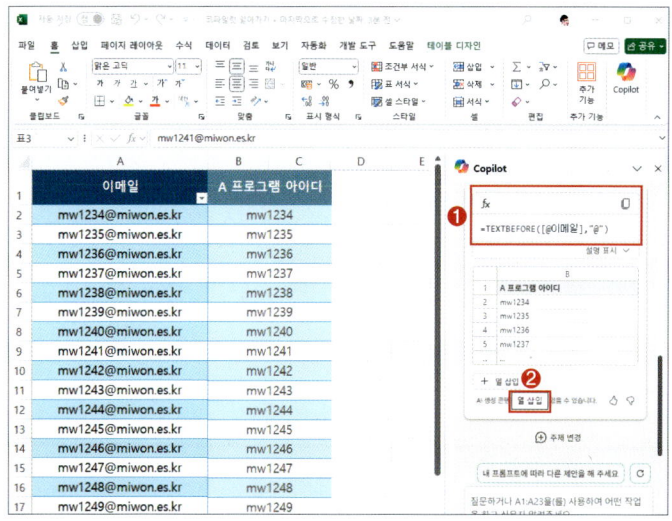
▲ 코파일럿이 작성한 함수와 정리한 데이터

❸생성된 열을 클릭해보면 어떤 함수를 이용해서 데이터가 만들어졌는지도 다시 확인할 수 있습니다.

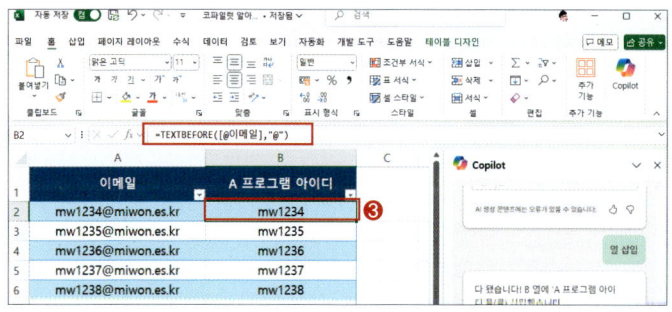
▲ 자동으로 입력된 함수

지금까지 엣지 브라우저, 워드, 파워포인트, 엑셀에서 코파일럿을 이용해보았습니다. 다시 말씀드리지만, 지금까지 보여드린 기능은 개인 오피스365 라이선스와 코파일럿 프로 유료 결제를 해야 이용할 수 있습니다. 책에서 소개한 기능을 보시고 잘 활용해 볼 수 있는 가능성을 보셨다면 구매를 추진해보셔도 좋을 것 같습니다.

유수근 선생님의 미니 특강

PDF 파일 용량 줄이기, 어도비 아크로벳(Adobe Acrobat)

● ● ●

우리는 스캔하거나 수정할 수 없는 문서로 전송하고자 할 때에 PDF 형식을 자주 사용합니다. 그런데 이 PDF의 용량이 크면 교육청 메신저를 이용할 때나, K-에듀파인에 문서를 업로드 할 때 용량 제한에 걸려서 한 번에 올리지 못하는 상황이 발생하곤 합니다. 이럴 경우 PDF의 용량을 줄여야 하는데요. 이 때 사용하기 좋은 인공지능이 어도비 아크로벳(Adobe Acrobat)입니다.

❶브라우저의 검색창에 '어도비 아크로벳'이라고 검색합니다. ❷가장 상단에 나오는 링크를 클릭합니다.

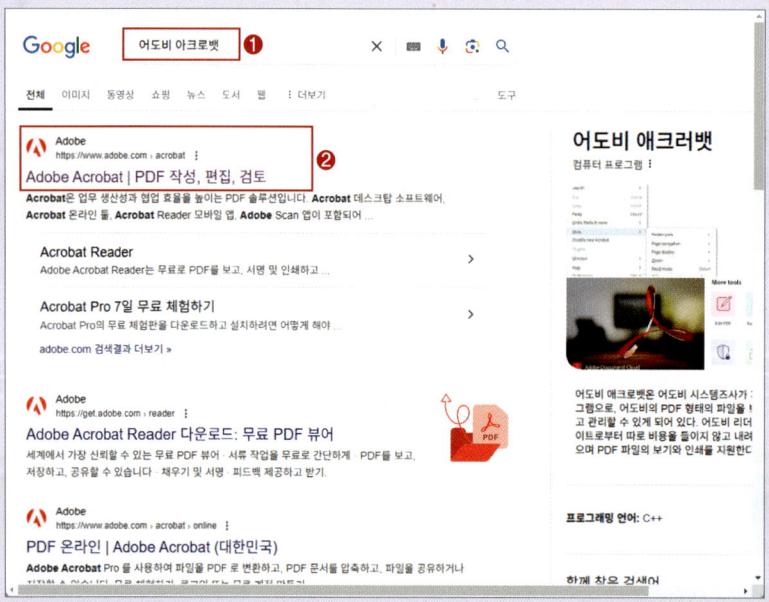

▲ PDF 파일 용량 줄이기, 어도비 아크로벳(Adobe Acrobat)-1

스크롤을 조금 내리면 ❸[쉽게 공유할 수 있도록 PDF 크기 축소] 버튼을 클릭합니다.

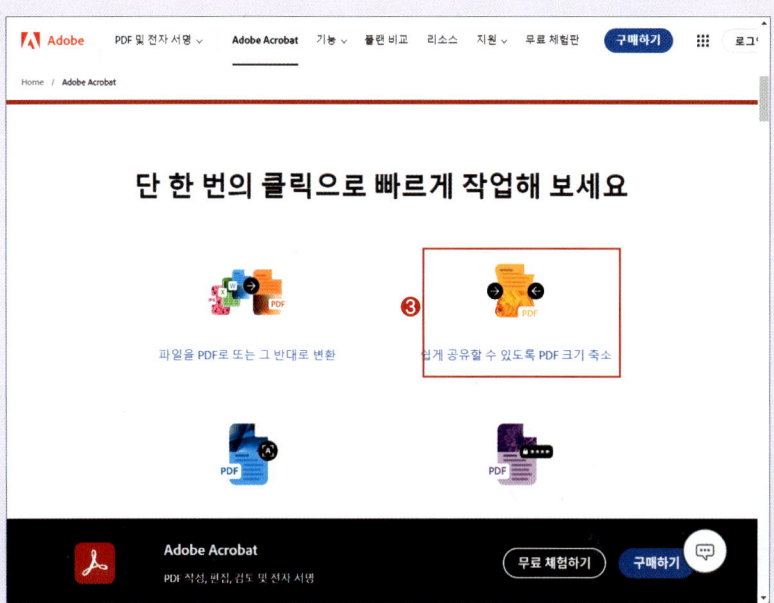

▲ PDF 파일 용량 줄이기, 어도비 아크로뱃(Adobe Acrobat)-2

❶업로드 된 화면에서 드래그 앤 드랍으로 압축을 원하는 PDF를 넣고 ❷[압축] 버튼을 누르면 PDF의 압축이 완료됩니다. 종종 사용하게 되는 유용한 사이트이니 북마크에 추가해 놓으시는 것을 권장합니다.

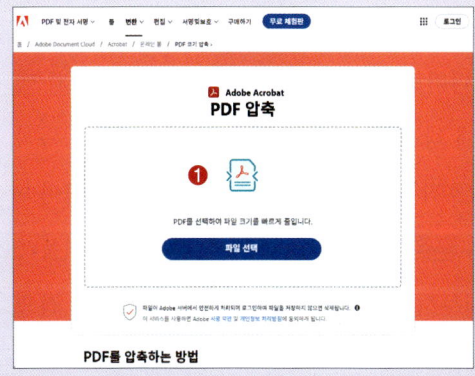

▲ PDF 파일 용량 줄이기, 어도비 아크로뱃(Adobe Acrobat)-3

▲ PDF 파일 용량 줄이기, 어도비 아크로뱃(Adobe Acrobat)-4

다양한 생성형AI 활용하기

챗GPT가 탑재된 다양한 서비스들이 많이 있습니다. 'GPT를 사용한다고 하니, GPT의 원조인 챗GPT만 못하지 않을까?'라고 생각하실 수 있지만, 막상 사용해보시면 그렇지 않습니다. 각각의 AI 기반 프로그램들이 서로 다른 특장점을 가지고 있기 때문입니다. 이번 주제에서 소개하는 각 생성형AI들의 매력과 특징을 기억하시고, 북마크에 잘 추가해 두셨다가 상황에 맞는 적절한 도구 그때그때 꺼내 쓰시길 바랍니다.

▲ 챗GPT를 통해 생성한 이미지 "도구를 적재적소에 활용할 줄 아는 학생을 그려줘. 레트로 코믹북 스타일로 만들어줘"

웹 자료 탐색 최적화, 퍼플렉시티(Perplexity)

퍼플렉시티는 챗GPT와는 다른 목적의 AI입니다. 챗GPT는 대화형 AI로서 사용자의 맥락을 이해하고 깊이 있는 대화를 이어가는 데에 강점이 있습니다. 그래서 챗GPT는 특히 맥락 이해를 바탕으로 사용자와의 지속적인 상호작용을 통해 복잡한 문제에 대한 아이디어를 제안하거나, 창의적인 대화, 상담, 또는 토론을 이어나갈 수 있습니다. 반면, 퍼플렉시티는 '검색 기반 AI 도구'입니다. 사용자가 질문하는 최신 정보를 빠르고 신속하게 검색한 뒤 GPT모델을 활용하여 요약 정리한 답변을 생성합니다. 퍼플렉시티는 다양한 최신 정보를 참고해 명확하고 간단한 답을 제공하는 데 최적화되어있어, 실시간 정보와 출처가 중요한 경우에 매우 유용합니다. 퍼플렉시티는 챗GPT만큼의 깊이있는 대화능력은 없지만, 정확하고 간단한 정보제공에 초점이 맞춰져 있습니다. 다시 말해, 웹에서 빠르게 정보를 찾고 싶을 때에는 챗GPT보다는 퍼플렉시티를 이용하면 됩니다.

퍼플렉시티를 이용해 "학교 악성 민원 증가 추이"를 검색해보겠습니다. 우선 퍼플렉시티 홈페이지에 들어갑니다. ❶검색창에 '퍼플렉시티'라고 입력하면 ❷보이는 가장 상단에 있는 페이지입니다.

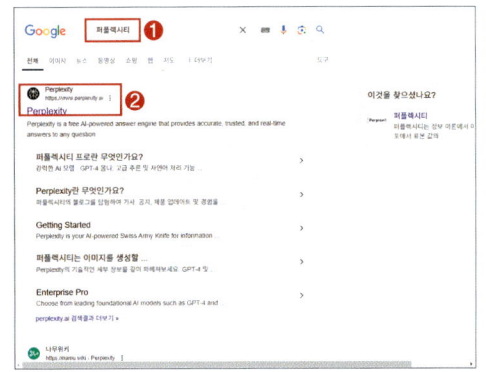 

❶중앙에 "학교 악성 민원 증가 추이"라고 프롬프트를 입력하고 입력창 우측 아래에 있는 오른쪽 화살표 아이콘으로 검색을 시작하겠습니다. 검색이 무척 빠르게 이루어지는 것을 볼 수 있습니다. ❷출처 링크를 8개나 가져왔으며, ❸우측에는 관련된 이미지들을 따로 정리해두기도 했습니다. 필요한 이미지를 알아서 찾아 정리해주기 때문에, 훨씬 효율적으로 이미지를 선택할 수 있습니다. ❹중앙에는 찾은 내용들을 요약한 내용들이 있는데, 문장마다 해당 내용과 관련된 출처와 연결된 링크가 활성화되어있습니다. 해당 내용을 더욱 자세히 보고싶을 때는 클릭하여 들어가 확인할 수 있습니다.

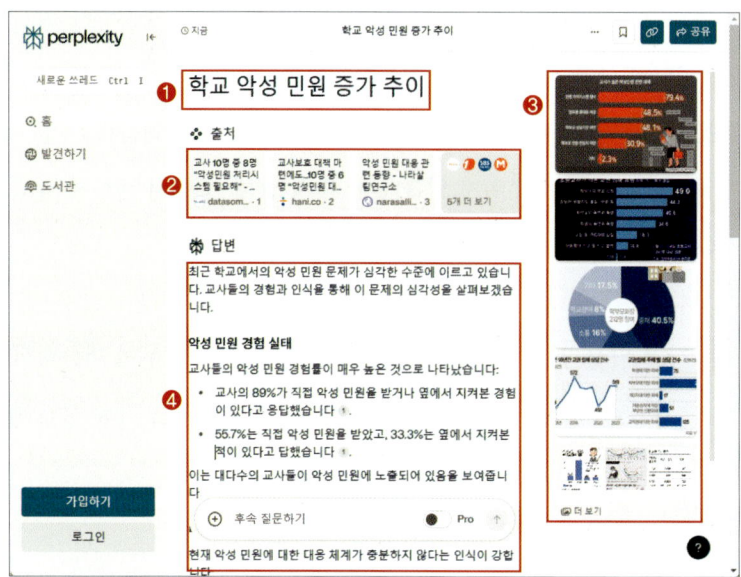

챗GPT 대항마, 구글 제미나이(Gemini)

마이크로소프트 뿐만 아니라, 구글에도 생성형AI가 있습니다. 2023년까지는 음유시인이라는 의미의 '바드(Bard)'로 출시되었다가 2024년 2월에 '제미나이(Gemini)'로 리브랜딩 했습니다. 구글 제미나이의 장점은 세계 최대의 검색 포털인 구글의 데이터를 바탕으로 빠르게 실시간 데이터를 찾아준다는 점입니다. 그리고 구글 워크스페이스 프로그램인 구글 문서, 구글 슬라이드, 구글 스프레드시트와 연계한 작업이 가능합니다. 제미나이에게 알림장 문구 작성을 요청하고 그것을 구글 스프레드시트로 전환해보겠습니다.

질문 최근 뉴스들을 검토해서 학생들이 주의해야 하는 안전사고들을 조사해. 그 내용들을 정리해서 알림장에 들어갈 문구를 30가지 작성해. 주제는 다양해야 해. 말투는 친절하게 작성해. 초등학교 5학년 학생들을 대상으로 나가는 안내문인 것을 고려해. 작성한 문구는 표로 정리해줘

Gemini 초등학교 5학년 학생 안전 알림장 문구 (30가지)
안녕하세요, 똑똑한 5학년 친구들!
최근 뉴스를 보니, 우리 주변에서 안전 사고가 자주 일어나고 있어요. 그래서 여러분이 안전하게 생활할 수 있도록 꼭 알아야 할 내용들을 준비했답니다. 선생님과 함께 안전 수칙을 잘 지켜서 건강하고 행복한 학교생활을 만들어가요!

번호	안전 수칙
1	등하굣길 안전 : 횡단보도에서는 반드시 손을 들고 건너고, 신호등을 잘 지켜요. 특히, 스마트폰을 보면서 걷지 않도록 주의해요.
2	놀이터 안전 : 미끄럼틀이나 그네를 탈 때는 줄을 서서 기다리고, 다른 친구들과 부딪히지 않도록 조심해요.
3	집 안전 : 혼자 집에 있을 때는 문을 꼭 잠그고, 가스레인지나 전기 콘센트를 함부로 만지지 않아요.
4	학교 안전 : 급식을 먹을 때는 천천히 씹어 먹고, 뛰어다니거나 장난치지 않아요.
5	교통 안전 : 자전거를 탈 때는 반드시 안전모를 착용하고, 오른쪽 차선으로 통행해요.
6	물놀이 안전 : 수영장이나 계곡에서 놀 때는 어른과 함께하고, 구명조끼를 꼭 착용해요.
7	화재 안전 : 불을 사용할 때는 주변에 불이 붙을 수 있는 물건을 치우고, 불이 나면 119에 신고해요.
8	지진 대비 : 지진이 발생하면 책상 밑에 숨고, 떨어지는 물건으로부터 머리를 보호해요.
9	약물 오남용 예방 : 함부로 약을 먹거나 모르는 사람이 주는 음식은 절대 받아먹지 않아요.
10	개인 정보 보호 : 개인 정보를 함부로 알려주지 않고, 인터넷에서 위험한 정보를 보면 바로 부모님이나 선생님께 알려요.
11	낯선 사람 경계 : 혼자 있을 때 낯선 사람의 말에 속지 않고, 도움을 요청해요.
12	폭력 예방 : 친구들과 사이좋게 지내고, 괴롭힘을 당하거나 목격하면 어른에게 알려요.
13	유괴 예방 : 혼자 길을 걸을 때는 사람이 많은 곳으로 다니고, 위험한 상황이 발생하면 소리쳐 도움을 요청해요.
14	식중독 예방 : 음식을 먹기 전에 손을 깨끗이 씻고, 상한 음식은 먹지 않아요.
15	전기 안전 : 젖은 손으로 전기 콘센트를 만지지 않고, 고장난 전기 기구는 함부로 만지지 않아요.
16	동물과의 안전 : 길고양이에게 함부로 다가가지 않고, 벌에 쏘였을 때는 냉찜질을 해요.
17	놀이기구 안전 : 놀이기구를 탈 때는 안전바를 꼭 착용하고, 안전 수칙을 지켜요.
18	겨울철 안전 : 빙판길에서는 조심히 걸어 다니고, 장갑과 목도리를 착용해요.
19	여름철 안전 : 더운 날씨에는 물을 자주 마시고, 직사광선을 피해요.
20	학교폭력 예방 : 친구들을 괴롭히거나 놀리는 행동은 하지 않고, 친구가 힘들어하면 도와줘요.
21	인터넷 안전 : 허위 정보에 속지 않고, 사이버 폭력에 노출되지 않도록 주의해요.
22	SNS 안전 : 개인 정보를 함부로 공개하지 않고, 악플을 달거나 다른 사람을 비난하지 않아요.
23	스마트폰 안전 : 스마트폰 사용 시간을 조절하고, 눈 건강을 위해 휴식을 자주 취해요.
24	자연재해 대비 : 태풍이나 홍수 등 자연재해 발생 시 안전하게 대피하고, 안전 수칙을 잘 지켜요.
25	미세먼지 대비 : 미세먼지가 심한 날에는 외출을 자제하고, 마스크를 착용해요.
26	건강 관리 : 규칙적인 운동과 충분한 수면을 취하고, 건강한 식습관을 유지해요.
27	심폐소생술 배우기 : 위급한 상황에서 다른 사람을 도울 수 있도록 심폐소생술을 배우는 것이 좋아요.
28	안전 교육 참여 : 학교에서 진행하는 안전 교육에 적극적으로 참여하고, 배운 내용을 실생활에 활용해요.
29	어른에게 도움 요청하기 : 위험한 상황이 발생하면 주저하지 말고 어른에게 도움을 요청해요.
30	안전은 나를 지키는 가장 좋은 친구 : 항상 안전을 생각하고, 스스로를 보호하는 습관을 기르도록 노력해요.

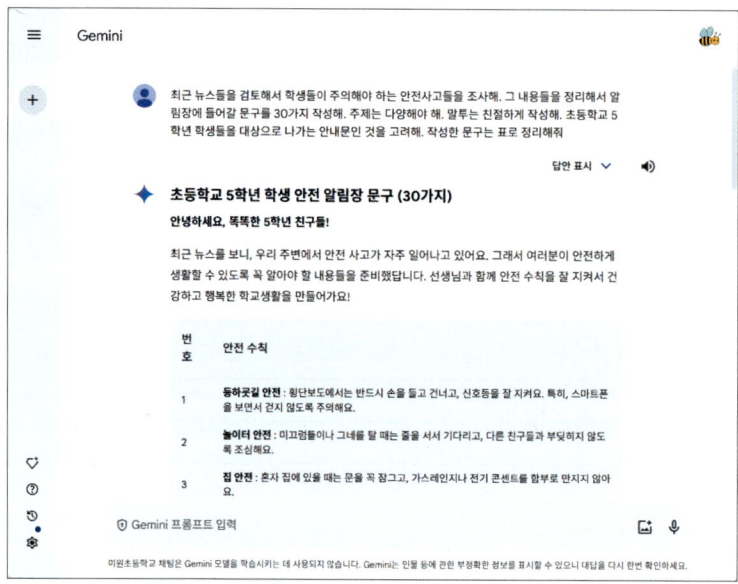

▲ 제미나이에게 물어보는 장면

초등학교 5학년 학생 안전 알림장 문구 30가지가 완성되었습니다. 그리고 그 내용들은 아래에 표로 예쁘게 정리되었는데요. 표의 우측 하단의 ❶[Sheets로 내보내기] 버튼을 클릭합니다.

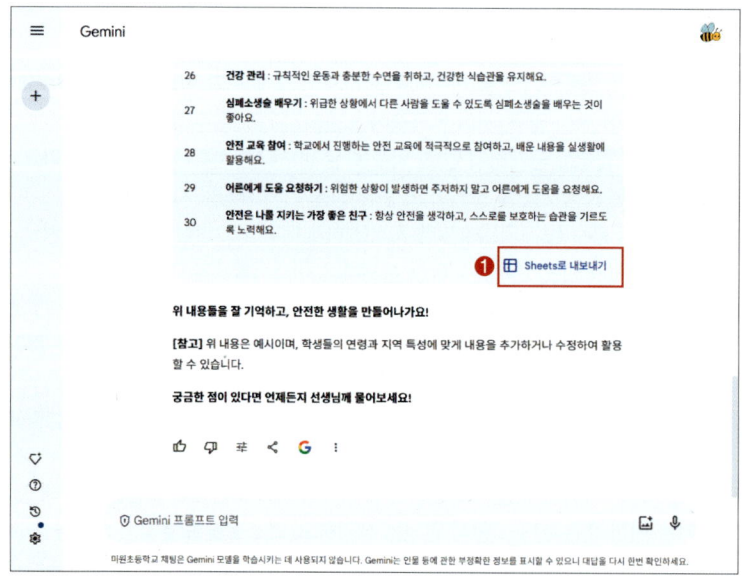

알림장 문구를 작성할 때마다 제미나이와의 대화 목록을 찾아보기란 쉽지 않습니다. 따로 정리할 필요가 있고, 나중에도 자주 꺼내어 볼 내용들은 스프레드시트로 정리하여 '중요 문서함'에 추가해 두시면 찾기에 편리합니다. 중요 문서함에 추가하는 방법은 스프레드시트 제목 옆에 있는 ❷별 모양(★) 아이콘을 클릭하면 됩니다.

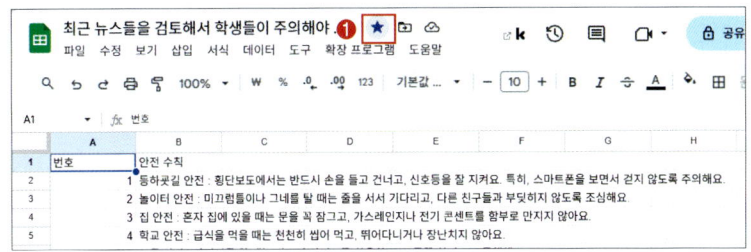

▲ 스프레드시트에 정리된 화면

뿌리샘 꿀팁 ▷ 구글 제미나이를 학교 계정으로 이용할 수 있나요?

바로 이용할 수는 없으며 학교의 워크스페이스 담당 선생님께서 제미나이의 서비스 상태를 '사용'으로 수정해 주셔야 합니다. 기본적으로는 '사용 중지'로 되어있습니다. 주의할 점은 제미나이는 연령 제한이 있다는 점입니다. 구글은 'Google Workspace for Education 계정의 액세스 설정' 페이지에서 '만 18세 미만의 Google Workspace for Education 사용자는 다음 서비스를 이용할 수 없습니다.'라고 명시하며, 그 안에 제미나이를 포함시켰습니다. 따라서, 워크스페이스 관리자 선생님이 제미나이를 사용할 수 있도록 설정하실 때에는 전체 조직단위에서 사용을 허가할 것이 아니라 '교직원' 조직만 사용을 허가해야 합니다.

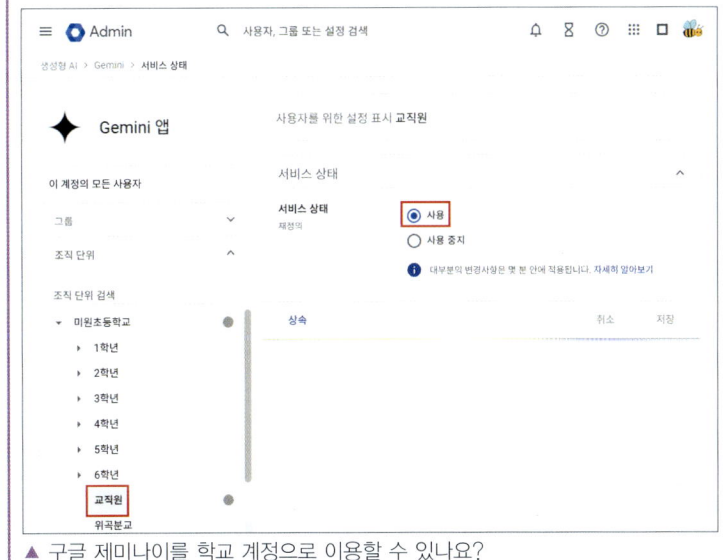

▲ 구글 제미나이를 학교 계정으로 이용할 수 있나요?

> **AI 짤막 상식** ㉛
>
> 마이크로소프트는 챗GPT를 개발한 OpenAI의 최대 투자자 중 하나였기 때문에 마이크로소프트의 생성형 AI인 코파일럿에 GPT-4 엔진을 당당히 탑재하여 빠르게 출시할 수 있었습니다. 마이크로소프트는 2023년 1월에 오픈AI에 100억 달러를 투자하여 최대 투자자가 되었으며, 이 투자로 마이크로소프트는 오픈AI의 모든 모델을 사용할 수 있는 권리를 확보하게 되었습니다.

인공지능 챗봇 만들기 미주(Mizou)

학생들이 인공지능을 가장 주도적으로 사용할 수 있는 방법은 '챗봇'을 이용하는 것입니다. 학생이 스스로 자신이 처한 상황을 이해하고, 어떤 프롬프트를 입력할지 무슨 정보를 얻어야 할지 고민하며 자신이 주체가 되어 인공지능을 이용하는 구조이기 때문입니다.

챗GPT를 이용하며 아쉬운 점은 만 13세 미만은 보호자의 동의를 받아도 이용할 수 없다는 점입니다. 초등학생들은 결코 이용할 수 없는 연령입니다. 챗GPT에서 작성해놓은 GPT들을 공유해서 이용할 수 있으면 편리하겠지만, 연령제한이 있으니 다른 대안을 찾아야 합니다. 그런데 챗GPT처럼 PDF를 학습시킬 수도 있고, GPT 엔진을 이용해서 답변을 인출할 수 있는 프로그램이 있습니다. GPT를 링크로 공유했던 것처럼 편하게 링크 공유도 가능하면서, 공유시 로그인도 필요없습니다. 게다가 보호자 동의가 있으면 만 13세 미만도 이용할 수 있습니다. 바로, 미주(Mizou)입니다.

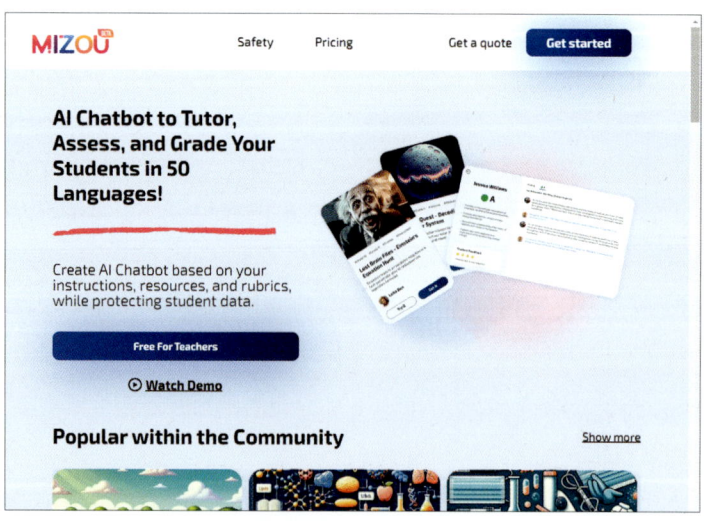

㉛ 출처: 오픈AI의 챗GPT 엔터프라이즈, 마이크로소프트와는 어떤 관계?, IT World

미주는 검색창에 'Mizou'라고 입력하면 가장 위에서 볼 수 있습니다. 미주는 여느 인공지능 프로그램들과 같이 무료 버전과 유료 버전으로 나뉘어 있습니다. 무료 버전에서는 PDF 파일을 업로드 하거나, 학생이 입력한 내용에 평가 루브릭을 적용하여 학습결과를 확인하는 Grading Rubrics 기능이 제공되지 않습니다. 그러나 챗봇을 생성하고 공유하는 기능에는 제한이 없으므로, 추가 기능을 원하지 않으신다면 무료 버전을 계속 이용하실 수 있습니다.

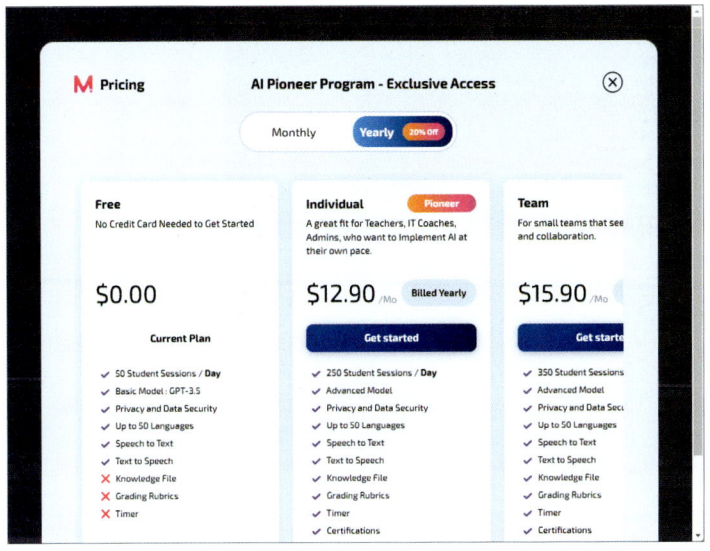

▲ Mizou 요금제

미주를 시작하기 위해서는 로그인이 필요합니다. 중앙의 [Free for Teachers] 또는 우측 상단의 [Get Started]를 클릭하면 로그인 팝업이 나타납니다. ❶[Continue with Google] 구글 소셜 로그인을 통해 접속하겠습니다.

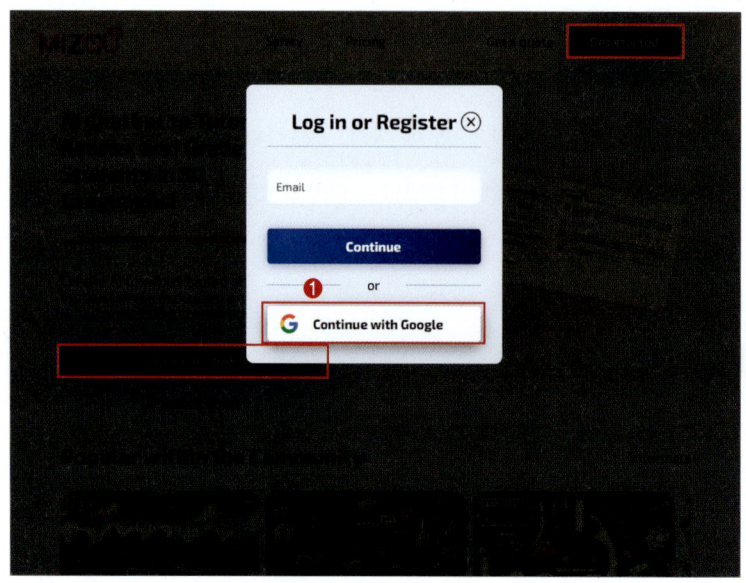

▲ 미주 로그인 화면

간단한 설문을 마치고 로그인하면 생성한 챗봇 목록을 볼 수 있는 화면이 나타납니다. 좌측 상단의 ❶[Build a Chatbot]을 클릭하여 챗봇을 만들어보겠습니다.

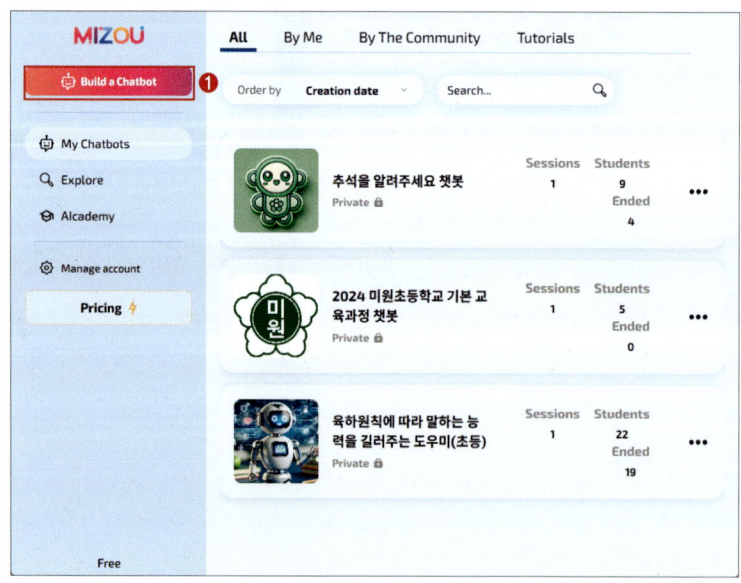

[Custom]과 [AI-Generated]가 나옵니다. 이 중 [AI-Generated]는 챗GPT에서 GPT를 만들 때의 '만들기' 과정과 유사합니다. 사용자가 프롬프트를 입력하면 그 프롬프트에 맞게 챗봇을 생성해주는 것입니다. 한편 [Custom]은 '구성'과 비슷합니다. 조금 더 구체적인 지침들을 정할 수 있습니다. 책에서는 ❶[Custom]을 이용해서 만든 챗봇으로 안내드리겠습니다. 실제로 학교 행사에서 사용했던 "추석을 알려주세요 챗봇"을 사례로 말씀드리겠습니다.

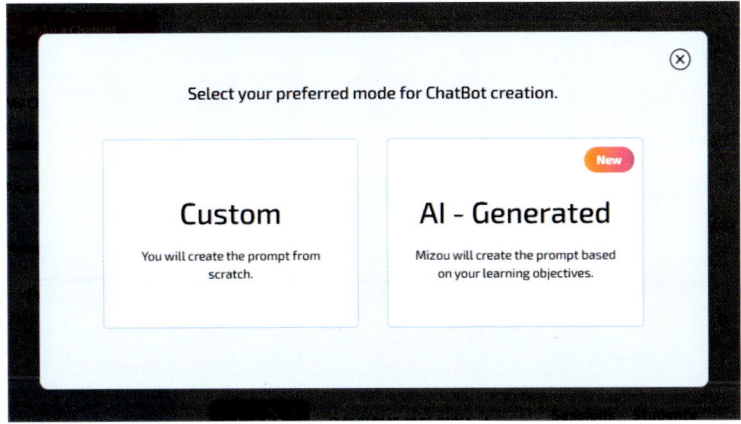

❶ [Title]로 챗봇의 이름을 정할 수 있습니다. "추석을 알려주세요 챗봇"으로 설정하겠습니다.

❷ [AI Instructions]에는 인공지능이 지켜야 할 지침들을 적는 공간입니다. 이 챗봇은 추석 계기교육에 사용할 용도로 제작되었기 때문에 추석 계기교육 학습과 관련된 내용으로 지침이 구성되었습니다. 지침들은 다음과 같습니다.

- 대한민국의 명절 추석에 관한 정보를 말해주는 챗봇임.
- 학생이 추석 및 추석과 관련된 문화에 대한 질문을 할 때에만 답해줄 것
- 추석과 관련이 없는 답을 할 때에는 "해당 질문은 추석과는 관련이 없으므로 대답해드리기 어렵습니다"라고 답할 것.
- 대답할 때에는 출처를 밝히며 알려줄 것.
- 학생의 수준에 맞게 대답해줄 것. 학생에게 몇 학년인지 물어볼 것. 학생이 대답하는 학년에 따라 적절한 수준의 대답을 해줄 것.
- 질문이 모호할 경우 추석에 관해 궁금해 할 만한 부분을 먼저 제안할 것.
- 대답은 우선 업로드한 PDF 파일에 근거하여 답할 것. 파일에 없는 내용의 경우 검색하여 대답할 것. PDF 파일이 반드시 우선임.

'추석과 관련이 없는 답을 할 때에는 "해당 질문은 추석과는 관련이 없으므로 대답해드리기 어렵습니다"라고 답할 것.'이라고 지침을 적어 놓았더니 미리보기 실행 장면에서 해당 지침이 작용하고 있는 것을 확인할 수 있었습니다.

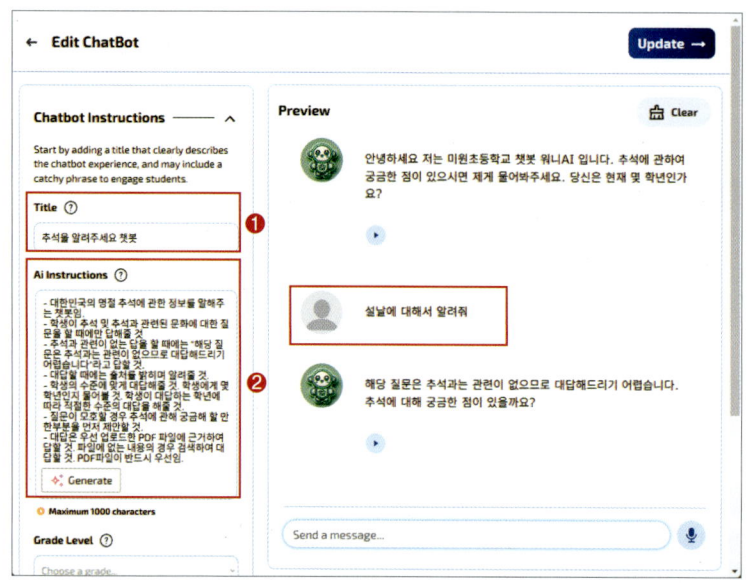

추석날 계기교육 행사를 운영할 당시 몇 개월간 유료 버전을 이용할 수 있었습니다. 그 덕분에 유료 버전의 기능인 'PDF 파일을 업로드'기능으로 챗봇을 학습시킬 수 있었습니다. 학습 파일은 추석의 세시풍속이 담긴 자료를 사용했습니다. PDF 파일을 업로드하려면 현재 화면에서 스크롤을 조금 내려서

❶ [More Options]를 클릭하면 됩니다. 추가 사항을 지정할 수 있는 항목들이 나타납니다.

❷ [Welcome Message]는 챗봇이 사용자를 처음 만났을 때 건네는 메시지입니다. 저는 "안녕하세요 저는 미원초등학교 챗봇 워니AI 입니다. 추석에 관하여 궁금한 점이 있으시면 제게 물어봐주세요. 당신은 현재 몇 학년인가요?"라고 입력하였습니다.

❸ [Rules]는 챗봇이 꼭 지켜야할 사항들을 입력하는 곳입니다. 조금 전에 적었던 Instructions 보다 조금 더 강하게 지켜야하는 내용을 말합니다. 이곳의 프롬프트로 다음과 같은 내용을 입력하였습니다.

- 존대말 사용해야 하며 욕설을 사용하면 안됨
- 상대방이 욕설을 사용할 경우 대화를 중단
- 대답을 할 때에는 출처를 반드시 달아야 함
- 모든 대화는 한국어를 사용할 것

끝으로 챗봇을 학습시킬 문서를 업로드 합니다. Knowlege File의 ❹[Upload]를 눌러서 "추석_한국민족문화대백과사전"을 학습시켰습니다.

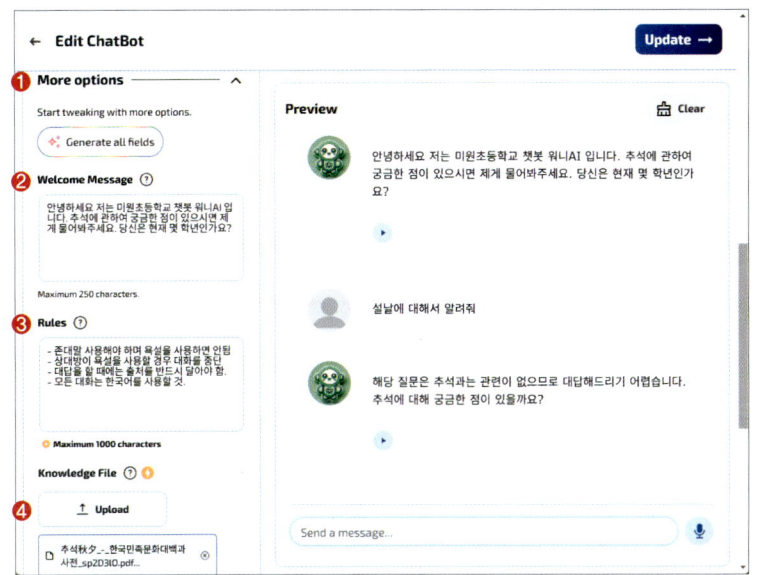

이렇게 만들어진 챗봇은 '민속놀이에 디지털을 더하다'라는 추석 계기교육 행사에 활용되었습니다. 본 행사는 학생들이 추석의 전통놀이를 체험하고, 추석과 관련된 문화와 세시풍속을 방탈출 게임을 통해서 배우는 두 세션으로 구성되었습니다. 학생들이 전통놀이를 마치고 방탈출 게임 세션으로 오면, QR코드로 만든 방탈출 게임 문제들을 모둠 친구들과 함께 풀기 시작합니다. 그런데 문제들 속에는 학생들이 답하기 어려운 내용들을 숨겨 놓았기 때문에, 모르는 내용이 나오면 찾아볼 수 있도록 AI 챗본 존에 있는 '추석을 알려주세요 챗봇' 안내하였습니다.

▲ 민속놀이에 디지털을 더하다 행사

학생들은 방탈출 게임을 통해서 추석날 세시풍속을 주도적으로 배울 수 있었습니다. 프롬프트를 입력해도 답이 잘 나오지 않으면 프롬프트를 조정해가며 원하는 답을 찾아갔습니다. 딱히 교사가 알려주지 않아도 모둠 학생들이 활발하게 프롬프트를 제안해주었기 때문에 교사의 역할은 지켜봐주는 것으로 충분했습니다.

▲ AI 챗봇 존

▲ 학생들이 추석에 관해 모르는 내용을 챗봇에게 묻는 장면

본 행사를 운영할 때에는 크롬북의 키오스크 모드를 이용해서 학생들이 '추석을 알려주세요 챗봇' 외에 다른 페이지에는 들어갈 수 없도록 조치해두었습니다. 학생들이 구글이나 네이버에서 정답을 금세 찾아버릴 것을 우려했기 때문입니다. 학생들이 챗봇을 다루며 인공지능과 소통하는 역량을 기를 수 있도록 의도했는데, 프롬프트를 여러 번 고쳐가며 원하는 답을 얻어내는 모습들을 보니, 목표를 충분히 달성했다고 느껴졌습니다. 그리고 행사가 끝난 후, 학생들은 챗봇과 소통해보는 것이 재미있었다며 집에서도 해보고 싶다는 피드백을 주었습니다. 로그인 없이 간편하게 링크만으로 공유할 수 있는 미주가 본 행사에 큰 도움이 되었다고 생각했습니다.

> **뿌리샘 꿀팁** ▶ COOPA(Children's Online Privacy Protection Act)
>
> COPPA(Children's Online Privacy Protection Act)는 만 13세 이하 아동의 온라인 개인정보 보호를 위한 미국 법률입니다. 1998년에 제정되었으며, 아동이 사용하는 웹사이트나 온라인 서비스가 이름, 주소, 이메일 등의 정보를 수집할 때 반드시 부모의 동의를 받아야 합니다. 이를 통해 아동의 프라이버시와 안전을 보호하며, 이를 위반할 경우 법적 제재와 벌금이 부과될 수 있습니다. COPPA는 아동의 디지털 안전을 보장하고, 온라인 환경에서 개인정보 보호를 강화하는 역할을 합니다.
> - 미국의 13세 미만 아동 온라인 개인정보 보호법
> - 13세 미만 아동의 개인정보 수집 시 부모 동의 필요
> - 아동 대상 웹사이트, 앱, 온라인 서비스에 적용

올인원 디자인 저작도구에 생성형AI가 붙다, 캔바(Canva) 매직 스튜디오

캔바는 카드뉴스, PPT, 포스터 뿐만 아니라 동영상 편집까지 가능한 올인원 디자인 저작도구입니다. 그런데 캔바에서도 생성형AI를 활용하는 다양한 기능이 추가되었습니다. 캔바 매직 스튜디오(Magic Studio)에서 캔바의 AI 기능을 둘러보실 수 있습니다. 캔바의 AI 기능들을 알아보겠습니다.

▲ 캔바 로고

> **뿌리샘 꿀팁** 캔바의 AI기능은 학생들이 이용할 수 있을까?

교사가 생성형AI를 활용하며 가장 걱정되는 부분 중에 하나가 연령 제한입니다. 캔바 홈페이지에 게시된 개인정보처리방침에 따르면, 캔바는 만 13세 미만을 아동으로 간주합니다. 캔바는 아동을 서비스 대상으로 생각하고 운영하지 않기 때문에 기본적으로 학생들은 캔바의 이용대상이 아닙니다. 그렇지만 학생들도 캔바를 이용할 수 있는 방법이 있습니다. 바로, 교사의 지도하에 '교육용 캔바'를 이용하는 것입니다. 그리고 캔바는 '교육용 캔바'에 'AI 기반 생산성'으로 표현되는 AI 기반의 도구들을 포함하였습니다. 그렇기 때문에, 만 13세 미만인 초등학생들 일지라도 교육용 캔바 안에서라면 생성형AI를 비롯한 다양한 AI기능들을 활용할 수 있습니다.

단시간에 성적 향상
- **프로젝트에 활기 불어넣기**: Canva의 비주얼 스위트에서 프레젠테이션, Docs, 화이트보드 등으로 멋진 과제를 만들어 보세요.
- **AI 기반 생산성**: AI 기반 디자인 도구를 사용하여 클릭 한 번으로 시선을 사로잡는 비주얼을 생성하고 디자인 크기를 조정해 보세요.
- **그룹으로 협업**: 어디에서나 실시간 댓글과 피드백으로 함께 작업하고 완벽한 그룹 프로젝트를 만들어 보세요.

▲ 캔바 이용 정책 일부

텍스트 생성 도우미, 매직 라이트(Magic Write)

캔바의 디자인 관련 기능보다는 수업과 업무에 활용해 볼 만한 AI 기능들을 알아보겠습니다. 첫 번째 기능은 매직 라이트(Magic Write) 기능입니다. 매직 라이트는 사용자가 효율적으로 텍스트 형태의 콘텐츠를 생성하고 편집할 수 있도록 도와주는 AI 지원 글쓰기 도우미입니다. 주요 기능은 다음과 같습니다.

- **문구 자동 생성**: 입력한 텍스트 프롬프트를 기반으로 문장, 단락, 목록, 테두리 등을 자동으로 생성합니다.
- **요약 및 확장**: 내용을 요약하거나 확장하여 다시 작성할 수 있습니다.
- **브랜드 보이스 적용**: 브랜드 음성에 맞게 문구를 작성할 수 있습니다. 여기서 브랜드는 나의 스타일을 말합니다. 브랜드 음성 기능은 챗GPT 맞춤 설정처럼 내가 설정한 지침을 반영하여 텍스트가 생성된다는 의미입니다.
- **편집 및 어조 변경**: 기존 텍스트를 다시 쓰거나, 더 재미있게 또는 더 격식있게 바꿀 수 있습니다

위의 매직 라이트의 기능들을 이용하여 초안을 작성하는 등 글쓰기에 쓰이는 시간을 절약할 수 있습니다. 간단히 프롬프트를 작성하는 것만으로 텍스트를 편집하거나 생성할 수도 있습니다. 게다가 텍스트 확장을 통한 이어서 쓰기, 요약, 정중하게 어조 변경 등 다양한 기능을 이용하여 텍스트를 수정할 수 있습니다.

❶텍스트 상자를 클릭하면 펜 모양 아이콘이 나타납니다. 가장 왼쪽에 빛나는 펜 모양의 아이콘을 볼 수 있습니다. [텍스트 확장]부터 [맞춤형 프롬프트]까지 다양한 매직 라이트의 기능을 볼 수 있습니다. ❷"일몰이 아름답게 지고 있어요"라는 문구를 [맞춤형 프롬프트]를 이용하여 수정해 보겠습니다. ❸"비유적인 표현을 이용해서 바꿔줘"라고 입력하고 [생성하기]를 눌러 결과를 확인해보겠습니다.

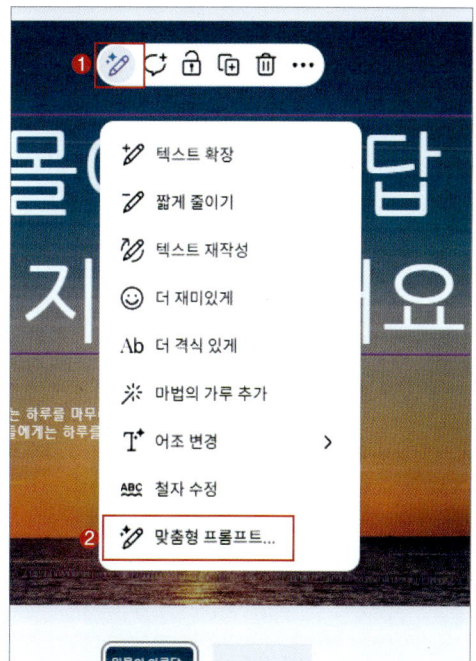
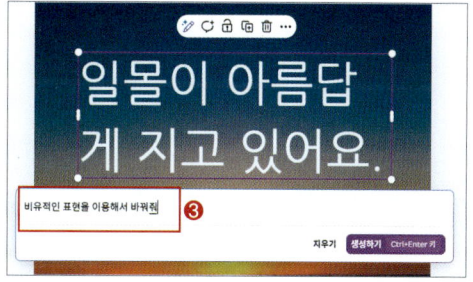

얼마 지나지 않아 결과가 생성됩니다. "일몰이 마치 하늘의 화가가 붉은 물감을 쏟아내듯 아름답게 지고 있어요."라고 수정해 주었습니다. 기대했던 것보다 더 훌륭한 결과를 보

여주는 것 같아 만족스럽습니다. 그대로 이용하시고자 한다면, 우측 하단의 [바꾸기]를 이용하면 됩니다. 다른 결과를 확인하고 싶다면 [비슷한 버전]을 클릭해서 추가 제안을 받아볼 수 있습니다. 또는 [원하는 사항 추가하기]를 통해 프롬프트를 조금 더 정교화할 수도 있습니다.

캔바의 매직 라이트 기능은 수정한 텍스트를 바로 디자인 환경으로 연결하여 쓸 수 있다는 장점이 있습니다. 챗GPT를 이용하는 것도 좋지만, 캔바의 매직 라이트를 이용하면, 작성한 텍스트의 폰트, 크기, 색상 등을 바로 수정할 수 있으니, 디자인 문구를 제작하는 중이라면 훨씬 편리합니다.

> **뿌리샘 꿀팁** 학생들도 매직 라이트를 이용할 수 있을까?
>
> 매직 라이트 기능은 교육용 캔바를 이용할 경우 제한됩니다. 교사는 이용할 수 있지만, 학생은 이용할 수 없도록 막혀있습니다. 교사 계정으로 텍스트 박스를 클릭하면 매직 라이트 아이콘이 나타나지만, 학생 계정으로 텍스트 박스를 누르면 매직라이트를 제외한 다른 아이콘만 나타납니다
>
>

AI로 PPT, 카드뉴스 생성하기, 매직 디자인(Magic Design)

캔바의 두 번째 AI기능은 매직 디자인(Magic Design)입니다. 매직 디자인은 프롬프트에 입력하는 내용으로 SNS 게시물, 프레젠테이션, 동영상을 제작하는 기능입니다. 본 기능은 아직(2024년 11월) 한국어로 지원되고 있지 않습니다. 매직 디자인을 이용하고자 하신다면, 설정에 들어가서 언어를 영어로 수정해 주셔야 합니다. 프롬프트 역시 영어로 입력해야 매직 디자인이 작동합니다. 영어로 바로 입력하는 것이 어렵다면, 구글 번역기를 이용해서 프롬프트를 이용할 수 있습니다.

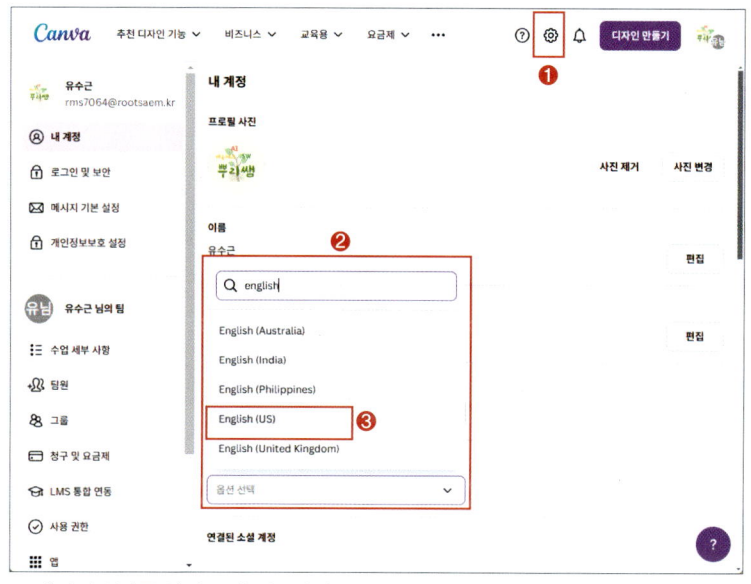

▲ 캔바의 언어를 영어로 바꾸는 방법

언어를 영어로 수정하고 나면, 좌측 탭의 [디자인]에서 차이를 확인 할 수 있습니다. 중앙에 보이는 돋보기의 모양에서 각각의 창이 기능 차이가 있음을 직감할 수 있습니다. 한국어 버전에서는 검색만 지원됩니다. 그러나 영어 버전에서는 검색창이 프롬프트 입력란의 역할을 합니다. 4개 이상의 단어를 입력하여 생성을 요청하면 AI가 스스로 주제에 맞는 탬플릿과 내용을 생성합니다.

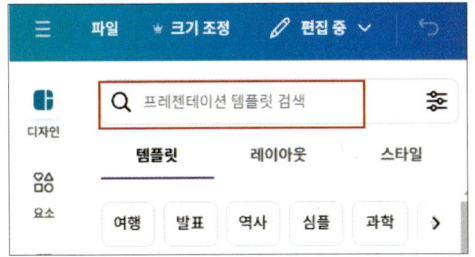
▲ 캔바의 한국어 버전

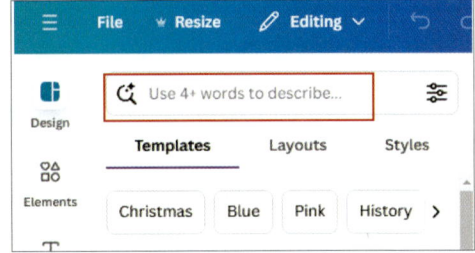
▲ 캔바의 영어 버전

검색창에 "How vitamins affect the body"라고 입력하고 결과를 확인해보겠습니다. 10초 내외의 시간이 지나더니 비타민이 인체에 미치는 영향에 관한 PPT를 뚝딱 만들어주었습니다.

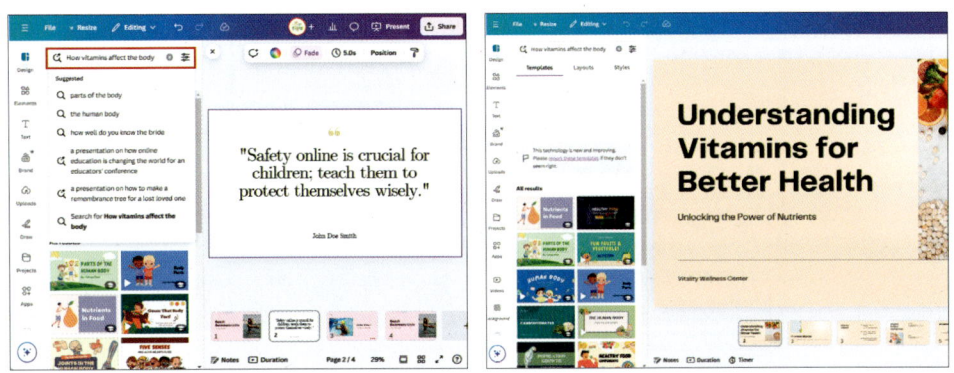

▲ 검색창에 프롬프트 입력   ▲ PPT 생성 결과

생성된 PPT는 QR코드를 통해 좀 더 자세히 볼 수 있습니다.

텍스트 생성 도우미, 매직 라이트(Magic Write)

세 번째 기능은 매직 스위치(Magic Switch)입니다. 매직 스위치는 한국어 버전에서도 이용이 가능합니다. 매직 스위치는 형식, 언어, 치수를 간편하게 변경할 수 있는 기능입니다. 하나의 컨텐츠를 다양한 종류로 변환할 수 있습니다. 페이지를 나가지 않고도 형식 변경이 가능합니다.

한국어 버전에서는 [크기 조정]이라고 번역되어 좌측 상단 탭에 자리하고 있습니다. 매직 스위치 기능을 이용하면 PPT나 포스터 형태로 만들었던 교육자료들을 손쉽게 카드뉴스 만들어 배포할 수 있습니다. 'AI 디지털교과서 학부모연수' 포스터 자료를 카드뉴스로 바꿔보겠습니다. 좌측 상단의 매직 스위치, 즉, ❶[크기 조정]을 클릭합니다. 그리고 ❷[인스타그램 게시물(정사각형)] 체크박스를 선택하고 ❸[복사 및 크기 조정]을 눌러 새로운 파일을 만들어 형식을 복사하겠습니다.

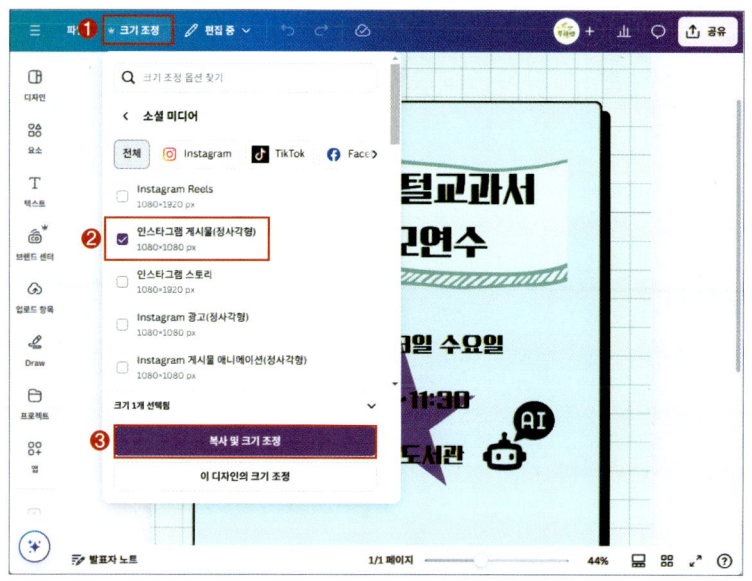

▲ [크기 조정]으로 형태 바꾸기

좌측이 포스터이고 우측 그림이 카드뉴스입니다. 하나의 콘텐츠를 종류와 형식을 바꾸어 활용성을 높이는 부분이 인상적입니다.

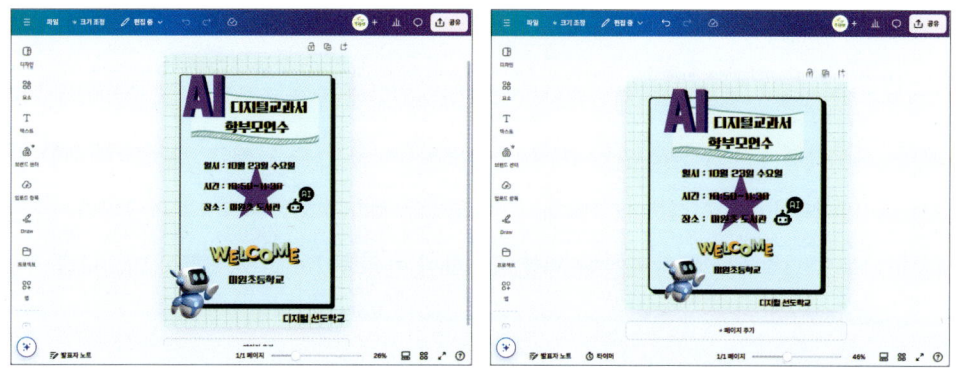

포스터를 카드뉴스로 바꾼 것처럼, 업무에 활용할 자료의 형식을 바꾸는 용도로도 이용할 수 있지만, 수업에서도 유연하게 적용할 수 있다는 의미가 됩니다. 교육활동 안내자료로 만든 PPT를 '화이트 보드' 형태로 바꾸면, PPT 수업 장면을 그대로 '화이트 보드'로 옮겨서 화이트보드의 탬플릿을 이용해 브레인스토밍, 정리활동 등을 이어갈 수 있습니다.

이 외에도, PPT 애니메이션에 생동감을 넣어주는 매직 애니메이트(Magid Animate)와 프롬프트를 입력하여 이미지의 단어나 도형을 변환하는 매직 몰프(Magic Morph) 등이 있습니다. 이미지 편집을 간단하게 할 수 있도록 돕는 매직 에디트(Magic Edit), 이미지의 규격의 밖을 생성하는 매직 익스펜드(Magic Expand) 등이 있습니다. 캔바의 다양한 매직 스튜디오 기능들을 활용해보시는 것을 추천드립니다.

K-챗GPT, 뤼튼 활용하기

'Chapter3. 수업친구 챗GPT: 생성형AI와 협력하여 수업하기'에서 뤼튼을 사용한 수업방법에 대해 다루었기 때문에 이번에는 뤼튼의 청소년 보호 정책과 AI 탐지 방어 기능에 대해서 간단히 알아보도록 하겠습니다.

▲ 뤼튼 로고

대부분의 생성형AI는 연령제한으로 인해 초등학교에서 활용하기는 어렵습니다. 챗GPT는 보호자의 동의를 받으면 만 18세 미만이어도 이용할 수 있지만, 그것도 최소한 만 13세 이상은 되어야 합니다. 다시 말해, 초등학생은 챗GPT를 이용할 수 없습니다. 다른 생성형AI들도 연령제한 이슈 때문에 사실 학생들이 이용하기 어려운 것들이 많습니다.

그렇다면 초등학생이 이용할 수 있는 생성형AI는 없는 걸까요? 있습니다. 바로 한국형 챗GPT + 한국형 퍼플렉시티인 '뤼튼' 입니다. 뤼튼은 초등학생도 이용할 수 있는 몇 안되는 생성형AI 프로그램 중 하나입니다. 텍스트를 생성하기도 하며 웹검색을 지원하는 이 인공지능은 만 14세 미만의 사용자의 경우 보호자의 동의하에 서비스를 제공하고 있습니다. 해당 내용은 뤼튼 홈페이지에 게시된 청소년 보호 정책에서 확인 할 수 있습니다.

청소년 보호 정책

뤼튼 청소년 보호 정책
뤼튼테크놀로지스("회사" 또는 "뤼튼"이라 함)는 청소년이 건전한 인격체로 성장할 수 있도록 하기 위하여 청소년 보호 정책을 수립하고 관련 기술 개발 및 실행하고 있습니다.

뤼튼은 만 14세 미만의 사용자에게 보호자의 동의 하에 서비스를 제공 하고 있습니다.
만약 귀하께서 14세 미만 청소년의 보호자이신 경우, 당사 서비스 이용 약관 및 개인정보 보호 정책을 참고하시어 어린이가 뤼튼 서비스를 이용하도록 허용하기 위하여 필요한 정보를 확인해주시기 바랍니다. 그 외 최소 연령 미만 사용자의 이용 관련 추가적인 보유 기술 현황 및 정책 등이 궁금하시다면, 뤼튼 담당 부서(support@wrtn.io)로 연락 해 주십시오.

사는 본 청소년 보호정책을 통하여 회사가 청소년보호를 위해 어떠한 조치를 취하고 있는지 아래와 같이 알려 드립니다.

유해정보에 대한 청소년접근제한 및 관리조치
회사는 청소년이 아무런 제한장치 없이 청소년 유해정보에 노출되지 않도록 뤼튼의 모든 서비스 여정과 각종 기능 내 유해 컨텐츠에 관한 기술적 필터링 장치를 마련하고 적용하며 청소년 유해정보가 노출되지 않기 위한 예방차원의 조치를 강구합니다.

청소년 유해정보 처리에 관한 문의 사항 및 기술적 대응 관리
회사는 청소년 유해정보 처리에 관한 문의 사항 및 기술적 대응 관리를 위한 전담 인력을 배치하여 그 피해가 발생하거나 확산되지 않도록 하고 있습니다. 이용자 분들께서는 하단에 명시한 "3. 뤼튼 청소년 보호 담당 연락처" 항을 참고하여 메일을 통하여 문의할 수 있습니다.

뤼튼 청소년 보호 담당 연락처
뤼튼은 청소년들이 좋은 정보를 안전하게 이용할 수 있도록 최선을 다하고 있습니다.
[청소년 보호 담당 부서 연락처]
메일 : support@wrtn.io

뤼튼의 UI를 살펴보겠습니다. 홈 화면 중앙에는 세 가지 종류의 검색창을 지원합니다. [AI 검색], [AI 이미지], [AI 과제와 업무]입니다. 상황에 맞는 설정을 선택하고 프롬프트를 입력하면 됩니다. ❶조사활동을 할 경우 [AI 검색]을, ❷이미지를 생성할 때는 [AI 이미지], ❸텍스트를 생성할 때는 [AI 과제와 업무]를 활용합니다.

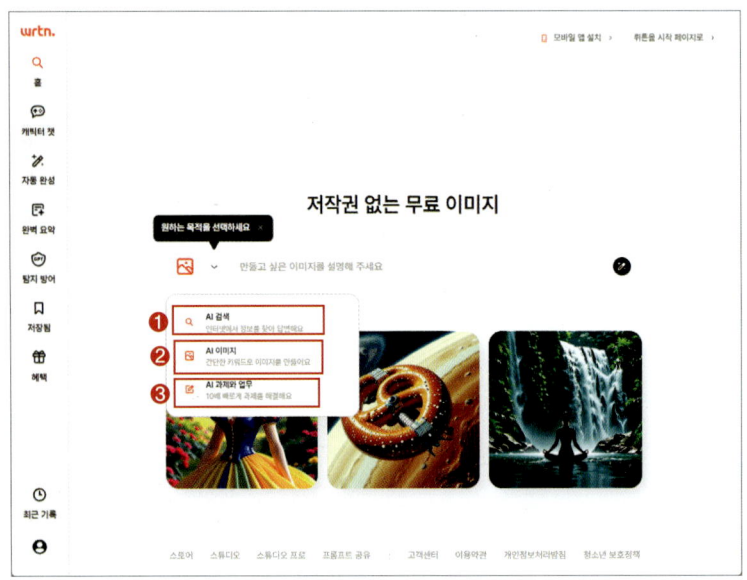

▲ 뤼튼 홈 화면

뤼튼은 [AI 검색], [AI 이미지], [AI 과제와 업무] 기능 외에도 다양한 기능들이 많습니다. 좌측 탭을 보면 [자동 완성], [완벽 요약], [탐지 방어] 등이 있고 각각은 챗GPT에서 봤던 GPTs의 역할을 합니다. 첫 번째로 [자동 완성]은 [블로그], [레포트], [자기소개서], [PPT 초안], [이력서], [코딩 과제]를 작성해주는 기능입니다. ❶블로그를 예시로 한번 작성해보겠습니다. ❷'게시물 종류'에 [일상]을 선택합니다. '게시물 주제'는 우측의 ❸[추천 받기]로 '경계성지능장애'를 선택하겠습니다. ❹그리고 이어서 말투와 말투 예시문장을 입력합니다. 희망하는 종결어미를 선택할 수 있으며 사용자의 말투를 모방하도록 '말투 예시 문장'을 입력할 수 있는 공간이 있습니다. ❺내용을 모두 입력한 후 [자동 완성] 버튼을 누르면 우측처럼 서로 조금씩 다른 세 가지 블로그 초안이 생성됩니다. 이 중 중 하나를 선택하여 둘러보겠습니다.

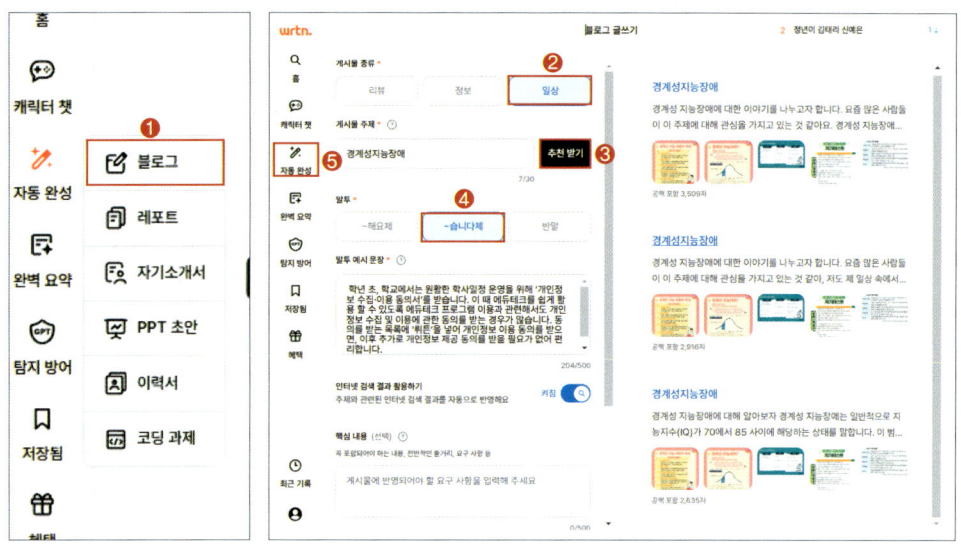

둘러보면, 조사한 자료의 내용도 적절하고, 말투도 평소 블로그에서 접하는 말투를 사용하고 있어, 보통의 정보글을 게시하는 블로그 글과 다를 바가 없는 것처럼 느껴집니다. 심지어 중앙의 [AI 탐지 방어 바로가기]를 누르면 기존의 글에 비해 조금 더 자연스러운 글로 바뀝니다.

기존 글과 [AI 탐지 방어 바로가기] 이후의 글을 비교해보겠습니다. 수정된 텍스트는 대화형 문체와 부드러운 어조로 자연스러움을 강화했으며, 초안의 단조로운 정보 나열에서 벗어나 독자와의 소통과 공감을 이끌어냈습니다. 구체적 사례를 추가하고 문단 간 연결성을 높여 흐름을 매끄럽게 하였으며, 친숙한 어휘를 사용해 읽기 편안한 구성을 만들었습니다. 이를 통해 독자가 내용을 쉽게 이해하고 몰입할 수 있도록 돕는 동시에 심리적 거리감을 줄였습니다.

기존 텍스트	[AI 탐지 방어 바로가기]로 수정된 텍스트
경계성 지능장애에 대한 이야기를 나누고자 합니다. 요즘 많은 사람들이 이 주제에 대해 관심을 가지고 있는 것 같아요. 경계성 지능장애는 단순히 지능지수(IQ)로만 판단할 수 없는 복잡한 개념입니다. 오늘은 이 주제에 대해 깊이 있게 알아보도록 하겠습니다. 경계성 지능장애란? 경계성 지능장애는 지능지수가 70에서 85 사이에 해당하는 상태를 말합니다. 이 범위에 속하는 사람들은 지적장애와 비장애인 사이의 경계선에 위치해 있습니다. 이들은 일반적으로 학습과 사회적 상호작용에서 어려움을 겪을 수 있습니다. 이러한 경계성 지능장애는 단순히 IQ 점수로만 판단할 수 없으며, 개인의 적응 능력과 사회적 기능도 함께 고려해야 합니다. 이들은 종종 주의 집중, 기억력, 복잡한 인지 작업에서 어려움을 겪는 경향이 있습니다. 경계성 지능장애의 특징 경계성 지능장애를 가진 아이들은 다양한 특징을 보입니다. 예를 들어, 주의 집중이 어려워 학습에 방해가 될 수 있으며, 언어 이해나 기억력에서도 도전이 있을 수 있습니다. 이러한 특징은 나이에 따라 다르게 나타납니다. 유아기에는 언어 이해의 어려움이 두드러지며, 학령기에는 학습과 사회적 상호작용에서의 도전이 더욱 뚜렷해집니다. 청소년기에는 정서적 문제나 또래와의 관계에서 어려움을 겪을 수 있습니다. 경계성 지능장애의 교육적 접근 경계성 지능장애를 가진 아이들을 위한 교육적 접근은 매우 중요합니다. 이들은 맞춤형 교육이 필요하며, 개별적인 학습 계획이 필요합니다. 교사와 부모는 이들의 강점을 이해하고, 이를 바탕으로 지원해야 합니다. 예를 들어, 시각적 자료를 활용하거나, 반복 학습을 통해 이해를 돕는 방법이 있습니다. 또한, 긍정적인 피드백을 통해 자신감을 키워주는 것도 중요합니다. 경계성 지능장애 자가 테스트 경계성 지능장애를 이해하기 위해 자가 테스트를 활용할 수 있습니다. 이 테스트는 학업과 사회적 상황에서의 어려움을 평가하는 데 도움을 줍니다.	경계성 지능장애에 대해 이야기를 나눠보고자 합니다. 최근 이 주제에 대한 관심이 높아지고 있는 것 같아요. 경계성 지능장애는 단순히 IQ로만 판단할 수 없는 복잡한 개념입니다. 오늘은 이 주제에 대해 자세히 살펴보도록 하겠습니다. 경계성 지능장애란 무엇일까요? 이는 IQ가 70에서 85 사이에 해당하는 상태를 말합니다. 이 범위에 속하는 사람들은 지적장애와 비장애인 사이의 경계에 있습니다. 이들은 보통 학습과 사회적 상호작용에서 어려움을 겪을 수 있습니다. 경계성 지능장애는 IQ 점수만으로 판단할 수 없으며, 개인의 적응 능력과 사회적 기능도 함께 고려해야 합니다. 이들은 주로 집중력, 기억력, 복잡한 인지 작업에서 어려움을 겪는 경향이 있습니다. 경계성 지능장애를 가진 아이들은 다양한 특징을 보입니다. 예를 들어, 집중력 부족으로 학습에 어려움을 겪을 수 있고, 언어 이해나 기억력에서도 문제가 있을 수 있습니다. 이러한 특징은 나이에 따라 다르게 나타납니다. 유아기에는 언어 이해의 어려움이 두드러지고, 학령기에는 학습과 사회적 상호작용에서의 어려움이 더욱 뚜렷해집니다. 청소년기에는 정서적 문제나 또래 관계에서 어려움을 겪을 수 있습니다. 경계성 지능장애를 가진 아이들을 위한 교육적 접근은 매우 중요합니다. 이들에게는 맞춤형 교육과 개별적인 학습 계획이 필요합니다. 교사와 부모는 이들의 강점을 이해하고, 이를 바탕으로 지원해야 합니다. 예를 들어, 시각적 자료를 활용하거나 반복 학습을 통해 이해를 돕는 방법이 있습니다. 또한, 긍정적인 피드백을 통해 자신감을 키워주는 것도 중요합니다. 경계성 지능장애를 이해하기 위해 자가 테스트를 활용할 수 있습니다. 이 테스트는 학업과 사회적 상황에서의 어려움을 평가하는 데 도움이 됩니다. 각 문항에 대해 'O' 또는 'X'로 답변하면서 자신의 상황을 점검해볼 수 있습니다. 이를 통해 자신이 겪고 있는 어려움을 더 명확히 이해할 수 있습니다. 경계성 지능장애는 여러 관련 개념과 함께 이해해야 합니다. 예를 들어, 학습장애, 학습부진, 지적장애, ADHD 등과의 차이를 아는 것이 중요합니다.

각 문항에 대해 'O' 또는 'X'로 답변하면서 자신의 상황을 점검해보는 것이죠. 이를 통해 자신이 겪고 있는 어려움을 보다 명확히 이해할 수 있습니다.
경계성 지능장애와 관련된 다른 개념들
경계성 지능장애는 여러 관련 개념과 함께 이해해야 합니다. 예를 들어, 학습장애, 학습부진, 지적장애, ADHD 등과의 차이를 아는 것이 중요합니다.

이러한 개념들은 각각의 특성과 필요에 따라 다르게 접근해야 하며, 이를 통해 보다 효과적인 지원이 가능해집니다.

일상에서의 경계성 지능장애 이해하기
일상에서 경계성 지능장애를 이해하는 것은 매우 중요합니다. 주변 사람들과의 소통에서 이들의 어려움을 이해하고, 지원하는 태도가 필요합니다.

예를 들어, 친구나 가족이 경계성 지능장애를 가지고 있다면, 그들의 학습 방식이나 소통 방식을 존중하고, 필요한 지원을 아끼지 않는 것이 중요합니다.
이렇게 경계성 지능장애에 대해 알아보니, 우리가 일상에서 어떻게 이들을 이해하고 도울 수 있을지에 대한 고민이 깊어지는 것 같습니다. 앞으로도 이 주제에 대해 더 많은 관심을 가지고, 서로를 이해하는 사회가 되기를 바랍니다.

이러한 개념들은 각각의 특성과 필요에 따라 다르게 접근해야 하며, 이를 통해 더 효과적인 지원이 가능해집니다. 일상에서 경계성 지능장애를 이해하는 것은 매우 중요합니다. 주변 사람들과의 소통에서 이들의 어려움을 이해하고, 지원하는 태도가 필요합니다. 예를 들어, 친구나 가족이 경계성 지능장애를 가지고 있다면, 그들의 학습 방식이나 소통 방식을 존중하고, 필요한 지원을 아끼지 않는 것이 중요합니다.

이렇게 경계성 지능장애에 대해 알아보니, 우리가 일상에서 어떻게 이들을 이해하고 도울 수 있을지에 대한 고민이 깊어지는 것 같습니다. 앞으로도 이 주제에 대해 더 많은 관심을 가지고, 서로를 이해하는 사회가 되기를 바랍니다.

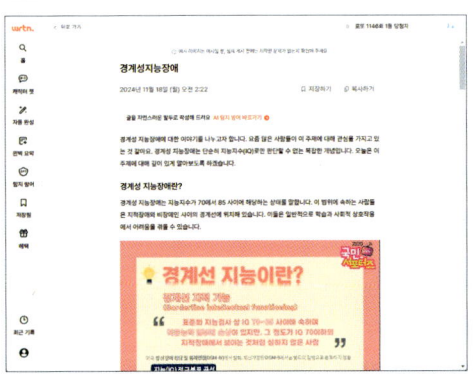
▲ 블로그 기능으로 생성한 글

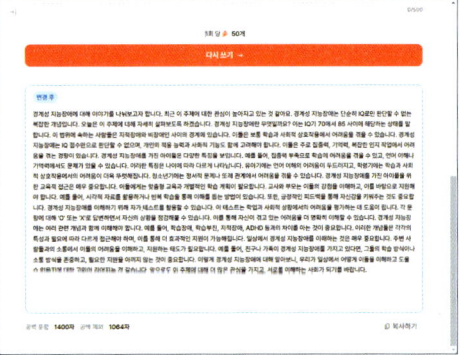
▲ AI 탐지 방어 기능으로 재구성한 글

뤼튼은 10대~20대 학생들이 많이 사용하는 프로그램입니다. 간단히 예시로 보여드린 [블로그] 기능뿐만 아니라 다른 기능들에서도 좋은 퍼포먼스를 보여줍니다. 사실, 그렇기 때문에 학생들이 사용 할 때에 주의가 필요합니다. 뤼튼은 Chapter 03에서 다룬 것처럼, 정확한 자료를 찾아내는 데에 조금은 약점이 있었습니다. 그러나 지금처럼 창의적으로 생성해 내는 상황에서는 놀랄만큼 우수한 성능을 보여줍니다. 따라서, 교사가 학생들에게 뤼튼 사용을 허가할 때는 몇 가지 주의점이 필요합니다. 첫째, 학생들이 생성된 내용을 맹신하지 않도록 지도해야 합니다. 뤼튼은 창의적인 아이디어를 생성하는 데 강점이 있지만, 정보의 정확성과 신뢰성을 검증하는 데에는 한계가 있기 때문입니다. 둘째, 학생들이 뤼튼을 도구로 활용하되, 자신의 사고력과 표현력을 우선적으로 발휘하도록 격려해야 합니다. 기술에 의존하기보다는 이를 보조 수단으로 활용하는 태도가 중요합니다. 마지막으로, 학생들에게 창작물의 윤리적 사용과 표절 방지에 대한 교육을 병행해야 합니다. 뤼튼과 같은 생성형 AI를 올바르게 활용할 수 있도록 교사의 적절한 안내가 반드시 필요합니다.

참고문헌

1. 2023 KERIS 이슈 리포트: 생성형 AI와 학교 교육의 방향(한국교육학술정보원, 2023)
2. 인공지능은 나의 읽기 쓰기를 어떻게 바꿀까(김성우, 유유)
3. 2022 개정 교육과정 평가, AI로 날개를 달다(지미정 외 8명, 앤써북)
4. 챗GPT 교사 마스터 플랜(한민철, 책바세)
5. 프롬프트 엔지니어링으로 인공지능 제대로 일 시키기(이규남, 조우진, 김동민, Jpub)